Financial Engineering

金融工程

（第2版）

尹常玲 方雯 张莉莉 编著

清华大学出版社
北京

内 容 简 介

本书在介绍金融工程及其基本理论与方法的基础上,系统、详细地给出了远期、期货、互换、期权四种基本衍生工具的概念、定价过程,并结合最新的合约内容,分析应用金融衍生工具进行风险管理的相关案例。在此基础上,介绍利用金融衍生工具进行金融风险管理及投机和套利,并对各类衍生工具应用于此的功能、特点进行了比较,对创新型金融衍生产品进行了介绍。

本书结构严谨、循序渐进,注重将无套利均衡分析的思想贯彻始终,辅以大量分析图表和丰富的案例,便于读者学习和理解。

本书可用作经济学、金融学及相关专业高年级本科生金融工程课程的教材,也可用作经济学、金融学专业研究生及从事金融产品设计、衍生品交易的从业人员的参考书。

本书封面贴有清华大学出版社防伪标签,无标签者不得销售。
版权所有,侵权必究。举报:010-62782989,beiqinquan@tup.tsinghua.edu.cn。

图书在版编目(CIP)数据

金融工程 / 尹常玲,方雯,张莉莉编著. —2版. —北京:清华大学出版社,2021.8(2025.1重印)
21世纪经济管理新形态教材. 金融学系列
ISBN 978-7-302-58603-6

Ⅰ. ①金… Ⅱ. ①尹… ②方… ③张… Ⅲ. ①金融工程—高等学校—教材 Ⅳ. ①F830.49

中国版本图书馆CIP数据核字(2021)第131567号

责任编辑:王 青
封面设计:李召霞
责任校对:宋玉莲
责任印制:杨 艳

出版发行:清华大学出版社
网　　址:https://www.tup.com.cn,https://www.wqxuetang.com
地　　址:北京清华大学学研大厦A座　　邮　编:100084
社 总 机:010-83470000　　邮　购:010-62786544
投稿与读者服务:010-62776969,c-service@tup.tsinghua.edu.cn
质量反馈:010-62772015,zhiliang@tup.tsinghua.edu.cn

印 装 者:三河市龙大印装有限公司
经　销:全国新华书店
开　本:185mm×260mm　印　张:21.25　字　数:492千字
版　次:2015年2月第1版　2021年8月第2版　印　次:2025年1月第3次印刷
定　价:59.00元

产品编号:073697-02

前言

2015年由清华大学出版社出版的《金融工程》第一版教材是编者在此之前十多年时间里讲授该门课程的过程中,根据教案编辑整理出来的。在近六年的使用过程中,金融专业的课程设置几经调整、改进和不断完善。随着我国衍生市场的不断发展,我们也在不断地学习及进行课程建设,在此过程中,对金融工程以及该门课程的框架、内容等的认识也在不断地深入,所以我们开始着手修订工作。

第二版的主要修订包括:

(1) 调整全书的知识框架。我们对第一版的框架做了较大的调整。将前三章进行了合并和缩减,更加聚焦金融衍生工具。在第一章的概述中,介绍了金融工程、基本金融工具及金融工程的基本分析方法。将第一版的"第十二章金融风险管理"和"第十三章投机和套利"精简合并到"第十章金融工程应用"中。

(2) 删减冗余部分,增补必要内容。删除了第一版的"第二章金融工程的基本理论",因为在这一章所讲述的资产组合理论、资本资产定价模型等在"金融工程"的先修课程"证券投资学"或"金融市场"等课程中都会讲到。删除第一版的"第十一章期权的发展",增加了"第七章期权定价"和"第八章期权价格的敏感性参数",便于学生深入理解股票价格变动及期权定价的核心知识,并在此基础上学习动态套期保值的相关内容。在最后一章中增加了产品设计和应用中存在的问题两节,便于学生使用所学的知识分析新型金融衍生产品并关注衍生品应用的相关风险。

(3) 更新国内外金融衍生品的相关知识。近些年来国内外金融市场及金融产品迅速发展,衍生品的种类和合约内容也在不断更新,我们根据相关交易所网站上的信息及时给予更新,如欧洲美元期货的合约内容、沪深300ETF期权等。

(4) 增加了"互联网+"的相关内容及课后习题。每一章配备了相关案例和自测题,可通过扫描二维码阅读和在线答题。案例均来自实际,以加深学生对这部分理论知识在实际应用中的认知,通过解答自测题可以快速复习各章的基础知识。课后习题包含思考题和练习题两种类型的题目;思考题旨在检验学生对基本知识与基本理论的理解和掌握情况,同时结合实际促使学生思考一些与现实有关的问题;练习题侧重培养学生灵活掌握金融工程的技巧、方法和运算能力。

总之,金融工程的主要目标是采用各种工程技术方法(主要有数学建模、数值计算、网络图解、仿真模拟等)设计、开发和实施新型的金融产品,创造性地解决各种金融问题。本次修订中我们依然围绕这一目标,在介绍金融工程的基本理论和基本分析方法的基础上,分析金融衍生工具的定价及应用,其中处处渗透着无套利均衡分析这一金融工程的思想精髓。通过大量的案例和例题,探讨和分析将金融工程的理论、方法以及金融衍生工具综合应用于金融风险管理及投机和套利等具体实践活动中的技巧与创新方式。

限于编者的水平,不当和欠缺之处在所难免,敬请专家和读者批评指正。

编 者

2021 年 6 月

目 录

第一章 金融工程概述 ·· 1
   第一节 什么是金融工程 ·· 1
   第二节 金融工程的产生和发展 ·· 6
   第三节 金融工具 ··· 10
   第四节 金融工程的基本分析方法 ·· 14

第二章 远期 ·· 28
   第一节 远期合约概述 ·· 28
   第二节 远期利率协议 ·· 40
   第三节 远期外汇合约 ·· 51

第三章 期货与期货市场 ·· 66
   第一节 期货概述 ··· 66
   第二节 期货合约的交易机制 ··· 74
   第三节 商品期货 ··· 82
   第四节 我国期货市场的发展概况 ·· 85

第四章 金融期货及期货交易策略 ·· 93
   第一节 外汇期货 ··· 93
   第二节 利率期货 ··· 96
   第三节 股指期货 ··· 108
   第四节 期货的交易策略 ·· 115

第五章 互换合约 ·· 133
   第一节 互换市场概述 ·· 133
   第二节 互换合约的种类 ·· 140
   第三节 互换合约的估值与定价 ··· 153
   第四节 互换合约的应用 ·· 158

第六章　期权的基础知识 ··· 165

第一节　期权的基本概念 ··· 165
第二节　期权交易的产生和发展 ·· 172
第三节　期权价格的性质 ··· 176
第四节　期权交易机制 ·· 188

第七章　期权定价 ··· 202

第一节　期权定价的数值方法——二叉树定价法 ······························· 202
第二节　股票价格模型和ＢＳ期权定价公式 ······································ 209
第三节　布莱克—斯科尔斯微分方程 ··· 222

第八章　希腊值和期权的套期保值 ··· 230

第一节　Delta、Gamma、Rho、Vega、Theta ································· 230
第二节　期权套期保值的基本原理 ··· 237
第三节　期权的动态套期保值策略 ··· 241

第九章　期权的交易策略 ·· 253

第一节　单一期权策略 ·· 254
第二节　差价期权组合策略 ·· 257
第三节　期权的其他交易策略 ··· 272
第四节　股票期权组合策略 ·· 277

第十章　金融工程应用 ··· 284

第一节　金融工程与金融风险管理 ··· 284
第二节　投机与套利 ··· 302
第三节　产品设计 ·· 321
第四节　应用中存在的问题 ·· 324

参考文献 ·· 332

第一章

金融工程概述

诺贝尔经济学奖得主、哈佛大学金融学教授罗伯特·默顿(Robert C. Merton)和波士顿大学金融学教授兹维·博迪(Z. Bodie)在其合著的《金融学》一书中开宗明义："金融学是一门研究在不确定条件下如何对货币这种稀缺资源进行跨时期配置的学科。"陈志武教授也在《金融的逻辑》一书中指出"金融就是跨时间跨空间的价值交换"。在经济全球化的今天，这种资源配置或价值交换主要通过金融市场中各类金融机构及其他参与者对金融资产的交易实现。在市场对金融效率不断追求的过程中，金融创新层出不穷并风靡全球，从而催生出一门新的学科——金融工程。与此同时，信息技术的进步也对金融工程的发展起到了支撑作用，并为金融工程的研究与金融产品的开发提供了强有力的工具和手段。目前，中国的许多高等学校的经济或管理学院都开设了"金融工程"这门课，学生们最关心的问题可能就是金融工程是干什么的，以及从这门课程中究竟能够学到些什么。要回答这些问题实际上就是要解答金融工程的基本用途或基本功能。所以本章将系统地介绍有关金融工程学的核心内容、基本特征、解决具体金融问题的分析方法，以及金融工程在实际生活中的应用，从而使同学们对金融工程有一个初步的、全面的了解。

第一节 什么是金融工程

一、金融工程的定义

我们在日常生活中经常碰到"工程"一词。《简明大不列颠百科全书》中给"工程"下了这样的定义：工程是应用科学知识使自然资源为人类服务的一种专门技术。

在通常情况下，人们所说的工程是指机械工程，其意义是将一些机械零部件组成一个复杂的系统，为了获得某种功能或达到某种目的，使其协同工作。随着现代科技的发展，机械工程的原理已经渗透到自然科学和社会科学的诸多领域，出现了各种各样的工程。例如，生命科学领域有生物工程、遗传工程，物理领域有核能工程、宇航工程，化学领域有材料工程，电子领域有电子工程、计算机工程、通信工程，企业管理领域有管理工程，建筑领域有建筑工程等。这些工程尽管所属的领域不同，但都是将各个个体、模块或局部有机地组合起来，形成一个复杂而庞大的系统，协同工作，实现某些具体功能，解决某些具体问题。金融工程(financial engineering)恰恰也是借用了这样的思想原理，将一些金融工具或金融服务创造性地组合起来，借助计算机和信息技术的支撑，对金融领域的某些具体问题给出创造性的解决方案。

20 世纪 80 年代末美国金融学教授约翰·芬尼迪(John Finnerty)首次定义了金融工程,认为金融工程学包括新型工具与金融手段的设计、开发与实施,以及创造性地解决金融问题。金融工程中"金融"的含义是广泛的,既包括金融产品——金融市场上所有的金融交易工具,也包括金融服务——结算、清算、发行、承销等,同时还包括金融策略——资产负债管理、流动性管理、缺口管理、套期保值、公司重组与杠杆收购策略以及基于权益的各种策略等。从这个角度看,可以将金融工程视为一门将现代金融理论、信息技术和工程方法结合起来用以解决现代金融问题的交叉学科(见图 1-1)。

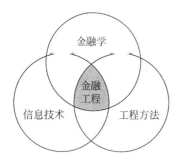

图 1-1　金融工程与其他学科的关系

金融工程概念中的"新型"与"创造性"最为重要,它是从三个层面上体现的:一是金融领域中思想的跃进,其创造性最高,如第 份期权合约、第 份互换协议的诞生;二是对已有观念进行新的理解和运用,如将期货交易推广到以前未能涉及的领域,产生了金融期货;三是对已有的金融产品和手段进行重新分解和组合,从而创造出新的金融工具,如远期互换、期货期权、互换期权及层出不穷的复合金融工具等。芬尼迪由此将金融工程学的研究范围分成三个方面:一是新型金融工具的设计与开发,这部分内容是目前金融工程学研究的主要领域,从互换、期权、远期利率协议,到指数期货、期货期权、利率上限下限、证券存托凭证等皆属此列;二是旨在降低交易成本的新型金融手段的开发,包括金融市场套利机会的发掘和利用、交易清算系统的创新等,目的是充分挖掘盈利潜力,降低"管制成本";三是创造性地为某些金融问题提供系统完备的解决办法,包括各类风险管理技术的开发与运用、现金管理策略的创新、公司融资结构的创造、企业兼并收购方案的设计、资产证券化的实施等。

实际上,金融是一种产业,它有着自己的产品以及创造产品的技术和工艺,有着营销产品的企业及交易产品的市场。金融工程的问世,使作为一种产业的金融得到了工程学科的支撑。金融工程以数学建模、数值计算、网络图解、仿真模拟等作为主要的技术手段,为金融业提供高新科技。

二、金融工程的主要内容

金融工程是一门理论与实践相结合的学科。作为一门典型的将现代金融理论、信息技术和工程方法相结合以解决现代金融问题的交叉学科,金融工程既吸收了经济学、金融学和投资学的基本原理以及必要的会计和税务知识,又综合了数学、物理学、遗传学和工程学等多门学科的理论和方法,构成了其自身的基本理论。而作为一门具有很强的应用性和实践性的学科,金融工程要运用工程技术方法进行产品设计,即对各种证券的风险与收益特征进行匹配和组合以达到预定的目标。产品设计完成之后,还要进行合理的定价,由此决定了金融工程有着特殊的分析问题的方法和解决问题所需的工具。

为了从整体上理解金融工程,下面看一个法国 Rhone-Poulene 化工公司员工持股计划的案例。

【案例 1-1】 1993 年，法国政府对 Rhone-Poulene 化工公司实施国有股权退出改革时遇到了困难。按照政府的构想，在出售公司股份的同时，应将一部分股权出售给公司员工，以保持其工作积极性，并希望公司的股票尽可能分散化，避免过度集中在少数大股东手中。但员工对这一持股计划反应非常冷淡，一是因为员工个人购股资金不足，二是因为员工较为担心股票的风险。在政府决定对员工提供 10% 的折扣后，仍有 80% 的员工不愿意购买公司的股票。而更大的折扣会使国家蒙受损失，因此政府不愿提供更高的折扣和承担更大的成本来吸引员工购股。况且即便员工购得股票，仍可能由于对股票风险的担忧而迅速进行套现，从而使分散股权的初衷难以实现。这些都无疑使该化工公司的管理层对员工未来的努力程度和人力资源状况深感忧虑。那么是否有更好的方案解决这个两难问题呢？

信孚银行提供的一项金融创新方案兼顾了各方的利益需求，较好地解决了上述问题。具体操作方法是：由该化工公司出面保证员工持有的股票能在 4 年内获得 25% 的收益。员工购得股票后其股权所代表的表决权不受影响。同时员工可以获得未来股票二级市场上价格上涨所带来的资本利得的 2/3，另外 1/3 作为该化工公司所提供保证收益率的补偿。对于员工而言，其股票表决权不受影响，同时还可以获得最低收益保证，这无疑增加了员工购买股票并持有一段较长时间的吸引力，而未来股票的上涨幅度与他们的未来收益直接挂钩，也将促使他们努力参与公司的发展，提高他们的工作积极性。这与公司私有化改革的初衷相一致。而对于公司而言，公司只是提供了较低的保底收益就解决了公司员工的激励问题和信息不对称问题。而且如果二级市场股票价格上涨，公司还可以获得员工持股部分 1/3 的溢价；如果二级市场境况不好，则不需要承担价格下降的风险。这无疑是"一石多鸟"的多赢方案。

此外，信孚银行针对上述问题也设计了一套完整的解决方案，使员工持股后既享有股价上涨带来的利益，同时又能保证其免受股价下跌带来的损失。具体操作办法是：由信孚银行出面负责向员工安排购股融资，每个员工凡用自己的资金购买 1 股，一家法国商业银行就可以借予其资金再购 9 股（按 1∶9 融资），但股票认购后至少需持有 5 年。5 年后若股价下跌至原购买价以下，信孚银行保证将以原价购入；若股价上涨，收益中的 2/3 归持股人，另外的 1/3 归信孚银行所有。信孚银行以借贷员工所购的公司股票作抵押，向该法国商业银行申请贷款。5 年后若股价跌至原购买价以下，它承诺补偿跌价部分。到这里为止，虽然解决了企业问题，但是信孚银行却面临将来股票下跌的风险。怎么办？

为了解决信孚银行面临的风险，即 5 年后股价跌至原购买价以下所蒙受的损失，信孚银行创造了一个名为"合成股票"的金融衍生工具。合成股票的价值与公司股票价格挂钩，其价值为公司股票的市场价格乘以一个固定数额（类似于指数交易）。进行合成股票买卖时，并不涉及实际公司股票的买卖，而是采取现金交收方式，因此合成股票的风险/收益与实际公司股票交易完全一样。前提是信孚银行已经知道法国证券市场中有一批机构投资者希望拥有该化工公司的股票，但由于政府的某些限制而未能申购，信孚银行与他们就合成股票进行交易，通过这种衍生工具代替股票交易，贯彻其避险策略。

从上面的案例可以看出金融工程在创造性地解决现实生活中的金融问题时的基本方法和策略。

第一，金融工程作为现代金融领域中最尖端、最富有技术性的部分，其根本目的就是解决金融问题，寻求特定风险条件下的收益最大化，创造更多的创新产品来吸引客户。

第二，金融工程的主要内容是产品与解决方案的设计与定价，这也是解决金融问题的重要途径。从本质上说，产品设计就是对各种证券风险收益特征的匹配与组合，以达到预期的目标。如案例1-1中的员工持股方案与合成股票，都是根据特定市场需求量身定制的，在普通债券的基础上，嵌入期权为投资者提供最低收益保障的产品。产品设计完成之后，准确的定价是关键所在，例如在该案例中，持股员工能得到溢价部分2/3的最低收益，但也获得了在股价下跌时按原始价格出售股票的风险保障。当然股价溢价部分的1/3归信孚银行，作为它收取的费用及当股价下跌时承担按原价回购风险的回报。这些都是产品参数设定与定价的一部分，定价合理才能保证产品的可行。

第三，风险管理是金融工程的核心。从案例中也可以看出，信孚银行为了管理自己所承担的股票价格下跌的风险，创造了与该化学公司股票价格挂钩的合成股票，并将其出售给一批证券市场中的机构投资者，从而实现其避险策略。因此，在很多情况下，风险管理与产品设计、定价是相辅相成、缺一不可的。事实上，衍生证券及金融工程技术的诞生，都是源于市场主体管理风险的需要。例如，最初的农产品远期与期货是农场主担心农产品价格变动风险的产物；20世纪70年代以来，金融衍生产品和现代金融工程技术的兴起，是各国汇率浮动、利率管制放松、石油及其他商品价格波动的结果。随着经济金融的发展，风险管理已成为现代金融的支柱，也成为金融工程最重要的内容之一。

第四，金融工程运用的主要工具是各类金融工具，尤其是金融衍生工具。因为产品和方案的设计与实现离不开"原材料"，在金融工程中，原材料主要可分为两大类：基础性产品与金融衍生产品。基础性产品主要包括股票、债券、外汇、贵金属、大宗商品、农产品、信用等。金融衍生产品可分为远期、期货、互换和期权四类。金融衍生产品是本书要介绍的主要内容。尽管只有四种衍生产品，但正如普普通通的水泥与砖瓦，因为设计与结构不同，可以建成无数种不同样式的建筑物，由于组合方式、结构、比重、头寸方向、挂钩的市场要素不同，这些基础性产品和衍生产品所能造出来的产品也是变幻无穷的，如上面案例中信孚银行创造的合成股票，乃至解决国有股权私有化的一整套实施方案，也正是由于这个原因，这门技术学科才被称为金融工程。

第五，金融工程的主要技术手段就是数理和工程技术方法。金融工程的目的及内容决定了在金融工程中，既需要收益风险关系、无风险套利思维和"积木分析"等金融技术，又需要把各种基本工具组合成新型产品的系统工程思想，还需要能够综合采用诸如数学建模、数值计算、网络图解和仿真模拟等解决各种金融问题的数理和工程技术方法。金融工程还需借助先进的电子计算机和信息技术的支撑，满足及时获取和发送信息以及进行大量复杂的模拟与计算的需求，如上面案例中信孚银行要对其创造的合成股票进行定价，要对这一股权改革的整体方案的风险与收益进行预先的评估等。因此，金融工程被认为是一门将工程思维引入金融领域，融现代金融学、数理和工程方法、信息技术于一体的交叉型学科。

第六，从上面的案例中，我们还可以理解著名经济学家斯科特·梅森（Scott P. Mason）和罗伯特·默顿将金融工程处理问题的程序分解为五个步骤的做法。

步骤一：诊断。识别金融问题的实质和根源。例如，案例1-1中问题的实质是员工不愿承担风险和缺乏资金。

步骤二：分析。根据现有的金融市场体制、金融技术和金融理论找出解决这个问题的最佳方法。例如，案例1-1中由信孚银行提出的按1∶9的比率向员工提供的融资方案，以及了解到法国证券市场的一些机构投资者想要持有该公司股票，只是由于政府的限制而不能如愿。

步骤三：生产。创造一种新的金融工具，也可以推出一种新型的金融服务，或者是二者的结合。例如，案例1-1中，信孚银行在兼顾多方利益的基础上，创造性地设计融资方案并采取合成股票等一整套的金融策略，满足交易各方的需求。

步骤四：定价。通过各种方法决定这种新型金融工具或服务的内在价值，并以高于该价值的价格销售给客户。或是能以更低的成本达到其他方式能达到的经营目标，或是能够实现已有的工具和技术无法实现的目标，前者使市场更有效率，后者使市场更加完全，并由此提高资源配置中的经济效益，推进交易的顺利进行。例如，案例1-1中创造的合成股票及要求员工持股的最短期限、溢价部分的分配比率（2/3∶1/3）等都要经过复杂的计算才能确定下来。

步骤五：修正。根据客户特定的要求和所遇到的特殊困难，对基本工具和产品进行修正，使之更能满足具体客户的需求。

三、金融工程要解决的主要问题

在金融工程的整个运作过程中，始终围绕其所要解决的金融问题及所要达到的目标与策略展开。所要解决的问题主要有两个：一是要规避金融机构和企业所面临的金融风险；二是从金融市场的波动中获取收益。金融工程的核心问题依然是资产定价和风险管理，具体而言，表现在以下几个方面：

1. 风险分散和转移

市场活动总是和风险相伴。金融工程处理市场风险有两种方式：一种是通过持有多种资产来分散风险；另一种是设法将风险转移出去。人们对待风险的态度不同：大多数人是风险规避者，希望分散和转移风险；有一部分人是风险中立者，对风险采取无所谓态度；少数人是风险偏好者，为获取高收益不惜承担高风险。金融工程正是利用了这一点，将部分客户不愿承担的风险部分或全部"卖"给另一部分客户。这样，风险的分配都限于各方可接受的程度，社会总效益得到提高。

2. 套期保值、投机与套利

套期保值是指投资者在现货市场上已有一定的风险暴露，因而运用金融衍生品的相反头寸对冲已有风险的风险管理行为。投资者无论是已经持有某现货资产，还是预期在未来的某个时刻将会持有该资产或需要购买该资产，该资产的价格变动都可能给投资者带来风险，都可以看作投资者对该种资产有一定的风险暴露。此时，若投资者持有一定比例的相应金融衍生品的相反头寸，则现货和衍生品的盈亏可以相互抵消，从而消除现货市场的风险。

投机是指投资者根据对市场的判断，把握机会，利用市场出现的价差进行买卖并从中获得利润的交易行为。投机者可以"买入资产"，也可以"卖空资产"。投机与套期保值恰好相反，投机不是规避风险，而是接受或利用风险；不是要尽量减少损失，而是要最大限度地追求利润。金融市场中各种资产价格的不断波动恰好为投机者追求利润创造了条件。投机的目的很直接，就是获得价差利润。

套利是投机活动的更高级、更复杂的形式，它是利用金融资产在不同品种、不同市场、不同风险、不同税收之间存在的价格差异，来套取收益的一系列交易活动。金融工程所要做的就是为这些套利活动提供精确的分析、最好的金融工具和最佳的决策方案。跨商品套利是指在不同商品或证券未来价格变动不一致时，通过买进某一既定交割月份的某一种商品或证券的期货合约，同时卖出同一交割月份的另一种商品或证券的期货合约，而从中获利的行为。跨市场套利是利用同一商品或证券期货在不同交易所的价格的差异而进行的套利。跨期套利是指利用同一市场、同一商品或证券期货在不同交割月份的价格变动幅度的不一致所进行的套利。风险套利是利用风险分布的不均衡进行的套利。税收套利是利用不同主体税赋水平的差异进行的套利。在进行套利交易时，投资者关心的是合约之间的相互价格关系，而不是绝对价格水平。投资者买进自认为价格被市场低估的合约，同时卖出自认为价格被市场高估的合约，从两份合约价格间的关系变动中获利。

虽然投机与套利的目的都是获得投资收益，但二者在交易方式、利润来源、风险程度、交易成本等方面存在本质的差异：投机交易是在一段时间内对单一期货合约建立多头或空头头寸，即预期价格上涨时做多，预期价格下跌时做空，在同一时点上单方向交易，利用单一期货合约价格的波动赚取利润。套利交易则是在相关期货合约之间或期货与现货之间同时建立多头和空头头寸，在同一时点上双向交易，利用相关期货合约或期货与现货之间的相对价格差异套取利润。投机交易承担单一期货合约价格变动风险，而套利交易承担价差变动风险。由于相关期货合约价格变动方向具有一致性（期现套利中，期货价格和现货价格的变动方向也具有一致性），因此价差变动幅度通常小于单一期货合约的价格波动幅度，即套利交易相对投机交易所承担的风险较低。因此，国际上，期货交易所为了鼓励套利交易，通常针对套利交易收取较低的保证金，而针对投机交易收取较高的保证金。

第二节 金融工程的产生和发展

金融工程的蓬勃发展是20世纪60年代之后开始的，它实际上是伴随着几十年来世界经济发展环境的深刻变化及风靡全球的金融创新浪潮发展起来的。同时，金融理论和技术的发展为金融工程的迅速发展提供了有力的工具和手段，而信息技术的进步则成为支持金融工程发展的强大技术平台。

一、日益动荡的全球经济环境

20世纪60年代以前，整个世界经济大多数时候处于比较稳定的状态。然而，由于1973年10月第四次中东战争爆发，为打击以色列及其支持者，石油输出国组织的阿拉伯成员国当年 12 月宣布收回石油标价权,并将其基准原油价格从 3.011 美元提高到 10.651 美元,从而触发了二战后最为严重的全球性经济危机。石油危机突然改变了石油这个基础性商品的长期价格,带动了其他基础原材料商品的价格上涨,成为商品市场价格波动的重要来源。1973 年,以美元为基础的固定汇率制度——布雷顿森林体系崩溃,浮动汇率成为国际外汇市场的主要汇率形式;在金融领域,物价波动造成了名义利率与实际利率脱节,加上金融自由化的趋势,利率波动也相应增大;经济全球化和许多新兴市场国家的迅速兴起,改变了原有的经济格局,带来了经济发展的不确定性;信息技术的进步使市场主体对信息的获取、处理和反应速度迅速加快,引起许多市场的价格波动速度加快、频率提高、幅度增大。这些因素引发的价格波动使市场主体所面临的风险增大,对风险管理技术和风险管理工具的需求也相应扩大,成为推动金融工程技术及衍生证券创新和发展的重要因素。

二、鼓励金融创新的制度环境

20 世纪 30 年代的世界经济危机带来了西方国家数十年的严格金融管制。但随着全球经济环境的变化,很多金融管制措施已经不再适用。因此,20 世纪 80 年代以后,西方各国纷纷放松金融管制,鼓励金融机构业务交叉经营、平等竞争,形成了一股金融自由化的改革潮流。在此过程中,金融机构之间的竞争日趋激烈,具有足够的创新能力、准确计算能力和风险管理能力,已经成为金融机构生存与发展壮大的基本准则。这极大地促进了金融工程技术和衍生证券的发展。与此同时,面对金融创新层出不穷的市场情况,西方主要国家的金融监管当局大多采取了不轻易否定创新并根据市场情形不断修改监管规则的态度与原则。相应地,市场主体又会根据新的监管规则进行再创新,满足市场需求,由此形成了促进而非遏制金融工程发展的监管—创新—再监管—再创新的良好正反馈过程。

值得一提的是,在金融工程的发展过程中,很多创新都是不对称税收环境催生的结果,这一点在税收制度比较发达完善的国家(如美国)尤其突出。由于不同的收入来源常常按照不同的税率征税,如资本收益和劳动所得、利息和股息、资本利得、个人收入和公司收入、企业收益分配和收益留成、本国收入和国外收入等,因此必然产生合理避税的需求,从而引发了能够在不同形式的收入之间进行转换的金融产品创新。事实上,由于政府常常根据经济状况改变税率结构,也就为金融工程技术的运用和产品的创新不断提供新的动力来源,在一定程度上促进了金融工程的发展。

三、金融理论和技术的发展

金融工程的诞生与发展,离不开 20 世纪 50 年代开始出现的现代金融理论的发展,而现代金融理论的发端是马柯维茨在 20 世纪 50 年代早期提出的证券组合理论。

1952 年,哈里·马柯维茨(Harry Markowitz)发表了著名的论文《证券组合分析》,为衡量证券的收益和风险提供了基本思路。他利用概率论和数理统计的有关理论,构造了一个分析证券价格的模型框架。在马柯维茨的模型中,证券的收益是个随机变量,证券的预期收益率和风险可以用这个随机变量的数学期望和方差来度量。从一般的心理分析出发,马柯维茨假定理性投资者都具有厌恶风险的倾向,从而在收益一定时采用风险最小的投资行为,即在他的模型中投资者在收益率一定时追求最小方差的投资组合。在一系列理论假设的基础上,马柯维茨对证券市场分析的结论是:在证券市场上存在有效的投资组合。这一理论为金融业界努力寻找这种组合提供了理论依据,其分析框架成为构建现代金融工程理论分析的基础。20世纪60年代,马柯维茨的思想被人们广泛接受,其他学者进一步发展了他的理论,金融从业人员也开始应用这些理论进行资产组合和套期保值,并用定量化的工程思想指导金融业务。

继马柯维茨之后,威廉·夏普(William Sharp)提出了马柯维茨模型的简化方法——单指数模型。1964年,夏普与简·莫森(Jan Mossin)、约翰·林特纳(John Lintner)等一起提出了资本资产定价模型(Capital Asset Pricing Model,CAPM),这一理论与套利定价理论(Arbitrage Pricing Theory,APT)标志着现代金融理论走向成熟。史蒂芬·罗斯(Stephen A. Ross)于1976年提出的套利定价理论源于一个非常朴素的思想,那就是在完善的金融市场上,所有金融产品的价格应该使这个市场体系中不存在可以让投资者获得无风险套利的机会。如若不然,对套利机会的追寻将推动那些失衡的金融产品的价格恢复无套利均衡的状态。在此之前,对于金融产品的价格,特别是瞬息万变的有价证券的价格,人们一直感到其具有一种神秘的色彩。人们认为这些价格是难以捉摸的。CAPM和APT模型给出了包括股票在内的基本金融工具的理论定价公式,它们既有理论依据又便于计算,从而得到了人们的广泛认同。根据这两个模型计算出来的金融产品的理论价格也成了金融实务中的重要参考。

1958年,弗兰科·莫迪利安尼(Franco Modigliani)和默顿·米勒(Merton Miller)在《美国经济评论》上发表论文《资本成本、公司财务与投资理论》,提出了现代企业资本结构理论的基石MM定理(Modigliani-Miller Theorem),该理论成为现代金融理论的一个重要支柱。

20世纪70年代,美国经济学家罗伯特·默顿在金融学的研究中总结和发展了一系列理论(如1970年的默顿模型、1973年的多时间段资本资产定价模型),为金融学的工程化发展奠定了坚实的数学基础。1973年,费希尔·布莱克(Fisher Black)和迈伦·斯科尔斯(Myron Scholes)在美国《政治经济学杂志》上发表了著名论文《期权与公司债务定价》,成功推导出期权定价的一般模型,为期权在金融工程领域内的广泛应用铺平了道路,成为金融工程研究领域中最具革命性的里程碑式成果,是现代金融理论的重大突破。同一时期,默顿放宽了公式中无风险利率和资产价格波动率为恒定的假设,将该模型扩展到随机性的情况。布莱克、斯科尔斯和默顿的工作,为期权等衍生品交易提供了客观的定价依据,促进了金融衍生工具的极大发展。斯科尔斯和默顿因此获得了1997年诺贝尔经济学奖。

布莱克-斯科尔斯-默顿期权定价模型问世以后,金融学者对模型的适用条件做了更完善的补充和修正。例如,考克斯(Cox)、罗斯和鲁宾斯坦(Rubinstein)提出用二项式方法来计算期权的价格;罗尔(Roll)运用连续时间定价法给出了证券支付红利时的看涨期权定价公式;布雷纳(Brenner)和格莱(Calai)研究了期权提前执行时的平价关系等。

20世纪80年代,达莱尔·达菲(Darrell Duffie)等人在不完全资本市场一般均衡理论方面的经济学研究为金融工程的发展提供了重要的理论支持,将现代金融工程的意义从微观的角度推到宏观的高度。他们的工作从理论上证明了现代金融工程的合理性及其对提高社会资本资源配置效率的重大意义。他们证明了金融工程不仅有价值转移的功能，还可以通过增加市场的完全性和提高市场效率而创造价值。金融工程所代表的金融活动的工程化趋势不仅为金融业本身带来益处，而且为整个社会创造了效益。20世纪90年代，信用风险模型成为金融工程领域的最新发展趋势，其中的结构模型是在1974年罗伯特·默顿提出的公司债期权分析框架的基础上发展起来的。该模型认为，公司的债务可以视为同等条件的无风险债券与基于公司价值、执行价为到期清偿值、到期日为债务到期日的欧式看跌期权空头的组合。罗伯特·杰罗（Robert Jarrow）、达莱尔·达菲、肯尼斯·辛格顿（Kenneth J. Singleton）和斯图尔特·特恩布尔（Stuart Turnbull）等学者提出的简化模型则与结构模型截然不同。这类模型并不考虑违约发生的原因与经济机理，而是假定违约事件的发生具有一个外生的违约概率，该违约概率与违约损失率的乘积为信用风险溢酬，从而将无风险利率期限结构模型中的无风险利率替换为带有违约调整的短期利率，采用与无风险资产相类似的方法为有违约风险的资产定价，导出信用风险债券的价格。信用风险理论模型的发展为信用风险管理和信用衍生产品的发展奠定了重要的基础。1995年后，信用衍生产品市场经历了爆炸性的增长。

总之，金融理论的发展一直遵循这样一种趋势，那就是尽快将工程技术领域和基础自然科学领域的最新进展应用于金融领域，这对于推动金融工程发展的作用不容质疑。值得一提的是，这种推动作用是建立在对收益和风险进行分析的基础上的。

四、信息技术进步的影响

信息技术的进步对金融工程的发展起到了根本性的支撑作用，为金融工程的研究和应用提供了强有力的工具和手段。信息技术的发展还通过影响其他环境因素或与其他因素共同作用，对金融工程产生综合而深远的影响。

对金融工程的发展起到最显著的推动作用的信息技术包括计算机的大规模运算和数据处理能力以及远程通信技术。高速微处理器、个人电脑、网络系统、先进的数据输入技术等计算机硬件设备应用于金融领域，引起了一系列深刻的变革。通信技术的发展使信息在全球范围内的迅速传播成为现实，使世界金融市场通过信息连成一体；软件技术的发展则使计算机与通信技术更直接、更充分地服务于金融工程，各种大规模的计算和分析软件包（包括近似计算和仿真计算），为金融工程提供了开发和实施各种新型金融产品、解决金融和财务问题的有效手段。例如，计算机与证券分析软件的使用，使涉及多边的复杂金融交易成为可能，从而促进了货币互换和利率互换等金融衍生工具的发展。又如，在进行股票指数期货交易时，可以将复杂的运算关系编成程序，并通过计算机系统和通信端口获取实时数据和交易信息，这种交易策略被称为程序化交易。此外，各种新型期权产品的交易更是离不开计算机软件技术和仿真技术。自动化和人工智能技术在金融工程中也有一定的应用，例如在信用分析和市场模拟等方面都取得了较好的研究和应用成果。

信息技术的发展及其在金融系统的广泛应用，降低了交易成本和信息成本，极大地提高了金融市场的效率，各种新型金融产品的投放又增强了金融市场转移和重新配置风险的能力，极大地增加了市场的完全性，从而加强了市场抵御和防范金融风险的能力。但信息技术的进步在使市场获取的数据急剧增加、获取信息的速度极大加快的同时,也使个别市场上的异常交易价格迅速蔓延到周边乃至世界市场,加剧了全球市场价格的波动性,从而使交易者对价格风险的防范提出了更高的要求,对金融工程和衍生产品产生了巨大需求。

五、市场追求效率的结果

除了外部环境的因素,金融工程的产生与不断发展也是金融市场交易者追求效率的结果,在本质上反映了市场追求效率的内在要求。交易者在投资、融资的运作过程中,特别是在追逐利润和防范风险的过程中,常常会产生暂时无法满足的市场需求。市场经济的规律绝不会长期漠视这种供给空缺的存在。当客户有了新的交易需求时,金融机构在利益最大化的驱动下,会开发新的金融产品和金融技术,填补这些供给空白,推动金融产业不断发展。当工程技术方法大规模运用于金融产品的开发、设计、定价和风险管理时,金融产品的"生产模式"便由传统的、缓慢的"手工作坊"式向"机器化大生产"转变,满足市场新兴需求的周期大为缩短。因此,在市场效率得到提高的过程中,金融工程得以诞生和发展。层出不穷的金融产品,无一不是随着这样的市场需求的出现由人们通过金融工程的方法创造出来的。因此,市场主体在投资、融资过程中对效率的追求以及金融机构在满足客户需求方面对自身效率的追求,推动金融工程不断发展。1991年国际金融工程师协会(IAFE)成立,从而催生了金融工程师这一职业。

金融工程的广泛应用又切实提高了金融市场的效率。首先,金融工程创造的新型金融工具丰富了投资者的选择,使投资者能够构建富有个性的投资组合,从而最大限度地把潜在的资金供给者吸引到金融市场上来,减少了社会金融资源的闲置,同时提高了资金供给者的收益;其次,金融工程创造出来的新型金融工具和融资手段,使企业多元化的资金需求得到满足,降低了其融资成本,提高了社会的融资效率;最后,金融机构运用工程的方法提供了大量有特色的金融工具、金融服务、交易方式和融资技术等金融创新成果,从数量和质量两个方面提高了交易者需求的满足程度,从而增强了金融机构的服务功能并提高了运作效率。在宏观层面上,金融工程的出现提高了金融市场的组织和设备的现代化程度,使市场的价格能够对所有可得的信息作出迅速灵敏的反应,提高了价格的合理性和价格机制的作用力。此外,金融工程提供的上述金融产品也有助于降低交易成本,提高金融市场的活跃程度。

投资者和融资者的交易效率、金融机构的服务效率构成金融市场效率的基本方面。因此,所有市场参与者在追求市场效率的过程中推动了金融工程的产生,而金融市场效率的提高与金融工程的发展相互促进、相辅相成,又推动了整个金融业的发展。

第三节 金融工具

金融工程对特定金融问题的创造性的解决方法,所依赖的基本的金融工具包括原生金融工具(如股票、债券等)和衍生金融工具(derivative instrument)。衍生金融工具是指其未来回报依赖一个潜在的证券、商品、利率或指数的价值的合约,而这一潜在的证券、商品、利率或指数就称为标的(基础)证券或标的资产。根据标的资产的性质不同,衍生产品可以分为商品衍生产品和金融衍生产品。商品衍生产品以小麦、石油等商品作为标的资产,金融衍生产品以证券、利率或指数等金融资产或金融变量作为标的资产。

新的金融产品或工具大多是在灵活应用和有效组合这些已有的金融工具的基础上被设计与开发出来的,尤其是在对远期、期货、互换、期权等金融衍生工具的应用和组合上,更显示出金融工程的巨大创造力。下面将对这几种主要的金融衍生工具做简要介绍。

一、远期

远期合约(forward contracts)是指交易双方约定在未来某一个确定的时间,按照事先商定的价格买卖一定数量的某种标的资产的合约。也就是说,交易双方在合约签订日约定交易对象、交易价格、交易数量和交易时间,并在这个约定的未来交易时间进行实际标的资产的交割和资金收付。远期合约是相对即期合约来说的,即期合约是指立刻就要买入或卖出资产的合约。

远期合约的交易双方分别为远期合约的多方和空方。远期合约的多方(多头)是指在未来约定的时间买进标的资产的一方。与之相对应,远期合约的空方(空头)是指未来出售标的资产的一方。多方的交易方式称为"做多",多方认为标的资产的价格会上涨,提前锁定标的资产未来的买入价格;空方的交易方式称为"做空",空方认为标的资产的价格会下降,提前锁定标的资产未来的卖出价格。

远期合约一般是由买卖双方根据自身的需要直接谈判交易,即它是"定制的",而不是标准化的。由于缺少市场流动性所要求的范式合约格式,远期的二级市场难以发展起来。因此,远期合约既能消除经济中的不确定性,又由于每笔交易的特殊性太强,较难找到符合条件的交易对手,签订后再转让也比较麻烦,必须履行交割义务。而且远期合约缺乏对交易对手信用风险的强有力的约束,如果到期时交易对手违约,则会遭受相应的损失。

【例1-1】 在经济日益全球化的今天,很多公司经常使用远期外汇合约来规避汇率风险。例如,一家美国公司预计3个月后会有100万英镑的收入,而其预期未来英镑会贬值。因此,该公司与一家银行签订了一个远期合约,合约约定在第180天公司以每英镑兑1.678美元的价格卖出100万英镑。这个远期合约的多方(合约中约定购买英镑的一方,银行)有权利也有义务以每英镑1.678美元的价格买入100万英镑,支付167.8万美元,而空方(合约中约定出售英镑的一方,公司)同样有权利也有义务以每英镑1.678美元的价格卖出100万英镑,收到167.8万美元。那么远期合约未来给交易双方带来的回报是多少呢?

解:由于英镑在第180天有两种可能性:升值或贬值。假定在第180天时,英镑升值为1.778美元,对于多方而言,远期合约给其带来的回报是10万美元;若英镑的价格贬值为1.578美元,远期合约给其带来的回报则为-10万美元;当然对于空方正好相反。由此可以看出,远期合约是一种衍生工具,取决于未来标的资产的价值。在远期合约到期时,一方盈利一方亏损,多方的盈利必然是空方的亏损,空方的盈利也必然是多方的亏损,且数额相等(见图1-2)。

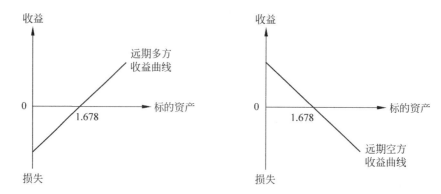

图 1-2 远期合约多方和空方的收益

二、期货

期货合约(futures contract)是指由期货交易所统一制定的、规定在将来某一特定的时间和地点交割一定数量与质量的实物商品或金融资产的标准化合约。期货合约是期货交易者与期货交易所或清算所签订的具有严格法律效力的协议,合约双方约定的未来标的资产交易的价格称为期货价格,合约双方约定的进行标的资产交割的指定日期称为交割日或到期日。由于期货合约是标准化合约,期货合约的买卖双方(多方、空方)只能根据市场的交易情况确定自己未来买卖标的资产的价格,即竞价确定期货的价格。期货合约和远期合约本质上是相同的衍生产品,主要区别在于期货是在场内进行交易的标准化合约,流动性较强,采用公开竞价、保证金和逐日盯市等制度,较好地防范了交易者的信用风险。

世界上最大的期货交易所是 CME 集团。中国的期货交易所包括大连商品交易所、郑州商品交易所、上海期货交易所和中国金融期货交易所,其中大连商品交易所、郑州商品交易所和上海期货交易所主要交易的是商品期货,如玉米、聚乙烯、普麦、甲醇、铜、铝、原油、天然橡胶等,中国金融期货交易所交易的主要是金融期货,如股指期货、国债期货等。

三、互换

互换合约(swap contract)是一种交易双方按照商定条件,在约定的时间内相互交换一系列现金流的合约。互换可以看作一系列远期的组合。互换的具体对象可以是不同种类的货币、债券、利率、汇率、价格指数等。互换合约最常见的形式是利率互换和货币互换。

1. 利率互换

利率互换是指交易双方约定在未来的一定期限内,按约定的名义本金和计息方式,用同一种货币各自向对方支付固定利息和浮动利息。在利率互换中,没有实际本金的交换,本金只是为了计算利息额而设定的,在实际结算时,通常只按双方应支付的差额部分进行清算。

2. 货币互换

货币互换是指交易双方约定在未来的一定期限内，按约定的本金额和利率，相互交换不同的货币与利息。与利率互换相比，货币互换的主要特点是，交易双方所支付款项币种不同，而且交易中要发生本金的交换。交易双方的利息支付可以同时采用一种计息方式，如双方都以浮动利率支付或都以固定利率支付，也可采用不同的计息方式，如一方以浮动利率支付而另一方以固定利率支付。

四、期权

期权是一种选择权，期权的买方向卖方支付一定数额的期权费后，拥有在一定时间内以一定的价格购买或出售一定数量的标的资产的权利，但不负有必须买进或卖出的义务。期权交易事实上就是这种权利的交易，即对标的资产的"买的权利"或"卖的权利"进行买卖而签订的合约。买方购买这种选择权必须付出费用，这个费用就是其向卖方支付的期权费或权利金。对于期权交易的双方而言，合约的买方希望在出现有利于自己的市场价格时，行使买入或卖出标的资产的权利，获取合约约定的标的资产价格与标的资产市场价格的差额收益，当出现不利于自己的市场价格时，合约的买方会放弃行使权利，将损失锁定在期权费的水平；合约的卖方希望出现不利于买方的市场价格，只要买方放弃行使权利，收取的期权费就会成为卖方的实际收益。

期权合约有许多种类，根据选择权中买或卖的标的资产是实物商品还是证券、期货合约等金融商品，期权合约分为商品期权和金融期权，金融期权又可根据相关金融商品的不同，进一步分为货币期权（外汇期权）、利率期权、股票期权、股票价格指数期权等；根据期权的买方行使权利的时限不同，分为欧式期权和美式期权；根据合约赋予期权买方权利的性质不同，分为看涨期权（call option）和看跌期权（put option）。看涨期权，又称买权，是合约购买者拥有从合约卖出者那里买进某种标的资产的权利；看跌期权，又称卖权，就是合约购买者拥有向合约卖出者售出某种标的资产的权利。看涨期权赋予期权购买者买进标的资产的权利，当期权购买者预测某种标的资产的未来市场价格将会上涨时，就会向期权出售者购买对这种标的资产的看涨期权，若标的物的市场价格果真上涨到超过执行价格加期权费的水平，执行期权即可获利；若市场价格未超过执行价格，执行期权就会发生损失，此时期权买方放弃执行期权，即可将损失锁定在期权费的水平（见图1-3）。

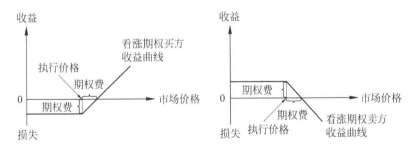

图1-3　看涨期权买方和卖方的收益

看跌期权或卖权赋予期权购买者卖出标的资产的权利，当期权购买者预测某种标的资产的未来市场价格将会下跌时,则向期权出售者买入这种标的资产的看跌期权,若标的资产的市场价格果真下跌到执行价格之下,执行期权即可获利;若市场价格未低于执行价格,执行期权就会发生损失,此时放弃执行期权,即可将损失锁定在期权费的水平(见图1-4)。

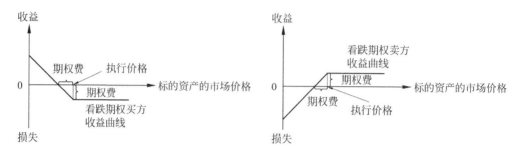

图1-4 看跌期权买方和卖方的收益曲线

无论是看涨期权还是看跌期权,对于期权的卖出者来说,买入者的收益就是他的损失,买入者的损失就是他的收益。由于买入者的收益取决于标的资产市场价格的变化情况,是没有限定的,因此卖出者的损失也就没有限定;又由于买入者的损失最大限度是期权费,因此就决定了卖出者的最高收益水平只能是其收取的期权费。简单地说,在期权合约中,期权买入者的收益可能无限而损失有限,期权的卖出者损失可能无限而收益有限。

【例1-2】 一个投资者购买了一份基于戴尔公司股票的期权合约,该合约规定投资者在支付每股1.40美元的期权费后,就可以获得在一个月后以每股32.5美元的价格买入100股戴尔股票的权利。一个月后,若股价上涨到35美元,该期权合约给期权买方带来的收益是多少?一个月后,若股价下跌到32.5美元以下,期权买方的损失是多少?

解:由题目给出的期权合约可知,如果该期权到期时,戴尔股票的价格上涨到35美元,那么期权买方的回报为$(35-32.5-1.40)\times100=110$美元;如果到期时,戴尔股票的价格下跌到32.5美元或以下,期权买方可以放弃执行期权,他损失的是140美元的期权费。

第四节 金融工程的基本分析方法

金融学在研究方法上完全从经济学中独立出来,是以20世纪50年代后期弗兰科·莫迪利安尼和默顿·米勒在研究企业资本结构和企业价值的关系时提出的"无套利"(no-arbitrage)分析方法为标志的,这才是现代金融学的真正的方法论革命。

金融工程在解决现实生活中遇到的各种金融问题时,需要将各种基本工具和金融衍生工具组合成新型的"个性化"的产品,并且要为这种产品定价,其基本的分析方法有无套利均衡分析法、风险中性定价法、状态价格定价法和积木分析法等。

一、无套利均衡分析法

1. 现金流

在现实经济生活中,任何一项经济活动都可以用其产生的现金流来分析和描述。个人和家庭的生活消费、企业的生产经营、政府机构的运转等都会有现金流与之相随,在金融领域的表现则更为密切。简单地说,现金流就是支出和收入的款项,收入款项形成了现金流入,而支出款项则形成了现金流出,用现金流描述资金的流动是一种清晰、方便的做法。现金流通常由三部分构成:一是现金流的大小和数量;二是现金流的方向;三是现金流发生的时间。缺少任何一个部分,在金融和财务上都没有意义。在现金流分析中,不但要考虑现金流入与流出的数额,而且必须考虑每笔现金流发生的时间,同样金额的现金流入或流出在不同时点上的金融意义完全不同。

现金流量图是用图形和数字表示资金随时间变化的图。作图时横轴指向右方,代表时间的增加,横轴上的坐标代表各个时间点,从各个时间点引出的总线箭头表示发生在该时间点的现金流量。箭头朝上表示资金的流入,箭头朝下表示资金的流出,流量大小由箭头旁边的数字表示。

如图1-5所示的现金流量图,表示在0时刻有600单位的现金流出,在1、2时刻各有500单位的现金流入。

现实中,经济活动的周期有长有短,但一般来说,大多数经济活动持续的时间较长。用来描述某一特定经济活动的现金流往往表现为一个在时间上有先后顺序的现金流序列或收支序列。现金流序列可能是确定的,但更多的现金流序列可能是不确定的。现金流序列的确定性分析与研究是财务金融的重要内容。现金流序列的确定性越

图1-5 现金流量

大,与其相关的经济活动的风险就越小。现金流的分析和研究不仅在金融学中具有价值,在企业管理学和会计学中也具有重要价值。

2. 套利

套利是指利用一个或多个市场存在的资产价格差异,通过买低卖高,在不冒任何损失风险且无须自有资金的情况下获取利润的行为。严格来讲,套利有三大特征:

(1)无风险——套利活动在无风险的状态下进行;

(2)复制——套利的关键技术是所谓的"复制"技术,即用一组证券来复制另外一组证券;

(3)零投资——套利活动的即时现金流为零。

这种自融资组合只有在市场处于不均衡状态时,才会赚取无风险利润。市场价格也必然会由于套利行为作出调整,相对价格过低的资产价格会因买入者较多而回升,而相对价格过高的证券价格则会因为卖出者较多而下降,因而回到合理的价位,即均衡价格,套利者即因此获利。套利力量又会推动市场重建均衡,市场一回到均衡状态,套利机会随即消失,从而形成无套利条件下的合理证券价格。当然,构建套利组合必须是在市场条件允许的情况下进行,比如允许卖空。复制技术和卖空机制是无套利分析方法的核心。

【例1-3】 假设三种零息票债券的面值都为100元,其当前的市场价格分别为1年后到期的零息票债券的当前价格为98元、2年后到期的零息票债券的当前价格为96元、3年后到期的零息票债券的当前价格为93元,并假设不考虑交易成本和违约情况。

(1) 如果债券 A 的息票率为 10%,1 年支付 1 次利息,期限为 3 年。债券 A 当前的市场价格应该是多少?

(2) 如果债券 A 当前的市场价格是 120 元,是否有套利机会?如果有,如何套利?

解:对于第一个问题,我们先看一下债券 A 的现金流情况。假设债券的面值为 100 元,息票率为 10%,则在第 1 年年末、第 2 年年末和第 3 年年末的利息均为 $100 \times 10\% = 10$ 元,在第 3 年年末,还有面值 100 元的支付。现金流如图 1-6 所示。

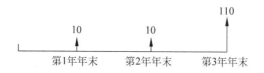

图 1-6 债券 A 的未来现金流

根据图 1-6,可以构造如下的债券组合:

(1) 购买 0.1 份的 1 年后到期的零息票债券,其第 1 年年末的现金流为 $100 \times 0.1 = 10$ 元;

(2) 购买 0.1 份的 2 年后到期的零息票债券,其第 2 年年末的现金流为 $100 \times 0.1 = 10$ 元;

(3) 购买 1.1 份的 3 年后到期的零息票债券,其第 3 年年末的现金流为 $100 \times 1.1 = 110$ 元。

该债券组合的当前价格为 $0.1 \times 98 + 0.1 \times 96 + 1.1 \times 93 = 121.7$。

这样的一个债券组合未来三年的现金流与如图 1-6 所示的债券 A 的现金流完全一样,因此该债券组合就是债券 A 的复制品,可以将债券 A 视为债券组合的被复制品。

对于第二个问题,债券 A 的当前价格为 120 元,小于其复制品债券组合的价格 121.7 元,显然债券 A 的价值被低估了,因此存在套利机会,具体的套利策略为:买入价格偏低的债券 A,卖出价格偏高的复制组合,即

(1) 买进 1 份息票率为 10%,1 年付息 1 次且 3 年后到期的债券 A;

(2) 卖空 0.1 份的 1 年后到期的零息票债券,在第 1 年年末用债券 A 得到 10 元利息进行支付;

(3) 卖空 0.1 份的 2 年后到期的零息票债券,在第 2 年年末用债券 A 得到 10 元利息进行支付;

(4) 卖空 1.1 份的 3 年后到期的零息票债券,在第 3 年年末用债券 A 得到 10 元利息加 100 元的本金进行支付。

根据上面的分析可知,这样的套利策略现在即可确保 $1.4(=121.7-120)$ 元的无风险利润。

3. 无套利均衡分析法的基本思想

无套利是指市场上不存在套利机会。无套利分析也称为无套利均衡分析,是金融工程的基本分析方法。

金融研究的一项核心内容是对金融市场中的某项"头寸"(头寸是指对某种金融资产的持有或短缺)进行估值和定价。分析的基本手段是将这项头寸与市场中其他金融资产

的头寸组合起来,建立一个在市场均衡时不能产生无风险利润的组合头寸,由此测算出该头寸在市场均衡时的价值即均衡价格。也就是说,在金融市场中任意选取一项金融商品,如果可以找到另外一些金融商品,按适当的比重把它们组合起来,使该组合在未来任何情况下产生的现金流都与原来的那个金融商品未来的现金流相同,则这个组合就成为原来那个金融商品的复制品,原来那个金融商品就是这个组合的被复制品。在市场均衡的条件下,复制品与被复制品的市场价值(均衡价格)应该相等,如果不相等,就会出现无风险的套利机会,说明市场处于非均衡状态。此时通过买低卖高,买进卖出差价就是套取到的无风险利润。因为多头与空头二者未来的现金流在任何情况下都完全相同,复制组合的头寸与被复制组合的头寸实现完全的对冲,对空头承担的未来偿付现金流的责任完全可以用多头在未来获得的收入现金流来抵补,在任何情况下都不会发生问题。套利力量将会推动市场重建均衡,市场一回到均衡状态,套利机会随即消失,市场的效率越高,重建均衡的速度就越快,而在市场均衡时是不存在套利机会的,这就是无套利均衡分析的依据。

  金融市场是一个复杂的系统,尽管市场个体的偏好存在差异,但只要有套利机会,不管风险厌恶程度如何,理性的市场参与者总会设法利用该机会最终使套利机会消失,由此决定的市场均衡状态和资产的均衡价格与市场个体的偏好无关。因此,从一定意义上说,无套利均衡原理抓住了金融市场均衡的本质特征。

  事实上,无套利均衡思想并非新鲜事物,经济学或传统金融学研究中均可见其踪影,经济学中的"一价定律"就是一个例子。不过,如此系统、精妙地将无套利均衡分析法运用于金融领域,则应归功于金融工程学的发展。无论是资产头寸的构建和金融结构的重组,还是新型工具的定价,金融工程的诸多环节都与无套利均衡思想密不可分。在无套利均衡的思想基础上,大量金融工程产品被创造出来并得到广泛应用。例如,远期利率协议及互换等许多金融工具都可通过灵活运用无套利均衡分析来定价,在期权定价中,所构造的组合头寸动态地保持了无套利均衡特征,由此导出著名的布莱克—斯科尔斯微分方程。因此,"无套利均衡"是金融工程的总纲领,对于无套利均衡思想的深刻理解是一个金融工程师的基本素质。

4. 组合分解技术

  具体到技术层面,金融工程采用的核心技术是组合分解技术。组合技术是在同一类金融工具或产品之间进行搭配,使之成为复合型结构的新型金融工具或产品。它主要以股票、债券等基础金融资产以及远期、期货、互换和期权等衍生金融工具作为零部件,来组装具有特定流动性及收益—风险特性的金融产品;而分解技术是在原有金融工具或金融产品的基础上,将其构成因素中的某些高风险因子进行剥离,并重新配置,使之具备特定的风险管理功能,使剥离后的各个部分作为一种独立的金融工具或产品参与市场交易,达到既消除原生金融工具与产品的风险,又适应不同偏好投资人的实际需要的目的。典型的例子有 TIGR(Treasury Investment Growth Receipt)和 CATS(Certificate of Accrual on Treasury)。TIGR 是美林公司(Merrill Lynch)1982 年推出的第一份具有本息分离债券性质的产品,主要用于替代付息国债。当时,付息国债虽然有固定的利息收入,可以得到复利的好处,但投资者由于信息不对称、交易成本太高及利息变动的不确定性,面临再投资成本和利率风险。而将付息国债转换为零息票债券的 TIGR 较好地解决了上述问

题。其具体做法如下:

(1) 美林公司将美国财政部发行的付息票国债的每期票息和到期时的现金收入进行重组,转换为一系列不同期限只有一次现金流的证券,即零息票债券。

(2) 美林公司与一家保管银行就重组转换成的零息票债券签订不可撤销的信托协议,由该保管银行发行这种零息债券,经美林公司承销出售给投资者。TIGR 成功地将付息债券的本息分离,创造了零息票债券。对于发行人来说,在到期日之前无须支付利息,能获得最大的现金流好处,同时还能达到转换套利的目的,因为将固定的较长期的付息债券拆开重组为不同期限的债券,可以通过套利获得可观的收入。对于投资者来说,在到期日有一笔利息可观的连本带息的现金收入,节约了再投资成本并避免了再投资风险,而且因为到期日才收到现金和利息,能得到税收延迟和减免的好处。因此,TIGR 一经面世就受到了投资者的强烈追捧。

可见,组合分解技术是金融工具创新的基本手段,其原理就是无套利均衡分析。

5. 无套利均衡的特殊性

金融最基本的内涵是借贷,借贷关系是金融所特有的,这蕴含着金融市场具有"空头"("卖空")机制。"卖空"是先卖出商品以后再补进平仓,价格下跌就能获利,否则就会亏损。在任何市场中,借一批商品来出售实际上已经是金融行为,而借贷和"做空"(建立空头头寸)在本质上是一回事。

但借贷不是无成本的。资本成本是资本投资所需要的回报率,即预期收益率。资本成本取决于资本的使用而不是资本的来源。因为理性的投资者被认为是风险规避型的,通过市场竞争,风险高的投资要求的回报率高,资本成本就高,反之亦然。

在现代金融市场的交易机制中存在现金空头和证券空头两种空头,即业界所说的"融资"和"融券"。融资是借来现金购买金融资产,融券是借有价证券出售。融资和融券都有成本问题,成本的大小取决于用途。其用途的风险大,成本就高;用途的风险小,成本就低。

当无风险套利机会出现时,意味着金融资产的价格失衡,套利行为就会发生,套利力量推动价格复位而重建均衡。这种无风险套利均衡的机制与一般商品和服务市场的供需均衡机制相比有以下两个显著的特殊性:

(1) 空头机制的作用。对于价格被低估的证券组合或单个证券,套利者将建立现金空头,大量借入现金用于购买,从而对证券产生巨大的需求;对于价格被高估的证券组合或单个证券,套利者将建立证券空头,大量出售证券组合或单个证券,从而产生巨大的供给。因为套利是无风险的,所以无论是现金空头还是证券空头的资本成本都很低,只要求无风险回报率。这样,套利者将倾向于无限放大套利头寸,从而产生巨大的供需压力(理论上,金融商品的供给量和需求量均可以在瞬间达到无穷大),使失衡的价格迅速复位。

(2) 建立均衡过程中参与者的情况不同。在一般商品和服务市场中,一旦价格失衡,众多的供给者和需求者都会采取行动,但每位供给者和需求者都只对自己的供给量和需求量做有限范围的调整,市场将他们的调整集结起来,才会产生大的供需量的调整,从而推动价格复位。套利则不然,一旦发现套利机会,只需要少数套利者(在理论上其至只需要一位套利者)就可以利用空头机制建立巨大的套利头寸来推动失衡的价格复位。因此,套利产生的供需压力非常大,重建均衡的速度远高于一般商品和服务市场供需缺口的调整。这也就是金融市场建立均衡的效率特别高的原因。反过来,金融市场的这种特性决定了对它采用的研究方法应当有别于其他的市场,这是无套利均衡分析法的根本含义。也正因为如此,金融商品价格的变动要比其他商品或服务更为激烈和频繁,从而风险管理的重要性也更为突出。

二、风险中性定价法

如果对一个问题的分析过程与投资者的风险偏好无关,则可以将这个问题放到一个风险中性假设的世界里进行分析。在这个假想的世界里,所有投资者对于标的资产所蕴含的价格风险的态度都是中性的,既不偏好也不厌恶,并不需要额外的收益来吸引他们承担风险。在此条件下,所有证券的预期收益率都等于无风险利率,所有现金流量都可以通过无风险利率进行贴现求得现值,这就是风险中性定价原理。

【例 1-4】 假设一种不支付红利的股票目前的市价为 10 元,我们知道在 3 个月后,该股票的价格要么是 11 元,要么是 9 元。假设市场无风险收益率为 10%,一份 3 个月期协议价格为 10.5 元的该股票欧式看涨期权的价值是多少?

解: 由于欧式期权不会提前执行,其价值取决于 3 个月后股票的市场价格。如果 3 个月后股票的价格等于 11 元,则该期权的价值为 0.5 元;如果 3 个月后该股票的价格等于 9 元,则该期权的价值为 0 元。

为了求出该期权的价值,假定所有投资者都是风险中性的。在风险中性的世界中,假设股票价格上升的概率为 p,下跌的概率则为 $1-p$。这种概率称为风险中性概率,它与现实世界中的真实概率是不同的。实际上,风险中性概率由股票价格的变动情况和利率决定,即

$$e^{-0.1\times 0.25}[11p+9(1-p)]=10 \quad (1\text{-}1)$$
$$p=0.6266$$

根据风险中性定价原理得到该股票的期权价值为

$$e^{-0.1\times 0.25}[0.5\times 0.6266+0\times 0.3734]=0.31 \quad (1\text{-}2)$$

如果用无套利定价法来解决同样的问题,可以构建一个由 1 单位看涨期权的空头和 Δ 单位的标的股票多头组成的无风险投资组合。若 3 个月后该股票的价格等于 11 元,则该组合的价值为 $(11\Delta-0.5)$ 元;若 3 个月后该股票的价格等于 9 元,则该组合的价值等于 9Δ 元。为了使该组合价值处于无风险状态,选择适当的 Δ 值,使 3 个月后,该组合的价值不变,这意味着

$$11\Delta-0.5=9\Delta \quad (1\text{-}3)$$
$$\Delta=0.25$$

因此,一个无风险组合应该包括 1 单位的看涨期权空头和 0.25 单位的标的股票,无论 3 个月后股票价格等于 11 元还是 9 元,该组合的价值都等于 2.25 元。在没有套利机会的情况下,无风险组合只能获得无风险利率。设现在的无风险收益率为 10%,则该组合的价值为

$$9\times 0.25\times e^{-0.1\times 0.25}=2.19 \quad (1\text{-}4)$$

由于该组合是由 1 单位看涨期权空头和 0.25 单位股票多头组成的,目前股价为 10元,因此

$$10 \times 0.25 - f = 2.19 \tag{1-5}$$

即看涨期权的价值应为 $f=0.31$,否则就会存在无风险套利机会。

从上面两种不同的解法可以看出,风险中性定价法是利用风险中性假设,其核心环节是构造风险中性概率;无套利定价法是通过构造一个在市场均衡条件下不存在无风险套利机会的资产组合,其核心技术是现金流的复制。从例 1-4 可以看出,这两种金融产品的定价方法计算出来的结果是一样的。风险中性定价法中的风险中性概率由资产价格在投资期内预期的涨跌价格决定,而无套利定价法所构造的资产组合中,其各项资产的比例也是由资产价格在投资期内预期的涨跌价格决定的,它们都不取决于单个投资者的个人意愿和看法,而是由整个市场力量决定的。因此,二者对资产价格的定价是殊途同归的,其区别仅仅是定价思路的不同。

风险中性定价在本质上与无套利具有内在一致性。此外,要注意问题的本身与投资者的风险偏好无关,所以风险中性世界里的解也就是真实世界里的解。风险中性假定仅仅是一个纯技术假定,但通过这种假定获得的结论不仅适用于投资者风险中性的情况,也适用于投资者厌恶风险的所有情况。

三、状态价格定价法

状态价格定价法是衍生证券定价的另一种重要的定价方法,是无套利原则及组合分解技术的具体运用。状态价格是指在特定的状态发生时回报为 1 否则回报为 0 的资产在当前的价格。这类资产通常被称为基本证券(如图 1-7 所示)。如果未来时刻有 N 种状态,而这 N 种状态的价格都已知,那么只要知道某种资产在未来各种状态下的回报状况及市场无风险利率水平,就可以对该资产进行定价,这种定价方法就是状态价格定价法。

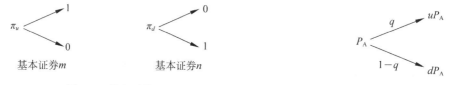

图 1-7 基本证券   图 1-8 债券 A 的价格变化

假设有一份风险债券 A,现在的市场价格是 P_A,一年后市场价格会出现两种可能的情况:市场处于上升状态时为 uP_A,市场处于下跌状态时为 dP_A,并且市场处于上升状态的概率为 q,处于下跌状态的概率为 $1-q$,如图 1-8 所示。

此时,我们可以用基本证券 $m、n$ 来复制上述的风险债券 A,即购买 uP_A 份基本证券 m 和 dP_A 份基本证券 n 组成一个证券组合。该证券组合在 1 年后无论市场处于何种状况,都会产生与债券 A 完全相同的现金流,所以可以将该组合看作债券 A 的复制品。由无套利定价原理可知,复制品与被复制品现在的市场价格应该相等:

$$P_A = \pi_u uP_A + \pi_d dP_A \tag{1-6}$$

即

$$\pi_u u + \pi_d d = 1 \tag{1-7}$$

考虑由 1 份基本证券 m 和 1 份基本证券 n 构成新的证券组合,1 年后无论出现何种状况,该组合的市场价值都将是 1 元。因此,这是一个无风险的投资组合,其收益率应该是无风险收益率(设为 r_f,连续复利),于是有

$$\pi_u + \pi_d = e^{-r_f(T-t)} \tag{1-8}$$

联立式(1-7)、式(1-8),解方程组可得

$$\pi_u = \frac{1 - d e^{-r_f \cdot (T-t)}}{u - d}, \pi_d = \frac{u e^{-r_f \cdot (T-t)} - 1}{u - d} \tag{1-9}$$

确定了基本证券的价格之后,就可以利用它复制其他证券,并为其他证券定价了。

【例 1-5】 假如债券 A 现在的市场价格为 $P_A = 100, r_f = 2\%, u = 1.07, d = 0.98$。现假设另有一个风险债券 B,它在 1 年后的可能状态也是两种,其价格要么上升到 103 元,要么下跌至 98.5 元,如图 1-9 所示。求债券 B 的当前价格。

解:将上述数字代入式(1-9),可得

$$\pi_u = \frac{1 - 0.98 e^{-0.02 \times 1}}{1.07 - 0.98} = 0.4378$$

$$\pi_d = \frac{1.07 e^{-0.02 \times 1} - 1}{1.07 - 0.98} = 0.5414$$

用类似的方法确定债券 B 现在的价格应该是

$$P_B = \pi_u u P_B + \pi_d d P_B = 0.4378 \times 103 + 0.5414 \times 98.5 = 98.52$$

图 1-9 债券 A 和债券 B 的价格变化

这相当于用 $u P_B$ 份基本证券 m 和 $d P_B$ 份基本证券 n 构成的证券组合复制了风险债券 B,因此风险债券 B 的价格就等于证券组合的价格。注意,此处之所以能用由债券 A 的状态价格确定的基本证券 m 和基本证券 n 的状态价格来复制债券 B,是因为基本证券 m 和 n 相当于构成了 1 年后可能出现的两个基本状态的"基"。不管是何种证券,其 1 年后的状态价格都可以用这组"基"表示。类似于线性代数里向量空间的"基",这组"基"里的两个元素彼此之间要保持某种"独立性"(一个不能用另一个表示)。只要保持这种独立性,不管其目前的市场价格是多少,都可以被用来复制其他证券。事实上,若用现在价格为 98.52 的债券 B 的状态价格再确定一组新的 π_u 和 π_d,则会发现与原来的 π_u 和 π_d 一样。也就是说下列命题成立。

定理:对于一年后出现两种状态的市场,它的两个基本证券是唯一确定的,或者说,两个基本证券唯一地确定了这个市场。而刻画这个市场里的证券价格变化的参数 u 和 d 必然满足以下方程组:

$$\begin{cases} \pi_u u + \pi_d d = 1 \\ \pi_u + \pi_d = e^{-r_f \cdot (T-t)} \end{cases} \tag{1-10}$$

反之,凡满足以上方程组的 u 和 d 所描绘的价格变化一定是这个市场里的证券价格的变化。两组不同的 π_u 和 π_d 刻画了两个不同的市场。

从例 1-5 中可以看到:①状态价格法在本质上与无套利均衡分析法具有内在的一致性,也要求不存在套利机会和可复制两个前提条件;②决定基本证券价格的,实际上只有无风险利率和股票的可能回报两个因素,而股票价格的涨跌概率等其他因素都对证券价格没有影响,这又与风险中性定价不谋而合;③状态价格定价法的基本思路就是从一些已知的风险证券信息中计算相应状态的基本证券价格,再用这些基本证券为同样状态的其他风险证券定价。

无套利均衡分析的套利操作必须是在市场上可以实现的(至少在理论上),而基本证券 m 和 n 都是假想的证券,不是市场上实际存在的证券。因此,我们必须在市场上找到两个证券来代替基本证券 m 和 n。事实上,风险债券 A 和无风险证券之间就具有某种"独立性",可以构成 1 年后可能出现的两个基本状态的"基",因而可以用来为其他证券定价。

【例 1-6】 下面我们用例 1-5 给出的风险债券 A 和无风险证券来复制风险债券 B,检查上述用基本证券对风险债券 B 的定价是否正确。

复制的过程是:用 Δ 份风险债券 A 和当前市场价值为 L 的无风险证券构成市场价值为 I 的组合,其初始成本为 $I=100\Delta+L$。1 年后,无论市场价格处于何种状态,该组合都必须与风险债券 B 的价格相同。如果市场处于上升状态,则有

$$I_u = 107\Delta + Le^{0.02\times 1} = 103$$

如果市场处于下跌状态,则有

$$I_d = 98\Delta + Le^{0.02\times 1} = 98.5$$

把这两个方程组联立起来,可解得 $\Delta=0.5$ 和 $L=48.52$。由此可以算出债券 B 当前的市场价格为 $I=100\Delta+L=100\times0.5+48.52=98.52$。这说明前面用基本证券 m 和 n 对债券 B 的定价是正确的,否则就存在无风险套利的机会。

四、积木分析法

在金融工程方案与产品的设计、分析、定价和风险管理过程中,经常需要用到积木分析的思想。积木分析法又称模块分析法,是将各种金融工具进行分解和组合,以解决金融问题。

1. 金融工程与积木分析法

积木分析法是组合分解技术的具体化,所谓"积木"是一种比喻的说法,就像儿童拿着不同的积木或者用不同的摆法创造出神奇的"建筑物"一样,金融工程师运用金融积木箱中的积木——对应的各种金融工具(主要是金融衍生工具),通过搭配组合和分解,形成一种新的结构,以解决相应的金融财务问题。

积木分析法主要以图形来分析收益—风险关系以及金融工具之间的组合、分解关系。积木分析法有两个重要工具:一个是金融产品的回报图(payoff)或损益图(gain or loss);另一个是金融产品对应的现金流量图。回报图是指横轴为到期日标的资产价格,纵轴为金融(衍生)产品不考虑成本时的收益;而损益图又称盈亏图(profit graph),其与回报图

的区别在于纵轴是考虑了成本之后的金融(衍生)产品的盈亏。无论是回报图、盈亏图,还是现金流量图,都是金融工程师的金融积木箱中的积木。

由于金融工程产品和方案本来就是由股票、债券等基础性证券以及远期、期货、期权、互换等衍生证券构造组合而成的,因此积木分析法是一种非常适合金融工程的分析方法。在这里我们以某种现货资产和以该种资产作为标的资产的期权为例,来说明积木分析法的特点。

最基本的期权可分为看涨期权和看跌期权。而在期权交易中,投资者又可分为多头(买进)和空头(卖出)两种基本的交易者。我们将这两种基本期权类型和两类基本交易者进行不同的组合,形成期权交易的四种基本策略,即多头看涨期权、空头看涨期权、多头看跌期权和空头看跌期权,再加上现货多头和现货空头两种策略,共有六种基本策略。这六种基本策略到期日的回报图(不考虑期权费)如图 1-10 所示。

图 1-10 中有六种图形,对应着六种金融工具,可以把它们看作六块"积木"。这些积木可单独使用,也可作为零部件组合起来。金融工程师通过创造性的思维活动,将任意两个或多个积木进行自由组合或分解,形成更复杂或更简单的金融工具,以达到某种特定的目的。

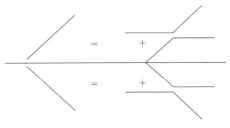

图 1-10 金融工具的组合和分解

例如,图 1-10 中横线的上半部分,左边的图形表示资产多头交易,右边的图形表示资产看涨期权的多头(上面的折线),看跌期权的空头(下面的折线)。这部分的图形表明,当人们把某种资产的看涨期权和看跌期权组合在一起时,可以形成该资产的多头交易。与此类似,我们不难看出横线以下积木的含义。处在横线以下左边的图形表示资产的空头交易,它可以运用看跌期权多头和看涨期权空头来组合。

积木分析法在金融工程中占据重要的地位。混合证券的设计要依靠这种方法,一切复杂的金融结构都是用这种方法得到的。

2. 几种基本的金融积木

积木分析法中的积木包括股票、债券等原生工具以及远期、期货、互换、期权等衍生工具,其中,金融工程基本的积木主要有六类,如图 1-11 所示,即资产(以股票为例)多头和空头、看涨期权多头和空头、看跌期权多头和空头。图 1-11 中横轴反映资产价格的变化(ΔS),纵轴反映金融工具价值的变化(ΔV)或损益。

3. 金融积木的综合分析

为了解决不同的金融财务问题,金融工程师将两种或多种金融积木组合起来,形成许多具有不同现金流特征的金融工具,如将资产多头与以该资产为标的的资产的看跌期权多头组合在一起时,所获得的现金流或损益就等于该资产看涨期权多头的损益或现金流,具体如图 1-12 所示。

将资产空头与以该资产为标的的看涨期权多头组合在一起时,所获得的现金流或损益就等于该资产看跌期权多头的损益或现金流,具体如图 1-13 所示。

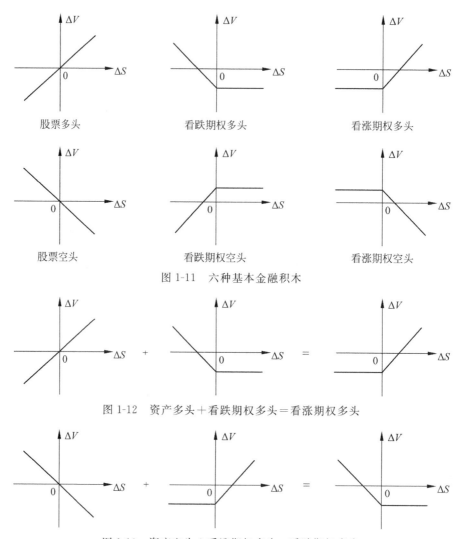

图 1-11　六种基本金融积木

图 1-12　资产多头＋看跌期权多头＝看涨期权多头

图 1-13　资产空头＋看涨期权多头＝看跌期权多头

将标的资产和执行价格相同的看涨期权多头与看跌期权空头组合在一起时，所获得的现金流或损益就等于该资产多头的损益或现金流，具体如图 1-14 所示。将看涨期权空头与看跌期权多头组合在一起时，所获得的现金流或损益就等于该资产空头的损益或现金流，具体如图 1-15 所示。此外，还有其他复杂的组合，如跨式策略组合、蝶式策略组合等。

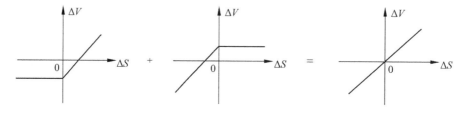

图 1-14　看涨期权多头＋看跌期权空头＝资产多头

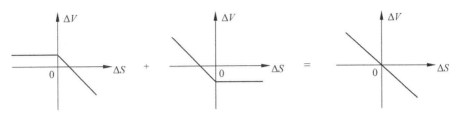

图 1-15 看涨期权空头＋看跌期权多头＝资产空头

总的来说,积木分析法主要通过图形分析收益—风险关系以及金融工具间的组合、分解关系。除了使用收益图外,还常用其他一些图形,如现金流图作为金融分析的工具。

【案例 1-2】
条款增加型创新工具——Z 公司优先股的发行

本 章 小 结

1. 金融工程是以金融产品和解决方案的设计、定价与风险管理为主要内容,运用现代金融学、数理和工程方法及信息工程的理论与技术,对基础产品和金融衍生产品进行组合与分解,以达到创造性地解决金融问题的根本目的的学科与技术。

2. 日益动荡的全球经济环境、鼓励金融创新的制度环境、金融理论和技术的发展以及信息技术的发展和进步是金融工程产生与发展的外部条件,市场参与者对市场效率的追求则是金融工程产生与发展的内在动因。

3. 金融工程的基本工具包括原生金融工具(如股票、债券等)和衍生金融工具(远期、期货、互换、期权等)。本章简单地介绍了四种基本的衍生金融工具。衍生工具是本门课程后面要介绍的重要内容之一。

远期合约是指双方约定在未来一个确定的时间,按照某一确定的价格买卖一定数量的某种资产的协议。也就是说,交易双方在合约签订日约定交易对象、交易价格、交易数量和交易时间,并在这个约定的未来交易时间进行实际标的资产的交割和资金收付。

期货合约则是由期货交易所统一制订的、规定在将来某一特定的时间和地点交割一定数量与质量的实物商品或金融商品的标准化合约,因而它属于场内交易产品,不像远期合约那样可以"量身定做"。这是它与远期合约最明显的差异。

互换分为利率互换和货币互换。利率互换是交易双方将同种货币不同利率形式的资产或者债务相互交换。通过运用利率互换,交易者可以将其自身的浮动利率债务(或资产)转换为固定利率债务(或资产),或将固定利率债务(或资产)转换为浮动利率债务(或资产)的操作。货币互换是指交易双方在一定期限内将一定数量的货币与另一种一定数量的货币进行交换。

期权是一种选择权,期权的买方向卖方支付一定数额的权利金后,就获得这种权利,即拥有在一定时间内以一定的价格(执行价格)购买或出售一定数量的标的物(实物商品、证券或期货合约)的权利。买方可以行使这个权利也可以放弃这个权利,他最大的损失只是权利金;而期权的卖方收取了权利金,在期权的有效期内只有义务而没有权利,他最大的盈利就是当买方放弃行权时,所赚取的权利金。总之,期权的买方拥有选择执行或放弃期权的权利,没有必须执行的义务;而期权的卖方却只有履行期权的义务。

4. 套利是指利用一个或多个市场存在的价格差异,在没有任何损失风险且无须自有资金投入的情况下获取利润的行为,套利是市场定价不合理的产物。

在有效的金融市场上,如果两个资产或资产组合在未来具有相同的损益或现金流,其现在的价值或价格必然相等,否则就存在套利机会,套利者通过卖空价格高的证券或证券组合,买入价格被低估的证券,就可以获得套利利润。金融资产不合理定价引发的套利行为最终会使市场回到不存在套利机会的均衡状态,此时确定的价格就是无套利均衡价格。因此,金融资产的合理价格就是使市场上不存在无风险套利机会的价格,这就是无套利均衡分析的基本思想,或者称为无套利定价原理。无套利均衡分析法的核心技术是"复制"技术,即用一种证券来复制另外一组证券,复制技术的要点是使复制组合的现金流与被复制组合的现金流完全一致,复制组合的多头(空头)头寸与被复制组合的空头(多头)头寸能够实现完全对冲。

5. 风险中性定价原理是指在对衍生产品进行定价时,假设所有投资者对于标的资产所蕴含的价格风险都是风险中性的。在此条件下,求出证券价格涨跌的风险中性概率,而所有风险证券的预期收益率都等于无风险利率。风险中性定价与无套利在本质上是一致的,所以风险中性世界里的解拿到真实世界里依然适用。

6. 状态价格是指在特定的状态发生时回报为1,否则回报为0的资产在当前的价格。如果未来时刻有 N 种状态,而这种状态的价格都已知,则只要知道某种资产在未来各种状态下的回报状况,即可对该资产进行定价。这就是状态价格定价法。状态价格定价法的基本思路就是从一些已知的风险证券信息中计算出相应状态的基本证券价格,再用这些基本证券为同样状态的其他风险证券定价。

状态价格定价法在本质上与无套利均衡分析法是一致性,也要求不存在套利机会和可复制两个前提条件。决定基本证券价格的,实际上只有无风险利率和股票的可能回报两个因素,而股票价格的涨跌概率等其他因素对证券价格都没有影响,这又与风险中性定价不谋而合。

7. 积木分析法又称模块分析法,是将各种金融工具进行分解和组合,以解决金融问题。积木分析法中的一个重要工具是金融产品回报图或损益图。

思考与练习

思考题

1. 谈谈你对金融工程概念及特点的理解。
2. 简述风险管理在金融工程中的地位。
3. 试述无套利均衡分析法、风险中性定价法、状态价格定价法及积木分析法的基本思想,并讨论前三者之间的内在联系。

4. 列出中国金融市场上现有的金融衍生产品。

5. 列举并讨论金融衍生产品的正面和反面案例,并分析反面案例的本质原因,是衍生品自身的问题还是人为运用不当?

练习题

1. 假设存在两种风险债券 A 和 B,其价格变化情况如下图所示,市场的无风险利率为 8%。若不考虑交易成本,债券 B 的合理价格为多少?如果债券 B 的市场价格为 110 元,是否有套利机会?如果有,如何套利?

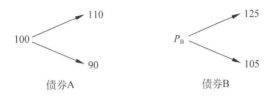

债券A　　　　　　　　债券B

2. 1 年期国库券的面值是 1 000 元,现在市场的均衡价格是 910.50 元;2 年期的国库券第一年年底付息 100 元,第二年年底还本付息 1 100 元,现在的市场价格为 982.10 元。1 年期和 2 年期国库券的贴现率各是多少?

3. 一家公司的年利税前收益(EBIT)是 1 000 万元,有负债 4 000 万元,利率是 8%,所得税税率是 33%,流通在外的股票是 100 万股,权益资本成本是 11.33%,现在公司决定增发股票来减少 1 000 万元负债。应增发多少股股票?

4. 亚马逊股票当前价格为 20 美元,执行价格为 22.5 美元,期限为 2 个月的看涨期权当前的价格为 1 美元,该股票的 2 个月后到期的期货合约(如果有的话)的价格为 22.5 美元,保证金为每份合约 100 美元,每份合约的规模为 100 股。某投资者有 2 000 美元资金,并且他认为该股票在 2 个月后要涨价。他可以从下面三种投资方式中选择:

(1) 花现金购入 100 股股票;

(2) 购买针对 2 000 股股票(20 份期权合约)的 2 个月期看涨期权;

(3) 缴纳 2 000 美元保证金,买入 20 份期货合约。

假设 2 个月后的股价或为 15 美元或为 27 美元,比较三种投资方式的盈亏。

自测题

第二章

远 期

远期合约是最基本、最简单的金融衍生工具,其他各种金融衍生工具都是远期合约的延伸和重新组合。本章首先介绍远期合约的基本概念,在此基础上阐述远期合约的定价原理,着重介绍远期利率协议、远期外汇合约及远期外汇综合协议。

第一节 远期合约概述

远期合约在很早之前就已经存在,但在一些金融专著中,人们把1848年芝加哥交易所(CBOT)的成立作为研究现代远期市场的开端。19世纪40年代,芝加哥成为美国中西部的一个重要的商品集散中心,主要进行农产品交易。由于农产品生产具有季节性,因此在每年的夏末和整个秋季,大量的农产品一下子挤满了芝加哥所有的市场,不仅导致仓储远远不能满足要求,而且使农产品的价格暴跌,挫伤了农民生产的积极性。为了解决这一难题,由一些商人牵头成立的芝加哥交易所诞生了。几年后,该交易所里有了第一张远期合约,名为"TO-arrive",它允许农民在未来某个时间交割其事先已与交易所达成协议的一定数量的农产品。该合约的成功很快便引起了市场人士的关注,在以后几年,新的远期品种和交易方式不断出现,各个国家的远期市场不断壮大。

远期外汇市场的出现是现代市场经济活动的新事物。最早的远期外汇合约是19世纪80年代在奥地利维也纳出现的。在当时的维也纳股票交易所内,商人们开始进行1个月、3个月、4个月和6个月期的德国马克远期合约交易。此外,柏林、彼得堡也出现了小规模的远期外汇合约交易。此后,远期外汇交易处于缓慢发展之中。20世纪80年代,由于布雷顿森林体系的解体和浮动汇率制度的普遍实行,任何持有或经营外汇的企业和个人都面临频繁的、大幅度的汇率变动风险,人们很快认识到远期外汇交易能够固定未来交割价格的优点,因此远期外汇协议得到了巨大的发展。目前远期外汇合约交易已成为发展规模最大、最为成熟的远期合约种类,其交易一般在银行间进行。

从1984年开始,仅伦敦的远期利率协议每日交易量就超过50亿美元。远期利率协议市场在很大程度上是以美元计值的银行同业市场,即绝大部分的交易是银行对银行以美元形式进行的。随着远期利率协议合约的引入及5 000万美元或以上名义本金的远期利率协议交易逐渐普遍,远期利率协议的交易规模迅速扩大。在早期,交易商主要报出3个月、6个月直到1年期的远期利率协议价格,但现在报出零散日期和更长期限的远期价格也很普遍,长期的远期利率协议可以扩展到好几年,而且市场流动性较好。

【案例2-1】

某房地产开发公司按原定计划,4个月后需要一笔金额为5 000万元的资金,为期3个月。该公司的主管领导和财务总监均预测4个月以后的利率将上升,为此公司将会多支付利息,进而增加借款成本。那么能否现在就将4个月以后需要的5 000万元资金借入呢？答案是否定的。因为任何一个企业的资金都是处在不断运动中的,若以借入资金形成存款,则将损失贷存利差。若进行其他投资,除了同样面临资金风险外,其他投资也不是公司的主营业务。此时,该公司应怎么办？一份简单的远期合约——远期利率协议就可以确定4个月后的借款利率,帮助该公司锁定筹资成本。

【案例2-2】

假设当前人民币汇率为1美元=6.56元人民币,根据贸易合同,我国某出口公司将在3个月后收回100万美元货款。届时,假如人民币汇率上升到1美元=6.48元人民币,该公司将损失8万元人民币。如何降低或转嫁这个损失呢？此时,运用远期外汇合约锁定3个月后的换汇汇率将是不错的选择。

一、远期合约的定义

所谓远期,是指即期之后的未来的某个时间。远期合约(forward contract)是指交易双方约定在未来某一个确定的时间,按照某一确定的价格买卖一定数量的某种标的资产的合约。也就是说,双方在合约签订日约定交易对象、交易价格、交易数量和交割时间,并在这个约定的未来时间进行实际的交割和资金交收。

1. 远期合约的要素

根据定义,远期合约主要由下列要素构成：

(1) 标的资产。远期合约中用于交易的资产称为标的资产。交易的标的资产既可以是有形的实物资产,如农产品、金属、石油等,也可以是无形的金融资产,如利率、汇率、股票价格指数等。案例2-1中的"4个月后远期利率"和案例2-2中的"3个月远期美元"都是远期合约的标的资产。随着交易品种的不断增加,远期合约中标的资产的种类也在不断丰富。

(2) 买方和卖方。在合约中同意在将来某个确定日期以某个确定价格购买某种标的资产的一方称为买方(或多方),而在合约中同意在同样的日期以同样的价格出售标的资产的一方称为卖方(或空方)。案例2-1中的"房地产开发公司"是远期合约的借款方,即远期利率协议的"多方";与之对应的"空方"通常是银行或非银行的金融机构。案例2-2中的"我国某出口公司"就是远期外汇合约的"空方",卖出3个月的美元远期；"多方"可以是金融机构,也可以不是金融机构。

(3) 交割价格。远期合约中,双方约定的标的资产在未来某一时间的买卖价格称为交割价格或执行价格。远期合约到期时,无论标的资产当时的市场价格是多少,双方都必须按照合约中约定的价格买卖标的资产。若到期时市场价格高于执行价格,远期合约的

"多方"盈利,"空方"亏损;反之,若到期时市场价格低于执行价格,远期合约的"多方"亏损,"空方"盈利。

(4) 到期日。远期合约在到期日交割,空方交付标的资产给多方,多方则向空方支付现金。

(5) 合约期限。远期合约的期限是指合约签订至到期的时间。签约双方可就各自的具体情况进行协商或约定。一般情况下,远期合约的期限为1个月、2个月、3个月、半年、1年甚至更长。

远期合约是非标准化的合约,它不在规范的交易所内交易,而是在金融机构之间或金融机构与客户之间通过谈判后签署。已有的远期合约也可以在场外市场交易。所以除上述几个基本要素外,在签署合约之前,双方可以就交割地点、合约规模、标的物的品质等细节进行谈判,使合约的各项条款尽可能清楚明白。

2. 远期合约的优缺点

由于远期合约是非标准化的合约,所以合约的具体内容千差万别,其与期货、期权等衍生工具相比有很大的灵活性,可以尽可能地满足交易双方的需要,适合解决各种标的物的未来交易问题,这是远期合约的主要优点。

但远期合约也有明显的缺点。首先,由于没有固定的、集中的交易场所,不利于信息的交流和传递,不利于形成和发现统一的市场价格,市场效率较低;其次,每份远期合约千差万别,给远期合约的流通造成较大不便,因此远期合约的流动性较差;最后,没有履约保证,当价格变动对一方有利时,对方有可能无力或无诚意履行合约,因此远期合约的违约风险相对较高。

3. 远期合约的盈亏分析

远期合约一旦签订,未来买卖标的资产的交割价格即被确定,但在远期合约的有效期内,标的资产的现货市场价格随时都在变化,这就给远期合约的持有者带来相应的盈利或亏损。假定 S_T 为合约到期日标的资产的价格,K 为交割价格,则一单位资产远期合约多头的盈亏为 S_T-K,一单位资产远期合约空头的盈亏为 $K-S_T$。即当标的资产的市场价格高于合约约定的交割价格时,买方盈利、卖方亏损,反之当市场价格低于合约约定的交割价格时,卖方盈利、买方亏损。远期合约的买卖双方可能形成的收益或损失都是"无限大"的,如图 2-1 所示。

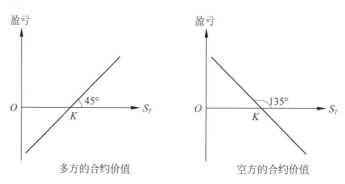

图 2-1 远期合约交易多方和空方损益

二、远期合约的种类

远期合约根据其标的资产的不同,可以分为商品远期合约和金融远期合约。本书仅介绍金融远期合约。金融远期合约主要包括远期利率协议、远期外汇合约和远期股票合约。

金融远期合约作为场外交易的衍生工具与场内交易的期货、期权等比较具有以下特征:

(1)金融远期合约是通过现代化通信方式在交易所外进行的,由银行给出双向报价,直接在银行与银行之间、银行与客户之间进行。

(2)金融远期合约交易双方互相认识,而且每一笔交易都是双方直接见面,交易意味着接受参加者的对应风险。

(3)金融远期合约的交易不需要保证金,对方风险通过改变双方的远期价格差异来承担,金融远期合约的大部分交易都导致交割。

(4)金融远期合约的金额和到期日都是灵活的,有时只对合约金额最小额度作出规定,到期日经常超过期货的到期日。

远期合约的原理相对而言较为简单,但它却是理解其他几种衍生工具的基础,目前最常见的远期合约主要有远期利率协议和远期外汇合约两类。

1. 远期利率协议

远期利率协议是指交易双方现在(t时刻)约定从未来某一时刻(T时刻)开始到未来另一时刻(T^*时刻,$T^* > T$)结束的$T^* - T$时期内,按协议规定的利率(又称协议利率)借贷一笔数额确定、以具体货币表示的名义本金的协议。该协议是金融远期合约的一种,是利率市场化的产物。远期利率协议是场外交易,不在固定的交易所进行,参与者多为大银行,交易币种多为美元、英镑、日元等自由兑换的货币。

2. 远期外汇合约

远期外汇合约(forward exchange contracts)是指交易双方现在约定在将来某一时间,按约定的远期汇率买卖一定金额的某种外汇的合约。它也是金融合约的一种。按照远期开始的时间划分,远期外汇合约可分为直接远期外汇合约(outright forward foreign exchange contracts)和远期外汇综合协议(synthetic agreement forward foreign exchange contracts)两种。

(1)直接远期外汇合约。直接远期外汇合约的远期期限从签约时(现在)算起,至合约的到期日为止。签约双方在签订合约的同时,应确定将来进行交割时的远期汇率,并就将来交割的币种、金额、日期、地点等条款进行约定。

(2)远期外汇综合协议。远期外汇综合协议中的远期期限是从未来的某个时点开始的,因此实际上是远期的远期外汇合约,如 1×4 远期外汇综合协议是指从起算日之后的1个月(结算日)开始计算的期限为3个月的远期外汇合约。

三、远期价格的确定

1. 衍生品定价的基本假设

现代金融衍生品(以期权为主要代表)的定价理论是基于以下关于金融市场特征的假设。

(1) 市场不存在摩擦。也就是说,金融市场没有交易成本(包括佣金、买卖差价、税负等),没有保证金要求,也没有卖空限制。市场无摩擦假设能够简化衍生金融工具定价的分析过程。首先,对大规模的金融机构来讲,其交易成本低,在保证金和卖空方面所受的限制也比较少,所以上述假设比较接近现实。其次,对规模小的市场参与者来说,只有先了解了无摩擦状态下的市场定价机制,才能对复杂情况下的市场规律进行进一步的研究分析。

(2) 市场参与者承担各自的风险。这意味着,对于市场参与者所涉及的任何一个金融交易合约,合约的对方不存在违约的可能。

(3) 市场是完全竞争的。金融市场上任何一位参与者都可以根据自己的意愿买卖任何数量的金融产品,而不至于影响该金融产品的价格。参与者都是价格的承受者,而不是价格的制定者。现实中规模较大、交易品种较成熟的市场,接近这一假设。

(4) 市场参与者厌恶风险,并且希望财富越多越好。如果有两个投资机会的风险相同,则投资者偏好回报率高的投资机会;若投资机会的回报率相同,则投资者偏好风险水平低的投资机会。

(5) 市场不存在无风险套利机会。如果市场上存在获取无风险利润的机会,套利活动就会出现,直到这一机会消失为止。无套利假设是金融衍生证券定价理论中最重要的假设。

值得注意的是,上述假设在现实世界中并不能得到完全的满足。因此,基于该假设的定价结论和风险管理会出现一定的偏差。鉴于此,大量学者正在不断尝试放松上述假设,以期得到更符合现实的结论。

2. 连续复利

由于本书在计算利率时,基本都使用连续复利,因此在这里引入连续复利的概念。

假设数额为 A 元的资产以利率 r_1(一年计一次复利的年利率)投资了 n 年。如果利息按每年计一次复利,则上述投资的终值为

$$A(1+r_1)^n \tag{2-1}$$

如果每年计 m 次复利,则终值为

$$A(1+\frac{r_m}{m})^{mn} \tag{2-2}$$

式中,r_m 为一年计 m 次复利的年利率。当 m 趋向于无穷大时,就称为连续复利,此时的终值为

$$\lim_{m \to \infty} A(1+\frac{r_m}{m})^{mn} = Ae^{rn} \tag{2-3}$$

上式是每时每刻都在记复利的连续复利的终值公式。反过来 n 年后终值为 A 元的现值为

$$Ae^{-rn} \tag{2-4}$$

式中,r 为连续复利的年利率。

提高复利频率所带来的效果如表 2-1 所示。可以看出,连续复利(精确到小数点后两位)与每天计复利得到的效果一样。因此,从实用的目的来看,通常可以认为连续复利与每天计复利等价。

表 2-1 复利频率与终值

(提高计复利的频率对 100 元在一年后的终值的影响,利率为每年 10%)

复利频率	100 元在一年后的终值(单位:元,取小数点后两位)
每一年($m=1$)	110.00
每半年($m=2$)	110.25
每季度($m=4$)	110.38
每月($m=12$)	110.47
每周($m=52$)	110.51
每天($m=365$)	110.52
连续复利	110.52

根据无套利均衡理论,可以很容易地在连续复利年利率和一年计息 m 次复利率的年利率之间进行转换,假设 r 是连续复利的年利率,r_m 是与之等价的每年计 m 次复利的年利率,则

$$e^m = (1 + \frac{r_m}{m})^{mn} \tag{2-5}$$

或

$$e^r = (1 + \frac{r_m}{m})^m \tag{2-6}$$

这意味着

$$r = m\ln(1 + \frac{r_m}{m}) \tag{2-7}$$

和

$$r_m = m(e^{\frac{r}{m}} - 1) \tag{2-8}$$

特别地,当 $m=1$ 时,有

$$r = \ln(1 + r_1) = \ln\left(\frac{P_1}{P_0}\right) = \ln P_1 - \ln P_0 \tag{2-9}$$

和

$$r_1 = e^r - 1 \tag{2-10}$$

式中,r_1 为一年计一次复利的年利率,P_0 和 P_1 分别为 1 年期初和期末的资产价格。

3. 远期价格与远期价值

远期合约签约时,交易双方在合同中约定的未来交易标的资产的价格称为交割价格。交割价格在合同签订时确定,此时如果信息是对称的,而且合约双方对未来的预期相同,那么合约双方所选择的交割价格应该使合约的价值在签署时为零。这就意味着无须成本便可以处于远期合约多头或空头状态。

我们把使远期合约价值为零的交割价格称为远期价格(forward price),它是标的资产远期的理论价格。在远期合约的有效期内,标的资产的现货市场价格随时都在变化,远期价格就会随着标的资产价格的变化而变化。在本书中所说的对金融工具的定价,实际

上都是指确定其远期的理论价格。

这里要特别指出的是远期价格与远期价值的区别。远期价值是指远期合约本身的价值，而远期价格则是现在时点上标的资产在将来某个特定时刻的价格，远期价值与远期价格相差十万八千里。在合约有效期内，随着标的资产现货价格的变动及其他一些相关因素的变化，合约到期日的远期价格就会发生变化，远期价格与这份已经签订的远期合约中所规定的交割价格之间就出现了差异，远期合约的价值就可能不再为零。因此，这份远期合约对于交易双方而言就具有了价值，这是合约本身的价值，简称远期价值。它是由签约时所确定的远期交割价格与合约存续期内远期理论价格的差距的贴现决定的。

衍生产品的定价是金融工程最重要的内容之一，它指的是确定衍生产品的理论价格。远期合约定价的基本思想是：构建两个投资组合，令二者终值相等，则现值一定相等，否则就可进行套利。套利者可以卖出现值较高的投资组合，买入现值较低的投资组合，并持有到期末，即可赚取无风险收益。众多套利者这种买低卖高的行为，使现值较低的投资组合价格上升，现值较高的投资组合价格下降，直至套利机会消失，此时两种组合的现值相等。这样，就可以根据两种组合现值相等的关系求出远期价格。

首先，对本节及以后章节内容中通用的术语符号做如下约定：

t：现在时间，以年表示；

T：远期合约到期的时间，以年表示；

S_t：t 时刻远期合约标的资产的价格；

S_T：T 时刻远期合约标的资产的价格，该价格在 t 时刻是未知的；

K：远期合约中的交割价格；

F_t：t 时刻远期价格；

f_t：t 时刻的远期合约多头的价值；

r：t 时刻到 T 时刻的以连续复利计息的无风险利率。

4．无收益资产远期合约的定价

所谓无收益资产是指远期合约的标的资产在远期合约的有效期内，即从当前时刻 t 到远期合约到期时刻 T 之间不产生现金流收入。

（1）无套利定价法。为了给无收益资产远期合约定价，在 t 时刻，构造如下两个组合：

组合 A：一份远期合约多头加上一笔数额为 $Ke^{-r(T-t)}$ 的现金；

组合 B：一单位标的资产 S_t。

在组合 A 中，假设现金以无风险利率投资，则到 T 时刻，现金数额正好为 K，根据远期合约，可以用 K 购买 1 单位的标的资产，价值为 S_T；此时组合 B 仍是一单位标的资产，价值也为 S_T。即在 T 时刻组合 A 和组合 B 的价值相等，根据无套利定价法，二者在期初 t 时刻的价值也应该相等。因此有

$$f_t + Ke^{-r(T-t)} = S_t \tag{2-11}$$

即

$$f_t = S_t - Ke^{-r(T-t)} \tag{2-12}$$

无收益资产远期合约多头的价值等于标的资产现货价格与交割价格现值的差额。换

句话说，t 时刻，一单位无收益资产远期合约多头可由一单位标的资产多头和价值为 $Ke^{-r(T-t)}$ 的无风险资产组合而成。

（2）现货—远期平价公式。根据定义，无收益的资产在合约有效期内任意时刻 t 的远期价格 F_t 就是使远期合约价值 f_t 为零的交割价格 K，即当 $f=0$ 时，$K=F_t$。令式（2-12）中的 $f_t=0$，则

$$F_t = S_t e^{r(T-t)} \tag{2-13}$$

这就是无收益资产的现货—远期平价公式，即对于无收益资产，远期价格等于现货价格的无风险利率复利终值。

证明：如果不等，就会出现套利机会，比如，若 $F_t > S_t e^{r(T-t)}$，套利者的套利策略为：

第一步，套利者以无风险利率借款 S_t，于到期日偿还本息 $S_t e^{r(T-t)}$，并且以空头签订远期合约。

第二步，支付 S_t 购买债券，并设到期日的债券价格为 S_T。

第三步：在远期合约到期日 T，套利者将债券用于交割，得到 F_t 并偿还借款本息 $S_t e^{r(T-t)}$，赚取 $F_t - S_t e^{r(T-t)}$ 的无风险利润。其行动和现金流如表 2-2 所示。

表 2-2　利用远期合约空头套利及其现金流表

行动	初始现金流	到期日现金流
选择远期合约空头	0	$F_t - S_T$
借款	S_t	$-S_t e^{r(T-t)}$
购买债券	$-S_t$	S_T
合计	0	$F_t - S_t e^{r(T-t)}$

如果所有的套利者是理性的，预期相同，那么套利者的套利行动最终会导致远期价格等于现货价格的无风险利率复利终值。

若 $F_t < S_t e^{r(T-t)}$，即交割价值小于现货价格的终值，套利者可进行反向操作，即卖空标的资产，将所得收入以无风险利率进行投资，期限为 $T-t$，同时买进一份以该证券为标的资产的远期合约，交割价格为 F_t。在 T 时刻，套利者收到投资本息 $S_t e^{r(T-t)}$，并以 F_t 现金购买一单位标的资产，用于归还卖空时借入的标的债券，从而实现 $S_t e^{r(T-t)} - F_t$ 的无风险利润。其行动和现金流如表 2-3 所示。

表 2-3　利用远期合约多头套利及其现金流表

行动	初始现金流	到期日现金流
选择远期合约多头	0	$S_T - F_t$
卖空标的资产	S_t	$-S_T$
购买无风险债券	$-S_t$	$S_t e^{r(T-t)}$
合计	0	$S_t e^{r(T-t)} - F_t$

同理可证，$F < S e^{r(T-t)}$ 的情况在均衡状态下不成立。

【例 2-1】　现有一个 6 个月的远期合约，标的资产为一年期贴现债券，远期合约交割

价格为 950 美元。假设 6 个月期的无风险年利率(连续复利)为 6%,该债券的现价为 930 美元。请问对于该远期合约的多头和空头来说,远期价值分别为多少?

解:根据题意,有 $S_t=930, K=950, r=6\%, T-t=0.5$。则根据式(2-12),该远期合约多头的远期价值 f_t 为

$$f_t = S_t - Ke^{-r(T-t)} = 930 - 950e^{-0.5 \times 0.06} \approx 8.08(美元)$$

对于空头来说,远期合约的价值为 $-f_t = -8.08$ 美元。

【例 2-2】 考虑一个 3 个月后到期、标的资产为不支付红利的股票远期合约,该股票远期合约的交割价格为 40.2 美元。假设该股票当前市值为 40 美元/股,3 个月期无风险年利率为 5%(连续复利)。是否有套利机会?如何套利?

解:由于 $40e^{0.05 \times 0.25} = 40.5 > 40.2$,远期价格被低估了,从而出现了套利机会,则套利者可采取以下方法获利:

① 持有远期多头,约定 3 个月后以每股 40.2 美元的交割价格买入 100 股该股票;
② 卖空该股票 100 股,得到 4 000 美元现金;
③ 将售股所得 4 000 美元以 5% 的年利率进行投资,期限为 3 个月。

3 个月后所获无风险利润为:$4\,000e^{0.05 \times 0.25} - 40.2 \times 100 \approx 30.3$(美元)。理性的投资者见到这种套利机会都会进行类似的套利操作,其结果是现货价格由于卖空者过多而下跌,远期交割价格由于买入者过多而上涨,最终满足现货—远期平价公式。也就是说,远期价格被低估的情况在均衡状态下是不可能存在的。

反过来,若假设该股票的 3 个月远期价格为 41 美元,由于 $40e^{0.05 \times 0.25} = 40.5 < 41$,则套利者可采取的策略为:

① 订立远期合约,约定 3 个月后以每股 41 美元的交割价格卖出 100 股股票;
② 以 5% 的年利率借入 4 000 美元,期限为 3 个月;
③ 购入该股票 100 股。

3 个月后所获无风险利润为:$41 \times 100 - 4\,000e^{0.05 \times 2} \approx 49.69$(美元)。同理,远期价格被高估的情况在均衡状态下也不可能存在。

(3) 远期价格的期限结构。我们将现货—远期价格平价公式进一步推广,即可得出不同期限远期价格之间合理的价格关系。如果这种合理的价格关系被打破,同样存在套利的机会。

远期价格的期限结构描述的就是不同期限远期价格之间的关系。设 F_t 为在 T 时刻交割的远期价格,F_t^* 为在 T^* 时刻交割的远期价格,r 为 t 到 T 时刻的无风险利率,r^* 为 t 到 T^* 时刻的无风险利率,对于无收益资产而言,由现货—远期平价公式,即式(2-13)可得

$$F_t = S_t e^{r(T-t)}, F_t^* = S_t e^{r^*(T^*-t)}$$

两式相除消掉 S_t 后,可以得到不同期限远期价格之间的关系:

$$F_t^* = F_t e^{r^*(T^*-t) - r(T-t)} \tag{2-14}$$

【例 2-3】 假如美元 3 个月与 6 个月期的无风险年利率分别为 3.99% 与 4.17%。某只不付红利的股票 3 个月期的远期价格为 20 元,该股票 6 个月期的远期价格应为多少?

解:根据题意,有 $F_t=20, r=3.99\%, r^*=4.17\%, T-t=0.25, T^*-t=0.5$。则根

据式(2-14),该股票 6 个月期的远期价格应为

$$F_t^* = F_t e^{r^*(T^*-t)-r(T-t)} = 20e^{0.0417\times 0.5-0.0399\times 0.25} = 20.22(美元)$$

5. 支付已知现金收益资产远期合约的定价

支付已知现金收益资产是指标的资产在远期合约的有效期内,即从当前时刻 t 到远期合约到期时刻 T 之间将为其持有者提供可以完全预测的现金收益的资产,如附息债券、优先股票等固定收益证券。而对于本身不产生收益却需要一定贮藏成本的资产,如黄金、白银等则可以看成负收益。设 I_t 为远期合约有效期间所得现金收益的现值,贴现率为无风险利率。

(1) 无套利定价法。构造如下两个组合:

组合 A:一份远期合约多头加上一笔数额为 $Ke^{-r(T-t)}$ 的现金;

组合 B:一单位标的资产加上利率为无风险利率、期限为从现在到现金收益派发日、本金为 I_t 的负债。

已知在到期日 T 时刻,组合 A 和组合 B 的价值一样,都是 S_T。在组合 B 中,由于可以用从资产获取的收益偿还负债,而收益的贴现值为 I_t,因此组合 B 在到期日 T 时刻的价值也等于一单位标的资产的价值 S_T。根据无套利定价法,二者在期初 t 时刻的价值也应该相等。因此有

$$f_t + Ke^{-r(T-t)} = S_t - I_t$$

即

$$f_t = S_t - I_t - Ke^{-r(T-t)} \tag{2-15}$$

也就是说,已知现金收益资产远期合约多头的价值等于标的资产现货价格扣除现金收益现值后的余额与交割价格现值之差。或者说,一单位已知现金收益资产远期合约多头的价值可由一单位标的资产多头和价值为 $I_t + Ke^{-r(T-t)}$ 的无风险负债组合而成。

【例 2-4】 考虑一个 10 个月期的远期股票合约,标的股票的现货价格为每股 50 美元,合约规定的交割价格为每股 48 美元。假定对所有的到期日,无风险利率(连续复利)都是年利率 8%,且利率的期限结构是平的,该股票在 3 个月、6 个月及 9 个月后都会有每股 0.75 美元的红利支付,求该远期合约的价值。

解:根据题意有 $S_t=50$,$K=48$,$r=8\%$,$T-t=10/12$,且有

$$I_t = 0.75e^{-0.08\times\frac{3}{12}} + 0.75e^{-0.08\times\frac{6}{12}} + 0.75e^{-0.08\times\frac{9}{12}} = 2.162$$

由式(2-15)可得该远期合约多头的价值 f_t 为

$$f_t = S_t - I_t - Ke^{-r(T-t)} = 50 - 2.162 - 48e^{-0.08\times\frac{10}{12}} \approx 2.93$$

相应地,该远期合约空头的价值为 -2.93 美元。

(2) 现货—远期平价公式。根据 F_t 的定义,我们可以从式(2-15)求得

$$F_t = (S_t - I_t)e^{r(T-t)} \tag{2-16}$$

这就是支付已知现金收益资产的现货—远期平价公式,即已知现金收益资产的远期价格等于标的资产现货价格与现金收益现值之差的连续复利终值。已知现金收益资产与无收益资产情形之所以不同,是因为合约持有者无权享有标的资产所有者享有的标的资产所产生的现金流,故应从 S_t 中扣除所产生收益的现值。

同样可用反证法证明:如果不是这样,如 $F_t < (S_t - I_t)e^{r(T-t)}$,就会存在套利机会,套利者通过买入远期合约并在现货市场上融券的方式来套取利润。其行动和现金流如表 2-4 所示。

表 2-4　利用远期合约多头套利及其现金流表

行　动	初始现金流	到期日现金流
选择远期合约多头	0	$S_T - F_t$
借资产并出售	S_t	$-S_T$
以出售资产所得再投资	$-S_t$	$S_t e^{r(T-t)}$
偿还资产收益	0	$-I_t e^{r(T-t)}$
合　计	0	$(S_t - I_t)e^{r(T-t)} - F_t$

如果所有套利者有相同的预期,那么就会采取一致的行动,最终导致套利机会消失,会有 $F_t = (S_t - I_t)e^{r(T-t)}$。同样的分析可知, $F_t > (S_t - I_t)e^{r(T-t)}$ 的情况在均衡状态下也不会出现。在 $F_t > (S_t - I_t)e^{r(T-t)}$ 的情况下,套利者的行动和现金流如表 2-5 所示。

表 2-5　利用远期合约空头套利及其现金流表

行　动	初始现金流	到期日现金流
选择远期合约空头	0	$F_t - S_T$
借款 S_t	S_t	$-S_t e^{r(T-t)}$
购买资产	$-S_t$	S_T
所得资产收益投资	0	$I_t e^{r(T-t)}$
合　计	0	$F_t - (S_t - I_t)e^{r(T-t)}$

【例 2-5】 接着例 2-4,其他条件不变,若 10 个月期的远期合约的交割价格分别为 50 元和 52 元,是否存在套利机会?如果存在,如何进行套利?

解:该债券 10 个月后的远期价格为

$$F_t = (S_t - I_t)e^{r(T-t)} = (50 - 2.162)e^{0.08 \times \frac{10}{12}} \approx 51.136$$

(1) 当远期合约的交割价格为 50 元时,套利者可以按如表 2-6 所示的方法进行套利。

表 2-6　利用远期合约多头套利及其现金流表

行　动	初始现金流	到期日现金流
选择远期合约多头	0	$S_T - 50$
借资产并出售	50	$-S_T$
以出售资产所得再投资		
其中:0.735 1 美元投资 3 个月	$-0.735\ 1$	
0.720 6 美元投资 6 个月	$-0.720\ 6$	
0.706 3 美元投资 9 个月	$-0.706\ 3$	
47.837 9 美元投资 10 个月	$-47.837\ 9$	$47.837\ 9 e^{0.08 \times 10/12} = 51.14$
合　计	0	1.14

因此,投资者可获利 1.14 美元。

(2) 若远期交割价格为 52 元,套利者可以按如表 2-7 所示的方法进行套利。

表 2-7 利用远期合约空头套利及其现金流表

行　动	初始现金流	到期日现金流
选择远期合约空头	0	$52-S_T$
借款 50 美元	50	$-50e^{0.08\times 10/12}=-53.4470$
购买资产并持有到期,将派发的所有红利再投资	-50	$0.75e^{0.08\times 7/12}+0.75e^{0.08\times 4/12}+0.75e^{0.08\times 1/12}+S_T$ $=0.7858+0.7703+0.7550+S_T=2.3111+S_T$
合　计	0	$52+2.3111-53.4470=0.8642$

因此,投资者可获利 0.864 2 美元。

6. 已知收益率资产远期合约的定价

已知收益率资产是指在远期合约到期前,标的资产将产生与该资产现货价格成一定比例的收益的资产。货币是这类资产的典型代表,其收益率就是该货币发行国的无风险利率,因此外汇远期合约可看作已知收益率资产的远期合约。另外,股票指数也可近似地看作已知收益率的资产。股票指数是股票市场表现的综合反映,可以视之为一个股票组合。虽然几乎所有的股票都是离散支付红利且单只股票的红利率是经常变化的,但当股票指数包含的股票数量足够多时,该组合可能总有一部分股票在支付红利,且整体的红利率可以大致预测。因此,从总体上看,近似地假设股票指数支付连续的红利是比较接近现实的。指数所含股票越多,这个假设就越合理。

我们同样可以采用无套利定价法的思想,构建如下两个组合:

组合 A:一份远期合约多头加上一笔数额为 $Ke^{-r(T-t)}$ 的现金;

组合 B:$e^{-q(T-t)}$ 单位资产并且所有收入都再投资于该资产,其中 q 为该资产按连续复利计算的已知收益率。

根据上面的分析可知,组合 A 在到期日 T 时刻的价值,等于一单位标的资产的价值 S_T。由于组合 B 中资产的数量随着获取股息或红利的不断投资而增加,到 T 时刻也正好等于一个单位的标的资产,从而与组合 A 的终值相等。由无套利定价法可知,在期初 t 时刻二者的现值相等。因此有

$$f_t + Ke^{-r(T-t)} = S_t e^{-q(T-t)}$$

即

$$f_t = S_t e^{-q(T-t)} - Ke^{-r(T-t)} \tag{2-17}$$

也就是说,已知收益率资产的远期合约多头价值等于 1 单位标的资产的现值与交割价格现值之差。或者说,一单位已知收益率资产远期合约多头的价值可由 $e^{-q(T-t)}$ 单位标的资产和价值为 $Ke^{-r(T-t)}$ 的无风险资产空头组合而成。

同样,我们可以根据式(2-17)求得已知收益率资产的远期价格。

$$F_t = S_t e^{(r-q)(T-t)} \tag{2-18}$$

这就是已知收益率资产的现货—远期平价公式,即已知收益率资产的远期价格等于按无风险利率与已知收益率之差计算的标的资产现货价格在 T 时刻的复利终值。

因为远期外汇合约可以看作已知收益率资产的远期合约，假设 S_t 为以本币表示的一单位外汇的即期价格，K 为远期合约中约定的以本币表示的一单位外汇的交割价格，$r_f(r)$ 为 t 到 T 时刻外币（本币）的无风险利率，则远期外汇合约的价值为

$$f_t = S_t e^{-r_f(T-t)} - K e^{-r(T-t)} \qquad (2\text{-}19)$$

远期外汇的确定公式为

$$F_t = S_t e^{(r-r_f)(T-t)} \qquad (2\text{-}20)$$

这就是国际金融领域著名的利率平价关系。它表明，若外币的利率大于本币的利率，则该外币的远期汇率应小于现货汇率；若外币的利率小于本币的利率，则该外汇的远期汇率应大于现货汇率。

【例 2-6】 考虑一个标的资产为 S&P500 的 3 个月远期合约。假定构成股票指数的股票提供 1% 的年收益率，股票指数的当前价格为 1 300，连续复利的无风险利率为 5%。这时，$r=0.05$，$S=1\,300$，$T-t=0.25$，$q=0.01$，此时股票指数的远期价格 F_t 应为多少？

解：$\qquad F_t = S_t e^{(r-q)(T-t)} = 1\,300 e^{(0.05-0.01)\times 0.25} = 1\,313.07$

注意，如果在远期合约有效期内红利收益是变化的，式（2-18）仍然是正确的，此时 q 等于平均红利收益率。

第二节　远期利率协议

从本质上讲，远期利率协议是一个在固定利率下的远期对远期的贷款，只是没有发生实际的贷款交付，这就使这个金融工具不会在资产负债表中出现，从而不存在资本充足率方面的要求，而这对银行具有相当大的吸引力。

一、定义

远期利率协议（forward rate agreement，FRA）是买卖双方同意从未来某一商定日期开始，在某一特定时期内按照协议利率借贷一笔数额确定、以具体货币表示名义本金的协议。合约中的名义借款人称为远期利率协议的买方或多方，而合约中的名义贷款人称为远期利率协议的卖方或空方。

在一份远期利率协议中

买方名义上答应借款	固定的利率
卖方名义上答应贷款	有特定的期限
有特定数额的名义上的本金	在双方约定的某一日期开始执行
以某一币种标价	

远期利率协议本身并不发生实际的借贷行为，理解这一点很重要。因此，远期利率协议签约后，贷款方并不向借款方实际转让资金，借款方也并不向贷款方实际借入资金，只是根据约定利率与市场参考利率之差来决定协议的一方是否要向另一方进行利息补偿，这样双方的"借""贷"利率均不受市场利率变动的影响。远期利率协议最早出现于 1983 年的伦敦，是由银行推出的一种远期合约，从 1984 年开始迅速形成了一个远期利率协议市场。

二、相关术语和交易流程

1. 相关术语

几乎所有远期利率协议都将英国银行家协会(British Bank's Association)于1985年起草的标准化市场文件(简称FRABBA词汇)的规定作为市场实务的指导原则。该文件除建立了正确的法律规范外,还对FRA的许多重要术语做了规定,例如:

(1) 协议金额(contract amount)——名义上借贷本金数额;
(2) 协议货币(contract currency)——协议金额的货币币种;
(3) 交易日(dealing date)——远期利率协议成交的日期;
(4) 即期日(spot date)——远期利率交易的执行日,通常是交易日之后两天;
(5) 确定日(fixing date)——确定参考利率的日期;
(6) 交割日(settlement date)——又称结算日,即名义贷款或存款开始日;
(7) 到期日(maturity date)——名义贷款或存款到期日;
(8) 递延期限(deferment period)——递延期,即从即期日到交割日之间的期限;
(9) 协议期限(contract period)——又称合约期限,交割日至到期日的天数;
(10) 协议利率(contract rate)——远期利率协议中约定的借贷利率;
(11) 参考利率(reference rate)——市场决定的利率,用于在交割日计算结算金。
(12) 结算金(settlement sum)——在交割日,根据协议利率与参考利率之差计算得出的由一方向另一方支付的资金金额。

图2-2列出了几个重要的概念,有助于理解这些词汇。

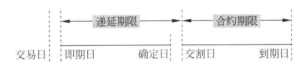

图2-2 远期利率协议的时间

假定交易日是2020年4月13日,星期一,协议双方买卖五份1×4远期利率协议,协议金额为100万美元,协议利率为6.25%。

"1×4"是指名义上的即期日与交割日之间为1个月,从即期日到贷款的最后到期日之间为4个月。即期日通常在交易日之后两天,在本例中即4月15日,星期三。这意味着名义上的贷款或存款将从2020年5月15日星期五开始(即期日1个月后),于2020年8月17日星期一到期(由于2020年8月15日是星期六,这3个月的期限的远期利率协议顺延到下一个工作日),正是3个月之后。因此交割日是5月15日,到期日是8月17日,协议期限是94天。结算利率为确定日,即5月13日的市场利率。在大多数远期利率协议中,参考利率使用的是确定日的LIBOR(London Interbank Offer Rates,伦敦银行业间同业拆借利率)。LIBOR是通过许多指定银行在指定时间内的不同利率决定的,先将利率从低到高排列,去掉最高、最低利率,计算出剩余数字的平均数,然后将得到的平均数四舍五入精确到$\frac{1}{16}$%。

2. 交易流程

为了进一步理解这些术语及它们之间的关系,我们以一个实例来说明 FRA 的交易过程。

【例 2-7】 A 公司预期在未来 3 个月内将借款 100 万美元,时间为 6 个月。为简单起见,我们假定借款者将能以 LIBOR 的水平筹措资金,现在的 LIBOR 是 6% 左右。借款者担心未来 3 个月内市场利率会大幅上升,这样其筹资成本会较高。为了避免遭受这种利率风险,在今天(假设是 2021 年 3 月 24 日星期三)借款者可以签订一份远期利率协议,期限 6 个月,时间自现在开始 3 个月内有效,简称 3×9(读作三对九)远期利率协议。这时一家银行可能对这样的协议以 6.25% 的利率报价,从而使借款者以 6.25% 的利率将借款成本锁定。该协议的主要内容如下:

协议金额:100 万美元;
交易日:2021 年 3 月 24 日,星期三;
起算日:2021 年 3 月 26 日,星期五;
确定日:2021 年 6 月 24 日,星期四;
结算日:2021 年 6 月 28 日,星期一(6 月 26 日、27 日为非营业日);
到期日:12 月 28 日,星期二;
协议期限:183 天;
参考利率:6.5%(确定日的伦敦银行间同业拆借利率)。

这一流程如图 2-3 所示。

图 2-3 FRA 交易示意图

由于参考利率高于协议利率,名义贷款方要向名义借款方支付结算金。

3. 结算金的计算

远期利率协议的结算是买方承诺在结算日向卖方支付按协议利率计算的利息,卖方则承诺在结算日向买方支付按参考利率计算的利息,在结算时,交易双方按照确定日参考利率与协议利率的差额计算出的应支付利息额进行交割。一般来说,实际借款利息是在贷款到期时支付的,因此结算金并不等于因利率上升或下降所导致的利息差,而是这一差额在结算日按照参考利率贴现的贴现值,具体计算公式如下:

$$结算金 = \frac{(r_r - r_c) \cdot A \cdot \dfrac{D}{B}}{1 + r_r \cdot \dfrac{D}{B}} \tag{2-21}$$

其中,r_r 表示参考利率,r_c 表示协议利率,A 表示协议数额,D 表示协议期限,B 表示天数计算惯例(美元:360 天,英镑:365 天)。

式(2-21)的含义为,结算金为名义贷款在到期日根据参考利率和协议利率计算的利息差,用参考利率贴现到结算日的现值,当 $r_r > r_c$ 时,结算金为正,应由卖方向买方支付。对于买方而言,借入名义本金与结算金的差额即可满足需求,其由于签订该远期利率协议而规避了因利率上升而导致的借款成本增加的风险;而对于卖方而言,由于向买方支付了结算金,其放贷或投资的金额也相应地变为名义本金与结算金的差额,利率的上升并没有额外增加其投资收益。当 $r_r < r_c$ 时,结算金为负,应由买方向卖方支付。对于卖方而言,其投资额为名义本金与结算金之和,其由于签订该远期利率协议而规避了因为利率下降而导致的贷款收益减少的风险;而对于买方而言,由于向卖方支付了结算金,理论上讲,其借款额应该是名义本金与结算金之和,因而利率下降并没有意外减少其借款成本。

总之,协议双方由于有了结算金的收与支,就相当于在结算日,FRA 的买方和卖方分别按市场利率 r_r 去借款和贷款。根据式(2-21)可做如下推导:

$$
\begin{aligned}
&\left(A - \frac{(r_r - r_c) \cdot AD/B}{1 + r_r \cdot D/B}\right) \times (1 + r_r \cdot D/B) \\
&= A(1 + r_r \cdot D/B) - (r_r - r_c) \cdot AD/B \\
&= A(1 + r_c \cdot D/B)
\end{aligned}
\tag{2-22}
$$

即在到期日,借款者的还本付息或贷款者收回贷款的本利和皆为 $A(1 + r_c \times D/B)$。

(1) 买方借款利息支出或卖方贷款利息收入为 $A \cdot r_c \cdot D/B$。

(2) 结算金从结算日至到期日的本利和为 $A \times (r_r - r_c) \cdot D/B$。

可见,只要买卖双方签订了远期利率协议,无论市场利率如何变化,买方的借款成本和卖方的贷款收益率都是 r_c。结算金正好冲销了借款者多支付的利息和贷款者多收入的利息(若 $r_r > r_c$)或借款者少支付的利息和贷款者少收入的利息(若 $r_r < r_c$)。需要注意的是,FRA 是一种能把不确定性转化为确定性的工具,无论出现哪一种情况,或者说不管最终 LIBOR 的水平高低,远期利率协议的双方实际上最终都以 r_c 的利率完成交易。

假若没有远期利率协议,借款者将不得不在 2021 年 6 月 28 日(星期一)以 6.5% 的市场利率借款,6 个月后将多支付 1 253 美元的利息,即

$$1\,000\,000 \text{ 美元} \times (6.5\% - 6.25\%) \times 0.5 = 1\,253.42 \text{ 美元}$$

但由于在交易日(2021 年 3 月 24 日,星期三)签订了一份 3×9 远期利率协议,按照 FRA 的交易规则,借款者将在结算日(2021 年 6 月 28 日,星期一)收到一笔结算金以补偿在实际借款中因利率上升而造成的损失。

将例 2-7 的数据代入式(2-21),即可算出卖方应向买方支付的结算金为

$$结算金 = \frac{(0.065 - 0.062\,5) \times 1\,000\,000 \times \frac{183}{360}}{1 + 0.065 \times \frac{183}{360}} = 1\,230.19(\text{美元})$$

将这笔钱以 6.5% 的利率存 6 个月期,12 月 28 日得到的本利和为 1 270.83 美元,因此,100 万美元的债务 12 月 28 日的实际利息支出为

$$1\,000\,000 \times 6.5\% \times \frac{183}{360} - 1\,230.19 \times (1 + 6.5\% \times \frac{183}{360}) = 31\,770.83(\text{美元})$$

该笔贷款的实际年利率为

$$\frac{31\,770.83}{1\,000\,000} \times \frac{360}{183} = 6.25\%$$

在上述例子中，交易双方都把利率锁定在6.25%，而在确定日的参考利率是6.5%，因此A公司通过远期利率协议的交易锁定了其6.25%的借款成本，降低了利率波动的风险。这就是远期利率协议产生的原因。

三、远期利率

FRA的定价问题就是FRA的协议利率如何确定的问题，即如何确定远期利率。

1. 远期利率的计算

如果把从当前起息的一定期限的利率称为即期利率，那么从未来某一时刻开始计息的一定期限的利率就称为远期利率。上例中的协议利率6.25%实际上就是远期利率，即表示3个月之后开始的期限为6个月的远期利率。远期利率事实上是由一系列的即期利率所决定的。

【例2-8】 假定某人有一笔资金用来投资1年。假设6个月期的利率为9%，而1年期的利率为10%，那么投资者可有多种选择，包括下面两种：

(1) 投资1年获取10%的利息；

(2) 投资半年获取9%的利息，与此同时，卖出一份6×12的远期利率协议，以在下半年获得有保证的收入。

图2-4给出了这两种可能的选择。

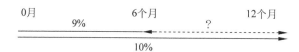

图2-4 远期利率协议定价："弥补缺口"

在市场有效率的情况下，无论投资者选择哪种方法，其最终结果都是相同的，所以有

$$1 + 10\% = (1 + 0.5 \times 9\%)(1 + 0.5 \times r_F)$$

$$r_F = 2 \times \left(\frac{1+10\%}{1+9\% \times 0.5} - 1\right) \approx 10.53\%$$

一般而言，如果现在时刻为t，T时刻到期的即期利率为r，T^*时刻($T^* > T$)到期的即期利率为r^*，则t时刻的$T^* - T$期间的远期利率r_F可以通过下式求得：

$$[1 + (T-t)r] \cdot [1 + (T^* - T)r_F] = 1 + (T^* - t)r^*$$

从而有

$$r_F = \frac{(T^* - t)r^* - (T-t)r}{[1 + (T-t)r](T^* - T)} \tag{2-23}$$

当即期利率和远期利率均为连续复利时，即期利率和远期利率的关系可以表示为

$$r_F = \frac{(T^* - t)r^* - (T-t)r}{T^* - T} \tag{2-24}$$

这是因为

$$e^{r(T-t)} e^{r_F(T^* - T)} = e^{r^*(T^* - t)}$$

即
$$r(T-t) + r_F(T^* - T) = r^*(T^* - t)$$

例如,当1年期和2年期的连续复利分别为10%和10.5%时,1年到2年的连续复利远期利率为

$$r_F = \frac{10.5\% \times 2 - 10\% \times 1}{2 - 1} = 11\%$$

2. 远期利率协议的价值

远期合约的定价包括远期价格的确定与远期价值的确定两个部分。在远期利率协议中,远期利率即为远期价格。下面我们来确定远期利率协议本身的价值,为简单起见,这里采用连续复利表示。

由于远期利率协议是空头方承诺在未来的某个时刻(T时刻),将一定数额的名义本金(A)按约定的协议利率r_c在一定期限($T^* - T$)内贷给多头方的远期协议。要确定远期利率协议的价值,先考虑远期利率协议的多头方(借入名义本金的一方),其现金流如下:

T时刻:A;

T^*时刻:$-Ae^{r_c(T^* - T)}$。

这些现金流的现值即为远期利率协议多头的价值。为此,我们先将T^*时刻的现金流用$T^* - T$期限的远期利率r_F贴现到T时刻,再贴现到t时刻,即

$$\begin{aligned} f_t &= Ae^{-r(T-t)} - Ae^{r_c(T^*-T)} \cdot e^{-r_F(T^*-T)} \cdot e^{-r(T-t)} \\ &= Ae^{-r(T-t)} \times (1 - e^{(r_c - r_F)(T^* - T)}) \end{aligned} \quad (2\text{-}25)$$

【例 2-9】 假设某本金为100万美元、协议利率为3%的4×10的远期利率协议离交割日还有3个月,现在市场上3个月的即期利率(连续复利)为2%,9个月的即期利率(连续复利)为2.5%,请问此时该远期利率协议理论上的协议利率和价值分别是多少?

解:该协议理论上的协议利率为

$$r_F = \frac{r^*(T^* - t) - r(T - t)}{T^* - T} = \frac{0.025 \times 0.75 - 0.002 \times 0.25}{0.75 - 0.25} = 2.75\%$$

该远期利率协议的价值为

$$f = 100 \times e^{-0.02 \times 0.25} \times (1 - e^{(0.03 - 0.0275) \times 0.5}) = -0.12445(\text{万美元})$$

显然,该协议是1个月以前签订的,协议中约定的3%协议利率在1个月之后的今天来看是过高了。如果今天签订一份本金同样是100万美元、结算日和到期日也都相同的远期利率协议,则协议利率应该是2.75%。

3. 远期利率的报价

远期利率协议常以LIBOR为参考利率,其报价一般由银行报出。如银行报出"美元3×6 4.52—4.57",说明3个月之后起息的期限为3个月的美元FRA,银行买入该FRA协议利率为4.52%,卖价为4.57%。如表2-8所示为某个经纪公司的部分远期利率协议的报价。

表 2-8 远期利率协议的报价

1321 BABCOCK FFULTON PREBON — EURODOLLAR FRA STRIPS FPRF							
1×4	4.75—80	1×7	4.66—71	1×10	4.70—75	1×13	4.80—87
2×5	4.53—58	2×8	4.59—64	2×11	4.71—76	2×14	4.85—92
3×6	4.52—57	3×9	4.59—64	3×12	4.71—76	3×15	4.90—97
4×7	4.57—62	4×10	4.64—69	4×13	4.80—85	4×16	5.00—07
5×8	4.57—62	5×11	4.70—75	5×14	4.90—95	5×17	5.09—16
6×9	4.61—66	6×12	4.75—80	6×15	4.99—04	6×18	5.18—25
9×12	4.85—90	9×15	5.13—18	9×18	5.34—39	9×21	5.54—61
12×15	5.45—50	12×18	5.53—58	12×21	5.73—78	12×24	5.93—00
15×18	5.54—59	15×21	5.82—87	15×24	6.07—12		
CALL FOR FIRM PRICES		* ALL STRIP RATES ARE SPOT					

资料来源：Reuters Monitor

四、远期利率协议的运用

远期利率协议的主要优势是：交割时不需要实际收付本金，只需将协议利率与参考利率的利息差额贴现到结算日，据此进行交割。

远期利率协议运用的原则是：未来时间里持有大额负债的银行，在面临利率上升、成本增加的风险时，必须买进远期利率协议；未来时间里拥有大笔资产的银行，在面临利率下降、收益减少的风险时，必须卖出远期利率协议。下面是运用远期利率协议实施利率风险管理的案例。

【例2-10】 假设A银行根据经营计划，在3个月后需向B银行拆进一笔1 000万美元、期限为3个月的资金，目前市场上3×6的远期利率协议的协议利率为7.5%，A银行预测3个月后，期限为3个月的年利率会高于7.5%。为此，A银行买进名义本金为1 000万美元的该远期利率协议。3个月后，LIBOR果然上升到8.5%。此时，A银行采取如下交易，将利息成本固定在7.5%的水平。

（1）轧平远期利率协议头寸。由于利率上升，A银行获得的结算金为

$$结算金 = \frac{(0.085 - 0.075) \times 1\,000 \times \frac{90}{360}}{1 + 0.085 \times \frac{90}{360}} = 2.447\,98(万美元)$$

（2）由于A银行已从远期利率协议中取得了24 479.80美元的收益，因而它只需按8.5%的LIBOR取得3个月期9 975 520.2(10 000 000 - 24 479.80)美元的贷款即可满足需要。由此可以计算出A银行该笔借款利息支出为

$$借款利息支出 = 1\,000 \times 8.5\% \times \frac{90}{360} - 2.447\,98\left(1 + 8.5\% \times \frac{90}{360}\right)$$
$$= 18.75(万美元)$$

该笔贷款的实际年利率 $=\dfrac{18.75}{1\,000}\times\dfrac{360}{90}=7.5\%$

【例2-11】 假设B银行3个月后会收回一笔2 000万美元的贷款,并计划将这笔贷款再做3个月的短期投资。市场上3×6的远期利率协议的协议利率为7.5%,但B银行3个月后的期限为3个月的存款利率将在7.5%的基础上下降。为了减少损失,B银行卖出名义本金为2 000万美元的该远期利率协议。3个月后,LIBOR果然下降到7%。此时,B银行做了如下交易来确保其收益。

(1) 轧平远期利率协议头寸。由于利率下降,B银行获得的结算金为

$$结算金 = \dfrac{(0.070-0.075)\times 2\,000\times\dfrac{90}{360}}{1+0.07\times\dfrac{90}{360}}=-2.457(万美元)$$

负号代表利差支付方向为买方支付给卖方。

(2) 按交割日的LIBOR,即7%放贷3个月期,贷款金额为20 024 570(20 000 000+24 570)美元。B银行该笔借款的利息收益为

$$放款利息收入 = 2\,000\times 7\%\times\dfrac{90}{360}+2.457\left(1+7\%\times\dfrac{90}{360}\right)=37.50(万美元)$$

该笔贷款的实际年利率 $=\dfrac{37.5}{2\,000}\times\dfrac{360}{90}=7.5\%$

可以看出,B银行在预测短期内LIBOR下降的情况下,通过卖出远期利率协议的交易方式,将未来的收益固定在原来的水平上。

利率风险的产生是基于时间差异性、融资债务性、利率水平变动不确定性的同时存在,相应地,利率风险也会随着这三个要素并存性的被破坏而消除。防范与管理利率风险的各种措施与手段,其作用原理归根结底在于想方设法破坏或消除时间差异性、融资债务性、利率水平变动不确定性三者之间的并存。

【例2-12】 假定A公司是国内一家为采矿机械制造厂提供机械配件的制造业公司。2016年11月,A公司财务主管在编制公司下一年度的预算时,预计2017年5月至11月季节性借款需求为500万欧元。当时欧元的利率比较高,已经从此前5年的平均5%升至2016年11月的9%。财务主管向银行询问一年以内期限的即期存款利率和远期利率协议的报价,得到的数据如表2-9所示。从表中可以看出,期限较长的即期存款利率反而较低,远期利率协议的报价也是时期越是后面的越低、期限越长的越低。这都预示着欧元的利率在第二年有大幅下跌的可能。

现货市场上向下倾斜的收益率曲线与FRA市场上下降的价格水平表明市场对欧盟在接下来的几年中大幅降息的预期。A公司的财务主管并不那么肯定利率将下降,并且也无法确定就算利率真的下降,是否会像远期利率所预示的那样降得那么低。因此,他决定通过买进FRA来锁定2017年5月至11月这6个月的远期利率风险。

该远期利率协议的条件如下。

名义本金:500万欧元。

成交日:2016年11月21日(星期一)。

起算日:2016年11月23日(星期三)。

协议利率:7.23%。

基准日:2017年5月19日(星期五)。

结算日:2017年5月22日(星期一)。

最后到期日:2017年11月2日(星期五)。

协议期限:184天。

表2-9 部分即期存款利率和远期利率协议的报价

	欧洲货币存款	远期利率协议(FRAs)			
1月期	$8\frac{11}{16} \sim 8\frac{15}{16}$	1×4	8.75	1×7	8.37
2月期	$8\frac{3}{4} \sim 9$	2×5	8.43	2×8	8.10
3月期	$8\frac{11}{16} \sim 8\frac{15}{16}$	3×6	8.12	3×9	7.83
6月期	$8\frac{7}{16} \sim 8\frac{11}{16}$	4×7	7.82	4×10	7.57
9月期	$8 \sim 8\frac{1}{4}$	5×8	7.61	5×11	7.40
12月期	$7\frac{13}{16} \sim 8\frac{1}{16}$	6×9	7.40	6×12	7.23

假定到2017年5月19日,欧元的LIBOR确定为7.63%,该利率与2016年11月时的6个月即期利率8.6875%相比确实有了较大的下跌,但它并没有下跌到远期协议所规定的7.23%的水平。因此,A公司将在5月22日从卖出该远期利率协议的银行那里得到一笔利差,其数额根据公式计算为

$$\frac{5\,000\,000 \times 184 \times (7.63\% - 7.23\%)}{360} \times \frac{1}{1 + 7.63\% \times \frac{184}{360}} = 9\,838.54(欧元)$$

假设A公司把这笔利差按7%的年利率,于5月22日至11月22日放出去赚取利息收入,到11月22日时可得利息344.35欧元,于是这家公司在最后到期日11月22日,从这笔远期利率协议交易中实际得到的总收入为10 190.54欧元。5月19日,A公司可按即期LIBOR 7.63%再加上正常加息率的0.3%,即以年利率7.93%的价格,借入所需的500万欧元,到5月22日即可提取这笔款项投入公司的经营活动,并于11月22日归还本息。在最后到期日,与这笔借款成本有关的现金流量如下:

来自远期利率协议交易的总收入为10 190.54欧元。

按7.93%利率借入500万欧元在184天的利息为202 605.56欧元。

扣除远期利率协议交易中的收入后的借款净成本为192 465.01欧元。

可以得出A公司借入这笔资金的实际利率为7.53%,正好等于该公司在2016年11月成交的远期利率协议中的利率7.23%加上正常加息率0.3%,完全符合公司当初希望锁定的借款利率要求。

如果欧元的利率在2017年下跌很厉害。例如,2017年5月18日,欧元的LIBOR为6.83%,那么A公司在5月22日将向出售那份远期利率协议的银行支付利差9 877.41

欧元。

$$\frac{5\,000\,000\times(7.23\%-6.83\%)\times\frac{184}{360}}{1+6.83\%\times\frac{184}{360}}=9\,877.41(欧元)$$

为了与前面的情况进行比较,假定这笔利差也按7%的年利率在5月22日至11月22日期间赚取利息收入,到11月22日时可得利息353.39欧元。因此,A公司为这笔FRA交易所支付的数额为10 230.8欧元。5月18日,该公司按即期LIBOR利率6.83%再加上正常的加息率0.3%,即以年利率7.13%借入500万欧元,5月22日即可提取这笔款项投入公司的经营活动,到11月22日时需支付利息182 211.11欧元,结合在FRA交易中付出去的款项,该公司的借款总成本为192 441.91(=182 211.11+10 230.8)欧元。A公司借入这笔资金的实际利率仍然为7.53%[=(192 441.91×360/184)/5 000 000]。虽然在这种情况下如果A公司不做FRA交易本来可以使借款成本更低,但这是事后的结论。在事前并没有人能肯定半年以后的欧元利率究竟是多少,该公司通过远期利率协议锁定了未来借款的利率,为企业的经营活动提供了可靠核算的基础,这正是公司当初决定进行远期利率协议交易的初衷,所以不必为此而后悔。

利用远期利率协议管理利率风险的基本原理,就是在存在"时间差异性""融资债务性"的条件下,通过消除"利率水平变动不确定性"来破坏利率风险成因三个要素的并存性,从而消除利率风险。

在进行远期利率协议交易时,交易者必定会关心怎样的远期利率可以保证自己在今后避免损失的问题,这样就产生了内含远期利率的概念。内含远期利率可以帮助交易者对远期利率协议的报价是否合乎自己的需要作出判断,并以此作为商谈远期利率协议价格时买方决定是否成交的基础。

在银行间的同业拆放业务中,经常遇到的情况是拆进和拆出资金的期限不一样,利率也不一样。银行有时候是借入一系列的短期资金,而贷出一笔长期资金,有时候则是借入一笔长期资金,贷出一系列的短期资金。假定借入、贷出的资金数额相等,这里就有一个怎样使借入资金的利率与贷出资金的利率相匹配的问题。虽然银行借入资金的利率越低贷出资金的利率越高,获利就会越多,但是在借入和贷出期限不一致的情况下,借入利率和贷出利率处于什么水平才能盈亏平衡,对于银行的经营决策是十分重要的。远期利率协议的交易者也可用该方法来计算远期利率协议中的协议价格,以此来判断银行的报价是否公平。

【例2-13】 假设某银行打算通过借入短期资金为其较长时期的贷款筹资。它以年利率8%借入期限为30天的100万美元,同时按年利率12%贷出期限为60天的100万美元。因此,该银行在30天之后必须再借入100万美元的资金才能弥补其资金缺口。那么,第二期的30天借款利率是多少时,才能使该银行不亏不盈?

以上的现金流如图2-5所示。

该银行在30天之后必须再借入100(1+8%×30/360)万美元才能弥补其资金缺口。第二期筹措的100(1+8%×30/360)万美元需在30天以后偿还,还款的本利和要等于按年利率12%贷出的期限为60天的100万美元的本利和收入,才能使其不亏不盈。假设

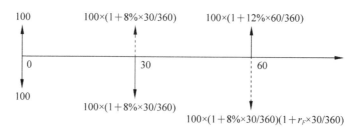

图 2-5 银行"借短贷长"远期报价利率的确定

第二期的 30 天借款利率,即内含利率为 r_F,则

$$r_F = \frac{12\% \times \frac{60}{360} - 8\% \times \frac{30}{360}}{1 + 8\% \times \frac{30}{360}} \times \frac{360}{30} = 15.89\%$$

银行要不亏不盈,就要在第二期借入期限为 30 天的资金,年利率为 15.89% 时,能使它贷出的那笔期限为 60 天、年利率为 12% 的资金不亏不盈。如果第二期借入资金的利率低于 15.89%,该银行就有盈利;如果第二期借入资金的利率高于 15.89%,该银行就有亏损。

在西方货币市场上,同业间拆放资金一般按规则的期限报价,如按隔夜拆放、1 个星期、1 个月、2 个月、3 个月、4 个月、5 个月、6 个月、7 个月、8 个月、9 个月、10 个月、11 个月或 12 个月的期限报价。如果客户需要的资金期限与这些规则的期限不符合,如期限为 37 天,银行又将如何报价呢?

通常情况下,银行会把不规则期限根据规则期限分为两段,然后分别按照规则期限的利率作为计算的根据,再用每一段时期的天数为权重,取两个利率的平均数。例如,现在货币市场上的报价如下:

期限为 1 个月,欧洲美元 $10\frac{1}{8} \sim 10\frac{1}{4}$,天数为 30 天。

期限为 2 个月,欧洲美元 $10\frac{3}{4} \sim 10\frac{7}{8}$,天数为 61 天。

银行可以把 37 天期分成两段:第一段 30 天可按 1 个月期的利率 10.125% 计算;第二段 7 天在时间上已进入第二个月,就按照 2 个月期的利率 10.75% 计算。按天数加权平均后可得出 37 天期的利率为

$$\frac{30 \times 10.125\% + 7 \times 10.75\%}{37} = 10.243\%$$

这种方法简单易行,当相邻两个规则期限的利率相差不大时,与用精确方法计算的结果差别不大。但是,既然把不规则的期限按规则期限分成两段,那么后一段期限实际上就不应该采用即期市场上那个较长的规则期限的利率,而应该采用远期利率,否则有可能产生较大的误差。就以上述计算远期利率的例子来看,假设欧洲美元利率报价为:期限为 1 个月(30 天)的利率报价为 8%;期限为 2 个月(60 天)的利率报价为 12%。求不规则期限 59 天的利率报价。

按照前面分段计算的办法,前面 30 天按 8% 的利率计算,后面 29 天按 2 个月利率 12% 计算,通过天数的加权平均可得

$$\frac{30 \times 8\% + 29 \times 12\%}{59} = 9.97\%$$

60 天期的利率为 12%,而 59 天期的利率却只要 9.97%,这显然是不合情理的。问题就在于如果采用分段考虑利率的办法,那么第二段时期就不应该采用 2 个月期的利率,而应该采用"1 个月对 2 个月"的远期利率。要使 2 个月的利率达到 12%,"1 个月对 2 个月"的远期利率应该高于 12%。在这个例子中,第二个月的远期利率为

$$\text{FRA} = \frac{12\% \times \frac{60}{360} - 8\% \times \frac{30}{360}}{1 + 8\% \times \frac{30}{360}} \times \frac{360}{30} = 15.89\%$$

把这个远期利率作为前面分段计算公式中第二个月的利率,再计算 59 天期的利率可得

$$\frac{30 \times 8\% + 29 \times 15.89\%}{59} = 11.88\%$$

这个结果和 60 天的利率 12% 就比较接近了。

在实际交易中,由于非规则期限的拆借资金使卖方的资金期限匹配的管理难度增加,因此为了补偿银行在保值方面的额外费用,作为卖方的银行对不规则期限资金的报价会比根据上述式子算出来的数值稍微高一些。

第三节 远期外汇合约

货币交易可以是即期的,也可以是远期的。在即期交易中,买卖会立刻进行,两天后交割。在远期交易中,买卖双方在成交之前,先就交易的货币种类、汇率、数量及交割期限等达成协议,并用合约的形式确定下来,在约定的交割日双方履行合约,办理有关货币金额的结算手续。因此,远期外汇交易也被称为远期外汇合约。金融远期合约中,远期外汇合约是发展规模最大、最为成熟的种类,其交易一般在银行之间进行。

一、远期外汇合约概述

1. 定义

远期外汇合约(forward exchange contracts)是指交易双方约定在将来某一时间或两个指定日期之间任何时间按约定的远期汇率买卖一定金额的某种外汇的合约。在签订合约时,就确定好将来进行交割的远期汇率,到时无论汇率如何变化,都应按此汇率进行交割。

外汇交易的交割日实际上是收到或支付货币的日期。对于即期交易来说,交割日是交易日后的两个营业日;对于远期交易来说,交割日从即期算起。例如,在 2021 年 3 月 17 日(星期三)成交的 3 个月的远期外汇合约,从即期交割日 3 月 19 日算起,3 个月后即 6 月 19 日进行交割。但是,6 月 19 日是星期六,不是营业日,这样交割日就顺延到 6 月 21 日(星期一),如图 2-6 所示。

图 2-6 远期合约:交易日和交割日

例外的情况是,当即期交易的交割日为当月的最后一个营业日时,远期合约的交割日将是相关月份的最后一个工作日。例如,若即期交易的交割日是 2021 年 4 月 30 日(星期五),是 4 月份的最后一个营业日,以下为相关的远期外汇合约的交割日:

| 1 个月远期合约 | 5 月 31 日,星期一 | 3 个月远期合约 | 7 月 30 日,星期五 |
| 2 个月远期合约 | 6 月 30 日,星期三 | 6 个月远期合约 | 10 月 29 日,星期五 |

这种交割被称为交易的"双末交割"(dealing end-end)。

远期外汇交易的期限有 1 个月、3 个月、6 个月和 1 年等,其中 3 个月最为普遍。超过 1 年的极少,通常也称为超远期外汇交易。

2. 远期外汇合约的功能

远期外汇买卖是国际上最常用的一种避免外汇风险、固定外汇成本的方法。现实生活中,无论是在进行对外贸易结算、海外投资、外汇借贷还是还贷时都会涉及外汇保值的问题,通过远期外汇买卖业务,可事先将外汇成本固定,或锁定远期外汇收付的换汇成本,从而达到保值的目的。

【**例 2-14**】 锁定进口付汇成本。设当前(某年 5 月 8 日)美元兑日元的汇率为 1 美元=133 日元。根据贸易合同,进口商甲公司将在 6 月 10 日支付 2 亿日元的进口货款。由于甲公司的外汇资金只有美元,因此需要通过外汇买卖,卖出美元买入相应的日元来进行支付。公司担心美元兑日元的汇率下跌将会增加换汇成本,于是同中国银行签订了一份直接远期外汇合约,按远期汇率 1 美元=132.50 日元买入 2 亿日元,同时卖出美元,资金交割日为 6 月 10 日。这一天,甲公司需向中国银行支付 1 509 433.96 美元(200 000 000÷132.50=1 509 433.96 美元),同时中国银行将向甲公司支付 2 亿日元。

这笔远期外汇买卖成交后,甲公司美元兑日元的汇率成本便可固定下来,无论国际外汇市场的汇率水平如何变化,甲公司都可按 1 美元=132.5 日元的汇率水平从中国银行换取日元。

假如甲公司未进行上述远期外汇交易,而是等到实际支付货款时才进行即期外汇买卖,如果 6 月 10 日美元兑日元的即期市场汇率水平下跌(假设跌至 1 美元=124 日元),那么甲公司就必须按此汇率买入 2 亿日元,同时卖出 1 612 903.23(200 000 000÷124=1 612 903.23)美元。

与做远期外汇买卖相比,甲公司将多支出美元:

$$1\ 612\ 903.23 - 1\ 509\ 433.96 = 103\ 469.27(美元)$$

由此可见,通过远期外汇买卖就可以锁定进口商进口付汇的成本,从而有效地规避汇率波动的风险。

【例2-15】 锁定出口收汇成本。设当前（某年5月8日）美元兑日元的汇率水平为1美元＝133日元。根据贸易合同，出口商乙公司将在6月10日收到2亿日元的货款。乙公司担心美元兑日元的汇率将上升，希望提前1个月固定美元兑日元的汇率，规避风险。于是乙公司同中国银行签订了一份直接远期外汇合约，约定按远期汇率1美元＝132.8日元卖出2亿日元，同时买入美元，资金交割日为6月10日。这一天，乙公司需向中国银行支付2亿日元，同时中国银行将向乙公司支付1 506 024.1（200 000 000÷132.8＝1 506 024.1）美元。

这笔远期外汇买卖成交后，乙公司美元兑日元的汇率便可固定下来，无论国际外汇市场的汇率水平如何变化，乙公司都将按1美元＝132.8日元的汇率水平向中国银行卖出日元。

如乙公司未进行上述远期外汇交易，而是等到实际收到货款时才进行即期外汇买卖，那么如果6月10日美元兑日元的即期市场汇率水平上升（假设升至1美元＝144日元），乙公司就必须按此汇率卖出2亿日元，同时买入1 388 888.89美元（200 000 000÷144＝1 388 888.89美元）。

与做远期外汇买卖相比，乙公司将少收美元：

$$1\ 506\ 024.1 - 1\ 388\ 888.89 = 117\ 135.21（美元）$$

通过上面的例子可以看出，恰当地运用远期外汇买卖，进口商或出口商就可以锁定汇率，有效地避免汇率波动可能带来的损失。但同时也应看到，如果汇率向有利的方向变动，那么由于锁定汇率，因此远期外汇买卖也就失去了获利的机会。

在经济日益全球化的今天，很多公司都经常使用外汇远期合约。假如两家公司在5月1日签订一个远期合约，约定在第180天以每英镑1.678美元的价格交易100万英镑。这个远期合约使多头方（合约中约定购买英镑的买方）有权利也有义务以每英镑1.678美元的价格买入100万英镑，支付美元；而空头方（合约中约定出售英镑的卖方）同样有权利也有义务以每英镑1.678美元的价格卖出100万英镑，收到美元。通过建立远期合约的多头或空头头寸，对于那些预期在将来某一时刻可能需要支付或收到外汇，又希望事先确定相关成本和收益的公司来说是很有意义的，这正是外汇远期市场成为国际金融市场重要组成部分的原因。

远期合约非常简单，对消除经济中的不确定性具有很重要的作用，因而历史上很早就出现了远期合约，并流传至今。但是远期合约的主要缺陷在于：每笔交易的特殊性太强，较难找到正好符合要求的交易对手；远期合约签订后的再转让也较为麻烦，需要耗费大量的交易成本和搜寻成本；远期合约到期时必须履行实物交割的义务，而无法在到期前通过反向对冲等手段来解除合约义务；远期合约缺乏对交易对手信用风险的强有力的约束，如果到期时交易对手违约，就会给交易方带来损失。因此，期货交易逐渐产生和发展起来。

二、远期汇率

远期汇率（forward exchange rate）是指两种货币在未来某一日期交割的买卖价格。

1. 远期汇率的确定

远期汇率既不是对即期汇率波动的预测，也不是未来即期汇率的市场预期，它表示的是在未来进行货币兑换时所依据的汇率。根据利率平价理论,它与未来的即期汇率无关,而仅与当前的即期汇率及两种货币的即期利率有关。远期汇率与即期汇率的差异反映了两国货币利率水平的不同。如果远期汇率没有反映出两国货币利率水平的不同,那么投资者就可以利用远期合约进行套利。

【例 2-16】 一家公司计划在一年后归还一笔 1 000 万日元的贷款,但目前只能从市场上借入美元。假设美元与日元的一年期即期利率(单利)分别为 5% 和 2%,即期汇率为 1 美元=120 日元。公司财务经理需要从市场上借入多少美元?具体应如何操作?

解:(1) 确定未来的目标:1 年后需要 1 000 万日元;

(2) 1 年后需要 1 000 万日元的现值为:1 000/(1+2%)=9 803 921.57(日元);

(3) 为获得 9 803 921.57 日元,需要 81 699.35(9 803 921.57/120)美元进行兑换,所以现在借款 81699.35 美元,借款期限也是 1 年;

(4) 1 年后需还本付息:81 699.35(1+5%)=85 784.31(美元)(美元利率 5%)。

公司这样的安排,实际上是现在以 5% 的年利率借入 81 699.35 美元,并按照 1 美元等于 120 日元的即期汇率购入 9 803 921.57 日元,然后将该笔日元按 2% 的年利率投资,1 年以后的本利和正好是 1 000 万日元,用来归还日元贷款。由此解决了 1 年后日元对美元汇率不确定的问题。

但是上述过程非常麻烦,在远期外汇市场非常发达的情况下,该公司可以很方便地在远期市场上做一个 1 年后交割的美元兑日元的远期合约,来规避汇率变动的风险。但是合理的远期汇率应该是多少呢?

我们可以应用无风险套利原则来为远期外汇定价,需要假设这样几个前提条件:①涉及的资产必须风险期限都相同;②无交易成本,且找出不同国家间存在的不同收益率的信息成本为零;③不存在资本限制。在这些条件成立的前提下我们可以用一个简单的公式对 1 年以内(长期外汇交易应该考虑复利)的远期汇率进行定价:

$$(1+r_f)F_t = (1+r)S_t \tag{2-26}$$

其中,F_t 表示 t 时刻的远期汇率,S_t 表示 t 时刻的即期汇率,r 表示本国货币利率,r_f 表示外国货币利率。

式(2-26)的右边表示价值为一单位外币的本币投资于国内市场的收益;左边表示一单位外币投资于国外市场,在交割日以 F_t 的价格在市场售出兑换成本币的收益。由于不存在套利机会,投资于两国市场的收益要相等。

将(2-26)式变形,得

$$F_t = S_t \cdot \frac{1+r}{1+r_f} \tag{2-27}$$

根据上述步骤,可以得到 1 年后的远期汇率为 1 美元等于 116.57(10 000 000/85 784.31)日元,由此我们可以写出远期汇率的一般公式:

$$F_t = S_t \cdot \frac{1+r_q \cdot \dfrac{D}{B_q}}{1+r_b \cdot \dfrac{D}{B_b}} \tag{2-28}$$

其中,F_t 表示远期汇率,S_t 表示当前的即期汇率,r_q 表示报价货币(直接标价法下的本币)

的年利率，r_b 表示基本货币(直接标价法下的外币)的年利率，D 表示从即期交割日到远期交割日的天数，B_q 表示报价货币1年的天数，B_b 表示基本货币1年的天数。

当本币和外币的利率均采用连续复利时，根据套利定价的原理，远期汇率与即期汇率的关系是由两种货币间的利率差决定的，其公式为

$$F_t = S_t e^{(r-r_f)(T-t)} \tag{2-29}$$

其中，F_t 表示 T 时刻交割的直接远期汇率，S_t 表示 t 时刻的即期汇率，r 表示报价货币的无风险连续复利利率，r_f 表示基本货币的无风险连续复利利率。式(2-29)就是国际金融领域著名的利率平价(interest rate parity，IRP)关系。

在实践中，外汇市场的远期汇率并不以绝对数字——远期直接汇率报价，而是以远期汇率与即期汇率之差——远期汇差(forward margin)或换汇汇率(swap points)或掉期率(swap rate)表示。这是因为远期直接汇率对即期汇率的变动相当敏感，几乎与即期汇率一比一地同幅波动。远期外汇交易员将不得不适当地随着即期汇率的每一次波动而调整其报价；而远期汇差几乎不受即期汇率变动的影响，因此报价相对稳定。式(2-30)和式(2-31)分别是在年复利率和连续复利条件下计算远期汇差的公式：

$$W_t = F_t - S_t = S \cdot \left[\frac{1 + r_q \cdot \frac{D}{B_q}}{1 + r_b \cdot \frac{D}{B_b}} - 1\right] \approx S_t \cdot (i_q - i_b) \cdot \frac{D}{B_q} \tag{2-30}$$

$$W_t = F_t - S_t = S_t \cdot (e^{(r-r_f)(T-t)} - 1) \approx S_t \cdot (r - r_f)(T-t) \tag{2-31}$$

其中，W_t 表示掉期率或远期汇水。当 $i_q > i_b$（或 $r > r_f$ 时），基本货币远期升水；反之，基本货币远期贴水。从上面的公式可以看出：远期外汇的升水或贴水取决于两种货币的利差且与时间长短成正比，时间越长，升水或贴水越大。

2. 远期汇率的标价方法

远期汇率的标价方法与即期汇率的标价方法相似，(左边)较低的价格是银行买入基本货币的价格，而(右边)较高的价格是银行卖出基本货币的价格。远期汇率的报价方法主要有两种：一种是直接报出远期汇率的实际价格(日本、瑞士等)；另一种是报出远期汇率与即期汇率的差价(英国、美国等)，即远期差价，也称远期汇水。升水(premium)是远期汇率高于即期汇率时的差额，表示远期外汇比即期外汇贵；贴水(discount)是远期汇率低于即期汇率时的差额，表示远期外汇比即期外汇贱。若远期汇率与即期汇率相等，则称为平价(at par)。就两种货币而言，一种货币的升水必然是另一种货币的贴水。

在不同标价法下，远期汇率的计算方法不同。

直接标价法下，远期汇率＝即期汇率＋升水，或远期汇率＝即期汇率－贴水。

间接标价法下，远期汇率＝即期汇率－升水，或远期汇率＝即期汇率＋贴水。

不过，如果标价中将买卖价格全部列出，并且如果远期汇水也有两个数值，则前面这些情况也可以不去考虑，只要掌握下述规则即可求出远期外汇的买卖价格。加减的规则是"前小后大往上加，前大后小往下减"。"前小后大"和"前大后小"是指差价的排队方式。

(1) 远期汇水前大后小表示单位货币的远期汇率贴水，计算远期汇率时应用即期汇率减去远期汇水。

【例 2-17】 市场上英镑对美元的即期汇率为 1.706 0～1.707 0,3 个月远期汇水为

94/89,则 3 个月的远期汇率为

$$1.706\ 0 \sim 1.707\ 0$$
$$-0.009\ 4 \sim (-0.008\ 9)$$
$$\overline{3\ 个月英镑远期汇率\ 1.696\ 6 - 1.698\ 1}$$

（2）远期汇水前小后大表示单位货币的远期汇率升水，计算远期汇率时应用即期汇率加上远期汇水。

【例 2-18】 市场上英镑对美元的即期汇率为 1.604 0~1.605 0,3 个月远期汇水为 64/80,则 3 个月的远期汇率为

$$1.604\ 0 \sim 1.605\ 0$$
$$+0.006\ 4 \sim (+0.008)$$
$$\overline{3\ 个月英镑远期汇率\ 1.610\ 4 - 1.613\ 0}$$

三、远期外汇综合协议

在现实生活中，公司经常会有这样的融资需求。例如，一家英国公司有一笔在美国的生意，在 3 个月后需要 1 000 万美元进行投资，该公司需要用英镑到银行兑换美元。这笔生意需要 1 年时间才能完成，1 年后该公司赚取到以美元结算的利润，因此需要将这笔美元利润兑换成英镑。但是如果 1 年后英镑升值，可能会使该公司的这笔投资以英镑来核算是亏损的。该公司应如何确定该项投资要不要进行呢？

该公司可以通过与银行进行即期对远期或远期对远期的外汇掉期交易，来规避未来汇率或利率变动带来的风险，从而确定是否进行这项投资。

银行在进行这种传统的掉期交易时，需要到银行间货币市场上借入美元，将美元出售给该公司兑换成英镑后，还要对这笔英镑的多头进行投资，1 年后再将英镑兑换给该公司，收回美元。显然，在实务工作中，对银行而言，在资金管理上有很大的负担，而且此表内业务要受到监管方的资本充足率要求的限制。

以上银行面临的问题，使一种具有远期对远期掉期交易功能同时又能减少上述风险的衍生工具——远期外汇综合协议（synthetic agreement for forward exchange, SAFE）于 20 世纪 80 年代应运而生。SAFE 与前面讲述的远期利率协议类似，属于场外交易的金融产品。它不仅实现了远期对远期外汇掉期交易的功能，而且从银行业务的角度看，属于表外业务，从而脱离了资本充足率的限制。

1. SAFE 的定义

远期外汇综合协议（SAFE）是指双方约定买方在结算日按照合同中规定的结算日直接远期汇率，用次级货币（secondary currency）向卖方买入一定名义金额的初级货币（primary currency），然后在到期日再按合同中规定的到期日直接远期汇率把一定名义金额的初级货币出售给卖方的协议。从该定义可以看出，远期外汇综合协议实际上是名义上的远期对远期掉期交易，之所以是名义上的，是因为后者涉及资金的实际流动，因此必须满足相应的法定准备金或资本充足率的要求，而前者不需要全部资金的实际流动，双方只要在结算日结算市场汇率变动给双方带来的盈亏即可。

对于一份 SAFE 而言，交易双方约定同意完成两种货币之间的远期对远期的名义（在交易中并没有发生实际的本金交换）互换。SAFE 的买方是指在交割日以次级货币购

买初级货币、在到期日再售出初级货币,收取次级货币的一方;而 SAFE 的卖方则持有与之相反的头寸,即在交割日卖出初级货币,在到期日回购初级货币。

2. **相关术语与交割程序**

SAFE 的术语由英国银行家协会出版的 SAFEBBA 文件定义,其交易流程中也有五个时点,即合同签订日(交易日)、起算日(即期日)、确定日(基准日)、结算日(交割日)、到期日,且有关规定与远期利率协议相同,如图 2-7 所示。

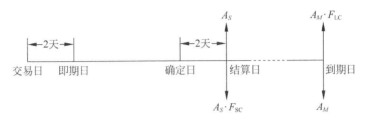

图 2-7 SAFE 交易示意

SAFE 的相关术语如下:

A_S——第一个协议数额,是在结算日进行名义交易的初级货币金额;

A_M——第二个协议数额,是在到期日进行名义交易的初级货币金额,通常与第一个协议金额有折现的关系,或者相同;

F_{SC}——协议约定的结算日的直接汇率;

F_{SR}——基准日决定的结算日的直接汇率;

F_{LC}——协议约定的到期日的直接汇率;

F_{LR}——基准日决定的到期日的直接汇差;

W_C——协议约定的协议期间的换汇汇率;

W_R——基准日决定的协议期间的换汇汇率;

r——在结算日期限为从结算日至到期日的次级货币的无风险利率;

D——协议期限的天数;

B——次级货币计算天数的通行惯例(360 天或 365 天)。

所有的 F 都是直接汇率,F 后的第一个下标表示该汇率是指交割日(S)还是到期日(L)的汇率。F 后的第二个下标表示该汇率是在交易日协定的(C),还是在基准日决定的参考汇率(R)。除 F_{SR} 外,所有这些汇率都是真实的远期汇率,而 F_{SR} 是基准日的即期汇率,尽管也是一个直接汇率。这里的 W 是指交割日与固定日之间的换汇汇率,而不是直接汇率。同样,W 的下标 C 或者 R 分别指是在协议中设定的还是在基准日确定的参考汇率。

根据 SAFE 的规定,多方名义上在交割日用数额为"$A_S \cdot F_{SC}$"的次级货币购进数额为"A_S"的初级货币,在到期日再售出数额为"A_M"(通常,这些数额相同)的初级货币,换回数额为"$A_M \cdot F_{LC}$"的次级货币。

这些现金流的现值即为 SAFE 多头的价值。

3. **结算金**

SAFE 一词实际上包含综合外汇协议的一个"家庭",其中最普通的两个"成员"是汇率协议(exchange rate agreement,ERA)和远期外汇协议(forward exchange agreement,FXA)。

确切地说,ERA 和 FXA 是 SAFE 的两种形式。这两种产品的区别在于,它们在结算日计算结算金的方式不同。同远期利率协议一样,由于约定的协议汇率与基准日的市场主要汇率之间存在差额,协议就根据这个差额来决定其中一方向另一方支付的交割数额。

在交割日,双方可依照伦敦银行间同业拆借利率确定即期结算汇率(F_{SR})、到期日远期结算汇率(F_{LR}),并通过比较协议远期汇率(F_{SC} 和 F_{LC})、协议远期汇差(W_C)和结算汇率(F_{SR} 和 F_{LR})、结算远期差价(W_R),计算结算金。交割额是通过比较在交易日为交割日和到期日设定的协议远期汇率以及同一天的市场汇率(即期交割汇率和交割远期汇差)之后确定的数额。

ERA 的结算金计算公式为

$$V_{ERA} = A_M \cdot \frac{W_C - W_R}{1 + r \cdot \frac{D}{B}} \tag{2-32}$$

其中:

$$W_C = F_{LC} - F_{SC} \tag{2-33}$$

$$W_R = F_{LR} - F_{SR} \tag{2-34}$$

$$W_C - W_R = (F_{LC} - F_{SC}) - (F_{LR} - F_{SR}) \tag{2-35}$$

式(2-32)与计算远期利率协议结算金公式[式(2-21)]非常相似。在这两个公式中,协议利(汇)率与参考利(汇)率之差乘以名义上的本金数额被贴现至交割日。贴现是因为考虑到交割数额是在交割日而不是到期日支付的。在计算 ERA 的交割数额时,没有必要再乘以协议期限的长度,因为换汇汇率已经将这个因素考虑在内了。

FXA 的结算金计算公式为

$$V_{FXA} = A_M \cdot \frac{F_{LC} - F_{LR}}{1 + r \cdot \frac{D}{B}} - A_S \cdot (F_{SC} - F_{SR}) \tag{2-36}$$

该式的显著特征是它间接地参考了直接汇率。该式的第一部分用到期日直接汇率之差代替了式(2-32)中的换汇汇率之差,而第二部分则考虑了结算日的汇率之差。对第二部分的结果没有必要进行折现,因为该现金流就发生在结算日。

关于两个公式含义的说明如下:

(1) 对于 ERA 和 FXA 来说,尽管在初级货币的定义中已经包含了名义上的数额,但是交割数额却是以次级货币来定义的,这是 SAFE 交易的国际惯例。例如,用美元买卖英镑的交易商将要交易英镑(初级货币),而盈利或亏损则是由美元(次级货币)来表示和支付的。

(2) 与远期利率协议一样,一个正的交割数额表示卖方需向买方支付,而负的交割数额则表示买方需向卖方支付。

(3) 从根本上说,远期外汇综合协议实际上是对未来远期差价进行保值或投机的远期协议。但与 FRA 不同,FRA 的保值或投机目标是一国利率的绝对水平,而 SAFE 的目标则是两种货币间的利率差以及由此决定的远期汇率差价。

这两个产品计算的结算金不同,所起到的保护功能也不尽相同。汇率协议(ERA)针对的是最初签约时确定的协议远期汇差与最终市场通行的结算远期汇差之间的差额。而远期外汇协议(FXA)不仅涉及差额,还与汇率的绝对变动有关,所以它们在承担的保值功能上有差别。实际应用哪种协议要视情况而定。希望对传统的外汇掉期交易进行避险的人倾向于使用 FXA,因为由此得到的报酬精确地反映了潜在的风险;仅仅面临利差风险的人则倾向于使用 ERA,因为 ERA 将汇率波动的大部分风险都规避了。

4. SAFE 的定价

SAFE 的定价就是要在交易日确定结算日和到期日的两个直接远期汇率,即 F_{SC} 和 F_{LC}。理解 SAFE 定价最简单的办法是,推断一定存在一个合理的价格使交割额为零。与这个合理价格不同的任何价格将会使这一交割额出现正的或负的价值,从而给交易双方的某一方带来优势或劣势。

(1) ERA 的定价。交割额的大小主要取决于原先约定的换汇汇率 W_C 与交割日的市场换汇汇率 W_R 之差。给 ERA 定价意味着在交易日就设置了 W_C,使交割数额的期望值为零。按式(2-32)就意味着 $E(交割数额_{ERA})=0$,从而有

$$W_C = E(W_R) \tag{2-37}$$

也就是说,在交易日的 ERA 价格 W_C,应该等于基准日的预期换汇汇率。

由换汇汇率的计算公式[式(2-30)],有

$$W_t = F_t - S_t = S_t \times \left[\frac{1 + r_q \cdot \dfrac{D}{B_q}}{1 + r_b \cdot \dfrac{D}{B_b}} - 1 \right]$$

已知换汇汇率是由即期汇率 S_t、报价货币利率 r_q 和被报价货币利率 r_b 三个变量决定的。

假设 r_{F1} 为 ERA 期限内的初级货币的远期利率,r_{F2} 为 ERA 期限内的次级货币的远期利率,F_S 为交割日的远期汇率。为了获得未来某日的预期换汇汇率,需要用交割日的远期汇率 F_S 代替即期汇率 S,用 r_{F1},r_{F2} 分别代替 r_q 和 r_b。可以推导出基准日的预期换汇汇率公式:

$$E(W_R) = F_S \times \left[\frac{1 + r_{F2} \cdot \dfrac{D}{B_q}}{1 + r_{F1} \cdot \dfrac{D}{B_b}} - 1 \right] \tag{2-38}$$

为了使公式进一步简化,利用远期利率公式[式(2-24)],将其代入式(2-38)中。

假设:r_{S1},r_{S2} 分别指初级货币和次级货币在现金市场上从即期至交割日的利率;r_{L1},r_{L2} 分别指初级货币和次级货币在现金市场上从即期至到期日的利率;t_S 指从即期至交割日的时间;t_L 指从即期至到期日的时间;t_F 指协议的期限长度;t 是相关时期的天数与每年的换算天数(360 天或 365 天)之商。则交割日的远期汇率为

$$F_S = S \times \left[\frac{1 + r_{S2} \cdot t_S}{1 + r_{S1} \cdot t_S} - 1 \right] \tag{2-39}$$

由于

$$r_{F1} = \frac{1}{t_F} \times \left[\frac{1 + r_{L1} \cdot t_L}{1 + r_{S1} \cdot t_S} - 1 \right] \quad 和 \quad r_{F2} = \frac{1}{t_F} \times \left[\frac{1 + r_{L2} \cdot t_L}{1 + r_{S2} \cdot t_S} - 1 \right]$$

将 F_S 及 r_{F1} 和 r_{F2} 代入式(2-38),得

$$E(W_R) = F_S \times \left[\frac{1+r_{F2} \cdot t_F}{1+r_{F1} \cdot t_F} - 1\right]$$

$$= S \times \frac{1+r_{S2} \cdot t_S}{1+r_{S1} \cdot t_S} \cdot \left[\frac{1+\frac{1}{t_F}\left(\frac{1+r_{L2} \cdot t_L}{1+r_{S2} \cdot t_S}-1\right)t_F}{1+\frac{1}{t_F}\left(\frac{1+r_{L1} \cdot t_L}{1+r_{S1} \cdot t_S}-1\right)t_F} - 1\right]$$

$$= S \times \left[\frac{1+r_{L2} \cdot t_L}{1+r_{L1} \cdot t_L} - \frac{1+r_{S2} \cdot t_S}{1+r_{S1} \cdot t_S}\right]$$

$$= S \times \left[\left(\frac{1+r_{L2} \cdot t_L}{1+r_{L1} \cdot t_L} - 1\right) - \left(\frac{1+r_{S2} \cdot t_S}{1+r_{S1} \cdot t_S} - 1\right)\right]$$

所以有

$$E(W_R) = W_L - W_S \tag{2-40}$$

其中,W_L 表示到期日的掉期率,W_S 表示交割日的掉期率。

这样,ERA 的价格可以简单地表示为到期日与交割日的换汇汇率之差。式(2-38)和式(2-40)在有效的金融市场上是非常准确的。可见,依据两种货币不同期限的即期利率所约定的换汇汇率 W_C 等于基准日的预期换汇汇率 W_R。

(2) FXA 的定价。类似地,FXA 的合理价格应该使结算金额的期望值等于零,结合已经定义的 ERA 的定价公式可知:

$$F_{LC} = E(F_{LR}) \quad \text{和} \quad F_{SC} = E(F_{SR}) \tag{2-41}$$

由于结算日即期汇率的预期值 $E(F_{SR})$ 等于现在的即期汇率(S)加上结算日远期汇差(W_S),到期日远期汇率的预期 $E(F_{LR})$ 等于现在的即期汇率(S)加上到期日的远期汇差(W_L),所以有

$$F_{SC} = S + W_S \quad \text{和} \quad F_{LC} = S + W_L \tag{2-42}$$

这样就给出了进行远期外汇协议 FXA 交易必须确定的两个价格,即协议结算日远期汇率 FSC 和协议结算日远期汇差($W_L - W_S$)的合理水平。

5. SAFE 多头的估值

SAFE 因结算金的不同计算有不同的种类,这里仅介绍远期外汇协议(FXA)的价值。根据该协议,远期外汇协议(FXA)多头的现金流为:

t_S 时刻——A_S 单位外币减 $A_S \cdot F_{SC}$ 单位本币;

t_L 时刻——$A_L \cdot F_{LC}$ 单位本币减 A_L 单位外币。

因此,这些现金流的现值即为 FXA 多头的价值 f。为此,我们要先将本币和外币分别按照相应期限的本币和外币的无风险利率贴现成现值,再将外币现金流现值按 t 时刻的即期汇率 S 折算成本币。令 $r_f(r)$ 代表在 T 时刻到期的外币(本币)即期利率,$r_f^*(r^*)$ 代表在 T^* 时刻到期的外币(本币)即期利率,且均为连续复利,则

$$f = [A_S S e^{-r_f(T-t)} - A_S F_{SC} e^{-r(T-t)}] + [A_L F_{LC} e^{-r^*(T^*-t)} - A_L S e^{-r_f^*(T^*-t)}]$$

$$= A_S e^{-r(T-t)}[S e^{(r-r_f)(T-t)} - F_{SC}] + A_L e^{-r^*(T^*-t)}[F_{LC} - S e^{(r^*-r_f^*)(T^*-t)}]$$

由于远期汇率就是使合约价值为零的远期协议价格(这里为 F_{SC} 和 F_{LC}),因此 T 时刻交割的理论远期汇率(F)和 T^* 时刻交割的理论远期汇率(F^*)分别为

$$F_t = S_t e^{(r-r_f)(T-t)}$$
$$F_t^* = S_t e^{(r^*-r_f^*)(T^*-t)} \tag{2-43}$$

则

$$f_t = A_S e^{-r_f(T-t)}[F_t - F_{SC}] + A_L e^{-r^*(T^*-t)}[F_{LC} - F_t^*] \qquad (2\text{-}44)$$

6. SAFE 报价时的市场惯例

在要求做市商提供 SAFE 的报价时，做市商通常既报出买价又报出卖价。面对 3×6 英镑/美元 ERA 的报价询问，通常的答复是"103/106"，这里的报价是"卖价/买价"。在这个报价中，做市商愿意以 103 个基点卖出一份 3×6ERA，或者愿意以 106 基点买入。看起来这种情形与通常的"低买高卖"相反，但从 SAFE 的定义及交割额的计算公式中却可以得到很好的说明。在每一个公式中，都有一个主要的公式（$X_C - X_R$），这里 X 可能是换汇汇率也可能是直接汇率，取决于所使用的是 ERA 还是 FXA。正的交割额意味着买方获利。因为 X_C 是早在交易日就已经确定的，以特定的价格 X_C 购买 SAFE 的投资者希望 SAFE 汇率会下降，从而 $X_R < X_C$，交割数额为正数，买方便可以从 SAFE 中获利，投资者遵循的是"高买低卖"的策略。

与此完全相反，在远期利率协议的定义中包含（$r_r - r_c$）这样一个公式。在这种情况下，远期利率协议的买方将价格固定在 r_c 上，随后希望利率会上升，使 $r_r > r_c$。这就是通常所说的"低买高卖"的策略。

若 SAFE 以相反的方式定义，也就是说，购买一份 SAFE 是指到期日（而不是交割日）购进初级货币，计算交割数额的公式将与原公式相反，SAFE 遵循的将是更为直观的交易方法。然而，我们必须接受真实的情况。

7. SAFE 的案例分析

由于远期外汇合约已事先将汇率固定在约定的汇率上，所以在未来某一特定日期，无论当时的市场汇率是多少，这两种货币仍然以原先约定的汇率相互交换。因此，远期外汇合约可成为投资者规避汇率上升或下跌风险的一种金融工具。即使没有实现规避风险的需求，投资者也可以通过远期外汇合约进行外汇投资买卖，以利用市场汇率波动赚取差价，当然前提是对汇率的波动方向有准确的预测。

【例 2-19】 假设目前外汇市场行情如下：

	即期汇率	1 个月（31 天）	3 个月（92 天）	1×3（61 天）
USD/CHF	1.340 0	50/51	153/156	102/106
美国利率		6.05%	6.12%	6.01%
瑞士利率		8.15%	8.25%	8.27%

设 1 个月后的市场行情可能有如下两种情况：

	第一种情况		第二种情况	
	即期汇率	2 个月（61 天）	即期汇率	2 个月（61 天）
USD/CHF	1.34	132/134	1.250 0	123/125
美国利率	6%		6%	
瑞士利率	8.3%		8.3%	

解：某投资者观察到 1×3 美元（USD）和瑞士法郎（CHF）的利率之差为 2.26%（8.27%−6.01%），他预测这个利差还会进一步扩大，因此美元的贴水幅度将增加。他卖出了一份 1×3SAFE，协议金额为 1 000 万美元。

卖出这样一份 1×3SAFE 意味着，投资者 1 个月后以 USD1=CHF1.345 0 的协议价格名义上卖出 1 000 万美元，同时 4 个月后再以 USD1=CHF1.355 6 的协议价格买入 1 000万美元。

根据题意，该投资者要以银行报出的买入价卖出美元，在到期日则应该以银行报出的卖出价买入美元，所以在交易日双方就各远期汇率约定如下：

$A_S = A_M = 10\,000\,000$ $D = 61$ 天
$F_{SC} = 1.340\,0 + 0.005\,0 = 1.345\,0$ $B = 360$ 天
$F_{LC} = 1.340\,0 + 0.015\,6 = 1.355\,6$ $r_q = 0.083$
$W_C = 1.355\,6 - 1.345\,0 = 0.010\,6$

那么，在结算日每种情况下的各种汇率如下：

第一种情况   第二种情况
$F_{SR1} = 1.340\,0$ $F_{RS2} = 1.250\,0$
$F_{LR1} = 1.340\,0 + 0.013\,2 = 1.353\,2$ $F_{LS2} = 1.250\,0 + 0.012\,3 = 1.262\,3$
$W_{R1} = 0.013\,2$ $W_{R2} = 0.012\,3$
$r_{q1} = 0.083$ $r_{q2} = 0.083$

这里需要注意的是，在计算结算金时 F_{LR} 究竟是用银行报出的买入价还是卖出价？也就是说，是用 $F_{LR} = F_{SR} + w_1$ 还是 $F_{LR} = F_{SR} + w_2$（w_1/w_2 为银行报出的远期汇水）？在本题中银行是交易的多头方，从 FXA 的结算金计算公式的第一项中可以看出 $F_{LC} - F_{LR}$ 的差价越大，结算金的金额就越高，从而对银行越有利。而 $F_{LC} - F_{LR} = (F_{LC} - F_{SR}) - w$，可见 w 越小，这一差值就越大。所以我们在确定每一种情况下的 F_{LR} 时，使用结算日的即期汇率加上远期汇水的买入价，即 $F_{LR} = F_{SR} + w_1$。如果 F_{SR} 也提供了双向报价，依据同样的原则也要使用买入价。

将这些数字代入式(2-32)和式(2-36)，即可得到 ERA 和 FXA 的结算金。

第一种情况：

$$V_{FXA1} = 10\,000\,000 \times \frac{1.355\,6 - 1.353\,2}{1 + 8.3\% \times \frac{61}{360}} - 10\,000\,000 \times (1.345\,0 - 1.340\,0)$$

$$= -26\,332.85$$

$$V_{ERA1} = 10\,000\,000 \times \frac{0.010\,6 - 0.013\,2}{1 + 8.3\% \times \frac{61}{360}} = -25\,639.41$$

第二种情况：

$$V_{FXA2} = 10\,000\,000 \times \frac{1.355\,6 - 1.262\,3}{1 + 8.3\% \times \frac{61}{360}} - 10\,000\,000 \times (1.345\,0 - 1.230\,0)$$

$$= -29\,939.63$$

$$V_{ERA2} = 10\,000\,000 \times \frac{0.010\,6 - 0.012\,3}{1 + 8.3\% \times \frac{61}{360}} = -16\,764.23$$

负的结算金额意味着买方向卖方支付。由于投资者已经出售了 SAFE，因此结算金额代表了投资者的利润。

对比这两种情况的结果：

在第一种情况下
$V_{FXA1} = -26\ 332.85$
$V_{ERA1} = -25\ 369.41$

在第二种情况下
$V_{FXA2} = -29\ 939.63$
$V_{ERA2} = -16\ 764.23$

可以看出，FXA 的盈利不仅考虑了由利率变动而造成的换汇汇率的变动，而且考虑了即期汇率的变动及对交割日、到期日现金流的影响。在第二种情况下，当美元疲软的时候，从远期对远期和 FXA 获得的利润会有大幅增加。

ERA 的利润来自换汇汇率的变动。即期汇率的波动对最终结果的影响要小得多，原因在于即期汇率对换汇汇率的影响较小。第二种情况下，即期 USD/CHF 从 1.340 0 下降到 1.250 0，降低 6.7%（$= \dfrac{1.340\ 0 - 1.250\ 0}{1.340\ 0}$），却对换汇汇率仅造成 1.6%（$= \dfrac{0.012\ 5 - 0.012\ 3}{0.012\ 5}$）的影响。

【案例 2-3】
外汇远期合约的应用案例——中信泰富的巨额损失

本 章 小 结

1. 远期合约是指交易双方约定在未来某一个确定的时间，按照某一确定的价格买卖一定数量的某种标的资产的合约。也就是说，双方在合约签订日约定交易对象、交易价格、交易数量和交割时间，并在这个约定的未来时间进行实际的交割和资金交收。

2. 远期合约的标的资产分为无收益、有固定现金流收益、有已知收益率三种情况，对应的远期价格和远期合约价值分别为：$F_t = S_t e^{r(T-t)}$，$f_t = S_t - K e^{-r(T-t)}$；$F_t = (S_t - I_t) e^{r(T-t)}$，$f_t = S_t - I_t - K e^{-r(T-t)}$；$F_t = S_t e^{(r-q)(T-t)}$，$f_t = S_t e^{-q(T-t)} - K e^{-r(T-t)}$。

3. 远期利率协议是买卖双方同意从未来某一商定日期开始，在某一特定时期内按照协议利率借贷一笔数额确定、以具体货币表示的名义本金的协议。合约中的名义借款人称为远期利率协议的买方或多方，而合约中的名义贷款人称为远期利率协议的卖方或空方。

当即期利率和远期利率均为连续复利时，即期利率和远期利率的关系可以表示为

$$r_F = \dfrac{(T^* - t)r^* - (T-t)r}{T^* - T}$$

远期利率协议的结算是交易双方按照确定日参考利率与协议利率的差额计算的应支付利息额进行交割，具体计算出结算金：

$$结算金 = \frac{(r_r - r_c) \cdot A \cdot \frac{D}{B}}{1 + r_r \cdot \frac{D}{B}}$$

结算金为正,空方向多方支付;结算金为负,多方向空方支付。

4. 远期外汇合约是指外汇买卖双方在成交时就交易的货币种类、数额、汇率及交割的期限等达成一致,并约定在规定的交割日进行交割的协议。

5. 远期外汇综合协议是指双方约定买方在结算日按照合同中规定的结算日直接远期汇率,用次级货币向卖方买入一定名义金额的初级货币,然后在到期日按合同中规定的到期日直接远期汇率,把一定名义金额的初级货币出售给卖方的协议。

SAFE一词实际上包含综合外汇协议的一个"家庭",其中最普通的两个"成员"是汇率协议(exchange rate agreement,ERA)和远期外汇协议(forward exchange agreement,FXA)。

确切地说,ERA和FXA是SAFE的两种形式。这两种产品的区别在于,它们在结算日计算结算金的方式不同。

思考与练习

思考题

1. 远期价格与远期价值有何区别?

2. 无套利均衡分析思想的内涵是什么?对于远期合约中标的资产在合约的有效期内无收益、有固定现金流收益、有已知收益率的三种情况,在推导远期价格时是怎样构造相应的资产组合的?为什么?

3. FRA与SAFE有哪些共同点?有哪些区别?

4. 简述远期合约的优缺点。

5. 对于远期利率协议而言,在交割日无论市场利率如何变化,双方通过收取和支付结算金,都能够保证多方的借款成本及空方的投资收益皆为合约中约定的协议利率。请运用结算金的计算公式加以说明。

练习题

1. 假设一份5年期附息票债券的价格为900元,该债券的一年期远期合约的交割价格为910元。预期在6个月后和12个月后将分别支付债券利息各20元,其中第二期利息支付恰好在远期合约交割日之前。6个月期和1年期无风险年利率各为3%和4%。求该远期合约的远期价格与远期价值。

2. 假定人民币的即期利率(单利)如下页表所示:

期限/年	利率/%
1	2.0
2	3.0
3	3.7
4	4.2

已知一份合约期限为1年的FRA,协议借贷起始日为2年以后,合约面值为100万元人民币,请给该远期利率协议的定价。

3. 2021年2月15日(星期一),交易双方同意成交一份1×4、金额为100万美元、协议利率为2.5%的远期利率协议,确定日市场利率为3%。请计算结算金并指出:①1×4的含义;②即期日;③确定日;④结算日;⑤到期日。

4. 一种不支付红利的股票的现价为38元,1年期的无风险利率(连续复利)为3%,问:①现在签订一份以该股票作为标的资产的1年期远期合约,此时这份合约的价值是多少?交割价格应该是多少?②假如6个月后股票的价格为39元,无风险利率不变,该远期股票合约的远期价格和远期价值各为多少?

5. 假设3个月期的即期年利率(单利)为2.25%,12个月的即期年利率(单利)为2.75%,银行3×12的远期利率报价为①2.88%~2.96%或②2.72%~2.80%。分别就①、②两种情况讨论有无套利机会,如有请写出详细的套利过程。

6. 已知美元的1年期利率为2%,人民币的1年期利率为3%,当前人民币对美元的汇率是6.80:1。1年期的远期汇率是多少?如果银行现在的远期汇率报价是260/248,是否存在套利机会?如果存在,应如何进行套利?

7. 瑞士法郎的年利率是3%,美元的年利率为2%,市场上美元兑瑞士法郎的即期汇率为1美元=1.5瑞士法郎。若一年期远期外汇的报价为1美元=1.6瑞士法郎。是否存在套利机会?如果存在套利机会,如何进行套利?

8. 针对例2-18中的市场数据,如果投资者买入SAFE,请计算相应的交割额。

9. 假设现在6个月即期年利率为10%(连续复利,下同),6个月到1年的远期利率为11%,1年期即期利率为12%。投资者应如何进行套利?

自测题

第三章

期货与期货市场

期货合约和远期合约非常相似,都是将未来的不确定性转化为确定性,从而避免未来市场价格波动产生的影响。但是期货相对于远期更为标准化,它的出现极大地推动了金融市场的繁荣与稳定。

第一节 期货概述

远期市场的出现可以追溯到古希腊时期,而真正有组织的期货市场直到19世纪才初露端倪。期货市场是远期交易发展的产物。为什么会出现期货市场呢?首先来看远期交易者经常遇到的一些难题。

情形1:商品供求双方为了规避货物价格波动的风险,事先对货物的未来交易签订合同,即便买卖双方已经建立长期的供求关系,为了避免交易上的纠纷,每次签订远期交易合同都要在详细审查每一条款上花费时间、精力和金钱。

情形2:商品供求双方签订了远期交易合同,在合同到期执行前,由于商品市场价格的变动,如果其中一方违约得到的利益大于遵守协议所获得的收益,则存在信用风险。因商品价格变化而得利的一方可能不惜撕毁合同,直接在市场上交易商品,获取更多的利润。

情形3:当远期合同中包含的权利与义务的关系出现转让的主观要求时,会遇到市场无法对远期合约的交易进行合理定价及合同条款对转让的约束问题,客观上很难找到合同的受让方,最终影响合同的正常履行。

有没有一种更好的交易方式可以克服远期交易中经常遇到的难题呢?答案是肯定的。期货交易的出现丰富了交易手段、增加了规避价格风险的方式,使交易制度的发展向前跨越了一大步。

一、期货市场的产生与发展

欧洲是世界公认的期货交易的发源地,早在13世纪就出现了原始的商品期货交易,但现代期货交易则是从芝加哥交易所(Chicago Board of Trade,CBOT)发展起来的。

芝加哥是美国农产品的集散中心,由于农产品生产具有很强的季节性,因此每年的夏季末和整个秋季,大量的农产品同时上市,一下子挤满芝加哥地区的所有市场。一方面导致仓储远远不能满足要求;另一方面供过于求造成农产品价格暴跌,使芝加哥的谷物商和农场主承受了巨大的价格风险,苦不堪言。为了解决这个难题,由82位谷物交易商牵头的 CBOT 诞生了。最初仅仅是给交易者提供一个集中见面寻找交易对手的场所，交易双方通过签订远期合同，以事先确定销售价格，确保利润。由于远期合约存在潜在的违约风险，1865 年，CBOT 推出了标准化的协议，将除价格以外的所有合同要素标准化，同时实行保证金制度，交易所向合约交易双方收取保证金，作为履约保证。这种具有历史意义的制度创新标志着真正意义上的期货交易正式产生。

  CBOT 的竞争对手芝加哥商业交易所（Chicago Mercantile Exchange，CME）的前身为芝加哥农产品交易所，由一批农产品经销商创建于 1874 年，当时在该交易所上市的主要产品为黄油、鸡蛋、家禽及其他农产品衍生品。早期的期货合约主要用于农作物的交易。20 世纪 70 年代初期，布雷顿森林体系的解体，导致固定汇率制度崩溃，世界各国开始实行浮动汇率制度，金融市场上的利率、汇率和证券价格等金融商品价格开始发生急剧波动，整个经济体系的风险增大。金融商品的持有人（包括存款人、借款人、进出口商等）规避风险的需求越来越强烈，为金融期货的产生提供了最初的动力。在此背景下，CME 于 1972 年成立了国际货币市场部（International Monetary Market，IMM），并于同年 5 月 16 日首开金融期货之先河，推出美元对英镑、加拿大元、德国马克、日元、瑞士法郎、意大利里拉和墨西哥比索等七种货币的外汇期货交易，从而使金融商品成为期货交易的对象。外汇期货交易的推出标志着金融期货的诞生。与此同时，浮动汇率制度也增大了长期和短期利率的波动，因此 1975 年 10 月，芝加哥期货交易所设计了全球第一张利率期货合约。这张期货合约是以美国政府国民抵押贷款协会发行的抵押证券为标的资产。这标志着利率期货这一新的金融期货类别的产生。1982 年 2 月，堪萨斯期货交易所（Kansas City Board of Trade，KCBT）开办堪萨斯价值综合指数期货交易，从此股价指数期货这一新的金融期货种类开始在世界范围内快速发展起来。金融期货三大类别（外汇期货、利率期货、股指期货）的主要架构由此确定。从期货的产生及发展可以看出，期货合约是远期合约的发展和延伸。

  20 世纪 80 年代起，期货交易从美国迅速扩展到其他国家。1982 年，伦敦国际金融期货交易所（LIFFE）正式成立、1984 年新加坡国际金融交易所（SIMEX）成立、1986 年法国期货交易所（MATIF）在巴黎开始进行期货交易、1988 年瑞士的期权与金融期货交易所（SOFFEX）成立、1989 年日本东京国际金融期货交易所（TIFFE）成立、1990 年德国期货交易所（DTB）成立等，充分显示了世界各地对期货交易的重视。

  目前，金融期货市场最发达、交易量最大的应属北美地区，欧洲地区其次，亚太地区以及世界其他地区的金融期货市场近年来发展也十分迅速。近年来，世界上的衍生产品交易所因为规模效应的原因，纷纷合并以降低交易费用，交易所也随之易名。表 3-1 列举了世界主要的期权期货交易所。

  期货合约按照标的资产的不同，一般分为两大类：商品期货和金融期货。

  商品期货品种非常多，但大体上可分为农产品期货、黄金期货、金属与能源期货三个层次。从上面的介绍中我们已经了解到，期货市场的产生源于谷物商和农场主对规避农作物价格风险的迫切需求。农产品期货是最早进行交易的期货品种，其范围包括谷物、畜产品、林产品及一些经济作物。黄金期货则是以黄金作为合约标的资产的一种期货，它是因为布雷顿森林体系的瓦解导致国际金价大幅波动而出现的。金属与能源期货是新兴的

表 3-1 世界主要的期权期货交易所

交　易　所	网　　址
澳大利亚股票交易所(Australian Stock Exchange, ASX)	www.asx.com.au
巴西商品及期货交易所(BM&FBOVESPA, BMF)	www.bmfbovespa.com.br
孟买证券交易所(Bombay Stock Exchange, BSE)	www.bseindia.com
波士顿期权交易所(Boston Options Exchange, BOX)	www.bostonoptions.com
马来西亚股票交易所(Bursa Malaysia, BM)	www.bursamalaysia.com
芝加哥期权交易所(Chicago Board Options Exchange, CBOE)	www.cboe.com
中国金融期货交易所(China Financial Futures Exchange, CFFEX)	www.cffex.com.cn
芝加哥商业交易所集团(CME Group)	www.cmegroup.com
大连商品交易所(Dalian Commodity Exchange, DCE)	www.dce.com.cn
欧洲期货交易所(Eurex, EUREX)	www.eurexchange.com
香港期货交易所(Hong Kong Futures Exchange, HKFE)	www.hkex.com.hk
洲际交易所(Intercontinental Exchange, ICE)	www.theice.com
国际债券交易所(International Securities Exchange, ISE)	www.iseoptions.com
堪萨斯城交易所(Kansas City Board of Trade, KCBT)	www.kcbt.com
伦敦金属交易所(London Metal Exchange, LME)	www.lme.com
西班牙固定利得及不定利得金融期货交易所 (MEFF Renta Fija and Variable, Spain, MEFF)	www.meff.com
墨西哥衍生产品交易所(Mexican Derivatives Exchange, MEXDER)	www.mexder.com
明尼阿波利斯谷物交易所(Minneapolis Grain Exchange, MGE)	www.mgex.com
蒙特利尔交易所(Montreal Exchange, ME)	www.me.org
纳斯达克 OMX(NASDAQ OMX)	www.nasdaqomx.com
孟买国家证券交易所(National Stock Exchange, Mumbai, NSE)	www.nseindia.com
纽约泛欧交易所(NYSE Euronext)	www.nyse.com
大阪证券交易所(Osaka Securities Exchange, OSE)	www.ose.or.jp
上海期货交易所(Shanghai Futures Exchange, SHFE)	www.shfe.com.cn
新加坡交易所(Singapore Exchange, SGX)	www.sgx.com
东京谷物交易所(Tokyo Grain Exchange, TGE)	www.tge.or.jp
东京金融交易所(Tokyo Financial Exchange, TFX)	www.tfx.co.jp
郑州商品交易所(Zhengzhou Commodity Exchange, ZCE)	www.zce.cn

资料来源:约翰·赫尔.期权、期货及其他衍生产品:原书第 9 版[M].王勇,索吾林,译.北京:机械工业出版社,2017.

期货品种，其重要性在经济快速发展的今天日益凸现，尤其是原油期货与石油期货，更是现代经济发展的重要保障。

当期货交易的对象由普通商品变为金融商品时，就形成了金融期货。根据标的资产性质的不同，金融期货也可分为三大类：外汇期货、利率期货和股票指数期货。与商品期货不同，大部分金融期货一般以现金结算，而不进行实物交割，但长期国债期货和部分外汇期货还是采取实物交割的方式。外汇期货是以美元、英镑、日元、澳元和加元等特定的外币为标的资产的金融期货；利率期货是指标的资产价格依赖利率水平的期货合约，如欧洲美元期货和长期国债期货等；股票指数期货则是以特定的股票价格指数为标的资产的金融期货。

金融期货交易是在现代商品期货交易的基础上发展起来的。金融期货自问世以来，发展速度相当惊人，新的期货品种层出不穷，每家交易所都在不断地寻找能够满足市场需求并能创造巨额交易量的创新品种。时至今日，金融期货交易在许多方面都已经远远地走在了商品期货交易的前面。

二、标准化的期货合约

期货合约是指由期货交易所统一制定的、规定在将来某一特定的时间和地点交割一定数量与质量的实物商品或金融商品的标准化合约。期货合约是期货交易的对象，期货交易者正是通过在期货交易所买卖期货合约，转移价格风险，获取风险收益。期货合约是在现货合同和现货远期合约的基础上发展起来的，但它们最本质的区别在于期货合约条款的标准化。在期货市场上交易的期货合约，其标的物的数量、质量等级和交割等级及替代品升贴水标准、交割地点、交割月份等条款都是标准化的。期货合约中，只有期货价格是唯一变量，在交易所以公开竞价方式产生。

有时交易所会赋予期货合约的卖方对交割商品（主要是对长期利率期货和商品期货）和交割地点（主要是对商品期货）进行选择的权利，但交易所也将根据空方的选择，按事先规定的公式对其收取的价款进行相应的调整。一般来说，一份标准的期货合约应该包括以下条款。

1．交易品种

期货合约的交易品种是指期货合约交易的标的资产。期货交易的品种由期货交易所确定，不同交易所推出的交易品种各不相同（见表 3-2），在具体的行情表中，交易品种经常用交易代码来表示。

2．合约名称及交易代码

需注明该合约的品种名称及上市交易所的名称。例如，上海期货交易所的铜期货合约的名称为：上海期货交易所阴极铜期货合约。为了便于交易，每个期货品种都有一个交易代码，如中国金融期货交易所的沪深 300 股指期货合约的交易代码为 IF。

3．合约规模

合约规模是指每一份合约中交割资产的数量，又称交易单位。期货合约的合约规模是标准化的，同一交易所内同种商品的合约规模是相同的，这简化了交易，使期货交易成为只涉及合约数量买卖的交易。

表 3-2　世界主要的期权期货交易所及交易主要标的资产

交易所名称	交易品种
芝加哥商业交易所集团（CME Group）	玉米、大豆、小麦、猪牛牲畜、奶制品、尿素、木材、原油、天然气、煤炭、标普500指数、纳斯达克100指数、罗素2000指数、道琼斯指数、日经指数、外汇、美国国债、欧洲美元、联邦基金、黄金、白银、铂金、铜、铝、黑色金属
欧洲期货交易所（Eurex）	股票期权、单一股票期货、MSCI指数、欧洲斯托克600指数、德国DAX指数、瑞士市场指数、OMX赫尔辛基25指数、短期利率、政府债券、外汇
伦敦金属交易所（London Metal Exchange）	铝、铜、锡、镍、锌、铅、黄金、银、铂金、黑色金属、钴、锂
洲际交易所（Intercontinental Exchange）	油菜籽、咖啡、可可、棉花、白糖、信用指数、比特币、煤、原油、天然气、汽油、电力、碳排放限额、石油化工产品、单一股票期权、摩根士丹利资本国际新兴市场指数、摩根士丹利资本国际新兴市场亚洲指数、外汇、货运、黄金、白银、铁矿石、欧洲美元、英国金边债券、短期英镑、可再生能源证书
新加坡交易所（Singapore Exchange）	富时指数、日经225指数、摩根士丹利资本国际新兴市场指数、海峡时报指数、股票期货、外汇、日经平均股息点指数、日本政府债券、铁矿石、干散货航程航线、橡胶、煤、成品油、石油化工产品、电力
香港期货交易所（Hong Kong Futures Exchange）	恒生指数、中国120指数、股票期货、外汇、香港银行同业拆借利率、黄金、银、铁矿石
中国金融期货交易所（China Financial Futures Exchange）	沪深300股指期货、中证500股指期货、上证50股指期货、沪深300股指期权、2年期国债期货、5年期国债期货、10年期国债期货

资料来源：各交易所网站.

有关合约规模的设计是交易所的一个重要决策。如果合约规模太大，许多希望对冲较小头寸的投资者或希望持有较小头寸的投机者就不可能利用该交易所交易。相反，如果合约的规模太小，由于每份合约都会有交易成本，因此整体交易成本就会太高。合约的适当规模取决于潜在客户的需求。例如，芝加哥商业交易所集团的迷你型纳斯达克100期货合约是以20倍的纳斯达克100指数为标的资产，而一个标准合约是以100倍的纳斯达克100指数为标的资产。

4. 最小变动价位

最小变动价位又称刻度，是指由交易所规定的、在进行金融期货交易的过程中买卖双方报价时所允许的最小变动幅度。每次报价时价格的变动必须是这个最小变动价位的整数倍。最小变动价位乘以合约规模所得的积，就是每份金融期货合约的价值因价格变动一个刻度而增减的金额，被称为"刻度值"。最小变动价位通常用计价货币表示，也有用点数表示的。交易所之所以对合约报价的最小变动价位作出规定，其主要目的是简化金融期货交易的结算。有了这样的规定，交易者也可以很方便地根据每份合约的刻度值及价格变动幅度计算出每份合约的盈亏金额。

5. 每日价格最大波幅限制

这是为期货交易设置的安全阀，又称"涨跌停板"，是指当日某金融期货合约的成交价格不能高于或低于该合约上一交易日结算价的一定幅度，达到该幅度则暂停该期货合约的交易。不过，在某些情况下，交易所有权进行干涉并改变每日价格变动的限额。

交易所限制期货价格每日的最大波动幅度是为了控制一天内的价格波动，防止期货价格过分剧烈波动引起期货市场交易的混乱,从而使市场保持相对稳定。同时,每日价格最大波幅限制可以使投资者免受市场价格在短期内急剧升降的风险,从而可以限制他们每天的损失。当然,这同时也限制了因价格的有利变动所能获得的收益。当某种期货合约连续几天出现停板时,交易所将根据情况适当地扩大每日价格最大波动幅度,以增加成交量,同时,也使那些急于平仓或补仓的交易者有成交的机会。但是,对是否能够抑制期货价格的长期波动,理论界与实务界都存在争议。此外,控制价格会扭曲期货的价格发现功能,阻碍信息的传递与扩散。

6. 交割月份

虽然期货合约的实际交割比例很小,一般为2%左右,但也会有交割发生。期货合约的交割月份由交易所规定,期货交易的参与者可以自由选择交易何种交割月份的期货合约。一般来说,对于某种期货合约,期货交易所均规定若干个标准化的月份。

交割月的第一个交易日一般为通知日。从这一天起买家会随时收到一张交收通知书。交割月份不同会影响期货价格,通常距交割日较远的期货价格因包含利息、仓储等费用而高于临近到期的期货的价格。

7. 最后交易日

最后交易日是指期货合约可以进行交易的最后日期,在此之前,持有期货头寸的交易者可以通过平仓了结自己的头寸。

除了以上几个方面之外,期货合约中通常还有交易时间、交割日期、交割方式、头寸限额、交易手续费等标准化条款,商品期货里还包括交割等级、交割地点等。表3-3是大连商品交易所提供的豆油期货合约的具体条款,从中可以体会合约的"标准化"的含义。

表3-3 大连商品交易所豆油期货合约的标准合约

交易品种	大豆原油
交易单位	10吨/手
报价单位	元(人民币)/吨
最小变动价位	2元/吨
涨跌停板幅度	上一交易日结算价的4%
合约月份	1、3、5、7、8、9、11、12月
交易时间	每周一至周五上午9:00—11:30,下午13:30—15:00,以及交易所规定的其他时间
最后交易日	合约月份第10个交易日
最后交割日	最后交易日后第3个交易日
交割等级	大连商品交易所豆油交割质量标准
交割地点	大连商品交易所豆油指定交割仓库
最低交易保证金	合约价值的5%
交割方式	实物交割
交易代码	Y
上市交易所	大连商品交易所

资料来源:大连商品交易所,www.dce.com.cn。
注1:交易所可以根据市场情况调整各合约涨跌停板幅度和交易保证金标准。
注2:日盘交易分三个交易小节,分别为第一节9:00—10:15、第二节10:30—11:30和第三节13:30—15:00。
注3:本品种已开展夜盘交易,夜盘交易时间为21:00—23:00。

三、期货交易的功能

期货交易所形成的价格应该反映标的物在交割时的现货价格,如果期货价格和将来的现货价格产生偏差,将会引起套利交易,而套利过程就是价格发现过程,所以期货交易最主要的功能是价格发现功能和规避风险功能,同时也具有投机功能。

1. 价格发现功能

价格发现功能是指在一个公开、公平、高效、竞争的期货市场中,通过期货交易形成的期货价格,具有真实性、预期性、连续性和权威性的特点,能够比较真实地反映商品价格的变动趋势,它是期货市场的一项重要功能。市场参与者可以根据期货市场的价格发现功能进行相关决策,以提高自己适应市场的能力。但是,由于在期货交易中有投机因素及人的主观因素的作用,期货价格并非时刻都能准确地反映市场供求情况。

期货市场之所以具有价格发现功能,首先是因为现代期货交易是集中在高度组织化的期货交易所内进行的,期货市场遵循公开、公平、公正原则,交易的透明度高,监管严格;其次是因为在期货交易所内,交易者众多,供求集中,市场流动性强;最后,期货交易价格是通过自由报价、公开竞争形成的,并且有价格公开报告制度。期货市场的价格发现功能也决定了期货合约到期时,期货价格必定等于现货价格,否则投资者一定可以同时在期货市场和现货市场做相反交易来获取套利收益。如果期货价格高于现货价格,那么投机者可以在现货市场买进标的,同时在期货市场卖出该标的期货从而获取差价收入。

2. 规避风险功能

在日常经营活动中,市场主体时常面临各种利率、汇率、证券及商品的价格风险。

现货市场和期货市场是两个平行的市场,在这两个市场中,相同商品的现货价格和期货价格变化所受到的供给、需求及相关其他经济因素的影响基本相同。因此,现货市场上的价格和期货市场上的价格变动趋势基本是一致的,尽管变动幅度可能不同,人们可以利用期货市场来规避现货市场的价格风险,即在期货市场上持有一个与现货市场上交易方向相反、标的资产相同的一定数量的商品期货合约,那么当价格发生任何方向的变化时,交易者在一个市场的亏损就可以在相当程度上被另一个市场的盈利所弥补,进而达到规避市场风险的目的,这种操作就叫作套期保值。套期保值是期货市场最主要的功能,以套期保值操作来规避市场价格变动的风险也是期货市场产生的最根本原因。

例如,某位汽油巨头持有大量的汽油库存。他需要保留一些库存来满足客户的需求。如果不避险,则他必须承担汽油价格波动的风险。此时,他可以卖出原油期货,借以替代直接卖出汽油。在持有汽油库存的同时卖出原油期货,可以冲销价格下跌的风险。他也可以选择在现货市场上卖出所有的库存汽油,但将面临巨大的缺货成本。因此,作为一种规避风险的手段,卖出期货合约可以取代卖出整个库存。从该例可以看出,避险者就是利用期货交易来取代现货交易,针对已经持有的风险部位进行卖出避险。避险者几乎一定是相关商品的供应商或使用者。

3. 投机功能

期货交易之所以能够规避价格风险,并不是因为期货交易本身能从根本上消除各经济主体在生产经营和投资过程中面临的种种风险,而是因为通过期货交易,套期保值者能够将其面临的价格风险转移给别人。这种风险的转移必须是以有人愿意承担风险作为基本前提的。在期货市场上,愿意承担风险的交易者便是投机者。

投机是指人们根据自己对期货市场的价格变动趋势的预测,通过看涨时买进、看跌时卖出而获利的交易行为。投机功能构成了期货市场中必不可少的一环,期货投机者承担了套期保值者力图规避与转移的风险,既增加了市场的交易量,又减少了价格波动,使商品价格合理化。当然投机者在期货市场中为了追求获利也给期货交易创造着原本不存在的风险。

期货交易之所以具备良好的投机动能,主要是因为以下几点：

（1）期货交易方便灵活：进行期货合约买卖的手续比较简单,只需在交易所的会员经纪公司中选择所信服的一家,签订委托书,开立交易账户和保证金账户,存放一笔保证金,就可以委托其代理买卖期货合约。交易的目的也很简单,只考虑价格波动可能带来的收益或亏损,一般并不涉及实物商品的运输与交割。若要退出经纪公司或交易所,只需将持仓合约平仓后结算清楚即可。

（2）保证金数额较低。对于一般的期货交易客户,所缴纳的交易保证金的数额较低,我国交易的商品期货的保证金一般为合约价值的$4\%\sim5\%$；股指期货的保证金为8%；国债期货的保证金为$0.5\%\sim2\%$。进行证券、股票的买卖则需要支付全部金额。

（3）信息的系统性和公开性。期货交易实行公开竞价买卖,大量参与交易的交易者将商品供求状况的信息集中到了交易所,通过公开竞价将其公开化。同时,价格的波动也会系统地反映出来,交易者可以从价格波动的系统性中捕捉机会。

四、期货交易的优缺点

期货的诞生是金融市场上的一大创举,它极大地繁荣了金融市场。与非标准化的远期交易相比,期货交易的优势可以归纳为：

（1）期货合约的标准化和高效率的交易过程大幅提高了市场的流动性。

（2）由于期货交易所的存在,一笔期货合约的履约成本相当于场外交易等值交易额的很小一部分,也远低于现货交易的成本。

（3）期货市场独特的结算程序与保证金制度避免了交易对手的违约风险。

（4）保证金制度提供的杠杆效应,使交易者能够以较少的资本控制较大的头寸。套期保值者只要付出很小的代价就能减少其风险敞口,并且不需要进行标的资产的实物交割,以小博大的投机商也不必动用巨额资金。

当然,期货交易也存在一些局限性,这些局限性大致可以归纳为：

（1）期货市场的特殊性要求期货合约必须是非常标准化的,这就不能容许交易对手像场外交易一样就交易的具体细节进行商讨,不能满足其特殊要求。

（2）虽然距离交割日较近的期货合约的流动性很高,但是距离交割日较远的期货合约的流动性较差,这给希望对长期头寸进行对冲的套期保值者带来了一定困难。

（3）保证金账户的管理及因此带来的资金流动也给交易商带来不少交易成本。

人们在考虑选择期货合约还是选择相应的场外交易产品时,必须对上述期货交易的优势和局限性加以通盘考虑,权衡之后再决定何种选择更适合自身的需要。

第二节 期货合约的交易机制

期货市场是一种高度组织化的市场,为了保障期货交易有一个"公开、公平、公正"的环境,保障期货市场平稳运行,对期货市场的高风险实施有效的控制,期货交易所制定了一系列的交易制度(也就是"游戏规则"),所有交易者必须在承认并保证遵守这些"游戏规则"的前提下才能参与期货交易。与现货市场、远期市场相比,期货交易制度是较为复杂和严格的,只有如此,才能保证期货市场高效运转,发挥期货市场应有的功能。

期货交易是指交易双方在集中性的市场上以公开竞价的方式进行的期货合约的买卖。在期货交易中,将来要购买标的资产的一方称为多头方(long position),将来要出售该标的资产的一方称为空头方(short position),合约中规定的买卖价格称为期货价格。无论投资者的初始交易是购买还是出售期货合约,我们都把这一行为称为开仓;无论投资者是持有多头头寸还是空头头寸,我们都把这一行为称为持仓。绝大多数期货交易者并不是为了获得标的资产而交易,交易的目的仅仅是规避价格波动的风险,因此很少进行实物交割,通常不涉及实物所有权的转移。

期货交易的主要特征是场内集中交易和标准化,这两个特征及其衍生出的其他一些基本特征成为期货有别于远期的关键。当然,交易所和期货合约的种类不同,具体的交易机制,即对期货交易从开仓、持仓到以平仓或交割方式结束交易等的一系列制度安排也会存在差异,但基本特征都是一致的。下面简单介绍期货合约的基本交易机制。

一、集中交易和统一结算

期货交易的一个基本特征是交易必须在有组织的交易所内集中进行。期货投资者通过期货经纪公司买卖期货合约,交易双方并不直接接触,交易所和结算机构充当所有期货买方的卖出者和所有期货卖方的买入者,匹配买卖撮合成交,集中结算以了结买卖双方的权利和义务。这种交易方式克服了远期交易信息不充分导致市场效率低下和违约风险较高的缺陷,在很大程度上提高了市场流动性和交易效率,降低了违约风险,成为远期交易进化到期货交易的关键。期货交易所、会员经纪公司及期货交易买卖双方的关系如图 3-1 所示。

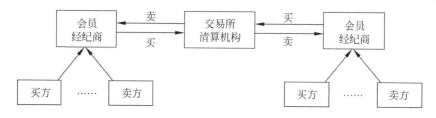

图 3-1 清算机构充当买方的卖出者和卖方的买入者

1. 期货交易所

期货交易所是一个进行标准化期货合约交易的有组织的场所。传统上,世界各国的期货交易所通常采用非营利性的会员制,期货交易所的会员主要是投资银行、经纪公司与自营商。但近年来,会员制改为公司制的浪潮一浪高过一浪。无论是会员制还是公司制,只有取得交易所会员资格的机构或个人才能进入交易所进行期货交易,而非会员则只能通过会员代理进行期货交易。

交易所的会员资格,又称为席位,会员资格如同其他资产一样可以按交易所规定的程序转让,也可以按规定退会。这些席位都是宝贵的资产,同时会员不能索取红利回报,只能通过其在交易所场内直接交易的资格,获得交易成本低、下单快捷方便等交易便利,因此席位价格波动非常剧烈,其剧烈程度取决于当时或预期中的交易量。

期货交易所只是为期货合约的集中竞价交易提供场所、设施、服务,并履行相关职责的非营利性的会员制法人,本身不参加期货交易。交易所的基本功能是:提供交易场地或交易平台,制定标准交易规则,负责监督和执行交易规则,制定标准化的期货合同,解决交易纠纷,维护市场的有效运转,为交易者提供一个公平、公正、公开的期货交易市场。其收入来源主要是会员缴纳的会费与交易服务费(含交易费)。

过去人们通常定义期货的交易所交易为"场内交易",因为当时的交易只能发生在正式的营运时间和交易大厅内一个个被称为交易埕(pit)的指定交易地点。通常每一种商品的期货交易都有一个指定的交易埕。近年来随着电子信息技术的飞速发展,电子交易在期货交易中所占的比重逐年递增,交易地点的虚拟化成为一种趋势。但可以看到,即使没有固定的实际交易地点,由于仍然体现为有组织的集中交易和统一结算,期货交易与远期交易那种松散的组织结构仍然是不同的。

期货交易所的场内交易员就其功能分为两类:一类是通过自身的账户进行交易,自己负担交易的盈亏,他们通常也是交易所的会员;另一类是代表公司或其他场外客户进行交易的经纪人。在实际工作中,某些交易员可能同时扮演两种角色。

根据交易目的的不同,期货市场的交易者主要可以分为三类:投机者(speculator)、套利者(arbitrageur)和套期保值者(hedger)。投机者又称风险投资者,是指那些以追逐利润为目的,根据对未来价格的预期而进行期货的买卖,同时也承担期货较高风险的交易者。通常场内的自营商都是投机者。套利者是指那些利用市场定价的低效率来赚取无风险利润的交易者,通常在两个市场(或两个以上的市场)上同时进行交易以赚取价差。通常这两笔交易的方向相反,如在 A 市场买进时,就在 B 市场卖出;或者在 A 市场卖出时,在 B 市场买进。正是大量套利者的存在,使大多数期货市场的报价中实际上仅存在极少的套利机会。套期保值者参与期货交易是希望通过期货交易,规避自己的现货市场头寸可能面临的价格风险。套期保值者通常是商品的生产者或某一特定商品的使用者。

2. 期货经纪公司

期货经纪公司是期货市场的中介机构。经纪公司的性质与交易所不同,它属于营利性的经济组织,通常是期货交易所的会员。它服务的对象通常是中小散户。客户在期货经纪公司建立交易账户后,即可下单委托经纪公司进行交易,而在接到客户的委托单并确认以后,经纪公司就会利用其在交易所的席位进行交易。现在期货经纪公司除了管理客户的账户、接受客户的交易委托外,还提供咨询服务。经纪公司的主要收入来自替客户从事期货交易所收取的服务报酬,即佣金。

期货经纪公司内部一般要设立保证金账户部、结算部、信贷部、交易部、客户服务部、实物交割部、研发部、行政部等部门来保证其充分发挥作用。

事实上,绝大多数期货交易都是通过期货经纪公司进行的,因此经纪公司也是期货市场的一个重要的组成部分。首先,它是期货交易所的延伸,解决了非交易所会员参加期货交易不便的问题,充分调动了潜在的期货交易者参与期货交易的积极性,拓宽了交易所的服务功能,把广大的期货交易者和交易所紧密地连接在一起,促进了期货交易的发展。其次,期货经纪公司为交易者提供了财力保证,为每一位客户设立专门的保证金账户,并负责监督客户的保证金状况和财力状况,防止个别客户超过其经济能力进行交易,从而避免因其亏损、破产而给交易所维持正常的期货交易带来困难。再次,期货经纪公司使期货交易进一步制度化和规范化,期货交易者进行交易要通过经纪公司履行一定的手续,经过一定的程序并随着交易状况的变动履行相应的义务、职责。最后,期货经纪公司还拓宽了信息传播渠道,便于客户根据反馈的市场信息,及时、灵活地调整交易策略,尽可能避免由于信息传递不及时、内容不完整带来的经济损失。

3. 结算所

期货结算所又称期货清算所或结算公司,是负责对交易所内交易的期货合约进行记录、汇总和结算,包括未到期合约的平仓和到期未平仓期货合约的交割,并承担每笔交易的结算和到期履约等责任的场所,是期货市场运行机制的核心。它可以是期货交易所的一个组成部分,也可以是一个独立的机构。结算所介入期货交易中,充当买方的卖出者和卖方的买入者,既向买方保证了卖方的履约,也向卖方保证了买方的履约,所以交易双方无须考虑对方的信用问题,甚至不需要彼此认识,从而极大地降低了期货交易中的违约风险。

典型的结算所采用会员制,属于非营利机构。结算所会员通常是资金实力雄厚、组织机构与规章制度健全、信誉可靠的大型金融机构。一般来说,结算所的会员集合是交易所会员集合的子集。由于结算所仅与结算所会员进行结算,如果交易所的一个会员不是结算所的会员,那么它必须在结算所的某个会员那里维持一个保证金账户。而所有的结算所会员又都必须在结算所处维持一个保证金账户。结算所每天为会员进行净头寸的统一结算和清算,成为期货交易后台支持的核心。

事实上,结算所违约的可能性几乎为零,原因有三。第一,结算所充当所有期货买方的卖出者和所有卖方的买入者,自身并不参与交易活动,既不拥有合约标的资产,也不参与期货价格的形成,而是被动介入每笔交易的当事人之间,拥有完全匹配的多头和空头头寸,市场上买进的合约张数一定等于卖出的合约张数。因此,总体来看,清算所是"完全套期保值的",即无论期货价格是涨还是跌,结算所的财富都不会受影响。第二,期货交易所都实行保证金制度和逐日结算制度。这是一套严格无负债的运行机制,是期货交易违约风险极低的根本保证,下文将详细介绍这一制度。第三,结算所自身的资本也比较雄厚,可以作为最后的保障。在期货交易史上至今还从未发生过结算机构违约的先例,这是期货交易的突出优势之一。

二、保证金与逐日结算制度

结算所存在的重要好处就是将期货交易所会员公司的交易风险转移到结算所。考虑到期货合约成交数量和这些合约代表的巨大头寸,结算所的潜在风险是很高的,结算所不得不采取相应的防护措施来维护自身的利益,这种保护性措施就是保证金制度和逐日结算制度。

1. 保证金的运作

为了防止期货交易者违约,参与交易的投资者或非会员经纪公司都必须在结算所会员公司处建立保证金账户,在每一份期货合约成交时必须在保证金账户中存入相应数额的保证金。

所需的保证金应该是多少？简单的回答是:每张合约所需的保证金应该超过期货合约交易者持有仓位(头寸)的潜在最大损失额。但许多合约的到期日是在未来的几年内。如果在仓位初次建立后保证金只存一次,清仓后返还保证金,那么在该合约的持有期内经历了一段较长的时间,潜在的损失就是巨大的,这种简单的保证金制度并不能有效地发挥作用。

为使保证金制度有效,一个不可或缺的步骤是采用逐日结算制度。在每个交易日结束后,期货交易所要公布当天的收盘价,又称结算价格,每份未平仓的合约按当日市场收盘价逐日结算。如果客户头寸的价值当天上升了,任何盈利都会记入交易者的保证金账户的贷方,那么客户保证金就会增加,增加的数量等于头寸价值变动的幅度;如果客户头寸的价值当天下跌了,任何当天计算出来的损失都会记入交易者的保证金账户的借方,那么客户保证金将减少,减少的数量也等于头寸价值变动的幅度。因此,客户保证金将随着期货价格的变化而变化。

许多交易所,特别是美国的交易所都采用一种两级的保证金制度,即初始保证金和维持保证金,维持保证金通常只有初始保证金的75%。初始保证金是指在建立头寸或增减头寸时就缴纳的保证金,而且买卖双方都要缴纳,其数额大小与交易所、期货品种、是对冲还是投机等因素有关。如果是出于投机目的,保证金可能高达合约价值的5%~7%;如果是套期保值,保证金一般为合约价值的2%~4%。保证金的数量也与标的资产价格的变化程度有关,资产价格变化程度越大,保证金水平也越高。投资者缴纳的初始保证金可以是现金,也可以是有价证券等。通常短期国债可以按其面值的90%代替现金,有时股票也可以代替现金,但只能是其面值的50%。

为了确保保证金账户的资金余额永远不会出现负值,交易所设置了维持保证金。维持保证金通常低于初始保证金的数额(一般被规定为初始保证金的75%),客户保证金一般不得低于维持保证金的水平。如果保证金账户的余额低于维持保证金数额,投资者会收到保证金催付通知。这一通知要求在下一个交易日前投资者必须将保证金账户内的资金补足到初始保证金的水平。这一追加的资金有时被称为变动保证金。如果投资者不能提供变动保证金,经纪公司有权对客户的头寸进行强制平仓。随着价格的变化,客户保证金可能高于初始保证金的水平,此时客户可以把超额部分提走。注意,补交的变动保证金必须是现金,因为盈利的一方可以现金的形式提走超额保证金。

交易所并未坚持保证金余额必须保持在初始保证金的水平,也就是可以容忍保证金余额处于初始保证金和维持保证金之间的水平,这就极大地减少了交易者必须支付的保证金的数量,特别是期货价格上下波动太大时更是如此,由此减少了管理期货账户的费用和行政上的负担。

【例 3-1】 某客户参与芝加哥商业交易所的 S&P500 股指期货的交易。假设每份合约的初始保证金为 28 000 美元,维持保证金为 21 000 美元,一份合约为每个指数点 250 美元。2020 年 6 月 23 日客户买进一份 12 月到期的 S&P500 股指期货合约,当时期货价格为 3 150 点。6 月 24 日期货价格收盘于 3 130 点,则他损失了 5 000[=(3 150−3 130)×250]美元,这是因为客户约定要以 3 150 点的价格买进 12 月份的 S&P500 股指期货,现在仅能以 3 130 点卖出。因此他的保证金账户的余额要减少 5 000 美元,即减至 23 000 美元,高于维持保证金的水平。6 月 25 日指数期货收盘于 3 110 点,下跌了 20 个点,他的保证金又减少了 5 000 美元,只剩下 18 000 美元,低于维持保证金的水平。此时他应该追加保证金 10 000 美元,以达到初始保证金的水平(如表 3-4 所示)。

表 3-4　S&P500 股指期货的保证金操作

日　　期	期货价格	当日盈亏	累计盈亏	保证金账户余额	追加保证金通知
2020 年 6 月 23 日	3 150	0		28 000	
2020 年 6 月 24 日	3 130	−5 000	−5 000	23 000	
2020 年 6 月 25 日	3 110	−5 000	−10 000	18 000	10 000
…	…	…	…	…	…

如果 6 月 26 日 12 月份期货的价格收盘于 3 140 点,那么他的保证金将增加 7 500 美元,达到 28 500 美元。按照规定,此时他可以从保证金账户中提走 500 美元的超额保证金。

需要强调的是,远期交易是到期一次性结算的,所以在远期合约存续期内实际交割价格始终不变,标的资产市场价格的变化给投资者带来的是账面浮动盈亏,到期结算时标的资产的市场价格与交割价格的差异才是投资者的真实盈亏。期货则有所不同,由于期货交易是逐日结算实现真实盈亏的,因此可以把期货看作一个每日以结算价平仓结清并以该结算价重新开立的远期合约,每日结算价格就是不断变动的期货交割价格。事实上,从某种角度讲,期货合约就是一系列远期合约的组合。

2. 结算保证金

就像经纪人要求投资者开设保证金账户一样,结算所也要求会员在结算所开设保证金账户,其保证金被称为结算保证金。与客户保证金账户的运作方式类似,结算所会员的保证金账户的余额在每一交易日结束时也按其盈亏作出调整。但是,结算所对会员只有初始保证金的要求,没有维持保证金要求。每天各种合约的保证金余额必须等于初始保证金乘以会员持有的正在流通的合约数量。因此,结算所的会员在每个交易日结束时根据该天的价格变动,可能需向其保证金账户中追加资金,当然他也可能会从保证金账户中提取资金。

在计算结算保证金时,结算所基于两种方式计算流通合约的数量:一种是基于总值;另一种是基于净值。基于总值的方式是将客户的多头头寸与空头头寸相加,基于净值的方式是使多头头寸与空头头寸相互抵消。假定某结算所的会员只有两个客户:一个客户持有 30 份多头头寸;另一个客户持有 25 份空头头寸。基于总值的方式是以 55 份合约为基础来计算结算保证金;基于净值的方式是以 5 份合约为基础来计算结算保证金。现在大多数交易所采用净值方式计算结算保证金。

3. 保证金账户的管理

期货保证金账户的管理实际上是一个树状结构,期货结算所管理其会员的保证金账户,期货经纪公司与结算所会员管理其客户的保证金账户。如果交易所的某个会员不是结算所会员,那么它必须在结算所的某个会员机构开设保证金账户。因此,处于最上层的是结算所,经纪公司的客户处于最下层,结算所的会员与期货经纪公司则处于树状结构的中间。会员进场交易或代理客户交易,而非会员则要委托会员进行交易。

除了保证金制度外,还有其他一些期货交易的基本制度,如登记结算制度、风险处理制度、每日无负债制度、涨跌停板制度、持仓限额制度、大户报告制度、实物交割制度、强行平仓制度、信息披露制度等。

下面看一个结算所、期货经纪商以及交易者清算的例子。

【例 3-2】 假设某交易所只有一个交易标的,该交易所有三家期货经纪商 A、B、C,经纪商 A 和经纪商 B 是全面结算会员,经纪商 C 是 A 的交易结算会员;5 个期货交易者分别在经纪商 A(交易者 1 号和交易者 2 号)、B(交易者 5 号)和 C(交易者 3 号和交易者 4 号)那里开户。

设结算所根据净头寸收取各经纪商的保证金,各经纪商按照多、空合计的总头寸收取保证金。假设现在各方开户账户的初次交易如下:

经纪商 A:250 手多头和 230 手空头,即 20 手净多头。

交易者 1:100 手多头,交易者 2:90 手空头。

经纪商 C:在经纪商 A 处开户,150 手多头和 140 手空头。

交易者 3:在经纪商 C 处开户,150 手多头。

交易者 4:在经纪商 C 处开户,140 手空头。

经纪商 B:0 手多头和 20 手空头,即 20 手空头。

交易者 5:在经纪商 B 处开户,20 手空头。

结算所:2 个成员,经纪商 A 和经纪商 B

经纪商 A:20 手净多头

经纪商 B:20 手净空头

假设每一手合约价值为 10 元,交易所要收取 1 元/手的保证金,并且各经纪商也按此标准向各交易者及交易会员经纪商收取保证金。那么可以算出各方应缴纳的初始保证金如下:

经纪商 A:共收到 480 元初始保证金,向清算所缴纳 20 元保证金。

来自交易者 1 的 100 元,来自交易者 2 的 90 元。

经纪商 C:从交易者 3 和交易者 4 共收取 290 元并缴纳给经纪商 A。

经纪商 B:从交易者 5 那里收到 20 元保证金,并且向结算所缴纳 20 元保证金。

现在假设该合约的价格从 10 元上升至 11 元,那么所有多头由于获得收益而不需要追加保证金,但是所有空头因为亏损了所有已经缴纳的保证金而需要追加 1 元/手的变动保证金。

经纪商 A 需要收取额外的 230 元变动保证金:来自交易者 2 的 90 元和来自经纪商 C 的 140 元。

经纪商 B 需要收取来自交易者 5 的 20 元,所有收取的变动保证金会被转给多头方账户。

经纪商 A 转给交易者 1 的账户 100 元。

经纪商 A 通过经纪商 C 向交易者 3 的账户转入 150 元。

经纪商 B 向结算所转入 20 元,然后再由结算所将此数额转给经纪商 A。

这样,结算所的保证金并未发生变化,仍然为 40 元,如图 3-2 所示。

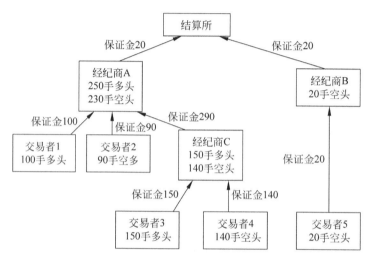

图 3-2 期货保证金流程

三、期货交易的结束方式

期货交易主要有三种结束方式:平仓、期货转现货和交割。

1. 平仓

平仓(close position)是指进入一个与初始交易头寸相反的头寸。那些不愿进行实物交割的期货交易者可以在最后交易日结束之前,通过反向对冲交易来结清自身的期货头寸,从而无须进入最后的交割环节。平仓是目前期货市场上最主要的一种结清头寸的方式。

具体来说,平仓包括卖出和买入两种方式。卖出平仓是期货合约的多头将原来买进的期货合约卖掉,这与买入建仓相对应;买入平仓是期货合约的空头将原来卖出的期货合约重新买回,这与卖出建仓相对应。当某一份期货合约正在交易时,如果交易双方都是建仓,则市场中该期货合约的未平仓合约数增加一个;如果其中一方是建仓而另一方是平仓,则未平仓合约数保持不变;如果双方都是平仓,则未平仓合约数将减少一个。

因此,平仓的方式既克服了远期交易流动性差的问题,又比实物交割方式省事和灵活,因此目前大多数期货交易都是通过平仓结清头寸。

2. 期货转现货

商品期货市场上的交易者还可以通过期货转现货(exchange for spot,EFP)来结清自身的头寸。期货转现货是指持有方向相反的同一月份合约的会员(客户)协商一致并向交易所提出申请,获得交易所批准后,分别将各自持有的合约按交易所规定的价格由交易所代为平仓,同时按双方协议价格进行与期货合约标的资产数量相当、品种相同的现货买卖行为。

尽管期货转现货的结束与平仓有类似之处,但还是有很大的不同。首先,交易者事实上进行了实物的交割;其次,期货合约并不是通过交易所内的集中交易来结清头寸的;最后,两个交易者可以私下协商价格以及其他的交易条款。由于期货转现货交易发生在交易所的交易大厅之外,因此有时也被称为场外交易。尽管法律和交易所规则通常要求所有的期货交易都必须在交易所场内进行,期货转现货却是这一通行规则的一个例外。

3. 交割

交割(delivery)是指投资者持有期货头寸到期,按照期货合约的规定和要求,进行实际交割或现金结算。一般来说,交易者倾向于用对冲平仓或期货转现货的方式来结清期货头寸,因为交割通常要在特定时间以特定方式进行,费时费力。因此,交割,特别是实物交割非常少见,以至于有时交易者会忘记交割的过程。

尽管如此,交割的存在保证了整个期货交易的顺利进行,也保证了期货价格与标的资产的现货价格之间的内在联系,其重要性是不容忽视的。正是因为具有最后交割的可能性,随着期货交割月份的逼近,期货价格才会收敛于标的资产的现货价格;而当到达交割期限时,期货价格才会等于或非常接近现货价格,否则就存在无风险套利的机会。

目前,许多期货尤其是金融期货的交割实际上很少采用实物交割,而是普遍采用现金结算的方式。这是因为:首先,如果交易一方是套期保值者,那么要保值的商品或资产与交割的商品或资产在品种、时间和地点位置等方面可能不一致,在这种情况下,如果采用实物交割方式就会给交易者带来额外的交易成本;其次,在市场经济中,企业之间建立了相对稳定的供货关系,这对于上、下游企业都很重要,对于那些套期保值的企业来说,实物交割很可能不利于建立稳定的供货关系,甚至会破坏已经建立的供货关系;再次,对于投机者来说,他们从事期货交易的目的无非是获利,采用现金结算的方式对他们来说更简单、方便;最后,像股指期货这样的期货品种,标的资产并不是实际的商品或者证券,根本无法进行实物交割。

无论哪种交易方式,投资者都需要即时追踪自己的交易损益状况。所有的期货交易软件都支持期货损益的实时计算更新。

【例3-3】 假设某个交易者分别做了以下几笔期货交易:第一笔多头开仓5手,成交价格为10元/手;第二笔空头开仓2手,成交价格为11元/手;第三笔空头平仓5手,成交价格为12元/手。假设第三笔交易当天的结算价为11.5元/手,那么我们可以在第三笔交易当天收盘后将该交易者的损益计算如下:

$$5\times(12-10)+2\times(11-11.5)=9(元)$$

如果交易者账户的初始资金为10元,并且其间并未追加任何保证金也未取走资金,则现在该账户的权益就是10+9=19元。

四、期货行情表的解读

获取期货价格的途径很多,不少交易所都会提供其交易的期货品种的实时行情和历史数据。2020年12月29日芝加哥商业交易所(CME)集团网站上的迷你标普500期货合约的行情如表3-5所示。

表3-5 迷你标普500期货合约的行情

MONTH	LAST	CHANGE	PRIOR SETTLE	OPEN	HIGH	LOW	VOLUME	UPDATED
Mar-21	3 730.5	3	3 727.5	3 731	3 747.75	3 724.25	353 810	09:28:54 CT
Jun-21	3 719.75	2.75	3 717	3 721	3 736	3 714.5	322	09:28:41 CT
Sep-21	3 720.25	13	3 707.25	3 720.75	3 720.75	3 720.25	3	08:30:00 CT
Dec-21	—	—	3 695	—	—	—	0	08:30:00 CT
Mar-22	—	—	3 677.5	—	—	—	0	08:30:00 CT

"MONTH"是指期货合约的到期时间,一旦过了这个时间,该期货合约便退出市场,不同到期时间的期货合约是不同的合约,价格也不相同;"LAST"是指期货合约最近一次成交价;"PRIOR SETTLE"是指前一日的结算价;"CHANGE"是指最近一次成交价格与前一日结算价的变化;"OPEN"是指该期货合约的开盘价;"HIGH"为最高价;"LOW"为最低价;"VOLUME"为当日交易量,到期的时间最近的期货品种交易量最大,远月合约交易量较少;"UPDATED"为数据的更新时间。

第三节 商品期货

标的资产为普通商品的期货合约称为商品期货,如上海期货交易所上市的铜期货、铝期货、天然橡胶期货和燃料油期货,大连商品交易所的大豆期货等都属于商品期货。当前世界上的商品期货品种非常多,但大体上可分为农产品期货、黄金期货、金属与能源期货三个层次。农产品期货是最古老的期货交易品种,在很多年前也是交易最活跃的期货,然而,在最近几年中,其交易量被金融期货超过。

一、商品期货概述

一般来说,参与期货交易的商品必须满足以下条件:①必须有充足的市场需求与供给,这样才能在竞争中形成公平的市场价格;②商品的价格要频繁变动,如果商品价格一成不变,那么交易者也就没有理由参与期货交易,因为投资者中很大一部分是商品的生产供应商或用户,他们希望通过商品期货交易固定未来买卖的商品价格,从而规避商品价格波动的风险;③参与交易的商品应该是易划分质量等级的,因为期货交易多是大宗买卖,为了避免在交割时因商品质量参差不齐引起纠纷,期货交易所对交易的商品有质量等级规定,因此难以区分质量等级的商品不适宜做期货商品;④期货商品应是可以长期储存和易于运输的。

商品期货合约中,需要规定商品的质量等级、规格和交割地点(在实物交割时需确定的经交易所注册的统一的交割仓库)等,来保证交易双方交割的顺利进行。以黄金为例,交易所规定了黄金的品级、交割地点和交割方式等。表 3-6 为上海期货交易所的黄金期货的合约文本。

表 3-6 上海期货交易所黄金期货标准合约

条款名称	具体规定
交易品种	黄金
交易单位	1 000 克/手
报价单位	元(人民币)/克
最小变动价位	0.02 元/克
涨跌停板幅度	上一交易日结算价±3%
合约月份	最近三个连续月份的合约以及最近 13 个月以内的双月合约
交易时间	上午 9:00—11:30,下午 1:30—3:00 和交易所规定的其他交易时间
最后交易日	合约月份的 15 日(遇国家法定节假日顺延,春节月份等最后交易日交易所可另行调整并通知)
交割日期	最后交易日后第一个工作日
交割品级	金含量不低于 99.95% 的国产金锭及经交易所认可的伦敦金银市场协会(LBMA)认定的合格供货商或精炼厂生产的标准金锭(具体质量规定见附件)
交割地点	交易所指定交割金库
最低交易保证金	合约价值的 4%
交割方式	实物交割
交割单位	3 000 克
交易代码	AU
上市交易所	上海期货交易所

资料来源:上海期货交易所,www.shfe.com.cn。
注:根据 2020 年 8 月 18 日上海期货交易所发布的公告〔2020〕134 号修订。

二、商品期货的定价

为了讨论商品期货的定价问题,我们将商品分为两类:投资资产(investment asset)和消费资产(consumption asset)。投资资产是指至少有一些交易者仅仅是为了投资目的而持有的资产,如黄金、白银;而持有消费资产的目的主要是消费而不是投资,如各种农产品、原油和金属等。对于第一类商品,可以根据无套利定价原理进行准确的定价;但对于第二类,只能给出期货价格的上限。

1. 投资资产

如果不考虑储存成本,黄金、白银类商品类似于无收益资产,则由远期合约的定价公式可知,期货价格为

$$F_t = S_t e^{r(T-t)} \tag{3-1}$$

若考虑储存成本,则储存成本可看作负收益,我们可以得到:

$$F_t = (S_t + V_t) e^{r(T-t)} \quad 或 \quad F_t = S_t e^{(r+u)(T-t)} \tag{3-2}$$

其中,F_t 表示期货合约的价格,S_t 表示现货价格,V_t 表示储存成本的现值,u 表示储存成本的支付率,r 表示市场无风险利率。

假设 $F_t > (S_t + V_t) e^{r(T-t)}$ 成立,套利者可采用策略 I:

(1) 以无风险利率借入金额为 $S_t + V_t$ 的资金,用以购买一单位的商品和支付储存成本;

(2) 卖出一单位商品的期货合约。

如果我们认为期货价格与远期价格相等,则在 T 时刻可获得收益 $F_t - (S_t + V_t) e^{r(T-t)}$。当所有套利者都这样操作时,$S_t$ 将上涨,而 F_t 将下跌,这会造成上述不等式不再成立。因此,假设的不等式在一个高效的市场上不可能成立。

再假设 $F_t < (S_t + V_t) e^{r(T-t)}$ 成立,对于黄金、白银这类商品,因为持有商品是出于投资目的,投资者发现这个不等式关系后,会采用策略 II 来获取盈利:

(1) 卖出商品,节约储存成本,以无风险利率将所得收入进行投资;

(2) 购买一单位商品的期货合约。

这一策略与直接持有商品相比,投资者的盈利为 $(S_t + V_t) e^{r(T-t)} - F_t$,因此不等式成立的时间也不可能长久。

【例 3-4】 假设有一份一年期黄金期货合约,储藏黄金的费用为每年 0.5 元/克(该费用在年终支付),黄金现货价格为 392 元/克,假设所有期限的无风险年利率均为 2%(连续复利),则期货价格为多少才合理?

根据已知条件,$r = 0.02, S_0 = 392, T - t = 1$ 且 $V_0 = 0.5 e^{-0.02 \times 1} = 0.49$

故根据 $F_0 = (S_0 + V_0) e^{r(T-t)}$,我们得出黄金期货的理论价格为

$$F_0 = (392 + 0.49) e^{0.02 \times 1} = 400.42(元)$$

如果黄金期货的实际价格高于 400.42 元,那么套利者可以借钱买进黄金同时卖出期货合约来锁定一项盈利。如果黄金期货的实际价格低于 400.42 元,这时已拥有黄金的投资者可以通过卖出黄金节约储存成本并买进期货合约来改善收益。

2. 消费资产

对于持有目的主要不是投资而是消费的商品而言,虽然考虑到此类商品多有储存成本,但是消费的商品具有便利收益。当个人及公司持有商品的目的是其消费价值而不是其投资价值时,他们不愿意主动出售商品并买入期货合约,因为期货合约并不能用于消费(例如,我们不能将石油期货输入石油加工厂)。因此,我们没有任何理由说明不等式 $F_t < (S_t + V_t) e^{r(T-t)}$ 不合理。对于此类资产,我们所能肯定的是以下关系式成立。

$$F_t \leqslant (S_t + V_t) e^{r(T-t)} \quad 或 \quad F_t \leqslant S_t e^{(r+u)(T-t)} \tag{3-3}$$

3. 便利收益

便利收益是指持有实物商品本身所享有而持有其期货合约则不享有的好处。例如,某原油加工厂不太可能将持有原油期货合约与持有原油库存同等看待。库存原油可以用于原油加工,而持有的期货合约并不能用于加工。一般来讲,持有实物资产可以确保工厂

的正常运作,并且从商品的暂时短缺中盈利,而持有期货合约并不一定能做到这一点。因持有商品而带来的这种好处就是商品的便利收益。因此,在商品期货的定价中必须考虑便利收益,适当地降低期货合约价格,否则人们就会倾向于卖期货而购现货,从而提高现货价格,直到将便利收益包括在内为止。

如果储存成本为现金形式而且已知,其现值为 V_t,则商品的便利收益率 y 可由以下关系式来定义。

$$F_t e^{y(T-t)} = (S_t + V_t) e^{r(T-t)} \tag{3-4}$$

如果单位商品的储存成本为即期价格的百分比 u,则便利收益率 y 可由以下关系式定义。

$$F_t e^{y(T-t)} = S_t e^{(r+u)(T-t)} \tag{3-5}$$

便利收益率简单地衡量了式(3-3)左边小于右边的程度,反映了市场对将来能够购买商品的可能性的期望。商品短缺的可能性越大,便利收益率就越高。如果商品的用户拥有大量库存,在不久的将来出现商品短缺的可能性便会很小,这时便利收益率也会比较小。但较低的库存将导致较高的便利收益率。对于投资资产,其便利收益率为0,否则会产生套利机会。

【例 3-5】 当前市场上石油现货价格为 35 美元/桶,无风险年利率为 2%(连续复利,下同)。原油的储存成本为 5%,持有原油库存的便利收益率为 4%,那么 1 年期的原油期货合约的价格是多少?

解:因为此时 $r = 0.02, S_0 = 35, T-t = 1, u = 0.05, y = 0.04$,因此

$$F_0 = 35e^{(0.02+0.05-0.04)\times 1} = 36.07(美元/桶)$$

一年期的原油期货合约的价格为 36.07 美元。

第四节 我国期货市场的发展概况

一、我国期货市场的产生与发展

1949—1988 年的近 40 年的时间里,我国均明文禁止期货交易行为,并且禁止期货交易所的设立。改革开放以后,我国开始由计划经济体制向市场经济体制转轨,包括价格体制、流通体制等在内的市场环境开始发生翻天覆地的变化。与此相对应,我国进入市场调节的农副产品的种类不断增加,流通范围不断扩大,特别是农产品价格年度之间起伏不定,由此产生了价格暴涨暴跌、生产和流通互不适应的局面。由于现货市场不能有效地调节价格变化,使生产经营者蒙受巨大的损失,对期货市场的隐性需求逐渐加大。

1988 年 3 月,第七届全国人民代表大会第一次会议的《政府工作报告》中指出,我国要"加快商业体制改革,积极发展各类批发市场贸易,探索期货交易"。在这样的历史背景下,我国开始了期货市场理论与实践的探索。我国期货市场大致经历了初期发展、清理整顿、规范发展三个阶段。

1. 初期发展阶段(1988—1993 年)

1988 年 5 月国务院决定进行期货市场试点,并将小麦、杂粮、生猪、麻作为期货试点

品种。1990年10月12日,中国郑州粮食批发市场经国务院批准,以现货为基础,逐步引入期货交易机制,作为我国第一个商品期货市场正式开业。1992年10月深圳有色金属期货交易所率先推出特级铝标准合约,正式的期货交易真正开始。之后,各期货交易所陆续成立,期货市场面向全国开放。

1992年9月,第一家期货经纪公司——广东万通期货经纪公司成立。此后,受利益的驱使,加上市场监管不力,交易所数量和交易品种迅猛增加。到1993年年底,全国先后成立了50多家期货交易所,开业的交易所有2 300多个会员,期货经纪机构有1 000多家,但多为兼营机构,有七大类50多个上市交易品种,规模严重失控,出现了混乱发展、交易品种重复等现象,造成了期货市场的虚假繁荣。一方面,从期货市场的商品及主体来看,在期货市场发展初期关系国计民生的大宗商品稀少,一些重要的商品存在双轨价格,无法满足市场的需求。此外,期货市场中主体行为极不规范,频繁出现大户垄断、操纵市场等严重违规行为。这些行为导致期货无法实现对现货的套期保值功能,阻碍了期货市场的正常运行。另一方面,从法律法规的发展来看,当时我国整个金融市场只有一个主管机关,即中国人民银行,但由于监管职责不清晰,其对期货市场行使监管职权时,缺乏应有的威信和管制力度。与此同时,工商局、税务局等多部门都对期货市场行使监管权,这样形成的交叉监管容易造成责任不明确、各方推卸责任的尴尬局面。

2. 清理整顿阶段(1993年年底至2000年)

为规范期货市场的发展,国务院和监管部门先后在1994年和1998年对期货市场进行了清理和整顿。

1993年11月4日,国务院下发《关于制止期货市场盲目发展的通知》,揭开了第一次清理整顿期货市场的序幕。当时的国务院证券委员会及中国证监会等有关部门加强了对期货市场的监管力度,最终有15家交易所被确定为试点交易所。1994年暂停了期货外盘交易,同年4月暂停了钢材、煤炭和食糖期货交易,10月暂停了粳米、菜籽油期货交易。1995年2月发生国债期货"327"风波,同年5月发生国债期货"319"风波,当月即暂停了国债期货交易。

1998年8月1日,国务院又下发了《关于进一步整顿和规范期货市场的通知》,对期货市场进行了第二次强有力的整顿。经过整顿,交易所从最初的50余家锐减为3家,即上海、大连、郑州三家期货交易所,经纪公司从上千家减为180家左右,期货品种压缩为12个,这些品种是:上海交易所的铜、铝、胶合板、天然橡胶、籼米;郑州商品交易所的绿豆、小麦、红小豆、花生仁;大连商品交易所的大豆、豆粕、啤酒、大麦。并且各个品种在各个交易所不再重复设置。

1999年5月,国务院通过了《期货交易管理暂行条例》,并于1999年9月1日实行。中国证监会又组织制定了《期货交易所管理办法》《期货经纪公司管理办法》《期货从业人员资格管理办法》和《期货经纪公司高级管理人员任职资格管理办法》。这套法规对期货市场各主体的权利、义务等都作出规定,为市场参与者提供了行为规范,也为期货市场的监督管理提供了法律依据。中国证监会还统一了三个交易所的交易规则,提高了对会员的结算准备金和财务实力的要求,修改了交易规则中的薄弱环节,完善了风险控制制度。

2000年之前,我国期货监管体制比较混乱:一是政出多门,缺少统一的监管部门;二是监管部门以"管得住"作为监管思路,在监管手段上以行政性指令为主。

1993年年底到2000年的主要改革有:①明确期货市场的监管主体为中国证监会;②规范期货交易的市场组织形式,只保留了上海期货交易所、郑州商品交易所和大连商品交易所三家期货交易所,还统一了三个交易所的交易规则,提高了对会员的结算准备金和财务实力的要求,修改了交易规则中的薄弱环节,完善了风险控制制度;③停止大量品种的交易;④禁止国内机构和个人进行境外期货与衍生品交易;⑤停止金融期货交易;⑥严禁金融机构参与期货交易;⑦合并和取缔了大量的中介机构。

清理整顿实际上是用计划经济手段管理期货交易这种纯市场经济,虽然为依法治市奠定了基础,但也导致期货成交量急剧下降,市场慢慢萎缩,期货交易量与成交额都呈现明显的下降趋势,2000年期货市场总成交量为5 461.07万张,不及1995年的10%。

3. 规范发展阶段(2000年至今)

经过20世纪90年代末的治理与整顿,经济市场化进一步加深,进入21世纪我国期货市场逐渐走向规范。至此,我国期货市场进入规范发展阶段,主要表现在以下方面。

(1)形成完整的市场体系。经过20余年的发展,我国期货市场的完整体系构架基本建成。该架构由中国证监会及其派出机构、期货交易所、中国期货业协会、保证金监控中心、期货公司和投资者构成。期货监管划归中国证监会具体负责,解决了期货市场交叉管理、多头管理的问题。这一完整体系表明我国期货市场不仅吸收了发达国家期货市场的体系构架的优点,还融合了符合中国国情的新设机构,为我国期货市场的发展奠定了坚实的基础。

(2)形成完善的法律法规体系。法规建设方面,2007年3月16日,国务院发布了《期货交易管理条例》,取消了原来暂行条例中不符合市场发展要求的内容,增加了强化市场化监管手段、适当放宽对市场主体及其行为的限制的内容。2012年,国务院对该条例进行进一步修改:一是界定了期货交易的定义,其实质就是以集中交易方式进行的标准化合约交易,并且明确禁止在期货交易所、国务院或者证监会批准的其他期货交易场所之外进行期货交易。二是加强监管,放松管制。在继续坚持中国证监会对期货市场实行集中统一监管的同时,放松了对市场准入的管制。三是抓产品创新,加大对内对外开放,为推出原油期货,取消了对境外投资者参与中国期货市场的限制。四是进一步明确了期货交易所具有中央对手方清算的地位,对预防交易对手方信用风险、控制多边净额结算风险及活跃期货交易发挥关键作用。

经过对条例的两次修改,目前我国期货市场已经形成了以《期货交易管理条例》为核心,以证监会部门规章、规范性文件为主体,期货交易所、期货保证金监控中心和期货业协会的自律规则为补充的法律法规体系。新的法律法规体系的建成意义重大,不仅为商品期货继续发展铺平了道路,而且为金融期货的顺利推出做好了法律准备,极大地推动了期货市场为实体经济服务和健康稳定发展。

(3)交易商品及主体不断扩大。从期货市场的商品及主体来看,随着市场的逐步发展,适应国家经济发展需要的产品陆续获批。期货市场运作较为平稳,发展相对成熟的期货品种不断涌现,截至2020年11月,在我国四大期货交易所上市的期货品种达50多个,如表3-7所示。

表 3-7 国内最新的期货品种

期货交易所	商品期货类别	期货品种
上海期货交易所	金属	铜、铝、锌、铅、镍、锡、黄金、白银、螺纹钢、热压卷板、不锈钢
	能源化工	原油、低硫燃料油、燃料油、石油沥青、天然橡胶、20号胶、纸浆
大连商品交易所	农业品	玉米、玉米淀粉、黄大豆1号、黄大豆2号、豆粕、豆油、棕榈油、纤维板、胶合板、鸡蛋、粳米
	工业品	聚乙烯、聚氯乙烯、聚丙烯、焦炭、焦煤、铁矿石、乙二醇、苯乙烯、液化石油气
郑州商品交易所	农产品	强麦、普麦、棉花、白糖、菜籽油、早籼稻、油菜籽、菜籽粕、粳稻、晚籼稻、棉纱、苹果、红枣
	非农产品	精对苯二甲酸、甲醇、玻璃、动力煤、硅铁、锰硅、尿素、纯碱、短纤
中国金融期货交易所	权益类	沪深300股指期货、中证500股指期货、上证50股指期货
	利率类	2年期国债期货、5年期国债期货、10年期国债期货

资料来源:各交易所网站.

由表3-7可知,近几年我国期货品种不断丰富,这些期货品种的上市表明我国期货市场品种正在不断完善,不仅赋予了投资者投资品种的多样性及投资的稳定性,而且对我国经济发展起到了良好的促进作用。

(4)推出股指期货和股指期权。值得关注的是,随着我国金融改革进程的加快,开发新的衍生品种已成为资本市场发展的趋势,股指期货市场进入重要阶段。2005年4月8日,由上海证券交易所和深圳证券交易所联合编制的沪深300指数正式发布,为股指期货的推出奠定了基础。2006年9月8日中国金融期货交易所股份有限公司在上海期货大厦内挂牌。中国金融期货交易所的成立,对于深化资本市场改革、完善资本市场体系、发挥资本市场功能具有重要的战略意义,标志着我国期货市场又迈上了一个新台阶。

2010年4月16日,经过8年多的研究酝酿和4年的筹备,中国金融期货交易所正式推出沪深300股指期货。首批上市合约为2010年5月、6月、9月和12月合约,即IF1005、IF1006、IF1009、IF1012合约,根据《中国金融期货交易所交易细则》第五十一条的规定,沪深300股指期货IF1005、IF1006、IF1009、IF1012合约的挂盘基准价为3 399点。沪深300股指期货的推出,为股票组合的套期保值和期权的发展奠定了基础,对于深化资本市场改革、完善资本市场体系、发挥资本市场功能具有重要的战略意义。

2018年3月26日,上海期货交易所上市了对全球投资者开放的人民币原油期货,该期货用人民币计价、净价交易、保税交割,全球投资者可以用外汇作为保证金。原油期货的上市是我国期货市场对外开放大胆探索的一大步,迈开了中国期货市场国际化的步伐,在我国期货发展史上具有里程碑意义。

纵观我国期货市场的发展之路,在借鉴发达国家期货发展的基础上,依据国情进行了一定的创新。例如,中国的期货交易所名义上既有会员制,又有公司制,但实际上是政府的下属机构。中国期货市场不是在现货市场高度发展的环境中建立和发展的,而是政府为了改革需要推动的,因此在初期经历了混乱的局面。随着我国经济体制改革的深入、价格"双轨制"的消失、商品市场化定价比重的上升,期货市场才实现规范发展。我国期货市场是以散户为主的市场,每份合约价值较低,因此交易量较大。我国期货交易制度规定,要进行期货交易,投资者需要先将一笔钱作为保证金存放在中介机构期货公司开设的期货保证金账户里,一旦保证金不够,期货公司就会要求客户补充保证金,假如当天补充保证金不到位,期货公司就要强行平掉客户资金不足的仓位。我国期货交易结算制度中有"有保证金可下单、成交即扣款、平仓即回款"的创新。目前我国期货市场的保证金分为结算准备金和交易保证金。结算准备金是指会员在交易所专用结算账户中预先准备的资金,是未被合约占用的保证金;交易保证金是指交易者存入账户中确保履约的资金,是已被合约占用的保证金。我国期货市场实行"穿透式"管理制度、"一户一码"制度和统一开户制度,而境外期货市场实行分层管理。交易方式上,我国期货交易所采用的是电子撮合交易,而美国芝加哥商业交易所是公开喊价和电子撮合交易相结合。

尽管这一阶段我国的期货市场比较规范,但仍存在一定的问题,主要表现在虽然风险事件发生的频率较低,但风险事件后果较严重。2003年开始陆续发生的我国企业海外套期保值重大风险事件,共损失人民币近百亿元,如2003年10月至2004年的"中储棉事件",导致6亿元的亏损;2003年至2004年10月的"中航油事件",亏损额达5.5亿美元。这些事件的发生,既说明了公司治理机制的不规范,也对期货市场的发展提出了更高的要求。

二、我国期货市场的展望

目前,我国期货市场已经成为具有一定影响力的市场。按照美国期货业协会的统计,我国商品期货交易量已经连续多年排名世界第一,金融期货交易量增长也很快,股指期货在2014年和2015年排在世界前列。

1. **加快期货和衍生品市场的发展**

我国市场对金属、能源等基础原材料和农产品等大宗商品的需求量很大,因此加快期货和衍生品市场发展可以在我国形成有国际影响力的大宗商品定价中心,从而带来更大的定价优势,实现我国金融市场的崛起。

2. **金融衍生产品将不断出现**

经济的发展要求金融业的创新,因此我国需要大力发展包括资本市场、货币市场、保险市场、外汇市场、期货市场和金融衍生产品市场在内的多层次金融市场体系。在多层次金融市场体系的建立中,股票市场的发展加速了融资、交易、并购及产品开发等方面的市场化改革,货币市场的发展推动利率逐渐市场化,外汇市场对汇率浮动的限制减少,资本价格波动势必加剧,企业、金融机构和投资者对资本套期保值需求必然加大。由于我国的金融衍生品市场发展十分滞后,因此大力发展我国的金融衍生品市场意义重大。

3. **期货市场投资者结构将不断完善**

发达国家期货市场的投资者结构是以机构投资者为主体,其中银行、期货投资基金、期货公司、证券公司、信托公司等是主要的机构投资者。而我国期货市场的投资者结构是以中小投资者为主体,机构投资者比例远远低于发达国家,而且机构投资者多是商品的生产企业、消费企业等。因此,我国期货市场正在大力发展机构投资者,特别是建立商品期货市场与金融机构的桥梁,改善期货市场的投资者结构。

4. 期货市场将更加国际化

随着我国市场经济发展的加快、市场化程度的提高,绝大多数商品的价格,包括许多关系国计民生的商品价格逐步开放,市场在资源配置和价格形成中发挥越来越重要的作用。而伴随我国经济与世界经济的接轨,各经济主体将面临国际商品比价关系变动、利率变动、汇率变动带来的剧烈风险。期货市场将发挥重要的作用,其避险功能会随着越来越多企业的掌握和熟练运用,得到充分的发挥。同时,随着原油期货的推出及我国经济的发展,国内衍生品市场也将吸引越来越多的国外投资者参与其中。

【案例 3-7】
期货的作用案例——A 企业利用螺纹钢期货锁定钢材采购价格

本 章 小 结

1. 期货交易是在远期交易的基础上产生的,期货合约是远期合约的发展和延伸。

2. 期货合约是指由期货交易所统一制定的、规定在将来某一特定的时间和地点交割一定数量与质量实物商品或金融商品的标准化合约。合约的标准化是期货与远期的本质区别。

3. 期货交易的基本特征是合约的标准化、场内集中交易、保证金制度和逐日结算制度。

4. 期货交易主要有三种结束方式:交割、平仓和期货转现货。

5. 参与期货交易的商品必须是价格频繁变动、容易划分质量等级的大宗商品,而且应是可以长期储存和易于运输的。

6. 以投资资产做标的的期货定价与远期价格相同,而以消费资产为标的的期货一般只能给出期货价格的上限,如 $F_t \leqslant (S_t + V_t) e^{r(T-t)}$ 或 $F_t \leqslant S_t e^{(r+u)(T-t)}$。

思考与练习

思考题

1. 什么是期货合约?按期货标的资产可以将期货分为哪几类?
2. 期货交易的基本特征是什么?
3. 试比较期货合约与远期合约的优缺点。
4. 期货市场的两大基本功能是什么?
5. 期货交易的参与者有哪几类?各自的目的是什么?
6. 流通中的合约数如何计算?什么样的情况下会增加一份、减少一份或者不变?
7. 期货交易所通过哪些制度设计实现对信用风险的规避?

8. "在期货市场投机就是纯粹的赌博,为了公众利益,不应该让投机者在交易所交易期货。"请对这种观点进行讨论。

练习题

1. 一个投资者购买了两份 7 月的橙汁期货合约。每份合约的规模为 15 000 磅,现货价格为 160 美分/磅,每份合约的初始保证金为 6 000 美元,维持保证金为 4 500 美元,价格发生多大幅度的变动时会导致保证金催付?什么情况下投资者可以从保证金账户中提出 2 000 美元?

2. 白银的现货价格为 26 美元/盎司。储存成本为每年 0.84 美元/盎司,按季度在每季初支付。假设所有期限的年利率均为 3%,计算在 9 个月后交割的白银的期货价格。

3. 2020 年 10 月 26 日星期一,某客户买入两份交割月份为 2021 年 2 月的黄金期货合约,合约规模为 100 盎司,成交价格是每盎司 1 900 美元。期货经纪人规定的初始保证金是合约价值的 4%,即 7 600 美元,维持保证金是 5 700 美元。2020 年 11 月 6 日,交易者在 1 952 美元的价格上卖出两份 12 月份的黄金期货合约,即通过这项对冲交易对原来的头寸进行平仓。①请根据下表提供的期货行情数据,填写每日的当日盈亏、累计盈亏数据。②计算保证金账户的每日余额。③何日会收到追加保证金的通知?何日可以从保证金账户中提取资金? ④这两份期货合约交易的总盈亏是多少?

两份黄金期货合约多头的保证金操作

日期	期货价格	当日盈亏	累计盈亏	保证金账户余额	追加保证金通知
10 月 26 日	1 905.70				
10 月 27 日	1 911.90				
10 月 28 日	1 879.20				
10 月 29 日	1 868.00				
10 月 30 日	1 879.90				
11 月 2 日	1 892.50				
11 月 3 日	1 910.40				
11 月 4 日	1 896.20				
11 月 5 日	1 946.80				
11 月 6 日	1 951.70				

4. 假定某公司在 2020 年 9 月 1 日买入一份 2021 年 2 月到期的原油期货合约。2020 年 12 月 28 日公司将合约平仓。建仓时期货价格为 42.76 美元/桶,平仓时价格为 47.62 美元/桶。原油期货合约规模为 1 000 桶石油。请问该公司的盈利是多少?

5. 假定投资者 A 于 2020 年 12 月 29 开仓买进 2021 年 2 月到期的沪深 300 股指期货合约 IF2102 两手,价格为 5 080 点(每点价值 300 元)。依照交易所的规定,初始保证金水平为 8%。请问:①该投资者需要交多少初始保证金?②如果当日的结算价为 5 043.4 点,投资者的损益如何?③如果第二天交易的结算价为 5 060 点,投资者的损益又是如何?

6. 某一天,某清算中心会员持有100份合约的多头,结算价格为每份合约50 000美元,初始保证金为每份合约2 000美元。在第二天这一会员需要负责再对20份合约多头进行结算,结算时每份合约的价格为51 000美元,在第二天收盘时的结算价格为50 200美元。这位会员要向清算中心注入多少追加保证金?

7. 假设原油没有储存费用和便利收益,借入与借出资金的利率均为4%(连续复利)。假定某年6月份和12月份期货合约的交易价格分别为50美元和56美元。如何通过交易来盈利?

自测题

第四章

金融期货及期货交易策略

20世纪70年代以前,商品期货是世界期货市场交易的主体。1971年8月15日,布雷顿森林体系的解体导致市场上的汇率、利率等发生剧烈波动,因此从1972年开始,以汇率和利率等作为标的资产的金融期货(financial futures)出现了。随着市场需求不断扩大,金融期货快速发展并取得了巨大的成功。目前,金融期货已成为金融市场的主要交易产品之一,有些金融期货的交易量甚至超过了其标的资产的交易量。依据标的资产种类的不同,金融期货主要分为外汇期货、利率期货和股指期货,本章主要介绍这三种期货以及期货的交易策略。

第一节 外 汇 期 货

1971年,布雷顿森林体系解体,导致以美元为中心的国际货币体系和固定汇率制度发生变化,汇率波动更加剧烈,投资者管理汇率风险的需求增加。而期货交易具有规避风险、套期保值的功能,因此外汇期货交易便在商品期货的基础上产生了。

1972年5月16日,芝加哥商品交易所(CME)的国际货币市场(IMM)开放,并开展了7种主要外币,即澳元、英镑、加元、日元、瑞士法郎、法国法郎和德国马克的期货与期权交易,之后,外汇期货交易迅速在全球普及。目前,外汇期货的主要交易所有芝加哥商业交易所集团、欧洲期货交易所、洲际交易所、纽约泛欧交易所、新加坡交易所、香港期货交易所、东京金融交易所等。

一、外汇期货的相关概念

1. 定义

外汇期货(foreign exchange futures),又称货币期货,是指交易双方约定在未来某一时间依据现在约定的汇率,以一种货币兑换另一种货币的标准化合约。合约对交易币种、合约金额、交割月份及交割方式等内容都有统一的规定,唯一变动的是期货价格。外汇期货合约主要包括以下内容:

(1)通用代号。交易所和期货行情表都是用代号来表示外汇期货的。例如,几种主要货币外汇期货的通用代号为:澳元:AUD;英镑:GBP;加元:CAD;欧元:EUR;日元:ZPY。

(2)合约单位。外汇期货合约的交易单位,每一份外汇期货合约都由交易所规定标准交易单位。

(3)最小变动价位。国际货币市场对每一种外汇期货报价的最小变动价位都作了规定,在进行交易时,投资者的报价只能是最小变动价位的倍数。

(4)合约的最小变动价值。等于最小变动价位乘以合约单位。

(5)交易时间。美国中部时间下午5:00到次日下午4:00,23小时持续交易。

(6)最后交易日。交割日前两个交易日,未在最后交易日前平仓的头寸要进行实物交割。

(7)交割日。不同货币品种的交割月份不一样,如表4-1所示,但大多数外汇期货的交割月份为20个3月季度循环月份以及不在3月循环中距离当前最近的3个序列月份。交割月的第三个星期三为该月的交割日。

表4-1 芝加哥商业交易所集团的主要外汇期货

外汇品种	合约单位	最小变动价位/美元	合约的最小变动价值/美元	交割月份	交易时间	最后交易日	交割日
澳元(AUD/USD)	100 000 AUD	0.000 05	5	20个3月季度循环月份以及不在3月循环中距离当前最近的3个序列月份	下午5:00至次日下午4:00	交割日前两个工作日	交割月份的第三个星期三
英镑(GBP/USD)	62 500 GBP	0.000 1	6.25	20个3月季度循环月份以及不在3月循环中距离当前最近的3个序列月份			
加元(CAD/USD)	100 000 CAD	0.000 05	5	20个3月季度循环月份以及不在3月循环中距离当前最近的3个序列月份			
欧元(EUR/USD)	125 000 EUR	0.000 05	6.25	20个3月季度循环月份以及不在3月循环中距离当前最近的3个序列月份			
日元(ZPY/USD)	12 500 000 ZPY	0.000 000 5	6.25	20个3月季度循环月份以及不在3月循环中距离当前最近的3个序列月份			
新西兰元(NZD/USD)	100 000 NZD	0.000 1	10	连续6个季度月份			
瑞士法郎(CHF/USD)	125 000 CHF	0.000 1	12.5	连续20个季度月份			

资料来源:www.cmegroup.com.

2. 外汇期货行情表

表4-2是芝加哥商业交易所集团网站上的一则外汇期货行情表,反映了2020年1月6日CME集团网站上的英镑期货行情。

表 4-2 英镑期货行情表

MONTH	LAST	CHANGE	PRIOR SETTLE	OPEN	HIGH	LOW	VOLUME
21-Jan	1.355 1	−0.007 8	1.362 9	1.363 9	1.366 9	1.353 6	227
21-Feb	1.357 1	−0.006	1.363 1	1.364 1	1.365 5	1.353 7	217
21-Mar	1.356 8	−0.006 5	1.363 3	1.363 1	1.367 7	1.353 8	62 072
21-Apr	—	—	1.363 6	—	—	—	0
21-May	—	—	1.363 8	—	—	—	0
21-Jun	1.356 5	−0.007 4	1.363 9	1.363 9	1.368 1	1.354 3	45

资料来源：www.cmegroup.com.

表 4-2 中的表头含义与表 3-5 相同，从表中可以看出，外汇期货的交易量与股指期货不一样，交易量并非近月合约更大，而是取决于市场的供求关系。

二、外汇期货的应用

外汇期货套期保值的目的是规避汇率变动的风险，我们从例 4-1 可以看出外汇期货的具体应用。

【例 4-1】 假定美国某进口商在 10 月初同意以每件 1 200 瑞士法郎的价格购买 400 件大衣，合计 48 万瑞士法郎，对方要求 3 个月内付款。为了防止 3 个月后瑞士法郎相对于美元升值，该进口商此时可以利用货币的远期市场和期货市场对瑞士法郎升值的风险进行套期保值。

1. 利用远期市场套期保值

进口商可以到其所在的商业银行签订一份 90 天后购买瑞士法郎的远期合约，假设 3 个月期的瑞士法郎的远期价格是 1 瑞士法郎＝0.566 7 美元，进口商同意在 90 天后以这个价格兑换 48 万瑞士法郎。

签订了这份远期瑞士法郎购买合约之后，在接下来的 3 个月里，不管汇率如何变化都与进口商无关，进口商已经将自己购买大衣的最终成本确定了。在远期合约到期时，按事先约定的汇价，进口商向银行支付相应的美元，银行向进口商支付相应的瑞士法郎。

2. 利用期货市场套期保值

一份瑞士法郎的期货合约价值 125 000 瑞士法郎，进口商在期货市场以 0.567 3 美元的价格买入 4 份 12 月到期的瑞士法郎合约。由于 4 份合约的价值是 50 万瑞士法郎，这是最接近进口商所需要的瑞士法郎的数量，进口商的 48 万瑞士法郎低于 50 万，所以利用期货合约不可能精确地套期保值。

对期货合约，进口商可以有下面两种处理方法：

（1）到期进行实际交割，即到期时，进口商支付 283 650 美元（CHF500 000×＄0.567 3/CHF），换取 50 万瑞士法郎，这与远期市场的交易没有多大差别，只是交易对手不同而已。

（2）3 个月后，进口商再卖出 4 份瑞士法郎合约，进行对冲。如果瑞士法郎上涨，则可以利用期货市场上的获利，弥补在现货市场上的亏损。当然，也有可能瑞士法郎不涨反跌,此时进口商就要在期货市场上遭受损失,但在现货市场上存在盈利。

两种方法都锁定了进口商的成本,所以不管瑞士法郎的价值如何变化,进口商已经利用远期和期货市场的套期保值操作,提前确定了以美元计价购买大衣的最终价格。

第二节 利率期货

利率期货(interest rate futures)是继外汇期货之后产生的又一个金融期货类别,是指标的资产价格依赖利率水平变动的期货合约,如 30 日联邦基金利率期货、欧洲美元期货、5 年中期国债期货、长期国债期货合约等。进行利率期货交易主要是为了固定资金的价格,管理利率风险。

一、利率期货概述

1975 年 10 月 20 日,世界上第一张利率期货合约——政府国民抵押协会的抵押凭证期货合约在芝加哥期货交易所(CBOT)诞生,开创了利率期货的先河。此后,为了满足投资者规避短期利率风险的需要,CME 先后于 1976 年 1 月和 1981 年 12 月推出了 90 天期美国短期国库券期货合约和 3 个月期欧洲美元期货合约,都获得了巨大的成功。在利率期货发展历程上另一个具有里程碑意义的重要事件是:1977 年 8 月 22 日,为了满足广大交易者对中长期利率风险进行保值的需要,CBOT 推出了美国长期国债期货合约,并受到了普遍的欢迎。

美国利率期货的成功开发与运用,引起了其他国家的极大兴趣。1982 年,伦敦国际金融期货交易所(LIFFE)首次引入了利率期货,1985 年东京证券交易所也开始了利率期货的交易。随后,法国、澳大利亚、新加坡等国家相继引入了不同形式的利率期货合约。1990 年 2 月 7 日我国香港期货交易所正式推出香港银行同业 3 个月拆放利率期货合约。2013 年 9 月 6 日起,中国金融期货交易所相继推出了 5 年期、10 年期和 2 年期国债期货合约。到目前为止,利率期货已经成为全球金融市场上成交量最大、地位最重要、产品种类最丰富的期货品种。而全球主要的利率期货交易所有美国的芝加哥商业交易所集团、纽约泛欧交易所、欧洲期货交易所等,它们均提供多种不同标的资产的利率期货合约。

1. 利率期货的种类

利率期货的标的资产为利率相关的金融产品,如各种债务凭证。因为标的资产的种类很多,所以利率期货的种类很多。一般来说,按照标的资产的不同,利率期货可以分为以利率为标的资产的短期利率期货、以利率敏感性债券为标的资产的中长期利率期货两大类。短期利率期货是以期限不超过 1 年的货币市场利率工具为标的资产的利率期货,其典型代表为在 CME 集团交易的 3 个月期欧洲美元期货。中长期利率期货是以期限超过 1 年的资本市场利率工具为标的资产的利率期货,其典型代表为在 CME 集团交易的美国长期国债期货。

在利率期货市场上,有许多不同期限的利率期货合约,合约期限长的达 30 年,短的仅几个星期,基本上能够满足人们对各种期限的利率风险管理的需求。同时,利率期货市场是一个集中、统一的交易场所,巨大的市场流动性使套期保值者能方便地进出市场,避免了因流动性不足而带来的潜在风险,同时也降低了套期保值交易的成本。本节将具体介绍欧洲美元期货和美国长期国债期货这两个典型产品,借此帮助读者了解利率期货的本质。

利率产品在计算利息时所采用的报价惯例和天数计算不尽相同,因此利率期货的价格计算也有所差别。接下来,我们先介绍债券利息的天数计算惯例。

2. 债券利息的天数计算

债券利息的天数计算定义了在一段时间内利息累计的方式。一段时间的利息等于本金乘以利率再乘以时间,因此时间(天数)的计算对利息总额的影响比较大。假定一个债券的本金为100美元,息票支付期为3月1日和9月1日,息票率为每年8%(这意味着每年的3月1日和9月1日各付4美元的利息)。我们想要计算3月1日到7月3日的利息,应该如何确定计息天数呢?一般做法是将天数计算表达成 X/Y 的形式。当我们计算两个日期之间的利息时,X 定义了两个日期之间计算天数的方式,如3月1日到7月3日之间的天数,Y 定义了参考期限内总天数的计算方式(3月1日到9月1日,或9月1日到次年的3月1日)。在两个日期之间应计利息为:$\frac{两个日期之间的天数}{参考期限的总天数} \times$ 参考期限内所得利息。

目前,有下面4种流行的天数计量惯例:

(1) 实际天数/实际天数(一段时间内)。例如,美国长期国债、欧元债券、英镑债券通常采用"实际天数/实际天数(一段时间内)"的天数计算惯例。在两个日期之间的利息是基于实际过去的天数与两个息票支付日期之间实际天数的比率。如果上面提到的债券为美国长期国债,参考时间段为3月1日至9月1日,总共有184天(实际天数),这段时间所得的利息为4美元。在3月1日与7月3日之间总共有124天(实际天数)。因此,3月1日与月3日之间的所得利息为 $\frac{124}{184} \times 4 = 2.6957$。

(2) 30/360。美国企业债券和市政债券采用"30/360"的天数计算惯例。我们在计算中假定每个月有30天,每年有360天。采用"30/360"的惯例,在3月1日与9月1日之间总共有180天。在3月1日与7月3日之间总共有 $4 \times 30 + 2 = 122$ 天。因此,对于与我们之前考虑的美国长期国债债券具有一样期限和利率的企业债券,在3月1日与7月3日之间的所得利息为 $\frac{122}{180} \times 4 = 2.7111$。

【例4-2】 不同的天数计算方式给债券持有者带来的利息收益是不同的。假设在2021年2月28日与3月1日之间,你可以选择一个美国国债或一个美国企业债券,两种债券的息票率均为10%,并且报价是一样的。你应该选择哪一个?乍听起来,二者应该没有太大的区别,但事实上,在"30/360"天数计算惯例下,2021年2月28日与2021年3月1日之间总共有3天。在政府债券的"实际天数/实际天数(一段时间内)"的天数计算惯例下,两个日期之间只有1天,拥有企业债券所得利息将是拥有政府债券所得利息的大约3倍。

(3) 实际天数/360。美国货币市场产品采用"实际天数/360"的天数计算惯例,如美国的国库券。这说明参考期限选定为360天,面值为1美元的国库券在1年中的一段时间内所得利息等于实际过去的天数除以360,然后乘以报价利率,90天期间所得的利息应正好等于报价利率的1/4。注意:含有365天的整年里所得的利息为365/360乘以报价利率。

(4) 实际天数/365。国家与国家之间和产品与产品之间的天数计量惯例都有所不同。例如,澳大利亚、加拿大及新西兰的货币市场惯例为"实际天数/365",英镑的LIBOR为"实际天数/365",除英镑外所有货币的LIBOR均为"实际天数/360"。

二、欧洲美元期货

1. 欧洲美元期货概述

美国市场最流行的短期利率期货为CME集团的欧洲美元期货。欧洲美元是指储户在美国以外的商业银行存入的美元定期存款。欧洲美元存款起源于欧洲,最大的交易中心位于伦敦,因此欧洲美元的市场利率通常基于伦敦银行间美元的同业拆借利率(LIBOR),也是各家公司进行美元融资的主要参考利率。

1981年12月CME首次推出欧洲美元期货合约,其合约标的资产为伦敦银行之间的3个月期美元定期存款,合约面值为100万美元。3个月欧洲美元存款的起始日期是期货合约的到期日。欧洲美元期货是历史上第一个现金结算的期货品种,也是当今全球交易量最大的期货品种。欧洲美元期货的标的资产3个月欧洲美元存款只是名义上的,投资者在期货到期日不需要持有或者买入欧洲美元存款,只是对未来期货到期日开始的3个月期的美元利率进行管理和结算。买入一份欧洲美元期货合约相当于在未来存入一笔欧洲美元存款,而卖出一份欧洲美元期货合约则相当于在未来吸收一笔欧洲美元存款。因此,投资者可以利用这些合约锁定今后某3个月的对应100万美元面值的利率。

目前,欧洲美元期货是国际上交易最活跃的短期利率期货品种。CME集团的欧洲美元期货合约的文本如表4-3所示。

表4-3 CME集团的欧洲美元期货合约的文本

条款名称	具体规定
合约单位	2 500美元×IMM指数
报价	合约IMM指数=100−R 其中,R为欧洲美元LIBOR利率的100倍,如报价为97.45表示利率为2.55%
交易时间	美国中部时间周日至周五:下午5:00至次日下午4:00
最小变动价位	最近到期合约:一个利率基点的1/4=0.002 5价格点=每张合约$6.25 其他合约:一个利率基点的一半=0.005价格点=每张合约$12.50 在上一最近月份合约的交易终止日当天,新的最近月份合约开始以0.002 5价格点为最小价格波幅报价
产品代码	CME Globex电子交易:GE CME ClearPort:ED 清算所(Clearing):ED

续表

条款名称	具体规定
上市合约	范围覆盖10年的最近的40个季月合约(3月、6月、9月、12月),以及最近的4个不是季月的序列月份合约。在最近的季月合约交易终止日,上市交易新的10年后交割的季月合约。例如,若GEZ 17在12月18日(星期一)美中时间上午5:00终止交易,则GEZ 27将在12月17日(星期日)美中时间下午5:00挂出,首个交易日为12月18日(星期一)
结算方法	现金结算
最后交易日	交割月的第三个星期三之前的第2个伦敦银行营业日,伦敦时间11:00
最后结算价	最后交易日伦敦时间11:00英国银行家协会公布的3个月期的LIBOR,最后结算价将四舍五入到小数点后4位,即0.0001%,意味着每份合约0.25美元

资料来源:www.cmegroup.com.

2. 欧洲美元期货报价

欧洲美元期货等短期利率期货的报价不是直接的利率水平,而是IMM(international monetary market)指数点。指数点是100减年利率的100倍,即

$$P = 100(1-r) \tag{4-1}$$

市场称之为"IMM指数"。

需要注意的是:年利率 r 是指在交割日才开始计息的远期年利率。如果交割日对应的欧洲美元的利率为9.75%,那么欧洲美元期货的报价为90.25;反过来,如果欧洲美元期货合约的报价为94.79,那么对应交割日的3月期LIBOR为5.21%。可以看到,由于IMM指数与市场利率反方向变动,一个规避利率上升风险的投资者应进入欧洲美元期货的空头头寸,而一个规避利率下跌风险的投资者应进入欧洲美元期货的多头头寸。这样一来,就使投资者重新按照低买高卖的规则进行交易。

给定指数报价 P,交易所定义欧洲美元期货合约的价格为

$$2\,500 \times P(美元)$$

在对欧洲美元期货进行每日结算时,关键在于计算IMM指数的变动量。

根据指数价格的定义,合约规定最小价格变动为一个利率基点的1/4,相应的期货报价变动0.0025(=100×0.0025%)个指数点,相当于每份合约价值变动6.25(=2 500×0.002 5)美元。若利率变动1个基点,期货报价变动0.01个指数点,对应25(=2 500×0.01)美元的盈亏。

欧洲美元期货合约是在到期月的第三个星期三之前的第2个伦敦银行营业日用现金来结算的,结算利率 r 为当时报出的欧洲美元LIBOR利率的100倍。最后的盯市使合约的价格等于 $2\,500\times(100-R)$ 美元。

请注意:在最小变动价值及交割额的计算中,无论3个月的实际天数是多少,名义存款的期限都规定为1/4年。这样规定是为了方便期货的交易与结算,增强价格的直观性。而且欧洲美元期货的交割发生在名义贷款的期初,不像现货债务工具的利息那样在期末交付,也不像远期利率协议那样把期末的利息贴现到期初。在使用欧洲美元期货合约(或其他短期利率期货)进行风险管理时,必须把这个特点考虑进去。

【例4-3】 2021年1月8日,某投资者想锁定在2021年6月14日(星期一)开始的3个月期利率,投资面值为5 000万美元。(1)投资者应该买入多少份6月到期的欧洲美元合约?(2)假如1月8日这天6月到期的欧洲美元合约报价为94.79,此时合约的价值为多少?(3)若在2021年6月14日,市场上3个月期的实际LIBOR为4%,此时合约价值为多少?(4)投资者在这笔欧洲美元期货交易上的盈亏为多少?(5)投资者在2021年9月14日的总收益为多少?

解:(1)某投资将在2021年6月14日(星期一)开始做3个月期500万美元的投资。如果利率下降1个基点,相应的利息收入减少1 250(=50 000 000×0.01%×0.25)美元,而1张期货合约的价值变动为25美元,所以投资者应该买入50份期货合约。

(2)合约的总价值为2 500×94.79×50=11 848 750(美元)。

(3)2021年6月14日,市场上3个月期的实际LIBOR为4%,此时正好是合约最后交易日,因此IMM指数 P 收敛于96,投资者手中期货合约的价值为2 500×96×50=12 000 000美元。

(4)现金交割将获得151 250(=12 000 000-11 848 750)美元,与"每个基点,对应25美元的盈亏"的算法一致,因此投资者在期货市场上的盈亏为151 250美元。

(5)当利率为4%时,5 000万美元的3个月的利息收入为50 000 000×0.25×0.04=500 000美元(期末,9月14日),期货市场的收益为151 250美元(期初,6月14日)。因此,2021年9月17日,总收益为500 000+15 125×(1+0.25×0.04)=652 762.5(美元)。

我们发现最终的收益率 r 满足50 000 000×0.25× r =652 762.5, r =5.222 1%,高于最初期货报价对应的利率5.21%。

为何利率没有正好锁定在5.21%上呢?事实上,对冲(套期保值)是不完美的,这是因为:①期货的最后结算是在合约到期日,而3个月投资的利息收入是在3个月之后;②期货合约是每日结算的,需要对保证金进行管理。关于第①点,可以通过减小对冲的规模来解决,假设在这3个月内的利率是5.21%,然后将1/(1+5.21%×0.25)=0.987 1乘以期货合约的数量,结果是需要购买49份合约(而不是50份)。

3. 欧洲美元期货的套利机会

如果我们忽略期货的保证金制度和利息结算时间的差异,那么欧洲美元期货的IMM指数报价实际上隐含3个月期的远期利率。例如,如果欧洲美元期货的报价为98.25,则意味着从交割月的第三个星期三之前的第二个工作日开始的3个月期的远期LIBOR利率为1.75%。因此,欧洲美元期货的定价就是要确定与IMM指数对应的3个月期的远期利率。而该3个月期的远期利率又是由欧洲美元的一系列即期利率决定的,就像第二章远期利率协议的定价一样,不同的是这里所有的利率均是针对欧洲美元而言。如果欧洲美元期货隐含的远期利率与欧洲美元的实际即期利率隐含的远期利率不相等,则意味着存在套利机会。如果欧洲美元期货隐含的远期利率大于欧洲美元的实际即期利率隐含的远期利率,则意味着期货价格偏低,可以进行多头套利;反之,如果欧洲美元期货隐含的远期利率小于欧洲美元的实际即期利率隐含的远期利率,则意味着期货价格偏高,可以进行空头套利。

【例4-4】 假定6个月期美元LIBOR利率为10.2%,3个月期美元LIBOR利率为

10%(两个利率均为连续复利),则 3 个月后交割的 3 个月期的欧洲美元期货报价应为多少?

根据无套利均衡定价原理可知,3 个月后开始的 3 个月期欧洲美元的远期价格应为
$$r_F = \frac{0.102 \times 0.5 - 0.1 \times 0.25}{0.25} = 10.4\%。$$

此时,3 个月后到期的欧洲美元期货合约应当锁定 10.4% 的利率。每季计复利,则其表达式为 $r_F = 4(e^{0.104 \times 0.25} - 1) = 10.5\%$。

从而 3 个月后交割的 3 个月期的欧洲美元期货的报价 P 应为 $100 - 10.5 = 89.5$。

三、长期国债现货与期货

长期国债期货合约是以长期国债为交易对象的利率期货,它是将来以特定债券的交割为基础的。长期国债是财政部为筹集长期资金而向公众发行的长期债券,其本质与中期国债一样,二者的区别仅在于期限的长短不同。中期国债的期限为 1~10 年,而长期国债的期限为 10~30 年。

1. 附息债券的价格

附息债券是指债券发行人按照债券票面载明的利率及支付方式定期支付利息,如每年或每半年付息一次,到期时归还持券人面值的债券。

在一年中有多个付息日时,息票率和收益率应该如何报价?债券的价格又该如何计算呢?

(1) 债券价格的计算。有定期的息票 C,面值为 A,每个时段的收益率为 r,剩下 n 次息票支付的债券价格的标准公式为

$$P = \sum_{k=1}^{n} \frac{C}{(1+r)^k} + \frac{A}{(1+r)^n} = \frac{C}{r}\left(1 - \frac{1}{(1+r)^n}\right) + \frac{A}{(1+r)^n} \tag{4-2}$$

该公式假定距下一次息票有一个完整的时段,若 $C = rA$,则 $P = A$。

在实践中,如果一个债券一年付息 m 次,惯例是报出的息票率为每一期付息的 m 倍。到期收益率是以每一个时段来计算收益率 r 的,然后再乘以 m 即得到年度的挂牌收益率。

【例 4-5】 考虑一个面值为 100 美元、息票率为 7%、每半年付息一次的债券,付息日分别是 2 月 15 日和 8 月 15 日,并且 2029 年 8 月 15 日到期。假定今天是 2021 年 8 月 15 日,这一次的利息已经派发,还剩下 16 次支付。如果该债券的价值是 103.71 美元,该债券的收益率的报价为多少?

解:运用式(4-2)可以得到,半年收益率 r 是如下方程的解:
$$103.71 = \frac{3.5}{r}\left(1 - \frac{1}{(1+r)^{16}}\right) + \frac{100}{(1+r)^{16}}$$

因此,半年收益率 r 为 3.2%,年收益率为 $3.2\% \times 2 = 6.4\%$,收益率的报价为 6.4%。

例题中假设债券刚过付息日,忽略了分数时段的问题。实践中,如果距下一次付息日是一个分数时段,则所有未来的现金流都要通过对分数时段的贴现而被考虑进去。特别地,假定到下一次付息日还有 d 天,而在上一次付息和下一次付息之间的天数是 m 天,债券的价格为

$$P = \sum_{k=1}^{n} \frac{C}{(1+r)^{k-1+d/m}} + \frac{A}{(1+r)^{n-1+d/m}}$$
$$= \frac{1}{(1+r)^{d/m}} \left\{ C + C/r \left[1 - \frac{1}{(1+r)^{n-1}} \right] + \frac{A}{(1+r)^{n-1}} \right\} \quad (4-3)$$

【例 4-6】 考虑与例 4-5 相同的债券,只是假定今天是 2021 年 11 月 11 日,距下一次支付还有 96 天,而两次付息日间有 184 天。因此应用式(4-3)可得,年收益率为 6.4% 的债券的价格为

$$P = \frac{1}{(1+0.032)^{96/184}} \left(3.5 + \frac{3.5}{0.032} \left[1 - \frac{1}{(1+0.032)^{15}} \right] + \frac{100}{(1+0.032)^{15}} \right)$$
$$= 105.286 \text{(美元)}$$

(2) 净价和全价。式(4-3)给出了一个充分反映将来的息票支付的债券的价格。使用该公式,债券价格在每一次接近息票支付时上升,然后在息票支付日后下降。以该公式计算出的债券的价格实际上是债券的"含息"价格,也称为全价,这一价格代表了买方支付和卖方收到的总金额。然而按照式(4-3)的计算结果所支付的总价格,实际上被视为两个单独的金额,即"除息"价格和应计利息。实践中,市场上给出的债券的报价是去掉应计利息的"除息"价格,也称为净价,它等于含息价格减去应计利息。应计利息(accrued interest)是指卖方自上一个付息日以来通过持有该债券已经"赚得"的利息,自上一次付息日以来的 $m-d$ 天的应计利息是 $C \times (m-d)/m$。卖方认为自己有权得到这部分利息,并因此坚持要求债券买方向自己支付。

无论是现货还是期货,附息债券的报价与交割时多方实际支付(或空方实际收到)的价格是不同的,实际支付和收到的价格是债券的真实价格,即全价(现金价格)。而在报价时,为了不让债券的价格受利息支付的影响,报价时采用的是净价报价的方式。债券全价和净价的关系为

全价(现金价格) = 净价(报价) + 上一个付息日以来的应计利息 (4-4)

2. 长期国债期货合约概述

最常见的长期国债期货合约是 1977 年 8 月 22 日 CBOT 最先推出的长期国债利率期货合约,其主要规定见表 4-4。

表 4-4 CME 集团交易的长期国债期货的主要规定

条款名称	具 体 规 定
合约单位	到期面值为 100 000 美元的长期国债
报价单位	100 美元面值报价
交易时间	周日至周五,下午 5:00 至次日下午 4:00(美中时间)
最小价格波幅	1 点的 1/32(31.25 美元/合约),跨期价差交易除外,其最小价格波幅为 1 点的 1/32 的 1/4(7.812 5 美元/合约)
产品代码	CME Globex 电子交易:ZB CME ClearPort:17 清算所(Clearing):17

条款名称	具体规定
上市合约	最近三个季度合约(3月、6月、9月和12月)
最后交易日	交割月最后一个工作日之前的第7个工作日,美国中部时间下午12:01
最后交割日	交割月的最后一个工作日
可交割等级	从交割月的第一天起剩余期限长于(包括等于)15年且短于25年的美国国债。合约价格等于期货结算价格乘以转换因子,再加上应计利息。转换系数为1美元面值、到期收益率为6%情况下可交割国债的价格
交割程序	美联储记账电汇系统

资料来源:www.cmegroup.com.

长期国债期货合约一直被视为最成功的利率期货之一,其标的债券是息票率为6%、面值为10万美元、时间期限恰好为15年的名义长期国债。但交易所允许期限为15年以上息票率不等于6%的任何国债用于交割。由于各种债券的息票率不同、期限不同,交易所必须调整空头方交割特定长期国债时可接受的价格。

3. 长期国债现货与期货的报价

长期国债现货与长期国债期货的报价一样,都是以美元和1/32美元报出的。所报价格是面值为100美元的债券的价格。因此,90—25的报价意味着10万美元面值的债券的价格为90 781.25[=1 000×(90+25/32)]美元。无论是现货还是期货,长期债券的报价与购买者所支付的现金价格是不同的。如前所述,报价是长期债券的净价,而购买者所支付的现金价格又称为全价或含息价格。债券现货的应计利息是交易当天的应计利息,而国债期货的应计利息是期货到期交割时的应计利息。

【**例4-7**】 假设现在是2016年11月5日,有2033年8月15日到期息票利率为12%的长期国债的报价为94—28(94.875)。由于美国政府债券均为半年付一次利息,从到期日可以判断,上一次付息日是2016年8月15日,下一次付息日是2017年2月15日。该国债的现金价格为多少?

解:由于2016年8月15日到11月5日之间的天数为82天,2016年11月5日到2017年2月15日之间的天数为102天,如图4-1所示,因此累计利息等于

$$(100\times 12\% \times 0.5)\times 82/184=2.674(美元)$$

则该国债的现金价格为

$$94.875+2.674=97.549(美元)$$

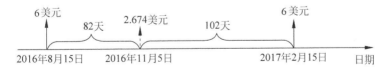

图4-1 计算交易日应计利息示意图

4. 转换因子

由于长期国债期货与短期利率期货的标的资产不同,它们的交割方式也不同。短期

利率期货以现金结算为主,而长期国债期货用债券进行实物交割。实物交割带来一个问题,如果期货市场对应的同样息票率的现货债券的数量有限,而不足以给期货空方用于交割,就可能出现期货多方对空方进行"逼仓"的现象,即由于没有现货作交割,卖方只能采用买进期货的方式平仓,此时买方却故意抬高价格赚取巨额利润,而卖方不得不接受并遭受重大损失。我国国债市场的"327事件"就是其中一例。由于"逼仓"会严重损害期货市场的有效性,所以CBOT长期国债期货合约规定空头方可以选择从交割月第一天起剩余期限在15年以上且15年内不得回购的任何美国长期国债进行交割。

由于各种债券的息票率与期限不同,其价值也就不同,为了使不同可交割债券的价值具有可比性,交易所设计了转换因子(conversion factor),并规定其他券种均须按转换因子折算成标准券。所谓的标准券是一种虚拟的国债,其息票率为6%(每半年计复利一次),在交割月的第一天的剩余期限为15年整,期货报价报的是标准券的价格。标准券就像一把尺子,我们用它来度量其他可交割债券在交割月的第一天值多少个标准券,这一折算的系数即为转换因子CF。

$$CF = \left(\sum_{k=1}^{n} \frac{C}{1.03^k} + \frac{100}{1.03^n} - 应计利息\right)/100 \tag{4-5}$$

式中,C 是每半年付息时收到的利息,n 是剩余的付息次数。在计算转换因子时,债券的剩余期限采用去尾法取为3个月的整数倍。如果取整数后,债券的剩余期限为半年的倍数,则假定下一次付息是在6个月之后,否则就假定下一次付息是在3个月后。在此基础上,CME集团会在每一个交割日之前根据具体债券公布一个转换因子表。

由式(4-5)可知,标准券的转换因子为1。若债券的期限相同,高息票率债券的转换因子大于低息票率债券的转换因子;若息票率相同,息票率低于6%的债券期限越长转换因子越小,因为这种债券按式(4-5)计算时会发生折价,且期限越长折价越深,所以持有这种债券是不利的。息票率高于6%的债券期限越长转换因子越大。因为这种债券按式(4-5)计算时会发生按溢价交易,且期限越长溢价越高。

【例4-8】 假定某债券的息票率为8%,债券的剩余期限为18年零4个月。该债券的转换因子为多少?

解:计算转换因子,假定债券的期限为18年零3个月。将所有息票支付的现金流以年利率6%(每半年付息一次)贴现到3个月后的时点上,债券价格为

$$P = 4 + \sum_{k=1}^{36} \frac{4}{1.03^k} + \frac{100}{1.03^{36}} = 125.83(美元)$$

再将债券价格从3个月以后的时点贴现到现在,半年到期收益率为3%,因此3个月期的贴现率为 $\sqrt{1+3\%}-1$,即1.488 9%,该债券现在的现金价格为125.83/1.014 889 = 123.99美元[也可通过式(4-3)计算债券价格]。债券的报价为净价,等于现金价格再减去应计利息2.0,因此报价为121.99美元,转换因子为CF=1.219 9,如图4-2所示。

算出转换因子后,再将累计利息考虑在内,就可以知道空方在交割面值100美元的债券时应收到的现金为

空方收到的现金=期货报价×交割债券的转换因子+交割债券的应计利息 (4-6)

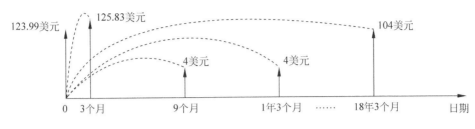

图 4-2 计算转换因子示意图

【例 4-9】 假设现有某长期国债,息票率为 10%,剩余期限为 20 年零 2 个月。最新的期货报价为 90-00,求空方用该债券交割时应收到的现金。

解:为了计算转换因子,假定债券的剩余期限为 20 年,此时可交割债券的期限正好为半年的整数倍,我们将第一次付息日定在 6 个月后。假定当收益率为 6%(每半年计复利一次,即每 6 个月为 3%)时,面值为 100 美元的债券价格为

$$\sum_{k=1}^{40} \frac{5}{1.03^k} + \frac{100}{1.03^{40}} = 146.23(美元)$$

再除以 100,得出转换因子为 1.462 3。应用式(4-6)得到空方交割 10 万美元面值该债券应收到的现金为

$$1\,000 \times [(1.462\,3 \times 90) + 5 \times 2/3] = 134\,940(美元)$$

5. 最便宜的交割债券

交易所设计转换因子体系的目的是减少采用不同期限、不同息票率的可交割国债进行交割的差异,降低交割品种选择权的价值。但转换因子体系并不是完美无缺的,如 CME 集团在计算转换因子时,把债券的期限去尾精确到季度,而且转换因子在一段时期内是保持不变的,但期货和现货的价格却每天都在变化。转换因子的这种固有缺陷和市场定价的差异决定了它不能完全消除交割品种选择权的价值。因此,采用何种国债用于交割实际上是存在差异的。那么应该把交割品种选择权赋予空头方还是多头方呢?考虑到期货运作机制的要求,CME 集团规定把交割国债品种的选择权赋予空头方。

这样,空头方必然从这些债券中选择对他来说最便宜的债券用于交割。空头方在交割时收到的现金 = 期货报价 × 交割债券的转换因子 + 应计利息。

而购买交割债券的成本 = 交割债券报价 + 应计利息。

因此,最便宜的交割债券就是使空方购买交割债券的成本与收到的现金之差最小的那个债券,也就是使

交割差距 = 交割债券报价 − (期货报价 × 交割债券的转换因子)

最小化的债券。也就是说,空头方可以通过计算每一个可交割债券来确定最便宜的交割债券。

【例 4-10】 假设可供空头方选择用于交割的三种债券的报价和转换因子如表 4-5 所示,而期货的报价为 93-08,即 93.25 美元,下面哪种债券是最便宜的交割债券?

表 4-5　可供交割国债的报价及其转换因子

国　　债	报　　价	转换因子
1	144.50	1.518 6
2	120.00	1.261 4
3	99.80	1.038 0

根据以上数据，我们可以求出各种国债的交割差距为

国债 1：144.50－(93.25×1.518 6)＝2.890 6

国债 2：120.00－(93.25×1.261 4)＝2.374 5

国债 3：99.80－(93.25×1.038 0)＝3.006 5

由此可见，最便宜的交割债券是国债 2。

6. 国债期货价格的确定

国债期货特殊的交割机制决定了国债期货的价格难以从理论上精确地确定，因为对期货空头方拥有的多种交割选择权定价是一件非常困难的事。但是，如果我们忽略期货空头方拥有的交割选择权，假设最便宜的交割国债与交割日期固定不变，由于国债的利息是确定的，长期国债期货合约可以看作支付已知收益的期货合约，则 t 时刻期货合约的理论期货价格 F_t 与现货价格 S_t 之间的关系为

$$F_t = (S_t - I_t)e^{r(T-t)} \tag{4-7}$$

其中，I_t 表示 t 时刻期货有效期限内利息的现值，T 表示期货合约到期时刻，r 表示 t 到 T 期间的市场无风险利率。

具体的计算过程可以概括为以下四个步骤：

(1) 根据最便宜的交割券现货报价，运用式(4-7)算出 t 时刻该交割券的现金价格 S_t；

(2) 运用式(4-7)，根据交割券的现金价格 S_t 算出交割券期货理论上的现金价格 F_t；

(3) 再反向运用式(4-4)，根据交割券期货的现金价格算出交割券期货的理论报价；

(4) 将交割券期货的理论报价除以转换因子即为标准券期货的理论报价。

【例 4-11】 假定已知某一国债期货合约最便宜的交割券的息票率为 12%，其转换因子为 1.4、现货报价为 120 美元，该国债期货的交割日为 270 天后。该债券的利息支付为每半年一次，上一次付息是在 60 天前，下一次付息是在 122 天后，再下一次付息是在 305 天后，市场任何期限的无风险利率均为年利率 10%（连续复利）。该国债期货的理论报价为多少？

解：

(1) 根据最便宜交割券现货报价为 120 美元，运用式(4-4)求出交割券的现金价格为

$$S = 120 + \frac{60}{182} \times 6 = 121.978 (美元)$$

(2) 在 122 天(122/365＝0.334 2 年)后，债券持有者将收到 6 美元的利息(见图 4-3 和图 4-4)，其现值为

$$I = 6e^{-0.1 \times 0.334 2} = 5.803 (美元)$$

再运用式(4-6)，求出该债券 270(270/365＝0.739 7 年)天后的远期价格，即交割券

图 4-3 最便宜交割券的应计利息

图 4-4 持有债券期间收到的利息的现值

期货理论上的现金价格为

$$F = (121.978 - 5.803)e^{0.1 \times 0.7397} = 125.094(美元)$$

（3）考虑到在交割时会产生 148（=270-122）天的应计利息，再反向运用式（4-4）得交割券期货的理论报价为

$$F_{报价} = 125.094 - 6 \times \frac{148}{183} = 120.242(美元)$$

图 4-5 给出了交易日、交割日、付息日的关系示意。

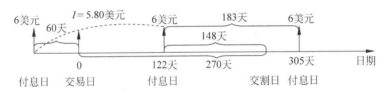

图 4-5 交易日、交割日、付息日关系示意

（4）求出标准券的期货报价为

$$\frac{120.242}{1.4} = 85.887 \text{ 或 } 85-28$$

上述过程如果采用无套利定价方法分析可能更便于理解，假设：

（1）空方通过回购协议融资 121.98 美元（$120 + 6 \times \frac{60}{182}$）用于购买交割券，并持有至交割日；

（2）在 122 天后，空方因持有交割券获得 6 美元利息，并将其投资 148（270-122）天；

（3）卖出一份期货合约。

则空方的成本为

$$\left(120 + 6 \times \frac{60}{182}\right)e^{0.1 \times \frac{270}{365}} - 6e^{0.1 \times \frac{148}{365}} = \left(120 + 6 \times \frac{60}{182} - 6e^{-0.1 \times \frac{122}{365}}\right)e^{0.1 \times \frac{270}{365}}$$

在交割日，空方通过期货交割所获得的现金收入为 $F \times 1.4 + 6 \times \frac{148}{183}$。

在均衡市场上，空方的上述操作过程不应该产生盈利或亏损，其支出和收入应该相

等,由此得

$$F=\frac{\left(120+6\times\frac{60}{182}-6e^{-0.1\times\frac{122}{365}}\right)e^{0.1\times\frac{270}{365}}-6\times\frac{148}{183}}{1.4}=85.887 \text{ 或 } 85\text{-}28$$

第三节 股指期货

1982年2月16日,美国堪萨斯城期货交易所正式推出第一个名为"价值线综合平均指数"的股票指数期货(简称股指期货)合约;1982年4月2日,芝加哥商业交易所(CME)推出标准普尔500指数期货合约;1982年5月6日,纽约期货交易所也推出了纽约证券交易所综合指数期货合约;1984年7月23日,芝加哥期货交易所(CBOT)推出了主要市场指数期货合约;随后,各个国家的交易所都相继推出了股指期货。股指期货是金融期货里出现最晚、交易技巧性最强的一种期货合约。股指期货流动性强、透明度高,同时具备价格发现、风险对冲、稳定市场等重要功能,因此自问世以来便取得了突飞猛进的发展。股指期货目前已成为全球交易量最大的期货品种。

一、股票价格指数

股票价格风险分为系统性风险(市场风险)和非系统性风险(个别股票的商业风险)。非系统性风险可以通过证券的多样化投资来分散,但多样化投资不能降低股市全面波动(系统性风险)的影响,于是股指期货便应运而生。例如,一个投资者根据最近的宏观经济走势和自己多年的研究经验判断未来几个月股市将会出现较大幅度的上涨,但是他很难把握哪些个股的涨势会更好。为了分散风险,他可以按照传统资产组合理论的方法购买包含许多股票的资产组合,但是构建这样一个组合需要花费较多的时间和精力。同样,一个战略投资者预计未来股票可能会下跌,但他既不想出售股票,又想规避股票下跌的风险。在这些情况下,他们可以通过买卖股指期货实现自己的投资目标。

1. 股票价格指数的编制原理

在股票市场上,不同的股票演绎着不同的涨跌行情。股票价格指数(简称股票指数)是运用统计学方法编制而成的反映和衡量股票市场总体价格或某类股价变动和走势的重要指标。

计算股票价格指数的基本原理是:选定过去的某一个时期为基期,然后把股票在各个时期的价格水平与基期的价格水平进行比较,以衡量股票价格的涨落。具体的做法是,以基期的价格水平作为100(或1 000,如伦敦金融时报100种股价指数),计算当天的股票价格指数:

$$当天股票价格指数=\frac{当天股票价格水平}{基期股票价格水平}\times 100$$

例如,标准普尔500指数是以1941—1943年为基期,用每种股票的价格乘以该股票已发行的数量的总和为分子,以基期的股价乘以股票发行数量的总和为分母相除后的百分数来表示。股价指数是以百分点(1%)为单位的数,因此股价指数的单位通常称为点。

尽管股票指数是以上市公司的股价或市值为基础,用数学方法计算得出的,但它们仅仅表达股价随时间而发生的相对变动,无法用来衡量市场的绝对水平。如果1993年4月19日标准普尔500种指数值为48.94点,金融时报100种指数同一日数值为2 830点,我们不能将这两个指数直接进行比较,然后说英国股票价值是美国股票价值的6倍。

2. 全球主要股票价格指数

目前,全球影响较大的具有一定代表性的股票指数包括道琼斯工业平均指数(DJIA)、标准普尔500指数(S&P500)、纽约证券交易所综合指数(NYSE Composite Index)、日经225股价指数(Nikkei225)、伦敦金融时报指数(FTSE)和恒生指数(HSI)等。

(1) 道琼斯股票价格指数是世界上历史最悠久、最著名的股票指数。它于1884年由道琼斯公司的创始人查理斯·道开始编制。道琼斯股票价格指数包括四组指数,我们通常所说的DJIA是指工业平均指数,它根据美国纽约证券交易所30种蓝筹股的价格平均编制而成,每种股票的权重对应其股票价格。另外三组道琼斯股价指数依次为:运输业平均指数,包括20家运输业公司,即8家铁路运输公司、8家航空公司和4家公路货运公司;公用事业平均指数,由美国公用事业的15家煤气公司和电力公司组成;综合指数,它综合了前三组所选用的65种股票。

DJIA的编制方法几经调整,现在采用除数修正法,即不采用基期的股票指数作除数,而是先根据成分股的变化情况计算出一个新除数,然后用新的股价平均除以新除数;DJIA对股票拆细、股票股利等进行除权处理,但对现金股利不除权。

(2) 标准普尔500指数是一个被广泛使用的指数。它由美国最大的证券研究机构——标准普尔公司于1923年开始编制,包含来自各个行业的500只股票,包括400只工业股、40只公共事业股、20只交通业股及40只金融股。在任何时候,股票的权重与该股票的总市值成正比。

另外,与道琼斯工业指数为等权的价格平均不同,标准普尔采用市值加权,即每家公司在指数计算中的权重与该公司的市值成正比。

(3) 纽约证券交易所综合指数由纽约证券交易所编制,与标准普尔500指数一样,编制时采用市值加权法,其成分股包括在纽约证交所进行交易的所有普通股股票,最初涵盖上市的1 500家公司的1 570种股票,首次发布于1966年6月。

该指数的具体计算方法是将这些股票先分行业,再按价格由高到低排列,分别计算工业股票、金融业股票、运输业股票、公用事业股票的价格指数。最初工业股票价格指数由1 093种股票组成,是最大、最广泛的行业指数;金融业股票价格指数由223种股票组成,涵盖了投资公司、储蓄贷款协会、分期付款融资公司、商业银行、保险公司和不动产公司;运输业股票价格指数由65种股票组成,包括铁路、航空、轮船、汽车等公司在内;公用事业股票价格指数则涵盖了电话电报公司、煤气公司、电力公司和邮电公司等的189种股票。目前,上市股票数已超过3 600只。该指数原先以1965年12月31日确定的50点为基数,但在2002年12月31日又以5 000点为基数重新计算。该指数编制时间虽不长,但由于其可以全面、及时地反映股票市场活动的综合状况，颇受投资者欢迎。

（4）日经225指数是受到最广泛关注并最经常被引用的日本股指数，它主要反映日本股票市场的价格变动。日经225指数是由日本经济新闻社模仿道琼斯指数的编制方法，从1950年9月开始编制的价格加权指数，包括在东京股票交易所第一市场上市的225家最高级的日本蓝筹公司。1975年5月1日，日本经济新闻社向道琼斯公司买进商标，1985年5月1日在合同期满10年时，经两家商议，将名称改为"日经指数"。

（5）伦敦金融时报指数由伦敦证券交易所编制、由英国《金融时报》公布。它包括FTSE 30、FTSE 100和FTSE 500三个指数，分别包含伦敦证券交易所的30只股票、100只股票和500只股票。股票市场最常用的FTSE 30指数是以1935年7月1日确定的100点为基数。而用于股指期货基础资产的FTSE 100则是以1984年1月3日的1 000点为基数。

（6）香港恒生指数由香港恒生银行于1969年11月24日开始编制并公布，主要用于反映香港证券市场的股价变化。恒生指数包含在香港证券交易所上市的33只股票，其中4只金融业股票、6只公用事业股票、9只房地产业股票和14只其他工商业（包括航空和酒店）股票。这些股票涉及我国香港的各个行业，占整个市场市值的70%左右。恒生指数也是以市值加权计算，以1984年1月13日的975.47点为基数。

（7）沪深300指数（CSI 300）是由沪深证券交易所于2005年4月8日联合发布的反映沪深300指数编制目标和运行状况的金融指标。沪深300指数以2004年12月31日为基日，以该日300只成分股的调整市值为基期，基期指数定为1 000点，报告期指数＝报告期成分股的调整市值/基日成分股的调整市值×1 000。沪深300指数以规模和流动性作为选样的两个根本标准，并赋予流动性更大的权重。采用自由流通量为权数，所谓自由流通量就是剔除不上市流通的股本之后的流通量。300指数各成分股的权重确定，共分为九级靠档，这样做考虑了我国股票市场结构的特殊性及未来可能的结构变动，同时也能避免股价指数非正常性的波动。沪深300指数每年调整2次样本股，并且在调整时采用缓冲区技术，这样既保证了样本定期调整的幅度，提高了样本股的稳定性，也增强了调整的可预期性和指数管理的透明度。

二、股指期货概述

1. 股指期货的定义

股指期货是指以股票价格指数作为标的资产的金融期货合约。在具体交易时，股指期货合约的价值是用指数的点数乘以事先规定的单位金额来计算的，如标准普尔500指数期货规定每点的合约乘数为50美元，英国富时100指数期货每点的合约乘数为10英镑，我国的香港恒生指数期货每点的合约乘数为50港元、沪深300指数期货每点的合约乘数为300元人民币。股指期货合约交易一般以3月、6月、9月、12月为循环月份，也有全年各月都进行交易的，通常以最后交易日的收盘指数为准进行结算。

表4-6是2021年1月5日中国金融期货交易所的沪深300股指期货合约内容。

表 4-6　沪深 300 股指期货交易合约内容

条 款 名 称	具 体 规 定
合约标的	沪深 300 指数
合约乘数	每点 300 元
报价单位	指数点
最小变动价位	0.2 点
合约月份	当月、下月及随后两个季月
交易时间	9:30—11:30,13:00—15:00
每日价格最大波动限制	上一个交易日结算价的±10%
最低交易保证金	合约价值的 8%
最后交易日	合约到期月份的第三个周五,遇国家法定假日顺延
交割日期	同最后交易日
交割方式	现金交割
交易代码	IF
上市交易所	中国金融期货交易所

资料来源:中国金融期货交易所,http://www.cffex.com.cn.

2. 股指期货合约的要素

股指期货合约是期货交易所统一制定的标准化协议,是股指期货交易的对象。一般而言,股指期货合约中主要包括下列要素:

(1) 合约标的资产。股指期货的标的资产是相应的股票指数,如沪深 300 指数等,并非实际存在的金融资产,而是一个假想的资产组合。

(2) 指数报价。股指期货在报价上是以指数点报价、竞价成交的。指数每变动一点对应期货价值变动的现金值称为合约乘数,即一个指数点的价值。股指期货的合约价值等于期货合约的指数期货价格乘以合约乘数。不同的股指期货对应不同的指数点价值。

(3) 合约乘数。在股指期货中,其指数值是货币化的,也就是说,期货的股票指数的每一个点代表一定的货币金额,这个固定的金额就是"合约乘数"。

(4) 合约价值。合约价值等于股指期货合约市场价格的指数点与合约乘数的乘积。例如,2020 年 12 月 16 日,12 月份沪深 300 股指期货的开盘价为 4 956.8 点,因此一份沪深 300 股指期货合约的价值等于 1 487 040(=300×4 956.8)元,报价点数不同,合约的面值就不同,所以股指期货的合约规模不是固定的,这是股指期货与其他期货合约的明显差别。

(5) 报价单位及最小变动价位。股指期货合约的报价单位为指数点,最小变动价位为该指数点的最小变化刻度。例如,沪深 300 指数期货合约的最小变动价位是 0.2 点,只有报 4 956.8 或 4 956.6 进行交易才有效,而 4 956.7 的报价是无效的。

(6) 合约月份。股指期货的合约月份是指股指期货合约到期结算所在的月份,不同国家和地区的股指期货合约月份不尽相同,某些国家股指期货的合约月份以3月、6月、9月、12月为循环月份。例如,标准普尔指数期货合约的合约月份为3月、6月、9月、12月,而沪深300指数期货的合约月份为当月、下月及最近的两个季月。例如,2021年2月沪深300指数合约期货的合约月份为2021年2月、3月、6月、9月。

(7) 价格限制。为了防止市场发生恐慌和投机狂热,以及限制单个交易日内太大的交易损失,一些交易所规定了单个交易日中合约价值最大的上升或下降极限,这就是涨跌停板。股指价格只能在涨跌停板的范围内交易,否则交易就会被暂停。例如,沪深300指数期货的每日价格最大波动限制为上一个交易日结算价的±10%。但是也并非所有交易所都采用涨跌停板的限制,如我国香港恒生指数期货交易、英国富时100指数期货交易都没有这种规定。而芝加哥商业交易所不但规定了每日价格最大的跌幅为20%(上涨没有限制),而且规定了在达到最大跌幅之前必须经历的一系列缓冲阶段及执行的程序,该程序称为断路器(circuit breaker)。

(8) 保证金。股指期货同其他期货一样,也是以保证金制度做交易基础的。交易者在购买或出售股指期货合约时,通常只需支付不超过交易合约价值10%的保证金,有的交易所只要求支付2%~3%的保证金。但交易所会根据市场情况调整保证金的比例,如受1987年股灾及其他事件的影响,交易所大幅提高了标准普尔指数期货的保证金水平。

(9) 交割方式。股指期货采用现金结算而不是通过实物交割来结清头寸。结算金额等于合约交割日的标的股票指数点数与期货价格点数的差值,再乘以合约乘数。股指期货合约多头的盈利为$(S_T - F_t) \times$合约乘数,其中,S_T为交割日的股票指数值(最后结算价),F_t为购买股指期货时的指数报价。到了交割日,所有的到期合约都按照最后结算价结算,然后注销该合约。采用现金结算交割的方式是股指期货交易的主要特点。

(10) 最后交易日和交割日。股指期货合约在交割日进行现金交割结算,最后交易日与交割日的具体安排,根据交易所的规定执行。

3. 股指期货交易的优点

股指期货市场是最接近有效市场假说的市场之一,股指期货对信息的反应速度比股票指数快,而且信息不对称的问题比股票市场小得多。实证表明,在一般市场条件下,标准普尔指数期货对信息的反应速度比标准普尔指数快10~15分钟。股指期货是20世纪80年代以来最重要的金融创新之一。现在全世界股指期货合约的交易量成千上万,这源于股指期货交易有如下好处:

(1) 相对于股票现货交易而言,股指期货的交易费用很低。

(2) 股指期货提供了很高的杠杆比率,与所有其他期货一样的保证金系统使投资者在无须投入大量资金的情况下可以完全参与市场的变动。

(3) 股指期货采用现金结算的方式,投资者不一定要持有股票才能进行股指期货的交易。

(4) 建立空头头寸容易得多,股票市场上融券的成本较高,期货市场可直接进行卖空操作。

(5) 适合想持有股票又需要规避股票下跌风险的套期保值者。卖出大量的股票会造成股票价格的进一步下跌,而通过期货市场进行风险管理,减少了股票现货市场价格下跌的风险。在一般情况下,股指期货的价格与理论值的偏差很小,标准普尔股指期货与其理论值的误差通常不超过 0.5%。从事大规模股票投资的市场参与者可以利用股指期货进行套期保值。

三、股指期货的定价

股指期货的一个明显特征是其标的资产并非实际存在的金融资产,而是一个假想的资产组合。假设市场无摩擦、无套利机会,并且股票不分红,则期货价格 F_t 为

$$F_t = S_t e^{r(T-t)}$$

其中,S_t 表示期货合约标的股票指数在 t 时刻的价格,r 表示市场无风险利率。

但股票一般都会分红,而且不同的股票分红的时间与数量都存在差异,这使指数期货的价格与股票指数之间的关系变得复杂。如果股票指数包含的成分股数量较多,而且各种成分股的分红事件在时间与数量上分布比较均匀,则可以合理地假设红利是完全均匀分布的。用 q 表示指数红利的连续复合收益率,则期货价格 F_t 为

$$F_t = S_t e^{(r-q)(T-t)}$$

实际上,计算指数的股票组合的红利收益率一年里每周都在变化。例如,纽约股票交易所的大部分股票是在每年 2 月、5 月、8 月和 11 月的第一周支付红利的。q 值应该代表合约有效期内的平均红利收益率,而用来估计 q 的红利应是那些除息日在期货合约有效期内的股票的红利。当然,如果分析者对于计算红利收益率不感兴趣,他可以估计指数中股票组合将要收到的红利总额及其时间分布。这时可将股票指数看作提供已知现金收入的资产,用 I_t 表示现金收入的现值,则期货价格 F_t 为

$$F_t = (S_t - I_t)e^{r(T-t)}$$

这个公式对日本、法国、德国的指数很有效,因为这些国家所有的股票都在相同的日子里支付红利。

【例 4-12】 2020 年 10 月 18 日,沪深 300 指数收盘价为 4 807.1,假定构成股票指数的股票提供 2% 的年红利收益率,连续复利的无风险利率为 3%,考虑一个 12 月到期(12 月 18 日)的沪深 300 指数期货合约(IF2012),该合约的理论价格应该为多少?

解:由已知条件可以得到 $S_t = 4\,807.1, r = 3\%, q = 2\%, T - t = 2/12$,因此 2020 年 10 月 18 日,IF2012 的期货价格为

$$F_t = S_t e^{(r-q)(T-t)} = 4\,807.1 e^{(3\%-2\%) \times 2/12} = 4\,815.13$$

上述定价公式描述的只是理论上的价格关系,其中蕴涵了市场无摩擦的关键假设。现实中的股票市场与股指期货市场当然存在种种摩擦,它们都可能导致现实偏离理论的结果。

四、指数套利

指数套利是指买进(或卖出)一揽子股票的同时卖出(或买进)一种股指期货,其目的是利用二者的价格偏差盈利。从理论上说,在不存在交易成本的情况下,如果 $F_t > S_t e^{(r-q)(T-t)}$ 成立,投资者可以通过购买股票指数中的成分股票,同时卖出相应的指数期货合约,期货到期后卖出股票、买入股指期货来获得无风险利润。相反,如果

$F_t < S_t e^{(r-q)(T-t)}$ 成立,投资者就可以通过卖空股票指数中的成分股票,同时买入股指期货合约来获得无风险利润。但由于卖空大量股票存在困难,实际上,当指数期货的价格相对于指数被低估时,进行指数套利的大多是那些已经持有指数投资组合的机构投资者或指数基金,因为它们无须卖空股票。

对于一些包含很多股票的指数而言,指数套利有时是通过交易数量相对较少的有代表性的股票进行的,这些有代表性的股票的变化与指数的变化较为接近。但无论怎样,指数套利常常需要对多种股票进行"打包"交易,因此往往需要借助计算机程序来自动完成交易指令,这种由计算机进行的打包交易就称为程序化交易。

【例 4-13】 假设标准普尔指数的点数为 1 000,该指数所含股票的红利收益率预计为每年 5%(连续复利),3 个月期标准普尔指数期货的市价为 950 点,3 个月期无风险连续复利年利率为 10%。请问有没有套利的机会? 如果有,如何进行套利?

在本例中,$F_t = 950$,$S_t = 1\ 000$,$r = 10\%$,$q = 5\%$,$T - t = 0.25$,显然 $F_t < S_t e^{(r-q)(T-t)}$,所以存在套利机会。投资者可以通过卖空成分股买入股指期货来套利,具体操作步骤为:

(1) 确定套利的金额(假定为 1 000 万美元);

(2) 按各成分股在指数中所占权重卖空成分股,总计金额为 1 000 万美元;

(3) 将卖空成分股所得款项 1 000 万美元按无风险利率贷出 3 个月;

(4) 买入 200 份 3 个月期标准普尔指数期货,其中合约乘数为每点 50 美元;

(5) 3 个月后收回贷款本金,并支付股票空头红利收益,其利息结余 1 000 $[e^{(10\%-5\%) \times 0.25} - 1] = 12.578\ 5$ 万美元;

(6) 3 个月后按市价买回成分股,进行现货平仓,假设此时指数现货点数为 S_T,则股票现货盈亏为 $1\ 000 - S_T$ 万美元;

(7) 3 个月后按指数现货点数 S_T 对期货头寸进行结算,则期货盈亏为 $(S_T - 950) \times 50 \times 200 = S_T - 950$ 万美元;

(8) 此次套利的总盈亏为 $12.578\ 5 + (1\ 000 - S_T) + (S_T - 950) = 62.578\ 5$ 万美元。

一方面,指数套利是利用股指期货的价格与股票指数的背离;另一方面,在股指期货的价格与股票指数出现背离的时候,指数套利是校正价格偏差、推动二者恢复均衡状态的重要力量。在大多数时间,指数套利的行为保证了定价公式 $F_t = S_t e^{(r-q)(T-t)}$ 的成立,但有时指数套利也是不可行的,期货价格会脱离其与即期价格的关系式。

【例 4-14】 1987 年 10 月 19 日"黑色星期一"给人们留下了深刻的印象。在这一天,市场下跌了 20%,6.04 亿美元的股票交易额轻易地打破了纪录,交易所的计算机系统超载运转。如果在这一天发出一个买入或卖出股票的指令,可能要等一两个小时才能完成交易。

在这一天,期货价格远低于标的股票指数的价格。在交易日结束时,标准普尔股指期货收盘价为 225.06 点,下跌了 57.88 点;12 月到期的标准普尔股指期货的收盘价为 201.5 点,下跌了 80.75 点。其主要原因在于交易的延迟,而使指数套利变得不可能。第二天即 1987 年 10 月 20 日,纽约股票交易所暂时停止了程序化交易,这使指数套利变得更加困难,传统意义上股票指数价格与期货价格的关系被打破。在那一天的某时刻,12

月交割的期货价格比标准普尔股指的价格低18%。但是,在几天以后市场恢复了正常,套利者的行为保证了期货价格与即期价格之间的关系式成立。

第四节 期货的交易策略

期货交易者参与交易的目的主要是保值或获利。因此,期货交易的主要策略有套期保值、投机、套利策略。

一、基于期货合约的套期保值策略

期货套期保值者是指由于在现货市场上有一定的风险暴露,因此运用期货合约的相反头寸对冲现货市场上已有风险的投资者。无论投资者是现在持有现货,还是未来某一个时间要购买现货,现货价格的变化都会给投资者带来一定的风险,因此投资者在现货市场某一笔交易的基础上,在期货市场上做一笔与现货市场头寸价格变动方向相反的交易,只要现货价格与期货价格同涨同跌,现货和期货的盈亏都可以相互抵消,从而消除投资者所承担的风险。由此可以看出,套期保值者把期货市场当作转移价格风险的场所,通过买卖期货合约,转移了现货市场上可能面临的风险。

1. **期货套期保值的基本原理**

套期保值者能够利用期货交易对现货进行套期保值是基于以下两个基本原理:

(1) 同一品种的商品,其期货价格与现货价格受到相同经济因素的影响和制约,虽然波动幅度会有不同,但价格的变动方向和趋势具有一致性。

(2) 随着期货合约到期日的临近,期货价格和标的资产的现货价格逐渐聚合。在到期日,基差(现货价格减去期货价格的差)接近零,两个价格大致相等。

基于这两个基本原理,在某段时间内,同一品种的现货价格和期货价格走势一致,一旦保值者在期货市场上建立了与现货市场相反的头寸,则无论市场价格朝哪个方向变动,均可避免风险,实现保值。不过,在套期保值中,保值者一般只能做到保值,而不能获利,因为保值者在一个市场上获得的利润将被另一个市场上的损失所抵消。

期货套期保值可以分为多头套期保值(long hedge)、空头套期保值(short hedge)和交叉套期保值(cross hedge)。

(1) 多头(买入)套期保值是指通过在期货市场上的多头(买入期货)对现货市场进行套期保值。买入套期保值通常适用于:投资者准备在将来某一时刻购买商品却担心商品涨价,或者某投资者在现货资产上做空头时,可用多头套期保值策略进行风险管理。

(2) 空头(卖出)套期保值是通过期货市场上的空头(卖出期货)对现货市场进行套期保值。卖出套期保值一般适用于持有商品的交易者担心商品价格下跌的情况。例如,一家公司决定在未来某一时刻贷款,如果利率在贷款之前上涨,贷款成本就增加了;或是公司发行浮动利率债券,由于利率是阶段性重新确定的,实际上公司是以不确定的利率签订了一系列贷款合同,面对这样的风险,公司可以卖出利率期货。如果利率上涨,期货价格下降,期货平仓将产生利润,这一利润会抵消由于利率上涨所造成的贷款损失。

(3) 交叉套期保值是指将期货合约用于不可交割资产的套期保值。在实际中,许多情况都是交叉套期保值,如在甲地的小麦持有者可能拥有可交割的小麦期货,但由于运输到交割地点的成本高昂使其成为不可交割期货合约。这就意味着在甲地和乙地的小麦价格不收敛,而且由于两个市场不确定的需求状况导致甲、乙两地小麦价格差也可能不确定。这就需要使用交叉套期。如下的几个案例都属于交叉套期:使用黄金期货对白金头寸进行套期保值;使用股指期货对单只股票或股票组合进行套期保值;使用国债期货对公司债进行套期保值;使用甲地小麦期货对储存在乙地的小麦进行套期保值。如果套期保值的资产不可交割,现货价格与期货价格在期货合约到期时不一定收敛,那么商品的价格风险就不能彻底消除,这时就要注意相关头寸价格变化的比例关系。如果在某种程度上这种关联是稳定的,就可以调整套期保值的规模,提供更好的交叉套期保值。

无论是哪种类型的套期保值,其基本操作可分为以下两步:①交易者根据现货交易情况,通过买进或卖出期货合约建立第一个期货头寸;②在期货合约到期前,通过建立另一个相反的头寸将先前的合约平仓。

【例 4-15】 假定美国的一个出口商 3 月 1 日向瑞士出口一批货物,总价值为 100 万瑞士法郎,双方商定以瑞士法郎结算,3 个月后收回货款。当时的现汇汇率为 1 瑞士法郎 = 0.865 6 美元,为了避免瑞士法郎贬值的风险,该出口商在期货市场上卖出 8 份 6 月到期的瑞士法郎期货合约,期货价格为 1 瑞士法郎 = 0.863 6 美元,每份合约的交易单是 125 000 瑞士法郎。3 个月后瑞士法郎与美元之间的汇率变化可能会出现下面两种情况:

(1) 3 个月后瑞士法郎汇率果然下跌为 1 瑞士法郎 = 0.858 6 美元,此时瑞士法郎 6 个月期的期货价格为 1 瑞士法郎 = 0.857 6 美元,该出口商交易过程的收益损失状况如表 4-7 所示。

表 4-7 卖出套期保值交易的损益比较(瑞士法郎下降时)

时 间	现 货 市 场	期 货 市 场
3月1日	卖出货物总价值 100 万瑞士法郎 现汇汇率 CHF/USD=0.865 6 货物总价值=100×0.865 6=86.56 万美元	卖出 8 份 6 月期的瑞士法郎期货合约 期货价格 CHF/USD=0.863 6 总价值=8×12.5×0.863 6=86.36 万美元
6月1日	收到货款总价值 100 万瑞士法郎 现汇汇率 CHF/USD=0.858 6 货物总价值=100×0.858 6=85.86 万美元	买入 8 份 6 月期的瑞士法郎期货合约 期货价格 CHF/USD=0.857 6 总价值=8×12.5×0.857 6=85.76 万美元
盈亏	亏损 0.7 万美元	盈利 0.6 万美元

该出口商的净损失(不含委托手续费)为 0.7-0.6=0.1(万美元)。

美国出口商通过套期保值的方式,使其总损失降低为 0.1 万美元。期货市场的盈利弥补了现货市场大部分的损失,达到了套期保值的目的。

(2) 相反,如果 3 个月后瑞士法郎汇率不降反升,此时现汇汇率为 1 瑞士法郎 = 0.869 6 美元,而 6 个月期的期货价格为 1 瑞士法郎 = 0.866 6 美元,则该出口商交易过程的收益损失状况如表 4-8 所示。

表 4-8 卖出套期保值交易的损益比较(瑞士法郎上升时)

时间	现货市场	期货市场
3月1日	卖出货物总价值 100 万瑞士法郎 现汇汇率 CHF/USD=0.865 6 货物总价值=100×0.865 6=86.56 万美元	卖出 8 份 6 月期的瑞士法郎期货合约 期货价格 CHF/USD=0.863 6 总价值=8×12.5×0.863 6=86.36 万美元
6月1日	收到货款总价值 100 万瑞士法郎 现汇汇率 CHF/USD=0.869 6 货物总价值=100×0.869 6=86.96 万美元	买入 8 份 6 月期的瑞士法郎期货合约 期货价格 CHF/USD=0.866 6 总价值=8×12.5×0.866 6=86.66 万美元
盈亏	盈利 0.4 万美元	亏损 0.3 万美元

该出口商的净盈利(不含委托手续费)为 0.4−0.3=0.1(万美元)。

美国出口商通过套期保值的方式,使其总盈利降低了 0.3 万美元。期货市场的亏损抵消了现货市场大部分的盈利,但同样也达到了套期保值的目的。

从上面的分析中可以看出,套期保值虽然可以规避汇率波动的风险,但同时也可能由于汇率反方向的变化而抵消保值者现货市场潜在的收益。

可见,套期保值只是通过减少风险使最终结果更加确定,但并不能完全消除风险。有不少的套期保值是会有损失的,换句话说,套期保值的效果并不都是 100% 的,其原因是多方面的,主要包括:①需要避险的资产与避险工具的标的资产不完全一致;②套期保值者可能并不能确切地知道未来拟出售或购买资产的时间;③需要避险的期限与避险工具的期限不一致。

在这些情况下,我们就必须考虑期货合约的基差风险、合约的选择、套期保值比率、久期等问题。

2. 基差风险

基差(basis)是指同一时刻,需要进行套期保值的现货价格与用以进行套期保值的期货价格之差,即:基差=现货价格−期货价格。

同一品种的期货价格与现货价格受相同因素的影响和制约,虽然波动幅度会有不同,但其价格的变动趋势和方向有一致性;随着期货合约到期日的临近,期货价格与现货价格逐渐聚合,在到期日,基差接近零,两个价格大致相等,如图 4-6 所示。在期货合约有效期间,如果标的资产没有收益、已知现金收益较小或者已知收益率低于无风险利率,则期货价格应高于现货价格。因为若期货价格低于现货价格,套利者就可以通过卖空现货以所得金额去投资获取利息,同时买进期货合约的方式获利。这种情况下,基差的变化如图 4-6(a)所示。在期货合约有效期内,如果标的资产的已知现金收益较大,或者已知收益率高于无风险利率,期货价格应低于现货价格。因为若期货价格高于现货价格,套利者就可以通过卖空期货合约,同时买进现货的方式获利。这种情况下,基差的变化如图 4-6(b)所示。

基差的大小会随着期货价格和现货价格变动幅度的差距而变化,当现货价格的增长超过期货价格的增长时,基差会随之增加,称为基差增大。当期货价格的增长超过现货价格增长时,则称为基差减少。我们把这种基差变化称为基差风险。很显然,基差风险越大,则利用期货进行套期保值的效果越差。但随着期货合约日益临近交割日,期货价格与

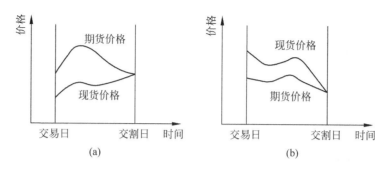

图 4-6 基差随时间变化示意

现货(标的资产)价格的差距逐渐减小,在期货合约到期日,基差为零。这种现象称为期货价格收敛于标的资产的现货价格。

事实上,套期保值的本质都是利用期货的价差来弥补现货的价差。在不对现货做套期保值时,投资者面对并承担现货市场价格的波动;而运用期货对现货进行套期保值时,投资者面对并承担的是两市场间基差的波动。而两市场间基差的波动往往会小于现货市场价差的波动,这样就可以利用期货降低风险,即以基差风险取代现货市场价差风险。

因为期货标的资产的品种是有限的,而需要保值的现货品种丰富多样,因此套期保值的现货与期货标的资产并非总是相同的。套期保值后,投资者所承担的是与基差相关的不确定性,这被称为基差风险。为了进一步讨论套期保值的基差风险,我们做如下假设:

t_1——进行套期保值的时刻;

S_1——t_1 时刻拟保值资产的现货价格;

S_1^*——t_1 时刻期货标的资产的现货价格;

F_1——t_1 时刻期货价格;

t_2——套期保值期限结束时刻;

S_2——t_2 时刻拟保值资产的现货价格;

S_2^*——t_2 时刻期货标的资产的现货价格;

F_2——t_2 时刻期货价格。

则

t_1 时刻的基差为:$b_1 = S_1 - F_1$;

t_2 时刻的基差为:$b_2 = S_2 - F_2$。

对于空头套期保值来说,套期保值者在 t_1 时刻拥有现货资产,并将于 t_2 时刻出售资产,于是在 t_1 时刻卖出期货合约(价格为 F_1),并于 t_2 时刻买入期货合约(价格为 F_2)进行平仓,同时出售资产(价格为 S_2),因此该套期保值者出售资产获得的有效价格 S 为

$$S = S_2 + F_1 - F_2 = F_1 + b_2 = F_1 + (S_2^* - F_2) + (S_2 - S_2^*) \tag{4-8}$$

$S_2^* - F_2$ 和 $S_2 - S_2^*$ 分别代表基差的两个组成部分。当打算进行套期保值的资产与期货合约中的标的资产一致时,$S_2 - S_2^* = 0$,相应的基差为 $S_2^* - F_2$。而当两个资产不同时,式(4-8)中的 $S_2 - S_2^*$ 项就是由于两个资产不一致而产生的基差。

基差可能为正值也可能为负值,所以基差风险可以使套期保值的效果变得更好或更

差。考虑一个空头套期保值,如果基差意想不到地扩大,则套期保值的效果就会得到改善;相反,如果基差意想不到地缩小,则套期保值的效果就会恶化。对于多头套期保值来说,情况则相反:如果基差意想不到地扩大,则套期保值的效果会恶化;而当基差意想不到地缩小时,套期保值的效果就会改善。

3. 合约的选择

影响基差风险的一个关键因素是套期保值所选用的期货合约。期货合约的选择包括两个方面:一是选择合约的标的资产;二是选择合约的交割月份。

如果打算保值的资产正好是期货合约的标的资产,以上第一项选择是非常容易的,在其他情况下,套期保值者必须仔细分析才能确定一个合适的期货合约。期货价格与标的资产现货价格的相关性越高,基差风险就越小。因此,选择期货合约的标准是使期货价格与打算保值的资产价格的相关性最高。

在选择合约的交割月份时,要考虑是否打算进行实物交割。如果打算进行实物交割,则通常应尽量选择与套期保值到期日相一致的交割月份,这时 $S_2^* - F_2$ 将等于零,从而使基差风险最小。如果不打算进行实物交割或实物交割不方便甚至不可行,最好的方法是选择比所需的套期保值月份略晚但最接近的期货品种。原因有二:一是当套期保值的到期日与交割月份之间的差距增加时,基差风险增加,因此应选择最接近套期保值到期的那个交割月份;二是期货合约可以用提前平仓的方式来方便地结清头寸。如果期货合约到期日早于现货需要保值的日期,投资者将面临交割的风险,同时期货合约到期后的一段时间,现货价格仍面临价格剧烈变化带来的风险。因此,为了避免期货到期、现货尚未到期的现象,期货合约的交割月份要在套期保值到期之后。实际上,到期期限短的期货合约的流动性最强,因此在有些情况下,保值者可能倾向于使用到期期限短的合约,同时不断将合约向前进行展期,这就是后面要介绍的滚动式套期保值策略。

【例 4-16】 假定今天是 3 月 1 日,某家美国公司预期在 7 月底收到 5 000 万日元。芝加哥商业交易所交易的日元期货的交割月份分别为 3 月、6 月、9 月和 12 月。每一合约交割的金额为 1 250 万日元。该公司应该如何对这笔日元收入进行套期保值?若在 3 月 1 日,9 月到期的期货价格为 0.78 美分/日元,7 月底该公司收到日元时,现货价格为 0.72 美分/日元,9 月到期的期货价格为 0.725 美分/日元,该公司在 7 月底的收入为多少美元?

解:该公司应该在 3 月 1 日卖出 4 份 9 月到期的日元期货合约,再在 7 月底买入 4 份 9 月到期的日元期货合约进行平仓,同时卖出 5 000 万日元。

公司平仓时基差为 -0.005,因此公司收到的有效价格为

$$S = S_2 + F_1 - F_2 = 0.72 + 0.78 - 0.725 = 0.775(美分/日元)$$

或

$$S = F_1 + b_2 = 0.78 - 0.005 = 0.775(美分/日元)$$

公司总计收到 $5\,000 \times 0.775 \times 0.01 = 38.75$(万美元)。

【例 4-17】 假定今天是 6 月 8 日,某公司得知在 10 月或 11 月的某时刻将购买 20 000 桶原油。在纽约商品交易所交易的原油期货合约每一个月都有交割,每张合约的规模为 1 000 桶。公司决定使用 12 月到期的期货合约进行套期保值,因而买入 20 张 12 月到期的期

货合约。

6月8日该期货报价:68美元/桶,公司买入20张12月到期的原油期货合约。

11月10日市场行情:现货价格为70美元/桶,期货价格为69.1美元/桶。

公司卖出期货合约平仓,此时,期货盈利=69.1-68=1.1美元/桶,公司最终支付的有效价格为最后现货价格减去期货上的盈利,即

$$S = S_2 + F_1 - F_2 = 70 - 1.1 = 68.9(美元/桶)$$

也可以由最初期货价格加上最后的基差0.9(=70-69.1)美元来计算:

$$S = F_1 + b_2 = 68 + 0.9 = 68.9(美元/桶)$$

所支付的总价格为68.9×20 000=1 378 000美元。

4. 最佳套期保值比率的确定

确定了用何种期货合约作为套期保值工具后,还必须确定套期保值所需的期货合约的规模,即用多少份这样的合约才能达到预期的套期保值目的,这就是最佳套期保值比率的确定问题。套期保值比率是指保值者持有期货合约的头寸大小与需要保值的标的资产大小之间的比率,实际上就是每一单位现货头寸需要保值者所建立的期货合约单位。在传统的套期保值交易中,交易者为了减少在现货市场上的价格风险,就在期货市场上拥有与现货市场方向相反、数量相等的交易头寸,套期保值比率是1,如例4-16与例4-17所示。现代的投资理念则是从组合投资的角度来理解套期保值,认为套期保值者在现货与期货两个市场拥有的两个头寸形成一个投资组合,其目标是在风险一定的条件下,追求投资收益的最大化,或在收益一定的条件下,追求风险的最小化。使投资组合的风险最小或盈利最大的套期保值比率就是最佳套期保值比率,它可能大于、小于或等于1。最佳套期保值比率的确定方法主要有最小方差法、最小二乘法和历史数据估值法等。

下面用最小方差法来估计套期保值比率,从而说明要达到套期保值者的价格风险最小化的目的,套期保值比率为1并非最佳选择。

假定 S_1、S_2 分别表示 t_1、t_2 时刻拟保值资产的现货价格,F_1、F_2 分别表示 t_1、t_2 时刻期货价格,h 表示套期保值比率,$\Delta S = S_2 - S_1$,$\Delta F = F_2 - F_1$。由于 S_2、F_2 的不确定,可以将 ΔS、ΔF 看作随机变量,设 σ_S 代表 ΔS 的标准差,σ_F 代表 ΔF 的标准差。

对于空头套期保值者来说,在 t_1 时刻持有现货多头和期货空头,在 t_2 时刻出售现货资产的同时进行期货平仓,则该套期保值期内组合价值的变化 ΔV 为

$$\Delta V = S_2 - S_1 + h(F_1 - F_2) = \Delta S - h\Delta F$$

从而 ΔV 也可看作随机变量。设 σ_P 代表套期保值组合价值的标准差,ρ 代表期货价格变动与现货价格变动的相关系数,则套期保值组合价值变化的方差为

$$\sigma_P^2 = \sigma_S^2 + h^2\sigma_F^2 - 2h\rho\sigma_S\sigma_F \tag{4-9}$$

其中,σ_S、σ_F、ρ 均为常数,因此 σ_P^2 是 h 的函数。最佳的套期比率必须使 σ_P^2 最小化。为此 σ_P^2 关于 h 的一阶导数必须等于零,二阶导数必须大于零。由式(4-9),得

$$\frac{d\sigma_P^2}{dh} = 2h\sigma_F^2 - 2\rho\sigma_S\sigma_F$$

$$\frac{d^2(\sigma_P^2)}{dh} = 2\sigma_F^2 > 0$$

令 $\dfrac{d\sigma_P^2}{dh} = 0$，可以得到使套期保值组合风险最小的最小方差套期比率为

$$h^* = \rho \dfrac{\sigma_S}{\sigma_F} \tag{4-10}$$

将 h^* 代入式(4-9)，得最小标准差为

$$\sigma_P^* = \sqrt{(1-\rho^2)\sigma_S^2} \tag{4-11}$$

从而可知，最佳套期保值比率 h^* 等于 ΔS 与 ΔF 之间的相关系数 ρ 乘以 ΔS 的标准差与 ΔF 的标准差的比率。

如果 $\rho=1,\sigma_S=\sigma_F$，则期货价格完全反映了现货价格，最佳套期保值比率 h^* 为 1；如果 $\rho=1,\sigma_S=0.5\sigma_F$，则此时期货价格的变化幅度是现货价格变化幅度的 2 倍，最佳套期保值比率 h^* 为 0.5，这样的结果正是我们所预期的。实践中，如果能通过历史数据估计出 ρ、σ_F 和 σ_S，则可求出基于历史数据的最佳套期保值比率 h^*。如果 $\rho>0$，则 $h^*>0$，它表明投资者在期货市场持有的头寸方向与现货市场相反，否则相同。一般情况下，由于 S、F 变化方向基本一致，$h^*>0$。

有了最佳套期保值比率，我们就可以计算出套期保值所采用的最优合约数量。设 Q_S 表示需要保值的标的资产大小、Q_F 表示期货合约的规模、N^* 表示用于套期保值的最优合约数量，则应采用的期货合约的面值为 $h^* Q_S$，所需的期货合约数量为

$$N^* = \dfrac{h^* Q_S}{Q_F} \tag{4-12}$$

【例 4-18】 假设某公司将在 3 个月后购买 200 万加仑的燃料油，一张燃料油期货合约是 42 000 加仑。利用历史数据可知，在 3 个月内每加仑燃料油的价格变化的标准差为 0.032；公司选择通过购买燃料油期货合约的方法进行套期保值。在 3 个月内燃料油期货价格变化的标准差为 0.04，且 3 个月内燃料油价格的变化与 3 个月内燃料油期货价格变化之间的相关系数为 0.8。最佳套期保值比率为多少？该公司需要购买多少张 3 个月的期货合约？

解：应用式(4-10)，得到最佳套期保值比率为

$$h^* = \rho \dfrac{\sigma_S}{\sigma_F} = 0.8 \times \dfrac{0.032}{0.04} = 0.64$$

因此，应用式(4-12)，公司应购买

$$N^* = \dfrac{h^* Q_S}{Q_F} = 0.64 \times \dfrac{2\,000\,000}{42\,000} = 30.4(张合约)$$

省略小数，需要 30 张期货合约。

5. 滚动的套期保值

由于期货合约的有效期通常不超过 1 年，而需要套期保值的期限有时又长于 1 年，这时就出现套期保值的到期时间超过市场上所有可得的期货合约到期时间的情形。在这种情况下，必须采取滚动的套期保值策略，即建立一个期货头寸，待这个期货合约到期前将其平仓，再建立另一个到期日较晚的期货头寸直至套期保值期限届满。由于需要通过几次平仓才能实现最终的套期保值目的，所以我们将面临几个基差风险。

【例 4-19】 2017 年 11 月，美国某公司借入 1.5 年期、到期本息为 1 000 万英镑的债

务。为避免英镑升值的风险,该公司决定以1.0的套期保值比率用IMM的英镑期货滚动保值。尽管英镑期货的到期月份分别为3月、6月、9月和12月,但公司认为6月份的合约就正好能满足公司的需要。由于IMM每份英镑期货合约的价值为62 500英镑,因此该公司买进160份(=10 000 000/62 500)2018年6月到期的英镑期货,具体操作如下:

2018年5月行情:2018年6月到期的期货价格为1.655美元/英镑,卖出平仓;2018年12月到期的期货价格为1.657美元/英镑,买入建仓。

2018年11月行情:2018年12月到期的期货价格为1.66美元/英镑,卖出平仓;2019年6月到期的期货价格为1.663美元/英镑,买入建仓。

2019年5月行情:2019年6月到期的期货价格为1.665美元/英镑,卖出平仓;现货价格为1.665 5美元/英镑,买入1 000万英镑。

该公司买进英镑的有效价格为1.665 5+(1.65−1.655)+(1.657−1.66)+(1.663−1.665)=1.655 5(美元)。

由于影响基差风险的因素很多,特别是当套期保值工具与保值的资产不完全相关时,滚动的套期保值策略所面临的多个基差风险可能导致套期保值效果很差。

6. 基于久期的套期保值策略

资产的利率风险可以用资产价值对利率变动的敏感性来描述,只要资产价值 P 是利率 r 的函数,资产价值的利率风险就可以用泰勒展开表示如下:

$$dP = \frac{dP}{dr}(dr) + \frac{1}{2!}\frac{d^2P}{dr^2}(dr)^2 + \cdots + \frac{1}{n!}\frac{d^nP}{dr^n}(dr)^n + \cdots$$

久期(duration)是利率敏感性资产价值变动的百分比对利率变动的一阶敏感性,公式为

$$D = -\frac{\frac{dP}{P}}{dr}$$

很多衍生产品刚签约时的合约价值为0,无法计算合约的久期,只能计算合约的货币久期。货币久期(dollar duration)是利率变动引起的价值变动绝对金额,其定义为

$$D \cdot P = -\frac{dP}{dr}$$

麦考利久期(又称持续期)是1938年由麦考利(F. R. Macaulay)提出的,用来衡量债券价格对利率变化的敏感程度的指标。假设债券的持有者在 t 时刻收到的利息为 c_t,债券的价格 P 和连续计算复利的收益率 r 的关系为

$$P = \sum_{t=1}^{n} c_t e^{-rt} \tag{4-13}$$

则债券久期 D 的定义为

$$D = \sum_{t=1}^{n} t[c_t e^{-rt}/P]$$

因此,久期是付款时间的加权平均值,对应 t 时刻的权重为 t 时刻所有支付的现值占债券总现值的比率,权重之和等于1。当考虑收益率有微小变化时,由式(4-13)两边关于 r 求导得

$$\frac{\partial P}{\partial r} = -PD \approx \frac{\Delta P}{\Delta r}$$

即

$$\Delta P \approx -PD\Delta r \tag{4-14}$$

因此,当市场利率变动时,债券价格的变动幅度取决于该债券的久期。采取同样的分析可知,利率期货价格的变动幅度也取决于利率期货标的债券的久期。这样,我们即可根据保值债券与标的债券的久期来计算套期保值比率。

令 P 和 D_P 分别表示需保值资产的价格和久期,F 表示利率期货的价格,D_F 表示期货合约标的债券的久期。根据式(4-14),当收益率曲线只发生平行移动,且收益率 r 是连续复利率时,有

$$\Delta P \approx -PD_P\Delta r$$

通过合理的近似,我们还可得到

$$\Delta F \approx -FD_F\Delta r$$

因此,为了对冲收益率变动对保值债券价值的影响,所需要的期货合约数为

$$N = \frac{PD_P}{FD_F} \tag{4-15}$$

这就是基于久期的套期保值比率。

【例 4-20】 2019 年 8 月 2 日,某基金管理者将 1 000 万美元投资到政府债券中,他预计在接下来的 3 个月内利率的变动将十分剧烈。他决定运用 12 月份的长期国债期货合约对投资组合进行套期保值。期货的当前报价为 93-02 即 93.062 5。由于每一合约要交割面值为 10 万美元的债券,因此期货合约的价格为 93 062.5 美元。

接下来的 3 个月内,债券组合的平均久期为 6.8 年。在长期国债期货合约中交割最便宜的债券是 20 年期年息票率为 12% 的债券。该种债券的年收益率为 8.8%,期货合约到期时,该债券的久期为 9.2 年。该基金经理可以如何应用长期国债期货对手中的债券组合进行套期保值?

解:为了对债券组合进行套期保值,该基金管理者需要在长期国债期货上持有空头。如果利率上升,期货空头将会盈利,而债券组合将会发生损失。如果利率下降,期货空头将发生损失,而债券组合会有盈利。根据式(4-15),我们可以计算出应卖空的期货合约数:

$$N = \frac{PD_P}{FD_F} = \frac{10\ 000\ 000}{93\ 062.5} \times \frac{6.8}{9.2} = 79.42$$

近似到整数位,基金管理者应卖空 79 张合约。

应该注意的是,基于久期的套期保值策略并不完美,存在较多的局限性。首先,久期作为债券或债券组合对收益率变化的敏感度的一个测度,存在如下问题:

(1) 久期假设利率的期限结构是水平的,但利率往往是非线性变化的。

(2) 只有所有债券的收益率变化幅度相同或期限结构只作平行移动,债券组合的久期才是价格敏感度的良好测度,其中债券组合的久期定义为组合内单个债券久期的加权值,权重为单个债券的价格占组合价格的百分比。

(3) 久期仅能精确地估计债券或债券组合对微小收益率变化的敏感度。

(4) 对于现金流对利率敏感的债券而言,久期是不恰当的,因为久期假设现金流不会随着收益率的变化而变化。在这种情况下,一个更恰当的测度是有效久期。

其次,久期只刻画了债券的价值对利率变化的敏感度的一阶量,因此只有在利率发生微小变动的情况下才有效。当利率发生较大变化时,就要考虑二阶敏感性的度量,这就是凸性的概念。凸性是对债券价格曲线弯曲程度的一种度量,凸性越大,债券价格曲线弯曲程度越大,用久期度量债券的利率风险所产生的误差也就越大。因此,在实际运用时要注意这些局限性。

7. 股票或股票组合的套期保值

股票或股票组合的套期保值是应用股指期货对股票或股票组合的价格变动带来的风险进行管理的方式。股指期货的标的资产是股票指数,因此在运用股指期货进行套期保值时,管理的是股票市场的系统性风险。因为管理的现货资产和股指期货的标的资产并不相同,股指期货的套期保值属于交叉套期保值。

如果投资者预期在将来特定时刻投资股票,但担心实际购买股票时大盘整体上扬会使将来的买入成本比现在更高,则可通过预先进入股指期货多头的方式消除系统性风险;如果投资者看好手中所持有的股票不愿轻易卖出,同时又担心大盘下跌给自己带来损失,则可以通过股指期货空头对冲系统性风险。此外,预备发行股票但担心大盘下跌的筹资者也可以通过股指期货空头消除系统性风险。

(1) 股票组合的套期保值。运用股指期货可以对一个高度分散化的股票组合进行套期保值。由资本资产定价模型可知,股票组合的收益与市场收益之间的关系由参数 β 来描述,它是组合超过无风险利率的超额收益对股票市场超过无风险利率的超额收益进行回归所产生的最佳拟合直线的斜率。当 $\beta=1$ 时,组合收益往往模拟了市场收益;当 $\beta=2$ 时,组合超过无风险利率的收益等于股票市场超过无风险收益的 2 倍;当 $\beta=0.5$ 时,组合超过无风险利率的收益等于股票市场超过无风险收益的一半,依此类推。

利用股指期货进行套期保值的核心是对套期保值比率的评估和确定,常用资本资产定价模型中的参数 β 来决定适当的套期保值比率,最终决定期货合约的数量。我们知道,一个 β 值等于 2 的组合对市场的敏感度是一个 β 值等于 1 的组合对市场敏感度的 2 倍。因此,为了对冲这一组合,我们将需要 2 倍数量的合约。类似地,一个 β 值等于 0.5 的组合对市场的敏感度是一个 β 值等于 1 的组合对于市场敏感度的 1/2,因此我们只需要 1/2 数量的合约就能对冲风险。一般来讲,$h^*=\beta$,因此由式(4-10)得

$$N^* = \beta \frac{P}{F} \tag{4-16}$$

其中,P 表示股票组合的当前市场价值,F 表示股指期货的当前市场价值。

当然,式(4-16)的成立还要假定期货合约的到期日与需要保值的到期日较为接近,并且忽略了期货合约逐日结算的性质。

【例 4-21】 假设某投资经理管理着一个总价值 540 万美元的多样化股票投资组合并长期看好该组合,该组合相对于标准普尔 500 指数的 β 系数为 1.5。2020 年 8 月 20 日,该投资经理认为短期内大盘有下跌的风险,可能会使投资组合遭受损失,于是利用标准普尔 500 股指期货空头进行套期保值。如果卖出一定量的股指期货,即使大盘带动投资组

合价值下跌，期货市场的盈利也可冲抵现货市场上的亏损，从而达到规避总体头寸系统风险的目的。

假定用 2020 年 12 月到期的标准普尔 500 股指期货为该投资组合在 2020 年 11 月 20 日的价值变动进行套期保值，那么卖出多少张股指期货才合适呢？2020 年 8 月 20 日该投资经理进入期货市场时，2020 年 12 月到期的标准普尔 500 股指期货结算价为 3 600 点。一张期货合约当时的市场价值为 180 000(＝3 600×50)美元。由式(4-16)得出，为了对冲该投资组合的系统风险需要卖出的期货合约数量为

$$N^* = 1.5 \times \frac{5\ 400\ 000}{180\ 000} = 45(份)$$

股票现货组合与股指期货组合在一起，可形成新的资产组合，通过改变资产组合的 β 系数来调整资产组合的风险裸露度并获取利润。在这种情况下，投资者可以用期货合约调整所持资产组合的系统性风险使其具有新的 β 值，当新 $\beta=0$ 时，就是完全的套期保值，投资者可以根据需要，形成任意大小的 β，构成任意风险/收益的新组合，既可以在趋势不明时形成低风险的头寸，也可以在趋势明朗时形成高风险、高收益的头寸。

设股票组合的原 β 系数为 β，目标 β 系数为 β^*，则套期保值比率就应该为 $\beta^*-\beta$，需要交易的股指期货份数为

$$N^* = (\beta^* - \beta)\frac{P}{F}$$

在例 4-21 中，要将组合的 β 值从 1.5 减少到 0，需要 45 张股指期货；要将 β 降到 1，则只需要卖出 45 张合约的 1/3，即约 15 张即可。一般来说，要将投资组合的 β 值从 β 变到 β^*，当 $\beta>\beta^*$ 时，应卖出 $(\beta^*-\beta)\frac{P}{F}$ 张合约；当 $\beta<\beta^*$ 时，应买入 $(\beta^*-\beta)\frac{P}{F}$ 张合约。

【例 4-22】 投资者在 2021 年 1 月 8 日持有 1 000 万元上证 50ETF 的市值，$\beta=0.95$，IH2102 期货合约的价格为 3 788 点，每点 300 元。如果市场未来一个月下跌风险很大，投资者可调整目标 $\beta^*=0$，则需卖出 8(＝0.95×10 000 000/(3 788×300))手股指期货合约来规避风险。如果市场发生变化，出现重大利好，为提高收益率，可调整目标 $\beta^*=2$，则买入 9(＝(2-0.95)×10 000 000/(3 788×300))手股指期货合约，将收益率放大为指数的 2 倍。可见调整 β 既可对冲风险也可放大收益。

【例 4-23】 某基金在国内有一个充分分散化投资组合，由于基金经理富有选股技巧，该组合有望提供高于市场 2% 的回报，但承担的风险却和市场相同，即 $\beta=1$。当前市场趋势向淡，基金经理希望调整基金的 β 值从 1 降至 0.2。一种方法是卖掉所持股票的 80% 并将变现资金投入国债，新的股票组合仍旧保持充分多元化。但该种策略影响了技巧性选股带来的收益 α，它将使积极收益 α 占基金总值的比例从 2% 降为 0.4%。另一种方法是通过卖出指数期货将基金的 β 值降至 0.2 的目标值。需要卖出的指数期货对应的股票现值为基金原持股市值的 80%。由于投资组合现货市场头寸并没有改变，该投资组合的预期积极收益 α 就不会减少。因此，利用指数期货控制组合的 β 值，就可以将选股和市场判断两种活动区分开，从而有助于更好地选股。

(2) 单一股票的套期保值。虽然有些交易所交易单一股票的期货，但在大多数情况下对于单一股票的风险暴露的套期保值只能通过交易股指期货来完成。采用股指期货对

单一股票的风险进行套期保值与采用股指期货对股票组合的风险进行套期保值类似。卖出期货的数量应等于 $\beta P/F$，其中 β 为单一股票的 β 值，P 为持有的单一股票价值，F 为股指期货的价格。需要注意的是，虽然计算期货数量的公式与对股票组合保值时计算期货数量的公式相同，但对单一股票的保值效果要差得多。这种股指期货保值仅规避了单一股票的系统性风险，而这一风险仅占单一股票价格变动风险的很小一部分。当保值者认为股票表现会好于市场表现，但对于市场表现又不太确定时，采用这类保值较为合理。投资银行在进行新股票承销时可以采用这一办法，以保护自身应对市场变化。

【例 4-24】 考虑某投资者持有 20 000 股 IBM 股票，每股价格为 100 美元。投资者认为市场在接下来的一个月会剧烈变动，但 IBM 仍有很好的机会比市场表现要好。投资者想在今后一个月采用标准普尔 500 股指期货合约进行套期保值。IBM 的 β 值估计为 1.1，1 个月后到期的标准普尔 500 股指期货结算价为 900 点，标准普尔 500 股指期货的合约乘数为每点 250 美元。这时 $P=20\,000\times100=2\,000\,000$ 美元，$F=900\times250=225\,000$ 美元，因此卖出股指期货的数量为

$$N^* = 1.1 \times \frac{2\,000\,000}{225\,000} = 9.78 \approx 10（份）$$

假定 IBM 股票在今后一个月内升至 125 美元，标准普尔 500 期货价格升至 1 080 点。投资于 IBM 股票的收益为 $20\,000\times(125-100)=50$ 万美元，期货损失为 $(1\,080-900)\times250\times10=45$ 万美元。

在这个例子中，进行套期保值使投资者的收益被期货损失抵消。但是，我们应强调套期保值是为了减少风险。其结果会使坏结果变得不是那么坏，同时也使好结果变得不是那么好。事实上，在进行套期保值时，需要持续计算 β 的变化以调整期货头寸，只有这样才能提高套期保值的效率。

二、投机策略

期货交易采取保证金方式，吸引了大量只想赚取价差、根本没有套期保值需求的投资者，因此期货合约一向被认为是投机意识十足的投机工具。一般来说，在期货市场上进行的广义的投机分为两类：一类是正常的单项式投机，即普通的买空卖空活动，是纯粹利用单个期货品种价格的波动进行的投机交易；另一类是利用期货合约之间、现货与期货之间异常的价格关系进行的投机，也就是套利交易。与单项式投机相比，套利交易风险较小，因为在市场价格不断变化的情况下，交易者在一种期货合约交易上的亏损，会在相当程度上被另一种期货合约或现货交易的盈利弥补。

1. 单项式投机策略

（1）单项式投机策略的定义与类型。单项式投机策略是指人们根据自己对金融市场的价格趋势的预测，通过看涨时买进、看跌时卖出而获利的交易行为。它直接通过期货价格的变动获利，主要是利用期货的杠杆作用，获取风险收益。这种策略虽然简单，但其流动性高、成本低、多空运作方便。特别是利用股指期货进行投机，远比融资融券更有优势。根据不同的标准，单项式投机有多种不同的分类方法。

按投机者持仓时间的长短，投机者分为一般头寸投机者、当日投机者和短线帽客（抢

帽子者)。一般头寸投机者持仓时间较长,通常关注几天或几周的市场行情,利用较长时间的价差来获利,交易量较大。当日投机者试图掌握一个交易日之内的行情走势,只进行当天平仓期货交易,一般不会持有隔夜头寸。交易对象是他们认为有利可图的各种期货,希望利用较大差价获利。短线帽客的交易时间最短,他们交易的行情走势可能仅有几秒或几分钟,随时买进或卖出,赚取很小的差价,往往一天内买卖合约数次,其交易期货品种较单一,但交易量一般较大,对提高市场流动性具有十分重要的意义。

按具体的操作手法不同,投机又可分为多头投机和空头投机。空头投机是指投机者预期某期货合约的市场价格将下跌,从而先行卖空合约,并于合约到期前伺机平仓,以从价格下跌中获取利润的交易策略。多头投机是指投机者预期期货合约的市场价格将上涨时买进期货合约,在合约到期前平仓获利的交易策略。多头投机在期货市场上处于多头部位。与空头投机的盈亏特征相反,若市场价格上涨,则投机者将获利,市场价格上涨越多,投机者获利也越多;若市场价格下跌,则投机者将受损,市场价格下跌越多,投机者受损也就越多。

(2) 单项式投机策略的特点。单项式投机策略是一种高风险、高收益的投资策略。期货交易的优势在于进入成本低,具有高杠杆效应,因而成为良好的投机途径。正是期货交易的高杠杆性使市场的参与者只需动用少量资金,即可控制资金量巨大的交易合约,从而吸引了大量投机者的介入。但也正是其高杠杆性容易导致投资者血本无归甚至负债累累,演变出金融历史上巴林银行、日本大和银行、我国"327国债事件"等多个事件。因此,人们往往对投机颇为反感。

【例 4-25】 2021 年 1 月 14 日,沪深 300 指数 2 月交割的期货合约 IF2102 价格为 5 525 点,甲预计该价格会上升,乙预计该价格会下跌。甲买入 1 手 IF2102 期货合约,乙卖出 1 手 IF2012 期货合约。1 手合约价值为 165.75 万($=5\ 525\times300$),如果规定保证金率是 11%,甲乙二人买卖合约需要资金 18.232 5($165.75\times11\%$)万元。

一个月后,该合约价格上升到 5 700 点。

甲以此价格平仓,获利为($5\ 700-5\ 525$)$\times300$ 点$\times1$ 手$=52\ 500$ 元(不计交易费用),所用本金 182 325 元,收益率 28.79%($=52\ 500$ 元$/182\ 325$ 元)。反之,乙以此价格平仓,损失为 52 500 元(不计交易费用)。

与套期保值策略相比,基于期货合约的单项式投机策略具有如下特点:

(1) 单项式投机单纯以获利为目的。投机者制定投机策略,试图在期货市场上低价买进高价卖出或高价卖出低价买进来赚取利润,他们的根本目的是获利,这一点也是投机与套期保值的根本区别。

(2) 投机不需要实物交割,只做买空卖空操作。投机策略只关注期货合约的买卖价差,频繁买进卖出合约以赚取价差,并没有什么商品需要保值,也不关心实物交割。

(3) 投机者承担价格风险,结果有盈有亏。期货市场上的风险是客观存在的,套期保值需要转移价格风险,投机则必须承担风险。投机者大量介入,使期货市场的流动性大大增加,又使套期保值成为可能。买空卖空的风险是很高的,因而投机交易有盈也有亏。

(4) 投机主要利用对冲技术,加快交易频率,活跃市场。期货投机的操作条件在于期货合约的对冲性,投机者在发现价格变化有利时,可以方便地对冲已有头寸,以获取价差带来的盈利;在价格发生不利变化时也可以方便地对冲已有头寸,迅速退出市场以避免更大损失。此外,对冲技术的应用方便投机者加快交易频率,加速资金周转,从交易量的增加中获得更多的收益。

(5) 交易量较大,交易较频繁。投机为市场提供了大量交易资金,同时降低了市场的交易成本。这样又吸引新的投机者加入,从而市场的交易量大为增加,交易比较频繁,使市场具有更大的流动性。

此外,单项式投机还有交易时间短、信息量大、覆盖面广等特点,这些为投机交易的迅速发展奠定了基础,也为期货市场的发展创造了条件。

2. 基于期货合约的套利策略

期货的套利策略,是在买入(卖出)某种期货合约的同时,卖出(买入)相关的另一种合约,并在某个时间同时将两种合约平仓。在进行套利交易时,投资者关注的是合约价格之间的相互变动关系,而不是绝对价格水平,他们买进自认为便宜的合约,同时卖出价格高的合约,等两份合约的价格恢复正常时,进行平仓。套利的潜在利润不是基于商品价格的上涨或下跌,而是基于两个套利合约之间价差的扩大或缩小。因此,套利获得利润的关键在于价差的变动。期货的套利主要有期现套利、跨期套利、跨品种套利和跨市场套利四种方式。

(1) 期现套利。商品的期现套利,是利用同一种商品在期货市场与现货市场之间的不合理价差进行的套利行为。股指期货的期现套利是指利用股指期货合约与其对应的现货指数之间的定价偏差进行的套利交易,即在买入(卖出)某个月份的股指期货合约的同时卖出(买入)一定数量的标的指数对应的现货股票组合,并在未来某个时间对两笔头寸同时进行平仓的一种套利交易方式。期现套利和套期保值的主要区别在于目的不同,套期保值是应用期货合约对现货头寸进行套期保值,而期现套利是利用期货市场和现货市场的价格偏差进行套利,从而赚取利润的投机行为。下面举一个在外汇市场进行期现套利的例子。

【例 4-26】 假设英镑现货汇率为 1.655 美元/英镑,6 个月期英镑期货汇率为 1.66 美元/英镑,6 个月期美元和英镑无风险年利率(连续复利)分别为 6% 和 8%,每份合约规模为 62 500 英镑。请问有没有套利机会?如果有,投资者应如何套利?

解:在 t 时刻,现货汇率 S_t 与期货报价对应的远期汇率 F_t 之间必须保持平价关系,即 $F_t = S_t e^{(r-r_f)(T-t)}$,否则就存在套利机会。其中,$r$ 表示本国的无风险利率,r_f 表示外国无风险利率。

本例中,$S_t=1.655$,$F_t=1.66$,$r=6\%$,$r_f=8\%$,$T-t=0.5$。显然,$F_t > S_t e^{(r-r_f)(T-t)}$,存在套利机会,具体套利步骤如下:①投资者先以 6% 的年利率借入 1 655 万美元,期限 6 个月;②按即期汇率将 1 655 万美元兑换成 1 000 万英镑;③投资者将 1 000 万英镑以 8% 的利率贷出,期限同样是 6 个月;④同时按 1.66 美元/英镑的远期汇率卖出 166 份 6 个月期的英镑期货,共计 1 037.5 万英镑;⑤6 个月后收回英镑贷款得本息 1 040.8 万英镑 ($=1 000e^{0.08 \times 0.5}$);⑥用 1 037.5 万英镑交割期货合约,换得 1 722.3 万美元 ($=1 037.5 \times 1.66$),尚余 3.3($=1 040.8-1 037.5$)万英镑;⑦用 1 715.7 万美元 ($=1 655e^{0.06 \times 0.5}$) 归还贷款本息,尚余 6.6($=1 722.3-1 715.7$)万美元;⑧此次套利的总利润等于 6.6 万美元

加 3.3 万英镑。

（2）跨期套利。跨期套利是通过观察期货各合约价差的波动，以赚取差价为目的，在同一期货品种的不同合约月份之间建立数量相等、方向相反的头寸，并以对冲或交割方式结束的一种操作方式。

在进行跨期交易时，交易者应综合考虑各种因素，选择恰当的入市机会。首先，要选择好合约。其次，分析价格和价差的变化趋势。最后，灵活选择机会。若在正向市场，即远月升水[远月合约的价格高于近月合约的价格，如图 4-6(a)所示]的市场，投资者若预测价差将缩小，采用买近卖远交易策略；若预测价差将扩大，则采用卖近买远交易策略。若在反向市场[远月合约的价格低于近月合约的价格，如图 4-6(b)所示]，投资者若预测价差将缩小，采用买远卖近的策略；投资者若预测价差将扩大，则采用买近卖远的策略。无论采用哪种交易策略，价差交易均为投资者提供了较单项式投机风险更低的获利机会，并为期货市场增加了流动性。

【例 4-27】 假设 2020 年 1 月 8 日，2021 年 2 月到期的中证 500 股指期货 IC2102 合约价格是 6 466 点，2021 年 3 月到期的中证 500 股指期货 IC2103 合约价格是 6 400 点，两者价差 66 点，中证 500 股指期货每点 200 元。

投资者甲认为一个月时间 2、3 月份期货的价差不太可能超过 66 点，价差缩小的可能性很大；他买入 3 月到期的沪深 300 股指期货合约 IC2103，同时卖出 IC2102。

投资者乙认为目前股市前景很差，一个月时间 2、3 月份期货的价差将超过 66 点，价差扩大的可能性很大；他卖出 3 月到期的沪深 300 股指期货合约 IC2103，同时买入 IC2102。

两周后的市场行情：IC2102 合约价格为 6 500 点，IC2103 月合约为 6 490 点，二者价差为 10 点。

投资者甲将 2 月合约和 3 月合约同时平仓。3 月合约上盈利 90 点（＝6 490－6 400），2 月合约上亏损 34 点（＝6 466－6 500），合计盈利 56 点，即 11 200 元（＝200×56），这就是投资者甲价差交易的利润。

投资者乙发现预测失误，被迫将 2 月合约 IC2102 和 3 月合约 IC2103 同时平仓，2 月合约上盈利 34 点（＝6 500－6 466），3 月合约上亏损 90 点（＝6 400－6 490），合计亏损 56 点，即 11 200 元（＝200×56），这就是投资者乙因判断失误付出的代价。

（3）跨品种套利。跨品种套利是指利用两种不同但相互关联的商品之间的合约价格差异进行套利交易，即买入某一交割月份的某种商品合约，同时卖出另一相同交割月份相互关联的商品合约，以期在有利时机同时将这两个合约对冲平仓获利。跨品种套利的核心策略是寻找两种或多种不同但具有一定相关性的商品间的相对稳定关系（差值、比值或其他关系），在其脱离正常轨道时采取相关反向操作以获取利润。

跨品种套利通常有两种情况：一种是同一市场的不同品种，如大连豆粕与大豆之间的套利、郑州强麦与硬麦之间的套利等；另一种是不同市场的不同品种，如大连大豆与郑州小麦之间的套利。

（4）跨市场套利。跨市场套利是指在不同市场之间进行的套利交易行为。当同一商品期货合约在两个或更多市场上进行交易时，由于区域间的地理差别等因素，各商品合约间存在一定的固有差价关系。但是,由于两个市场的供求关系、市场环境、交易规则、监管等不完全一致,价格的传导存在滞后甚至失真的情况,因此固有价差水平会出现偏离。跨市场套利正是利用市场失衡时机,在某个市场买入(或卖出)某一交割月份的某种商品合约的同时,在另一个市场卖出(或买入)同一交割月份的同种商品合约,以对冲或者交割方式结束交易的一种操作方式。

【案例4-1】
国债期货案例——"327"国债期货的惊心动魄一战

本 章 小 结

1. 依据金融资产种类的不同,金融期货主要分为外汇期货、利率期货和股指期货三大类别。

2. 外汇期货是指交易双方约定在未来某一时间,依据现在约定的汇率,以一种货币兑换另一种货币的标准化合约。进行外汇期货交易的一个主要目的是规避汇率风险。

3. 利率期货是指标的资产价格依赖利率水平变动的期货合约。按照标的资产的不同,利率期货可以分为以利率为标的资产的短期利率期货和以利率敏感性债券为标的资产的中长期利率期货两大类。

(1) 短期利率期货主要有3个月期欧洲美元期货,以 IMM 指数报价方式进行报价,即 $IMM=100-100r$。对于欧洲美元期货而言,r 表示交割日的3个月期的远期利率。

(2) 最常见的长期国债期货合约是 CME 集团交易的美国长期国债期货,其难点在于理论价格的确定。因为其标的资产是标准券——期限为15年、息票率为6%且半年付息一次的债券,而任何期限或距最早赎回时间超过15年的长期国债期货都可以用来交割,这就涉及交割券与标准券之间的转换问题。交易所设计了转换因子,并规定其他券种均须按各自的转换因子折算成标准券。所谓的转换因子就是将交割券折算成标准券的系数。

4. 股指期货是指以股票市场的价格指数为合约标的资产的期货。股指期货可以用来对冲股票组合中的系统风险。目前,我国有三大股指期货,即沪深300股指期货(IF)、上证50股指期货(IH)、中证500股指期货(IC)。

5. 期货交易的主要策略有套期保值策略和投机或套利策略。套期保值策略分为买入套期保值、卖出套期保值和交叉套期保值。进行套期保值时必须考虑期货合约的基差风险、合约的选择、套期保值比率、久期等问题。

思考与练习

思考题

1. 分析短期利率期货和远期利率协议的异同。

2. 中长期国债期货转换因子的作用是什么？什么是最便宜交割券？

3. 实践中，当利用期货交易进行套期保值时，套保者有可能遇到哪些具体问题？

4. "如果最小方差套期保值比率为1，那么套期保值一定是完全的。"这句话是否正确？为什么？

练习题

1. 假定9个月期LIBOR为3%，6个月期LIBOR为2.5%（两个利率均为连续复利），估计在6个月后欧洲美元期货的报价。

2. 5月1日，某出口公司预计在9月1日将收到国外一家公司支付的8 000万美元款项，该出口公司打算将这笔款项投资3个月，但预期利率将要下降。此时市场上9月份的欧洲美元期货报价是96.75，该出口公司在期货市场应如何操作？假如9月1日存款利率下降为2.75%，欧洲美元期货价格是多少？该出口公司的总盈亏是多少？

3. 4月12日，9月交割的3个月欧洲美元期货合约的价格是95.25，12月交割的3个月欧洲美元期货合约的价格是96.45。套利者认为这两个合约的价差偏低，将来价差会扩大，他应该如何操作？

4. 假设现在是2020年7月30日，2020年9月的长期国债期货合约的最便宜交割债券为息票率为7%的债券，预期在2020年9月30日进行交割。该债券的息票利息在每年的2月4日和8月4日支付。期限结构是水平的，以半年计复利的年利率为6%，债券的转换因子为1.5，债券的现价为110美元。计算该合约的期货报价。

5. 假设无风险年利率为2%（连续复利），沪深300指数的红利收益率为3%，沪深300指数现值为5 500点，6个月期的沪深300股指期货价格为多少？

6. 3月1日，某证券组合部经理有价值1亿美元的债券组合，债券组合的久期为7.1年，12月份长期国债期货价格为91-12，最便宜交割债券的久期为8.8年。该经理可以如何使其债券组合免受接下来两个月利率变化的影响？

7. 某公司持有价值为2 000万美元、β值为1.2的股票组合。该公司想采用标准普尔指数期货合约进行套期保值。标准普尔股指期货的当前价格为3 600，每份合约的合约乘数为250美元。风险最小的套期保值策略是什么？如果公司希望将其组合的β降低到0.6，它应该怎么做？

8. 假设长期国债期货价格为101-10。问下表中可供空头方选择用于交割的四种债券中哪一种为最便宜的交割债券？

可供交割国债报价及其转换因子

国债	报价	转换因子
1	125-04	1.212 9
2	124-11	1.378 0
3	115-30	1.114 2
4	144-00	1.402 5

9. 假设一家银行可以在 LIBOR 市场上以相同的利率借入或借出美元。3 个月的利率为每年 3%，6 个月的利率为每年 3.1%（两个利率均为连续复利），3 个月到期的欧洲美元期货的报价为 97.5。对银行而言，这时会有什么样的套利机会？

自测题

第五章

互换合约

互换(swap)是两家公司之间私下达成的协议,以事先约定的利率或汇率来交换未来的现金流。可以将其看作是一系列远期合约的组合。第一份互换合约签订于1981年。从那以后,这个市场迅速成长,如今每年都要签订成千上万亿美元的互换合同。本章我们将讨论如何设计互换、如何使用互换,以及如何确定互换的价值。

第一节 互换市场概述

互换合约是最常见的金融衍生产品之一,是20世纪80年代金融工具创新最成功的典范,被投资者广泛地用来改变其资产和负债的性质,规避现金流的风险暴露,减少融资成本或提升资产的收益率,是融资管理和风险控制的有效工具之一。

一、互换的起源与发展

1. 互换的起源——平行贷款或背靠背贷款

互换业务起源于20世纪70年代发展起来的平行贷款(parallel loan)和背靠背贷款(back-to-back loan)。当时许多国家实行外汇管制,限制资本的自由流动,使直接对外融通资金变得很困难。一些企业为逃避外汇管制采取了平行贷款或背靠背贷款的对策。

假设有两家跨国公司,一家本部在英国,另一家在美国。这两家公司分别在对方所在国拥有一家子公司,并且两家子公司都需要融资。最直接的解决办法是由两家母公司分别向各自的子公司提供贷款。但是,20世纪70年代初,英国实行了外汇管制,并采取了对对外投资进行征税的办法,以惩罚资金外流,这就使母公司直接向各自的子公司提供贷款的方式操作起来很困难,代价很高甚至完全不可能。为了逃避外汇监管,另一种融资方式"平行贷款"或"背靠背贷款"就发展起来了,如图5-1所示。

图 5-1 平行或背靠背贷款

平行贷款是分别由两家不同的母公司给对方设在本国境内的子公司提供相同金额的贷款。贷款一般由银行作为中介进行，两家子公司的贷款分别由其母公司提供担保。这种贷款包含两个独立的贷款协议，它们分别具有法律效力，其权利、义务不相联系，由双方直接向对方子公司提供贷款，当一方出现违约时，另一方仍不能解除履行义务。因此，为了降低违约风险，背靠背贷款应运而生。

背靠背贷款是两个国家的母公司相互直接提供贷款，贷款的币种不同但币值相等，并且贷款的到期日相同，双方按期支付利息，到期偿还本金的贷款形式。背靠背贷款尽管也有两笔贷款，但只签订一个贷款协议，协议中明确，若一方违约另一方有权抵消应尽的义务，从而极大地降低了违约风险，向货币互换迈进了一大步。

由图5-1可知，背靠背贷款与平行贷款具有相似的结构和现金流。二者的区别在于背靠背贷款给予协议双方在对方违约时的冲抵权，相当于为双方的贷款提供交叉担保，而平行贷款则无此类权利，也不存在任何交叉担保。

这种融资结构的主要优点在于能够避开外汇管制的限制，因为不需要跨国界转移资金。缺点是这种融资结构类似于"物物交换"，难以找到正好匹配的交易对手。要使这种贷款安排成功，必须有两家公司在对方国家均有子公司，并且两家子公司均需要数额相近的资金，而且都愿意接受有关的信用风险。事实上，即使找到正好匹配的交易对手，双方也未必都能接受对方的信用风险。

幸运的是，随着各国政府和中央银行逐渐接受了浮动汇率的新环境，外汇管制得以放松，这意味着跨国公司能够更容易地向其海外子公司提供贷款。然而，这并不能消除汇率风险。例如，一家向其英国子公司提供英镑贷款的美国母公司将会收到一系列的利息支付及最终偿付的本金，而所有这些均将为英镑款项。

这个问题在20世纪80年代初得到了解决，答案就是货币互换。虽然前面所述的背对背贷款已经非常接近现代货币互换，但二者仍有本质的区别。前者是一种借贷行为，在法律上会产生新的资产和负债（双方互为对方的债权人和债务人）；而后者则是不同货币间负债或资产的互换，是一种表外业务，并不产生新的资产与负债，因而也就不改变一家公司原有的资产负债结构。这也是互换交易受到人们青睐并飞速发展的重要原因。

2. 互换市场的发展

最著名的货币互换合约发生在1981年世界银行和国际商业机器公司（IBM）之间。当时，由于美元兑瑞士法郎、德国马克急剧升值，货币之间出现了一定的汇兑差额。世界银行为了进行负债管理，希望筹集瑞士法郎或德国马克这类绝对利率水平较低的货币，但无法通过直接发行债券来筹集德国马克和瑞士法郎，而世界银行在欧洲债券市场上信誉卓著，能够从市场上筹措到最优惠利率的美元借款；与此同时，IBM公司希望筹集美元资金以便同其美元资产相匹配，避免汇率风险。但由于数额较大，集中于任何一个资本市场都不妥，于是采用多种货币筹资的方法，运用本身的优势筹集了德国马克和瑞士法郎。在这种情况下，所罗门兄弟公司利用外汇市场中的汇差以及世界银行与IBM公司的不同需求，通过协商达成互换协议。世界银行将其2.9亿美元金额的固定利率负债与IBM公司已有的德国马克和瑞士法郎的债务进行了互换。

第一笔利率互换交易也产生于1981年，是由美国花旗银行和伊利诺伊大陆银行安排的美元7年期债券固定利率与浮动利率的互换。1983年年初，利率互换开始作为一种标准的"国际性"交易,在美国市场得到进一步的发展。1986年,大通曼哈顿银行又率先组织了商品互换,但由于商品期货交易委员会(CFTC)对这些法律合约的有效性提出了疑问,此类商品互换的机制并未很快实现。直到1989年7月,CFTC宣布只要商品互换合约符合一定的评判标准,就对此类合约给予保护。到1989年年底,商品互换未清偿余额的规模接近80亿美元,与利率互换、货币互换相比,虽然规模还比较小,但已经显示出这一市场的巨大潜力。从那以后,金融互换市场发展迅速,全球利率互换和货币互换名义本金金额从1987年年底的8 656亿美元猛增到2020年年底的389.79万亿美元,30余年增长了约450倍。可以说,这是增长速度最快的金融产品市场之一。尤其是利率互换,到2020年年底的名义本金金额为363.554万亿美元,已经成为所有互换交易乃至所有金融衍生品交易中交易量最大的一个品种,影响巨大。

2006年1月,中国人民银行发布了《中国人民银行关于开展人民币利率互换交易试点有关事宜的通知》,人民币利率互换市场正式启动。以国家开发银行与中国光大银行完成首笔人民币利率互换交易为标志,我国创立了人民币利率互换市场。试点当年,成交额达到355.7亿元。一批机构通过互换达到了规避风险的目的,几家主要报价机构也经受了考验和锻炼,并逐步形成了境内人民币互换利率曲线,使人民币利率互换逐渐成为我国衍生产品市场的主要产品,吸引了越来越多的市场成员的关注。2008年1月,中国人民银行发布了《中国人民银行关于开展人民币利率互换业务的有关事宜》的通知,人民币利率互换业务正式开展。2009年3月,中国人民银行授权中国银行间市场交易商协会制定并发布《中国银行间市场金融衍生产品交易主协议》(简称《NAFMII主协议》),该协议为我国场外金融衍生品交易提供了统一、规范的法律文本,进一步规范了人民币利率互换交易流程。2014年1月,中国人民银行发布《关于建立场外金融衍生产品集中清算机制及开展人民币利率互换集中清算业务有关事宜的通知》,宣布对银行间市场成交的场外金融衍生品实施集中清算。2014年3月,中国外汇交易中心推出利率互换的双边授信的撮合交易平台X-Swap。2019年8月,全国银行间同业拆借中心、银行间市场清算所股份有限公司联合发布《人民币利率互换集中清算实时承接合约交易规程》,新增集中清算实时承接的人民币利率互换合约,参考利率包括FR007、SHIBOR(上海银行间同业拆放利率)3M和SHIBOR O/N。近年来,人民币利率互换市场的规模不断增加,自2010年保监会开启保险机构投资利率互换的大门后,越来越多的券商也积极参与人民币利率互换市场。2020年1—11月利率互换共成交17.84万亿元,挂钩FR007和SHIBOR 3M的互换交易为主力品种,占全部互换交易成交量的比重分别为82%和15%。

我国加入WTO后,为抵御区域金融不稳定,中国人民银行自2000年在亚洲开发银行年会上签订清迈协议起,便开始尝试与境外货币当局签署双边互换协议。2009—2019年,中国人民银行陆续与38个国家和地区签订了双边本币互换协议,意在促进双边贸易,平抑汇率波动。截至2019年5月底,我国仍处于有效期内的货币互换协议对手涉及20个国家和地区,总金额2.58万亿人民币。

3. 互换产生的理论基础

金融互换产生的理论基础是比较优势理论。该理论是英国著名经济学家大卫·李嘉图(David Ricardo)提出的。他认为,在两国都能生产两种产品,并且一国在这两种产品的生产上均处于有利地位,而另一国均处于不利地位的条件下,如果前者专门生产优势较大的产品,后者专门生产劣势较小(具有比较优势)的产品,那么通过专业化分工和国际贸易,双方均能从中获益。

李嘉图的比较优势理论不仅适用于国际贸易,而且适用于所有的经济活动。只要存在比较优势,就可以通过适当的分工和交换使双方共同获利。而比较优势理论在金融领域最生动的运用就是金融互换协议的产生。在金融领域中,由于不同企业存在经营规模大小、信用等级高低等差异问题,使其在金融市场上融资成本不同,而且就是同一企业在不同的融资领域也会因为信息的差异出现融资成本的不同,这就形成了金融领域的比较优势,就出现了互换的基础。根据比较优势理论,只要满足以下两个条件,即可进行互换:一是双方对对方的资产或负债均有需求;二是双方在两种资产或负债上存在比较优势。

在上述世界银行和IBM公司的货币互换中,世界银行在美元融资上具有比较优势,但它想要的是德国马克或瑞士法郎;而IBM公司在德国马克和瑞士法郎融资上具有比较优势,它却想要美元负债。正因为世界银行和IBM公司的情况满足互换的两个条件,所罗门兄弟公司才能最终促成它们之间的互换协议,从而开创了一个快速发展的新兴衍生品市场。

二、互换合约的概念

1. 互换合约的定义与特点

国际清算银行(BIS)将互换定义为:两个或两个以上当事人按照约定条件,在约定的时间内交换一系列现金流的合约。

与远期合约一样,互换合约也是一种按需定制的交易方式。互换合约的交易双方既可以选择交易额的大小,也可以选择期限的长短。只要双方愿意,从互换内容到互换形式都可以完全按需要来设计,由此而形成的互换交易可以完全满足客户的特定需求。因此,互换在本质上是一种远期合约,只是远期合约可以看作仅交换一次现金流的互换,而互换可以看作一系列远期合约的组合,因为在大多数情况下,互换合约的双方通常会约定在未来多次交换现金流。因此,对互换合约的研究很自然地成为对远期和期货合约的扩展。

与远期、期货合约相比,互换合约具有以下特点:

(1) 互换合约是一种建立在平等基础之上的合约。合约双方具有相应的权利和义务,是一种平等的关系,而且他们的行为首先受一国合同法律的调节。

(2) 互换合约所载明的内容是同类商品之间的交换,但同类商品必须有某些品质方面的差别,如在货币互换中币种之间的差别、利率互换中固定利率与浮动利率的差别等,否则互换将没有任何意义。

(3) 互换是以交易双方的互利为目的,是一种"非零和博弈"。通过互换,交易双方要么降低了融资成本,要么提高了资产收益。根据经济学原理,交换可以产生剩余,对剩余的瓜分不仅可以增加交换双方的收益,而且提高了社会福利。

2. 互换合约的要素

典型的互换合约通常包括以下几方面的内容。

(1) 交易双方。指相互交换货币或利率的双方交易者,金融互换的交易双方有时也指参加同一笔互换交易的两个以上的交易者。如果交易双方都是国内的交易者,则称为国内互换;如果交易双方是不同国家的交易者,则称为跨国互换。

(2) 合约金额。指互换合约所涉及的金额,可能是名义上的。由于交易者参与互换交易的目的是从事融资、投资或财务管理,因而每一笔互换交易的金额都比较大,一般在1亿美元以上,或者是等值的其他国家的货币。

(3) 互换币种。指互换的货币品种,理论上可以是任何国家的货币,但进入互换市场且经常使用的货币是世界上主要的可自由兑换的货币,如美元、欧元、瑞士法郎、英镑、日元、加元、澳元、新加坡元、港币等。

(4) 互换利率。指互换合约规定的利率品种。目前,进入互换市场的利率主要包括固定利率、伦敦银行间同业拆借利率、大额存单利率、银行承兑票据利率、商业票据利率、国库券利率、零息票债券利率等。

(5) 合约交易日。指互换双方就互换交易达成的日期。交易日通常也是第一个确定日,交易双方在达成交易的同时确定下一期的浮动利率水平。第二个确定日一般在第二期互换开始之前的两个营业日,接下去的确定日依此类推。

(6) 合约生效日。指互换双方开始计息的日子,通常是交易日后两个营业日。

(7) 支付日。整个互换由若干个互换阶段组成,每个阶段末支付一次利息,称为支付日。第一个支付日是在第一期互换的最后一天,此时互换一方将是净债权方,另一方将是净债务方。在支付日,互换双方不需要实际支付按利率计算出来的全部利息数额,而只需要由净债务人向净债权人支付利差。在大部分互换交易中,交易双方经常轮流扮演债权人和债务人的角色。

(8) 合约到期日。指整个互换完成日,也就是最后一笔利息支付完成的日期。互换交易通常是在外汇市场、期货市场上不能提供中长期合同时才使用,因而其到期日的期限长,通常为中长期。

(9) 互换价格。利率互换价格是由与固定利率、浮动利率和信用级别相关的市场条件决定的;而货币互换价格是由交易双方协商确定的,通常能反映两国货币的利率水平,主要以政府债券利率作为参考依据。货币互换价格还受政府改革目标、交易者对流动性的要求、通货膨胀预期及互换双方的信用级别等的影响。

(10) 权利和义务。互换双方根据合约的签订来明确各自的权利和义务,即在合约有效期内承担相互交换利息或货币的义务,同时也获得收到对方支付利息或货币的权利。

(11) 价差。价差表现为中介买卖价的差额。美元利率互换的价差通常为5~10个基点;货币互换的价差则不固定,价差的多少一般视信用风险而定。

(12) 其他费用。主要指互换市场中介因安排客户的互换交易,对互换形式、价格提供咨询等获取的收入,如法律费、交换费、咨询费、监督执行合约费等。

3. 互换的功能

(1) 互换属于表外业务,可以借以逃避外汇管制、利率管制及税收的限制,这是互换合约产生的根源之一。

(2) 降低融资成本或增加资产收益。互换交易是基于比较优势成立的,融资者通过互换交易,可以充分利用双方的比较优势,大幅降低融资成本。同理,投资者也可以通过资产互换来提高资产收益。交易双方最终分配由比较优势而产生的全部利益是互换交易的主要动机。

(3) 规避利率风险和汇率风险。使用利率互换可以用固定利率支付浮动利率,也可以用浮动利率支付固定利率。因此,当预期利率上升时,可将浮动利率互换成固定利率;而预期利率下降时,则反向操作,将固定利率互换成浮动利率。这样,通过互换就能规避利率风险。同样的道理,通过货币互换也能避免汇率波动带来的风险。

(4) 灵活地进行资产负债管理。当要改变资产或债务类型的组合,以配合投资组合管理或对利率未来动向进行锁定时,可以利用互换交易进行调整,而无须卖出资产或偿还债务。

三、互换市场的标准化进程

互换合约属于 OTC(场外交易)产品,因此和远期合约一样具有内在局限性。首先,互换交易的搜寻成本高。为了达成交易,互换交易的一方必须找到愿意与之交易的另一方。如果一方对期限或现金流等有特殊要求,则往往难以找到交易对手。其次,由于互换是两个对手之间的合约,因此如果没有双方的同意,互换合约是不能更改或终止的。最后,对于期货和在场内交易的期权而言,交易所对交易双方都提供了履约保证,而早期的互换市场则没有人提供这种保证。因此,互换双方都必须关心对方的信用。为了克服这些局限性,就出现了做市商制度和互换市场的标准化进程。

1. 做市商制度

早期的金融机构通常在互换交易中充当经纪商,即帮助希望进行互换的客户寻找交易对手并协助谈判互换协议,赚取佣金,如 1981 年的所罗门兄弟公司。但事实证明,在短时间内找到完全匹配的交易对手往往是相当困难的。此时,许多金融机构(主要是银行)开始作为做市商参与交易,同时报出其作为互换多头与空头所愿意支付和接受的价格,这些金融机构又被称为互换交易商或互换银行(swap bank)。其中,利率互换市场的做市商制度尤其发达,因为与其他互换相比,利率互换的同质性较强,比较容易形成标准化的交易和报价,而且美元的固定收益证券现货和衍生品市场都非常发达,利率互换的做市商可以很容易地进行利率风险的套期保值。

做市商的出现为互换市场提供了流动性,推动了互换市场的迅速发展。而从早期的经纪商制度到后来的做市商制度的转变,也反映了互换市场的变迁与发展。在互换市场发展的早期,强调的是经纪商对互换交易的安排和匹配,而不是承担交易风险,因此早期的经纪商多为投资银行;做市商制度发展以后,金融机构通过承担和管理风险为市场提供流动性,商业银行以其资金规模优势以及在管理大规模和标准化产品方面的优势,成为互换市场的中坚力量。相应地,互换产品也从个性化的公司财务管理工具转变为金融市场中的一种大宗批发交易。

2. 互换市场的标准化

与做市商制度发展密切相关的是互换市场的标准化进程。OTC 产品的重要特征之一就是产品的非标准化,互换包含的多个现金流交换使非标准化协议的协商和制定相当复杂,这就促使互换市场尽可能地寻求标准化。从 1984 年开始,一些主要的互换银行就着手进行互换协议的标准化工作。到了 1985 年,国际互换商协会(International Swaps Dealers Association,ISDA)成立,并制定了互换交易的行业标准、协议范本和定义文件等。时至今日,由于在互换市场取得的成功和巨大影响,ISDA 所做的工作已经推广到了包括互换合约在内的多种场外衍生品交易,其制定、修改和出版的《衍生产品交易主协议》已经成为全球金融机构签订互换及其他多种 OTC 衍生产品协议的范本,ISDA 也于 1993

年更名为国际互换与衍生产品协会(International Swaps and Derivatives Association, ISDA),这是目前全球规模和影响力最大、最具权威性的场外衍生产品的行业组织。

具体来看,ISDA 主协议主要包括协议主文、附件和交易确认书三个部分。交易双方在开展场外衍生品交易之前,需就主文部分签署主协议。主协议定义了合约的一些细节及互换合约中所采用的名词,也阐明了如果某交易方违约将如何对合约进行处理等。主协议签署后,每次交易只需就价格、数量等具体条款进行谈判并签订协议附件和交易确认书。附件的作用是让交易双方对主协议的主文条款进行修改与补充,以适应双方当事人之间的特定交易情形。交易确认书则是对主协议项下每项具体的交易条款进行确认,是每笔交易中最重要的法律文件。值得注意的是,主协议的这种制度安排使每项交易并不构成当事人双方之间的独立合同关系,而仅是在主协议这一合同关系下的一笔交易,因此每份交易确认书中总会说明 ISDA 主协议条款适用于该交易。

表 5-1 是一个虚拟的利率互换交易确认书摘要的例子,其中给出了利率互换协议的主要条款。

表 5-1 一个虚拟的利率互换交易的确认书摘要

条款名称	具体规定
交易日	2014 年 2 月 27 日
起息日	2014 年 3 月 5 日
业务天数惯例(所有天数)	随后第 1 个工作日
假期日历	美国
终止日	2017 年 3 月 5 日
固定利息方	
固定利率支付方	微软公司
固定利息名义本金	1 亿美元
固定利率	年率 5.015%
固定利率天数计量惯例	实际天数/365
固定利率付款日	自 2014 年 9 月 5 日至 2017 年 3 月 5 日(包括这一天)之间的所有的 3 月 5 日和 9 月 5 日
浮动利息方	
浮动利率支付方	高盛公司
浮动利息名义本金	1 亿美元
浮动利率	6 个月期的美元 LIBOR
浮动利率天数计量惯例	实际天数/360
浮动利率付款日	自 2014 年 9 月 5 日至 2017 年 3 月 5 日(包括这一天)之间的所有的 3 月 5 日和 9 月 5 日

资料来源:HULL J. Options, futures and other derivatives:9th edition [M]. New York:Pearson Education Inc,2015.

目前，ISDA 所建立的整套标准化文件已经成为国际互换市场的基础性制度安排和互换交易的重要发展平台。除了减少交易所需的时间与成本、提高市场运作的效率外，标准化的文件与协议体系实际上还为市场参与者提供了一个重要承诺：市场是在共同认可的标准下运作的。这极大地降低了市场参与者的信用风险。因此，ISDA 文件标准化进程与做市商制度的发展相互促进，对互换市场的迅速发展起到了非常重要的作用。

2007 年，经中国人民银行授权，中国银行市场交易商协会发布了适用范围包括但不限于利率衍生产品交易、债券衍生产品交易、汇率衍生产品交易和信用衍生产品交易的《中国银行间市场金融衍生产品交易主协议（2007 年版）》（简称 NAFMII 主协议）。同年，国家外汇管理局为了配合外汇管理体制的改革，组织中国外汇交易中心发布了关于通过外汇交易中心系统进行人民币外汇衍生产品交易的《全国银行间外汇市场人民币外汇衍生产品主协议》（简称《CFETS 主协议》）。两个主协议的发布和应用，在一定程度上满足了市场参与者对统一的主协议文本的渴望。但两份主协议并存，使任何一份主协议作为场外金融衍生产品市场基础性制度安排的作用都没有得到切实发挥，并且两个主协议存在重叠管辖的问题，给市场参与者带来了一定的法律风险并造成了业务困扰。为顺应市场参与者规避文本风险、提高交易效率的需求，在中国人民银行领导下，中国银行间市场交易商协会启动了主协议合并起草工作，并于 2009 年 3 月 11 日正式公布了《中国银行间市场金融衍生产品交易主协议（2009 年版）》。该协议整体采用文件群形式，整套文本由《主协议》《补充协议》《转让式履约保障文件》《质押式履约保障文件》及《定义文件》组成。

第二节 互换合约的种类

从最普通的意义来说，互换实际上是一系列现金流的交换。由于计算或确定现金流的方法很多，因此互换的种类也很多。本节首先介绍最常见、最普通的标准利率互换和标准货币互换，然后再介绍在标准互换合约基础上衍生出来的其他非标准互换合约，希望读者能从中领悟金融工程特别是金融创新的思想。

一、利率互换

1. 利率互换的定义及合约内容

最常见、最普通的利率互换是大众型（plain vanilla）利率互换，指交易双方同意在未来的一定期限内根据同种货币的同样的名义本金交换现金流，其中一方的现金流根据浮动利率计算，而另一方的现金流根据固定利率计算。从期限来看，利率互换的常见期限包括 1 年、2 年、3 年、4 年、5 年、7 年、10 年，30 年与 50 年的互换也时有发生。

【案例 5-1】 国内首笔基于 SHIBOR 的标准利率互换

2007 年 1 月 22 日，花旗银行宣布与兴业银行于 1 月 18 日完成了中国国内银行间第一笔基于 SHIBOR 的标准利率互换。公开披露的协议细节如表 5-2 所示。

表 5-2 国内首笔基于 SHIBOR 的标准利率互换

条 款 名 称	具 体 规 定
期限	1 年
名义本金	未透露
固定利率支付方	兴业银行
固定利率	2.98%
浮动利率支付方	花旗银行
浮动利率	3 个月期 SHIBOR

利率互换是一种场外交易的金融产品,具体细节由双方商定,交易双方也没有披露的义务。但从已披露的协议内容来看,此次利率互换的基本设计是:从 2007 年 1 月 18 日起的一年内,花旗银行与兴业银行在每 3 个月计息期开始时就按照最新 3 个月期的 SHIBOR 确定当期的浮动利率,计息期末双方根据名义本金交换利息净额,基本流程如图 5-2 所示。

图 5-2 利率互换流程

按照业界的惯例,利率互换合约中通常会事先明确浮动利率确定日和现金流交换日,且固定利率和浮动利率的天数计算惯例通常有所不同。由于交易细节的不可得,同时为了集中说明利率互换的利息现金流交换本质,这里假设该协议的 4 个浮动利率确定日分别为 2007 年 1 月 18 日、4 月 18 日、7 月 18 日和 10 月 18 日,现金流交换日是浮动利率确定日之后的 3 个月(0.25 年)。表 5-3 给出了事后观察到的 4 次 3 个月期 SHIBOR 和兴业银行在此次互换中的 4 次实际现金流。

表 5-3 兴业银行的现金流量表(每 1 元本金)

时 点	3 个月期 SHIBOR/%	收到的浮动利息/元	支付的固定利息/元	净现金流/元
2007 年 1 月 18 日	2.808	—	—	—
2007 年 4 月 18 日	2.904 9	2.808/4=0.007 02	2.98/4=0.007 45	−0.000 43
2007 年 7 月 18 日	3.142 1	2.904 9/4=0.007 26	2.98/4=0.007 45	−0.000 19
2007 年 10 月 18 日	3.875 7	3.142 1/4=0.007 86	2.98/4=0.007 45	0.000 41
2008 年 1 月 18 日	—	3.875 7/4=0.009 69	2.98/4=0.007 45	0.002 42

由案例 5-1 可以看出,标准利率互换包括以下主要内容:
(1) 由双方签订一份协议;
(2) 根据协议,双方各向对方定期支付利息,并预先确定付息日;

(3) 付息金额由相同名义本金确定,以同种货币支付利息;

(4) 互换一方是固定利率支付者,固定利率在互换之初商定;

(5) 另一方是浮动利率支付者,浮动利率参照互换期内某种特定的市场利率加以确定,双方互换利息,不涉及本金的互换。

从理论上说,利率互换可以是固定利率与浮动利率的交换,在互换过程中本金并不交换,互换交易的结果只是改变了资产或负债的利率属性。利率互换中的浮动利率大多与LIBOR(伦敦银行间同业拆借利率)挂钩。LIBOR 是欧洲货币市场上银行之间提供资金的利率,由银行间的交易决定,并随经济状况的变化而变化。LIBOR 经常作为国际金融市场贷款的参考利率。LIBOR 报价包括各种期限:1 个月期存款(1-M LIBOR)、3 个月期存款(3-M LIBOR)、6 个月期存款(6-M LIBOR)、1 年期存款(1-Y LIBOR)。无论存款期限的长短,像所有的利率一样,LIBOR 报出的是年利率。

从结构上说,利率互换可以看作一系列远期利率协议(FRA),但是二者又不完全相同。其主要差异有以下两点。

(1) 在 FRA 系列中,每份 FRA 的协议利率通常是彼此不同的,它们分别为相应期限的远期利率。但是,在标准的利率互换中,固定利率通常是不变的。

(2) FRA 的结算金是在名义贷款开始的时候支付,等于利息差在期初的现值。然而,在利率互换中,利息差是在相应利息期的期末支付,因此交割额不需要贴现。

2. 利率互换的原因

进行利率互换的主要原因是双方分别在固定利率和浮动利率市场上具有比较优势。利率互换常常是由降低融资成本的愿望推动,利用交易双方在融资成本上的比较优势进行的。

例如,交易一方具有相对便宜的固定利率融资成本,但是希望筹措浮动利率资金;另一方具有相对便宜的浮动利率融资成本,但是希望筹措固定利率资金。通过利率互换,双方可以发挥各自的融资成本优势。之所以存在融资成本比较优势,是因为资本市场存在各种各样的瑕疵,它们可能来自监管、交易成本或投资者的偏好等方面。当然,利率互换也不排除以下目的:

(1) 保值者为对冲利率风险而进行利率互换;

(2) 投机者希望在互换市场上从固定/浮动利率交易中获利;

(3) 利率互换也可以使一些市场参与者进入某些市场,而在正常情况下,他们会因信用等级等原因不能进入该市场。

3. 利率互换的运行过程

利率互换之所以能够兴起是因为不同的借款人之间存在信用等级的差异,正是这种差异使交易双方可以通过各自的比较优势来降低融资成本或提高资产收益。下面我们举例说明利率互换的运行过程。

【例 5-1】 假设 A、B 两家公司都想借入期限为 5 年的 1 000 万美元。两家公司在银行的信用评级及银行提供给两家公司的贷款条件如表 5-4 所示。

表 5-4　A、B 两家公司的融资成本

	信用评级	固定利率	浮动利率
A 公司	AAA	10%	6 个月期的 LIBOR+0.3%
B 公司	BBB	11.2%	6 个月期的 LIBOR+1%
借款成本差额		1.2%	0.7%

再假设 A 公司想借入与 6 个月期 LIBOR 相关的浮动利率资金，而 B 公司想按固定利率借款。由于 B 公司的信用等级低于 A 公司，B 公司在固定利率和浮动利率市场借款的利率都比 A 公司高，而表 5-4 的关键点是两个固定利率的差值大于浮动利率的差值。虽然 A 公司在固定利率、浮动利率上都具有绝对优势，但在固定利率上的优势更为明显，因此 A 公司在固定利率借款上有比较优势；相应地，B 公司在浮动利率借款上有比较优势。为了使双方都满意，可以利用这种比较优势签订利率互换合约，节约融资成本。

具体而言，A 公司以每年 10% 的固定利率在市场上借入 1 000 万美元，期限 5 年。B 公司则以 6 个月期 LIBOR+1% 的浮动利率在市场上借入 1 000 万美元，期限 5 年。然后双方再签订一份利率互换合约。

互换前双方按照各自需求的融资方式去借款，总的融资成本为 LIBOR+0.3%+11.2%=LIBOR+11.5%。

互换后双方按照各自具有的比较优势去借款，总的融资成本为 LIBOR+1%+10%=LIBOR+11%。

互换前后的成本差为 0.5%。

互换前后的成本差是互换合约可供双方瓜分的利润，不妨假设其由双方平均分配，即各自的融资成本均可降低 0.25%，则互换后双方的筹资成本为：

A 公司：LIBOR+0.3%−0.25%=LIBOR+0.05%

B 公司：11.2%−0.25%=10.95%

互换过程如图 5-3 所示。

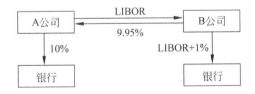

图 5-3　利率互换示意

从图 5-3 中可以看出，A 公司进入互换合约以后，有以下三项现金流：

（1）支付给银行的借款利率 10%；

（2）根据利率互换合约中收到 B 公司支付的固定利率 9.95%；

（3）根据利率互换合约中支付给 B 公司的浮动利率 6 个月期 LIBOR。

以上三项现金流的净效果为 A 公司实际付出 6 个月期 LIBOR+0.05%。也就是说，A 公司以每年 10% 的固定利率在市场上借款，通过与 B 公司签订利率互换合约后转换为以 6 个月期 LIBOR＋0.05％的浮动利率借款,与它直接以浮动利率 6 个月期 LIBOR＋0.3％借款相比,融资成本降低了 0.25％。

同样的分析,B 公司签订利率互换合约以后,也有三项现金流,如下所示:

(1) 支付给银行的借款利率 6 个月期 LIBOR＋1.0％;

(2) 根据利率互换合约中收入的 6 个月期 LIBOR;

(3) 根据利率互换合约中支付给 A 公司的固定利率 9.95％。

以上三项现金流的净效果为 B 公司的实际借款成本为 10.95％。这与它直接按固定利率从银行借款相比,融资成本也降低了 0.25％。因此,A、B 两家公司通过利率互换都降低了各自的融资成本,实现了互利。

这里有两点需要说明:

(1) 在例 5-1 中,互换双方总的融资成本降低了 0.5％,这是互换的总收益。互换的总收益是双方合作的结果,理应由双方分享。总收益的大小可以事先确定,恒等于借款成本之差。但总收益的分配方式是多种多样的。图 5-3 所给出的只是利率互换的一种分配方式,其中我们假设 A、B 两家公司均不存在违约风险,而且利率互换对 A、B 两家公司具有同样的吸引力,因此双方各分享总收益的一半。如果将信用风险等因素考虑进去,具体的分配比例将视具体情况由双方谈判决定。

(2) 图 5-3 中的固定利率 9.95％来源于利率互换的定价,这将在后面利率互换的估值和定价中详细阐述。

4. 金融中介的作用

在实务中,由于互换合约固有的局限性,A 公司和 B 公司这两家非金融机构并不是以如图 5-3 所示的方式直接接触来安排互换,它们分别与互换银行或做市商等金融中介机构联系,根据中介机构的报价寻找自己满意的利率互换合约。金融中介由于自身业务往来的关系,接近利率互换的供需双方比较容易找到潜在的互换交易者。此外,金融机构本身也可凭借其信用来降低交易双方的信用风险。金融中介与互换双方分别签订利率互换合约,金融中介并不要额外的资金,而是仅仅从中赚取服务费用或差价。图 5-4 说明了金融中介可能起到的作用。

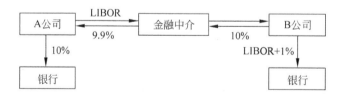

图 5-4 金融中介参与时的利率互换

如图 5-4 所示,金融中介分别与 A 公司和 B 公司签署了两份相互抵消的互换合约。如果假设 A 公司和 B 公司都不违约,在互换交易中 A 公司和 B 公司的收益各为 0.2％,金融中介的收益是 0.1％,加总后,三方的收益之和仍是 0.5％,即如图 5-3 所示的互换总收益。只不过此时 A 公司的实际借款成本为 LIBOR＋0.1％,B 公司的实际借款成本为 11％,但企业为了避免交易的对手风险,是愿意接受的。

注意在这种情况下,金融中介有两份分开的合约,一份是与 A 公司,另一份是与 B 公司。在大多数情况下,A 公司甚至不知道金融中介与 B 公司签署了一份抵消性的互换合约,反之亦然。如果一家公司违约,金融中介还必须履行与另一方的合约。金融中介所挣的 0.1% 就是对它承担这种违约风险的补偿。

在实际中,两家公司不可能同时与一家金融机构接触,也不可能在同一互换中头寸状态正好相反。基于这一原因,许多大的金融中介准备储存(warehouse)利率互换。这包括与一方进行互换,然后对冲利率风险,直至找到处于互换中相反头寸的另一方。前面讲过的远期利率协议和利率期货合约等都是对冲利率风险的好方法。

5. 互换利息的支付与天数计算惯例

在例 5-1 的互换中,浮动利率是基于 6 个月期 LIBOR 的,所以所有的利率都以半年计复利报出,每隔 6 个月为利息支付日。互换合约的条款应规定为每 6 个月一方支付给另一方固定利率与浮动利率差额的利息。假定在图 5-4 中某一特殊支付日的 6 个月期 LIBOR 为 12%,则 A 公司应付给金融中介 1 000 万 $\times 0.5 \times (12\% - 9.9\%) = 10.5$ 万(美元)。而金融中介应付给 B 公司 1 000 万 $\times 0.5 \times (12\% - 10\%) = 10$ 万(美元)。

在利率互换中本金并不交换,这是因为在合约中固定利率贷款与浮动利率贷款的美元本金价值不变。某一支付日使用的 6 个月期 LIBOR 为 6 个月前确定的,这是以 LIBOR 为基础的贷款的利息支付方式。第一个支付日为互换合约开始后 6 个月,第一个支付日现金流的交换是以互换开始时 6 个月期 LIBOR 为基础的,第二个支付日是互换开始后的 12 个月,第二个支付日现金流是以互换开始后 6 个月末开始的 6 个月期 LIBOR 为基础的。

这里需要注意的是,在上面的计算中忽略了天数计量惯例,而天数的计算惯例会影响互换中支付利息的数量。为了说明天数计量惯例,我们再看一下表 5-1 中虚拟互换交易的确认书摘要。在表 5-1 的确认书中,浮动利率是按 6 个月期美元 LIBOR 来报价的,并且天数计量惯例为"实际天数/360 天"的方式。也就是说,表示利率时认为 1 年是 360 天,但实际上利息是每天支付。一般来说,在一份互换合约中,以 LIBOR 为计量的浮动利率的现金流等于 $LRn/360$,其中 L 为本金,R 为相应的 LIBOR,n 为由上一个付款日到今天的实际天数。

固定利率通常是按债券等价收益率(bond equivalent yield,BEY)报价。债券等价收益率是以"实际天数/365 天"的方式报价,也就是说,固定利率是以 1 年 365 天为基础进行计算,因此在每个支付日,固定利息的支付数量并不一定相同。这种不同的处理方法意味着 LIBOR 报价与债券等价收益率无法直接比较。为了保证利率的可比性,我们要将 LIBOR 乘以 365/360 或将互换的固定利率乘以 360/365,不过只有在互换双方的支付频率相同时,这样的调整才是正确的。

除此之外,如果一个支付日刚好为周末或美国假日,则支付日会顺延到下一个工作日。如 2015 年 9 月 5 日是星期六,因此微软与高盛之间的互换中第三个支付日为 2015 年 9 月 7 日。为了将问题解释得更加清楚,我们在本章其他部分的计算中忽略天数计量惯例。

二、货币互换

1. 货币互换的定义

另一种较为流行的互换为货币互换。标准的货币互换合约是指将一种货币的本金和固定利息与另一种货币的等价本金和固定利息进行交换的合约。

虽然利率互换与货币互换在结构和运作机制上很相似,但它们是两种不同的互换合约,其主要差别在于:

(1) 互换双方支付款项的币种不同,利率互换只涉及一种货币,而货币互换涉及两种货币;

(2) 在协议开始和到期时,货币互换双方常常互换本金,且在签订互换协议的时候用不同币种表示的本金大致等价,而利率互换不涉及本金的交换;

(3) 货币互换双方的利息支付可以均为固定利率,也可以均为浮动利率,或者是固定利率与浮动利率互换,而标准利率互换多见于固定利率与浮动利率互换。

2. 货币互换的原因与基本步骤

货币互换产生的主要原因是双方在各自国家的金融市场上具有比较优势。由于货币互换涉及本金的互换,因此双方面临的信用风险比利率互换大。

货币互换交易一般有以下三个步骤:

(1) 本金的初期互换。在互换交易之初,双方按商定的汇率交换两种不同货币的本金,以便将来计算应支付的利息及再换回本金。初期交换一般以即期汇率为基础,也可用交易双方商定的远期汇率作为基准。

(2) 利息的互换。交易双方按商定利率,以未偿还的本金为基础,定期交换不同货币的利息。

(3) 到期日本金的再次互换。在合约到期日,交易双方通过互换,换回期初交换的本金。

这样,通过货币互换中的这三个基本步骤,就能够把一种货币的债务有效地转换为另一种货币而得到充分的保值。

3. 货币互换的运行过程

货币互换的运行过程与利率互换的运行过程完全类似,我们用一个例子来加以说明。

【例5-2】 假定英镑和美元的即期汇率为1英镑=1.5美元。美国的A公司想借入5年期的1 000万英镑,而英国的B公司想借入5年期的1 500万美元。市场向它们提供的一年计一次复利的利率如表5-5所示。

表5-5 A、B两家公司的借款成本 %

	美元	英镑
A公司	8	11.6
B公司	10	12
借款成本差额	2	0.4

从表 5-5 中可以看出 A 公司在美元、英镑市场上均有绝对优势,说明 A 公司的信用等级好于 B 公司。从互换交易员的角度看,表 5-5 的关键之处在于两个市场上 A 公司与 B 公司得到的贷款利率之间的差异并不相同。B 公司在美元市场上比 A 公司多付 2%,而在英镑市场上只比 A 公司多付 0.4%。因此,A 公司在美元市场上具有比较优势,但想借入英镑,而 B 公司在英镑市场上具有比较优势却想借入美元,从而满足互换的两个条件,可以进行货币互换。

A 公司和 B 公司都在自己具有比较优势的市场上借款,即 A 公司借入美元而 B 公司借入英镑,然后利用货币互换的方式将 A 公司的美元借款转换成英镑借款,同时 B 公司的英镑借款也就转换成了美元借款。如果不考虑双方的违约风险且忽略汇率因素,并假定货币互换合约对双方具有同等的吸引力,货币互换交易将平分互换的总收益(借款成本差额之差即 1.6%)。

互换前总的融资成本:$11.6\% + 10.0\% = 21.6\%$

互换后总的融资成本:$12.0\% + 8\% = 20\%$

互换前后的成本差:1.6%

互换总收益由双方平均分配,即各自的融资成本均可降低 0.8%,则互换后双方各自的筹资成本为:

A 公司:$11.6\% - 0.8\% = 10.8\%$

B 公司:$10.0\% - 0.8\% = 9.2\%$

互换有多种组成的方式,图 5-5 显示了一种可能的安排。根据货币互换的基本步骤,首先,A 公司以 8% 的利率借入 5 年期的 1 500 万美元,B 公司以 12% 的利率借入 5 年期的 1 000 万英镑。然后双方进行本金的初期交换,即 A 公司向 B 公司支付 1 500 万美元,B 公司向 A 公司支付 1 000 万英镑。

图 5-5 货币互换示意

其次,在互换期内,双方按照约定进行利息的支付。即 A 公司定期向 B 公司按 10.8% 的英镑利率支付借款利息 108 万英镑,B 公司定期向 A 公司按 8.0% 美元利率支付借款利息 120 万美元。经过互换,A 公司的最终实际融资成本由其对应的三个现金流决定,为 10.8% 的英镑利息,这比 A 公司直接借英镑的成本降低了 0.8%。经过同样的分析可知,B 公司的最终实际融资成本为 8% 的美元借款利息加上 1.2% 的英镑借款利息。若汇率水平不变或忽略两种货币的差别,B 公司的最终实际融资成本相当于 9.2% 的美元利息,也比 B 公司直接借入美元的成本降低了 0.8%。

最后,在互换到期时,互换双方再次进行本金的互换,即 A 公司向 B 公司支付 1 000 万英镑,B 公司向 A 公司支付 1 500 万美元。至此互换交易结束。

互换的结果既使交易双方获得了自己所需的货币,又分别降低了借款的实际成本,达到互利的目的。若考虑金融中介的参与,如图 5-6 所示,在金融中介作为交易主体的货币互换中,A、B 两家公司的互换收益各为 0.6%,金融中介的收益是 0.4%,三者加总仍为 1.6%。

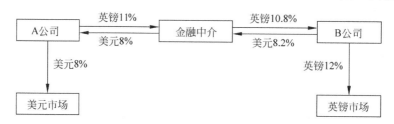

图 5-6 通过中介的货币互换示意

当然,与利率互换一样,货币互换的构造有很多方式,如图 5-5 和图 5-6 所示的只是货币互换的一种可能安排,其中每种货币对应的固定利率的大小是下一节要解决的问题。在货币互换中,金融中介也经常储存货币互换,因此金融中介需要监督不同种类的汇率风险,以便及时对冲这些风险。

三、其他互换

前面介绍了两种标准的互换——利率互换和货币互换,我们也从中了解了互换交易的原理和作用。下面将简单地介绍其他品种的互换是怎样从标准的利率互换和货币互换中产生出来的。

1. 交叉货币利率互换

交叉货币利率互换是利率互换和货币互换的组合,即以一种货币的固定利率交换另一种货币的浮动利率。

【例 5-3】 汉斯公司是一家总部设在英国的公司,它在美国开有一家分公司。现在美国的分公司需要一笔 7 年期美元贷款,以浮动利率支付。汉斯公司能以 9% 的固定利率借入 7 年期英镑,或以 LIBOR+0.2 的浮动利率借入 7 年期的美元。斯美公司的总部设在美国,它在英国开有一家子公司。现在英国的子公司需要借入一笔 7 年期英镑,以固定利率支付。斯美公司能以 10.1% 的固定利率借入 7 年期英镑,或以 LIBOR 的浮动利率借入 7 年期的美元。

请设计一个对双方都公平的互换方案。

双方的融资成本及比较优势如表 5-6 所示。

表 5-6 两家公司的借款成本与比较优势

项 目	汉斯公司(总部设在英国)	斯美公司(总部设在美国)	两家公司的利差
需求状况	美元贷款(支付浮动利率)	英镑贷款(支付固定利率)	
固定利率	9%(英镑)	10.1%(英镑)	1.1%
浮动利率	LIBOR+0.2%(美元)	LIBOR(美元)	0.2%
比较优势	英镑融资	美元融资	

从表中可以看出总部设在英国的汉斯公司在英镑市场上具有比较优势,但它需要的是浮动利率的美元借款;总部设在美国的斯美公司在美元市场上具有比较优势,但它需要的是固定利率的英镑借款。于是双方签订交叉货币利率互换合约。

汉斯公司和斯美公司都在其具有比较优势的市场上借款,即汉斯借入固定利率的英镑,而斯美公司借入浮动利率的美元,然后利用货币互换的方式将汉斯的英镑借款转换成美元借款,同时斯美公司的美元借款也就转换成英镑借款。

互换前总的融资成本:LIBOR+0.2%+10.1%=LIBOR+10.3%

互换后总的融资成本:9%+LIBOR

互换前后的成本差:1.3%

互换总收益由双方平均分配,即各自的融资成本均可降低0.65%,则互换后双方各自的筹资成本为:

汉斯公司:LIBOR+0.2%-0.65%=LIBOR-0.45%

斯美公司:10.1%-0.65%=9.45%

互换有多种组成方式,图5-7显示了一种可能的安排。根据互换的基本步骤,首先,汉斯公司以9%的利率借入7年期的1 000万英镑,斯美公司以LIBOR的利率借入7年期的1 500万美元。然后双方进行本金的初期交换,即汉斯公司向斯美公司支付1 000万英镑,斯美公司向汉斯公司支付1 500万美元。

图5-7 交叉货币利率互换示意

其次,在互换期内,双方按照约定进行利息的支付。即汉斯公司定期按照每个确定日美元的LIBOR向斯美公司支付美元利息,而斯美公司则定期以9.45%的利率向汉斯公司支付英镑借款的利息。经过互换,汉斯公司的最终实际融资成本由公司的三个现金流决定,以LIBOR为利率支付美元利息,同时收到利率为0.45%的英镑利息,其最终实际融资成本约为LIBOR-0.45%的美元利息,这比汉斯公司直接借美元的成本降低了约0.45%。经过同样的分析,斯美公司的最终实际融资成本为9.45%的英镑借款利息,比直接借英镑的成本降低了0.45%。

最后,在互换到期时,互换双方再次进行本金的互换,即汉斯公司向斯美公司支付1 500万美元,斯美公司向汉斯支付1 000万英镑,至此互换交易结束。

若考虑到金融中介的参与,且假设其赚取0.3%的利差,如图5-8所示,在金融中介作为交易主体的货币互换中,汉斯公司和斯美公司的互换收益各为0.5%。三者加总仍为1.3%。

2. 商品互换

商品互换是指交易的一方为一定数量的某种商品以每单位固定价格定期向交易的另

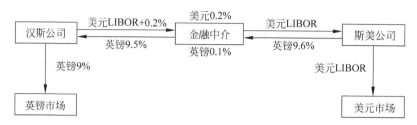

图 5-8　通过中介的交叉货币利率互换示意

一方支付款项,另一方则为一定数量的某种商品以每单位浮动价格定期向前者支付款项。这里的浮动价格通常是在周期性观察即期价格基础上的平均价格。互换的商品通常情况下是相同的,但也可以不同。如果它们是相同的,就不必交换名义商品,反之则可能要求交换名义商品。但作为一般的规律,并不发生名义商品的交换——所有实际发生的交易都是在现货市场进行。利用商品互换可以规避未来某种商品的价格风险。

【例 5-4】　某石油生产商想在未来 5 年内固定自己出售石油的价格,他每月的平均产量是 4 000 桶。同时,某炼油商想在未来 5 年内固定自己购买石油的价格,他每月的用量是 5 000 桶。为达到目的,他们分别与互换做市商进行商品互换,同时他们继续在现货市场上进行实际货物的交易。

作为最终用户,他们在进行商品互换交易时,现货市场相应等级石油的价格是每桶 22.8 美元。炼油商同意以每桶 22.4 美元的价格每月支付给做市商,做市商则按前一个月石油日平均价格支付给炼油商;同时,石油生产商同意按前一个月石油日平均价格支付给做市商,而做市商同意以每桶 22.2 美元的价格每月支付给石油生产商,如图 5-9 所示。

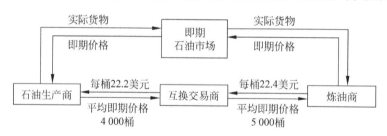

图 5-9　商品互换示意

从图中可以看出,如此支付款项有助于生产商和炼油商将石油的交易价格固定下来,而做市商作为中介从中赚取每桶 0.2 美元的利润,同时承担 1 000 桶石油的头寸暴露的风险。

3. 股权互换

股权互换是指以某个股票指数所实现的红利及资本利得与固定利率或浮动利率交换。在股权互换中,交易方的净现金流取决于特定股票指数的收益率。例如,某股权互换中的一方收取以日经 225 指数收益率为基础的现金流,同时支付以美元 LIBOR 为基础的现金流。因此,投资组合管理者可以通过股权互换把债券投资转换成股权投资;反之亦然。

股权互换还可以被设计为交易方收取以某种股票指数(如 S&P500 指数)为基础的现金流,同时支付以另一种股票指数(如英国富时 100 指数)为基础的现金流结构。单个股票的互换也已经出现,在这种结构安排中,现金流的一方可以用单只股票的收益率来交换股指收益率。

【例 5-5】 假设某基金公司的证券组合收益率与 S&P500 指数高度相关。基金经理担心利率敞口风险,决定利用股权互换避险。在这个股权互换中,基金经理同意在一定名义本金基础上支付给互换做市商由 S&P500 指数所带来的收益率,同时向互换做市商收取每年 8.75% 的固定利率。现金支付每季度进行一次,名义本金定为 1 亿美元。其中,股票指数收益率=股票指数/基准股票指数-1。股票指数的收益可正可负。如果为正,基金经理将向互换做市商支付一定金额;如果为负,基金经理将向互换做市商收取一定金额。

股权互换还可以给股票指数收益支付设定上限和下限。如果股票指数的收益超过了收益上限,支付指数收益的一方只需支付上限利率收益;反之,如果指数收益低于收益下限,支付指数收益的一方则不得不支付下限利率收益。

4. 信用违约互换

信用违约互换(credit default swap,CDS)是目前运用最为广泛的一种信用衍生产品。CDS 买方定期向 CDS 卖方支付一定费用(相当于保费),一旦出现事先约定的信用事件,CDS 买方将有权从卖方处获得补偿,互换终止。这些信用事件可以是特定贷款或债券主体还款违约、破产、资不抵债、拖欠,也可以是企业重组或信用评级下调。该补偿可以是现金支付,也可以是实物交割。如果以现金支付,支付额通常等于贷款(债券)面值减去公平回收价值;如果以实物交割,则通常以面值交换实际资产。如果信用事件并未发生,则互换到期自动失效。整个过程如图 5-10 所示。

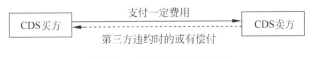

图 5-10 信用违约互换示意

因此,这实际上是 CDS 的买方以一定的费用为代价将基础资产的信用风险转移给 CDS 的卖方,相当于购入了一份信用保险。CDS 出现后,使原来专业化与分散化的矛盾大大缓解。在 CDS 出现之前,为了防止信用风险过于集中,银行只能向众多企业贷款。有了 CDS 后,银行就可以集中贷款给少量的企业,然后通过购买这些企业的 CDS 把大部分信用风险转嫁出去,卖出其他企业的 CDS 来承担这些企业的信用风险,从而实现信用风险的多样化。由于贷款对象减少了,银行可以集中精力管好这些贷款,既可以大大节约贷款成本,又可以享受专业化的好处。

5. 总收益互换

总收益互换(total return swap,TRS)是在未来约定期限内将一种或一篮子资产的总收益(包括现金流与资本利得或损失)与等值浮动利率债券的利息加或减价差进行交换(见图 5-11)。总收益互换的一个重要特征是合约双方并不转让资产的实际所有权,只是转让收益权。

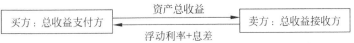

图 5-11 总收益互换现金流示意

总收益互换是最接近利率、货币、股权与商品互换的信用衍生产品。在总收益互换中,一方(买方)在协议期间将具有违约风险的参照资产的总收益转移给另一方(卖方),包括该参照资产的本金、利息和相关收入以及因资产市值波动带来的资本利得等;作为交换,卖方则依照协议约定的利率(通常是 LIBOR 加上一定的信用风险溢价)向买方支付一系列现金流。总收益的资产可以是单一股票、指数、公司债、抵押贷款、市政债券、不动产、可转债、资产抵押债券、大宗商品、农产品、贵金属等。

因此,总收益互换的买方通过转让标的资产的总收益将信用风险转移给卖方,而卖方则可以在不必实际持有该标的资产的情况下参与该资产的收益,同时承担该资产的信用风险。

【例 5-6】 假设甲公司买入 1 亿美元的 A 公司 3 年期债券,固定年利率为 5%。为了对冲 A 公司债券的信用风险,甲公司与乙银行签订 3 年期的总收益互换协议,乙银行支付 LIBOR+2%。互换存续期间,甲公司要将所获得的每年 500 万美元的利息支付给乙银行,向乙银行收取浮动利息。同时,如果债券的市场价值上升,假设升至 1.2 亿美元,则甲公司需将 0.2 亿美元的资本利得也支付给乙银行。如果债券的市场价值下跌,假设跌至 0.9 亿美元,则甲公司可从乙银行处收到 0.1 亿美元的资本损失补偿。这里的资本利得和损失,既可能源于利率等市场条件的变化,也可能源于 A 公司信用状况的变化。总之,甲乙双方定期交换资产总收益与浮动利率的差额。如果在总收益互换协议存续期内 A 公司违约,则乙银行要向甲公司支付面值减去回购价值的余额,即补偿甲公司在违约中的损失,同时总收益互换终止。

从以上案例中可以看出,总收益互换具有如下优点:节省交易费用,减少税收,提高杠杆,规避监管。以 2015 年我国的融资融券为例,通过券商进行融资融券的成本都很高,融资成本高达 8.5% 左右,融券成本更高达 10.5% 左右,甚至一券难求。通过总收益互换,则可大大节省客户的融资融券费用。对融资买入股票的客户来说,他要支付融资利率(8.5% 左右)、买入股票的佣金及未来卖出股票的佣金和印花税。而通过总收益率互换(图 5-12 中的融资方),他只需支付浮动利率(如 SHIBOR,大约 3%)加息差(1% 以下),最多再加上缴纳给金融机构的保证金所需要的利息。对于融券卖出股票的客户来说,他要支付融券费用(10.5% 左右)、卖出股票的佣金和印花税及未来买回股票的佣金。而通过总收益互换(图 5-12 中的融券方),他只需承担缴纳给金融机构的保证金所需要的利息,不但没有任何其他支出,还可以收到浮动利息。对于金融机构来说,利用总收益互换来开展融资融券业务,无须承担任何风险(通过向两边客户收取保证金来防范信用风险)和资本金就可以赚取息差,是真正意义上的中间业务。

图 5-12 通过总收益互换实现融资融券

6. 增长型互换、减弱型互换和滑道型互换

在这类互换中,名义本金不再固定不变,而是在互换期间按照预定的方式变化。增长型互换的名义本金开始时较小,随时间逐渐增大。这种互换适合借款额在项目期内逐渐增加的情况。减弱型互换的名义本金开始时较大,随时间逐渐减少。这种互换适合以发行债券来融资的项目,初期借款额度较大,随着债务的偿还,借款额度逐渐减小。而滑道型互换的名义本金时而增加,时而减少。例如,某些项目融资在开始时所需资金逐渐增加,到了项目后期,所需资金随着项目的收尾会逐渐减少,这就需要滑道型互换来为债务保值。

7. 差额互换

差额互换是以同种货币的相同名义本金为基础,对以两种不同货币的浮动利率计息的现金流量进行交换的协议。

【例5-7】 在一笔差额互换交易中,互换的一方以6月期美元LIBOR对1 000万美元的名义本金支付利息;同时对一笔相同数额的名义本金以6月期马克LIBOR减去1.09%的浮动利率收取以美元计价的利息。

20世纪90年代初,这种差额互换非常流行,当时美元利率很低,但收益率曲线上升得非常陡峭;而马克利率很高,收益率曲线却向下大幅倾斜。因此,按美元LIBOR支付利息,并按马克LIBOR−1.09%收取以美元表示的利息的一方在互换初期会有净收入,如果利率按远期收益率曲线所示发生变化,那么这些净收入最终会转变成净支出。但是互换交易者坚信美元的利率会低于远期利率所预示的水平,而德国马克的利率依然会维持在高水平上,所以通过差额互换获利的时间将大大延长,甚至可能在整个互换有效期间都获利。

除了上述几种外,还有很多非标准互换合约。例如,基点互换是指互换双方均为浮动利率,只不过参考利率可能不同;零息互换是指固定利息的多次现金流支付被一次性的支付所取代,该一次性支付可以在互换期初,也可以在期末。可延长互换和可赎回互换是指互换的一方有权在一定限度内延长互换期限或提前中止互换。后期确定互换是指互换的浮动利率在每次计息期结束之时才确定的互换;远期互换是指互换生效日从未来某一确定时间开始的互换;互换期权本质上属于期权而不是互换,该期权的标的物为互换,互换期权的持有人有权在未来签订一个互换协议,但许多机构在统计时都把互换期权列入互换的范围,等等。从这些非标准互换品种的定义里,读者就能领悟到金融工程的思想。一般来讲,非标准互换品种是沿着以下三种途径从标准的利率互换和货币互换中产生的:

(1)以新的基础资产为标的资产而产生的互换,如商品互换、股权互换等;

(2)已有的互换品种因条件(如期限、本金、利率、利息支付方式等)不断变化而产生的新品种,如可延长或赎回互换、增长型或减弱型或滑道型互换、零息互换等;

(3)构造新的互换品种,如信用违约互换、总收益互换、期权互换、远期互换等。

第三节 互换合约的估值与定价

本节主要讨论互换合约的估值和定价。事实上,无论是对互换进行估值还是定价,所使用的方法本质上是一样的。估值是指确定某一现存互换业务的净现值,其固定利率是已知的;而定价则是发生在互换签约之前,考虑的是要寻找一种合适的固定利率,使某一笔新互换交易的净现值为零。因此,在定价时净现值是已知的(为零),固定利率未知;

而在估值时,已知的是固定利率,要确定的是净现值。

大量的衍生品都是短期工具,而利率互换和货币互换则往往是期限长于1年的长期工具。因此,互换的定价一定与金融市场对未来的预期紧密地联系在一起,而定价的方法依然是无套利均衡分析。而且,在互换的定价技术中,非常突出地体现了金融工程的组合分解技术。假设没有违约风险,对互换的估值和定价通常可采用以下两个步骤:

(1) 把一个具体的互换合约转换为一个债券组合或一个远期协议组合;
(2) 运用已知的债券或远期合约的理论或定价原理对互换合约进行估值或定价。

一、利率互换的估值与定价

1. 运用债券组合对利率互换协议进行估值

考虑一个2017年3月5日生效的三年期的利率互换,名义本金是1亿美元。B公司同意支付给A公司年利率为5%的利息,而A公司同意支付给B公司6个月期LIBOR的利息,利息每半年支付一次,如图5-13所示。

图 5-13 利率互换示意

利率互换中B公司的现金流量如表5-7所示。

表 5-7 B公司的现金流量表 （单位:百万美元）

日 期	LIBOR(5%)	支付的固定利息	收到的浮动利息	净现金流
2017年3月5日	4.2	−100.0	+100.00	0
2017年9月5日	4.8	−2.5	+2.10	−0.40
2018年3月5日	5.3	−2.5	+2.40	−0.10
2018年9月5日	5.5	−2.5	+2.65	+0.15
2019年3月5日	5.6	−2.5	+2.75	+0.25
2019年9月5日	5.9	−2.5	+2.80	+0.30
2020年3月5日	—	−102.5	+102.95	+0.45

在利率互换中,本金不进行交换。但是如表5-7所示,我们可以假设本金在互换中进行交换,这一假设并不影响互换的价值,这是因为固定利息与浮动利息所对应的本金相同,在互换的初期和末期交换1亿美元资金对双方都不会产生任何经济影响。但加入这一假设后的现金流量表给我们提供了一种看待互换交易的新视角。表中的第3列对应一个固定利率债券空头的现金流,表中的第4列对应一个浮动利率债券多头的现金流。该表说明利率互换可以看作固定利率债券与浮动利率债券的互换。而B公司持有的利率互换可看作浮动利率债券多头和固定利率债券空头的组合。

假设B_{fix}为互换合约分解出的固定利率债券的价值,B_{fl}为互换合约分解出的浮动利率债券的价值。对B公司而言,这个互换的价值为

$$V_{互换} = B_{fl} - B_{fix} \tag{5-1}$$

类似地，A 公司持有的利率互换可看作浮动利率债券空头和固定利率债券多头的组合。对 A 公司而言，这个互换的价值为

$$V_{互换} = B_{fix} - B_{fl} \tag{5-2}$$

为了说明式(5-1)或式(5-2)的运用，首先假设 t_i 为距第 i 次现金流交换的时间（$i=1,2,\cdots,n$），l 为利率互换合约的名义本金额，r_i 为到期日为 t_i 的 LIBOR 零息票利率，k 为支付日支付的固定利息额，则固定利率债券的价值为

$$B_{fix} = \sum_{i=1}^{n} k e^{-r_i t_i} + L e^{-r_n t_n} \tag{5-3}$$

其次考虑浮动利率债券的价值。根据浮动利率债券的性质，在支付利息之后的一刹那，浮动利率债券的价值为其本金 L（将未来所有现金流按照浮动利率贴现的现值就等于债券的本金）。假设下一次利息支付日应支付的浮动利息额为 k^*（这是已知的），那么在下一次利息支付前的一刹那，浮动利率债券的价值为 $B_{fl}=L+k^*$。由于到下一次利息支付日还有 t_1 的时间，因此浮动利率债券的价值为

$$B_{fl} = (L+k^*) e^{-r_1 t_1} \tag{5-4}$$

在浮动利率始终等于该债券的合理贴现率的条件下，理解式(5-4)需要注意如下三点：

(1) 在浮动利率债券新发行时，该债券的价值就等于它的面值；

(2) 在任何一个重新确定利率的时刻，付息之后的浮动利率债券价值就等于新发行的同期限的浮动利率债券面值，付息之前的浮动利率债券价值就等于面值 L 加上应付利息 k^*；

(3) 根据证券定价的一般原理，在不考虑流动性因素的情况下，选定证券存续期内的任一时点，证券的价值等于该时刻的证券价值加上现在到该时点之间现金流的贴现值。

在为浮动利率债券定价时，选定下一个付息日为未来时点，这样就得到了式(5-4)。最后根据式(5-1)或式(5-2)，即可得到互换的价值。

【例 5-8】 假设某金融机构同意在互换合约中支付 6 个月期的 LIBOR，同时收取 8% 的固定年利率（半年计一次复利），互换的本金为 1 亿美元。互换还有 1.25 年的期限。按连续复利计算的 3 个月期、9 个月期和 15 个月期的 LIBOR 分别为 10%、10.5% 和 11%。上一次利息支付日的 6 个月 LIBOR 为 10.2%（半年计一次复利）。

本例中，$L=1$ 亿美元，$k=400$ 万美元，$k^*=510$ 万美元，在利率互换的计算中，我们通常由最后一个支付日向前推，即 $t_1=0.25, t_2=0.75, t_3=1.25$，因此

$$B_{fix} = 400 e^{-0.1 \times 0.25} + 400 e^{-0.105 \times 0.75} + 10\,400 e^{-0.11 \times 1.25} = 9\,824 \text{（万美元）}$$

$$B_{fl} = (10\,000 + 510) e^{-0.1 \times 0.25} = 10\,251 \text{（万美元）}$$

则金融机构持有的利率互换的价值为 $9\,824 - 10\,251 = -427$（万美元）。

对于支付固定利率并同时收入浮动利率的一方，互换合约的价值为 427 万美元。

互换合约中固定利率通常选使互换合约初始价值为 0 的那个利率，此时，$B_{fix} = B_{fl}$，由式(5-3)或式(5-4)可以计算出固定利率的大小。在互换合约的有效期内，其价值可能为正，也可能为负。这和远期合约很相似，因此我们也可以利用远期合约的组合来为互

换估值或定价。

2. 运用远期利率协议对利率互换进行估值

标准的利率互换是固定利率和浮动利率的交换，每个浮动利率是由每两次利息支付日之间的市场实际利率决定的，而远期利率协议（FRA）在执行的时候，也是以固定的协议利率与确定日的市场实际利率之间的利差支付，不同的是 FRA 在期初支付利差的现值而互换合约在期末进行利差支付。如果 FRA 在名义贷款到期再支付利差的话，利率互换就可以看作一系列用固定利率交换浮动利率的 FRA 的组合。只要知道组成利率互换的每笔 FRA 的价值，即可计算出利率互换的价值。

根据第二章 FRA 的内容，只要知道利率的期限结构，即可计算出每笔 FRA 对应的远期利率和 FRA 的价值，从而可以利用 FRA 为利率互换定价或估值。具体定价过程可以分为如下三个步骤：

(1) 计算每一个利息互换日的远期利率；
(2) 计算互换的净现金流；
(3) 将现金流贴现并求和，即可得到互换的价值。

【例 5-9】 利用 FRA 再次考虑例 5-8 的情形。3 个月后要交换的现金流是已知的，金融机构是用 10.2% 的年利率换入 8% 的年利率。所以这笔交换对金融机构的价值为

$$0.5 \times 10\,000 \times (0.08 - 0.102) e^{-0.1 \times 0.25} = -107 (万美元)$$

为了计算 9 个月后那笔现金流交换的价值，我们必须先计算从现在开始 3 个月末到 9 个月末的远期利率。根据远期利率的计算式，3 个月末到 9 个月末的远期利率为

$$\frac{0.105 \times 0.75 - 0.1 \times 0.25}{0.5} = 0.107\,5$$

10.75% 为连续复利，等价的每半年计一次复利的年利率为 $2 \times (e^{0.1075/2} - 1) = 0.110\,44$，因此 9 个月后那笔现金流交换的价值为

$$0.5 \times 10\,000 \times (0.08 - 0.110\,44) e^{-0.05 \times 0.75} = -141 (万美元)$$

同样，为了计算 15 个月后那笔现金流交换的价值，也必须先计算从现在开始 9 个月末到 15 个月末的远期利率：

$$\frac{0.11 \times 1.25 - 0.105 \times 0.75}{0.5} = 0.117\,5$$

而与 11.75% 的连续复利等价的每半年计一次复利的利率为

$$2 \times (e^{0.1175/2} - 1) = 0.121\,02$$

因此，15 个月后那笔现金流交换的价值为

$$0.5 \times 10\,000 \times (0.08 - 0.121\,02) e^{-0.11 \times 1.25} = -179 (万美元)$$

那么，作为远期利率协议的组合，这笔利率互换的价值为

$$-107 - 141 - 179 = -427 (万美元)$$

这个结果与例 5-8 中运用债券组合对利率互换进行估值的结果一致。

二、货币互换的估值

1. 运用债券组合对货币互换协议进行估值

在没有违约风险的条件下，货币互换也可以分解成债券的组合——一份本币债券和

一份外币债券的组合。

假设 IBM 公司和英国石油公司在 2017 年 2 月 1 日签订了一份 5 年期货币互换合约。合约规定本金分别是 1 800 万美元和 1 000 万英镑，期初 IBM 公司用 1 800 万美元与英国石油公司交换 1 000 万英镑本金，此后 IBM 公司每年向英国石油公司支付 5% 的英镑利息并向英国石油公司收取 6% 的美元利息，如图 5-14 所示。

图 5-14　利率互换示意

互换中 IBM 公司的现金流如表 5-8 所示。

表 5-8　IBM 公司的现金流量表　　　　　（单位：百万）

日　　期	美元现金流	英镑现金流
2017 年 2 月 1 日	−18.00	+10.00
2018 年 2 月 1 日	+1.08	−0.50
2019 年 2 月 1 日	+1.08	−0.50
2020 年 2 月 1 日	+1.08	−0.50
2021 年 2 月 1 日	+1.08	−0.50
2022 年 2 月 1 日	+19.08	−10.50

与利率互换的分析方式类似，货币互换可以分解为两种债券表示的情形。也就是说，IBM 公司持有的货币互换头寸可以看成是一份年利率为 6% 的美元债券多头头寸和一份年利率为 5% 的英镑债券空头头寸的组合。

如果我们定义 $V_{互换}$ 为货币互换的价值，B_D 是从互换中分解出来的本币债券的价值，B_F 是从互换中分解出来的用外币表示的外币债券的价值，S_0 是即期汇率（直接标价法）。那么对收入本币、支付外币的一方：

$$V_{互换} = B_D - S_0 B_F \tag{5-5}$$

对支付本币、收入外币的一方：

$$V_{互换} = S_0 B_F - B_D \tag{5-6}$$

【例 5-10】　假设美元和日元的 LIBOR 利率期限结构是水平的，日元利率为 4%，美元利率为 9%，都是连续复利。某一金融机构在一笔货币互换中每年收入日元利率 5%，同时付出美元利率 8%。两种货币的本金分别为 1 000 万美元和 120 000 万日元。这笔互换还有 3 年的期限，即期汇率为 1 美元兑 110 日元。对于该金融机构来说，该互换现在的价值是多少？

解：如果以美元为本币，则

$$B_D = 80\mathrm{e}^{-0.09 \times 1} + 80\mathrm{e}^{-0.09 \times 2} + 1\,080\mathrm{e}^{-0.09 \times 3} = 964.39（万美元）$$

$$B_F = 6\,000\mathrm{e}^{-0.04 \times 1} + 6\,000\mathrm{e}^{-0.04 \times 2} + 126\,000\mathrm{e}^{-0.04 \times 3} = 123\,055.41（万日元）$$

因此，金融机构持有的货币互换的价值为

$$\frac{123\ 055.41}{110} - 964.39 = 154.29(万美元)$$

如果该金融机构是支付日元、收入美元,则该货币互换对它来说价值为 −154.29 万美元。

2. 运用远期组合对货币互换进行估值

同利率互换一样,货币互换中的每一次支付都可以用直接远期外汇合约的现金流来代替,即货币互换还可以分解成一系列远期外汇合约的组合。因此,只要能够计算货币互换中分解出来的每笔远期外汇合约的价值,就可以知道对应的货币互换的价值。

【例 5-11】 再考虑例 5-10 的情形,即期汇率为 1 美元＝110 日元,或者是 1 日元＝0.009 091 美元,则 1 年期、2 年期和 3 年期的远期汇率分别为

$$0.009\ 091 e^{(0.09-0.04)\times 1} = 0.009\ 557$$
$$0.009\ 091 e^{(0.09-0.04)\times 2} = 0.010\ 047$$
$$0.009\ 091 e^{(0.09-0.04)\times 3} = 0.010\ 562$$

与利息交换等价的三份远期合约的价值分别为

$$(6\ 000 \times 0.009\ 557 - 80)e^{-0.09 \times 1} = -20.71(万美元)$$
$$(6\ 000 \times 0.010\ 047 - 80)e^{-0.09 \times 2} = -16.47(万美元)$$
$$(6\ 000 \times 0.010\ 562 - 80)e^{-0.09 \times 3} = -12.69(万美元)$$

而与最终的本金交换等价的远期合约的价值为

$$(120\ 000 \times 0.010\ 562 - 1\ 000)e^{-0.09 \times 3} = 204.16(万美元)$$

因此,货币互换对收入日元、支付美元的金融机构的价值为

$$204.16 - 20.71 - 16.47 - 12.69 = 154.29(万美元)$$

这和运用债券组合定价的结果一致。

第四节 互换合约的应用

自 20 世纪 80 年代互换出现以来,利率互换市场和货币互换市场都获得了迅速发展。推动互换市场发展的动力来源于人们进行互换的两个主要动机:一是利用交易各方在融资成本上的比较优势来降低融资成本或提高资产收益;二是利用互换改变资产、负债的风险特性实现风险管理的目标。

一、降低融资成本或提高资产收益的应用

这方面的应用可以分为两大类:一类是与资产相关的互换,它与大宗特定资产相关联,其目的是改变投资者收入现金流量的特征,使其不减少;另一类是与负债相关的互换,它是由借款人想改变其现金流出量而引起的,主要目的在于锁定成本。

如何运用互换来提高资产收益与如何运用互换来降低融资成本是类似的,不同的是降低融资成本是对负债的处理,而提高资产的收益是对资产的处理。例 5-1 和例 5-2 从降低融资成本的角度给出了互换合约的应用,下面再看一个与资产收益有关的应用。

【例 5-12】 假设一家美国保险公司准备投资 3 年期国债,当时美国的 3 年期国债的

收益率为8.14%,德国的3年期国债的收益率为8.45%,但是直接投资于德国国债将给公司带来汇率风险。为此,该公司希望在投资于德国国债的同时通过固定利率对固定利率的美元兑欧元互换来消除汇率风险。

通过向互换做市商询价,该公司了解到在3年期美元兑欧元互换中,只要支付8.45%的欧元利率,就可以得到8.51%的美元利息,于是决定在投资德国国债的同时利用货币互换来套期保值,具体的操作过程如图5-15所示。

图5-15 美国保险公司的货币互换示意图

该公司通过这一货币互换不仅获得了比投资美国债券更高的收益率,而且将其欧元的资产变成了美元的资产,转化了其资产的货币属性。当然,通过货币互换也可以转换交易方负债的货币属性。同理,通过利率互换可以转化交易方资产或负债的利率属性,即将浮动(固定)利率的资产或负债转化为固定(浮动)利率的资产或负债。

二、风险管理方面的应用

利率互换和货币互换是互换交易的主体,也是本章主要的讨论对象,下面主要介绍如何运用利率互换和货币互换管理利率风险和汇率风险。

1. 运用利率互换管理利率风险

(1) 运用利率互换转换负债的利率属性。如图5-16所示,如果交易者原先拥有一笔浮动利率负债,可以通过进入利率互换的多头,使所收到的浮动利率与负债中的浮动利率支付相抵消,同时支付固定利率,从而转换为固定利率负债。类似地,如果交易者原先拥有一笔固定利率负债,可以通过进入利率互换的空头,使所收到的固定利率与负债中的固定利率支付相抵消,同时支付浮动利率,从而转换为浮动利率负债。

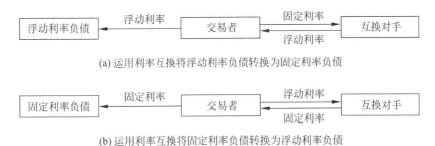

图5-16 运用利率互换转换负债的利率属性

(2) 运用利率互换转换资产的利率属性。资产利率属性的转换与负债利率属性的转换是非常相似的。如图5-17所示,如果交易者原先拥有一笔固定利率资产,可以通过进入利率互换的多头,使所支付的固定利率与资产中的固定利率收入相抵消,同时收到浮动利率,从而转换为浮动利率资产。类似地,如果交易者原先拥有一笔浮动利率资产,可以通过进入利率互换的空头,使所支付的浮动利率与资产中的浮动利率收入相抵消,同时收到固定利率,从而转换为固定利率资产。

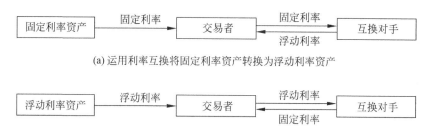

(a) 运用利率互换将固定利率资产转换为浮动利率资产

(b) 运用利率互换将浮动利率资产转换为固定利率资产

图 5-17 运用利率互换转换资产的利率属性

【例 5-13】 B 公司在名义本金为 1 亿美元的 2 年期利率互换中,支付 LIBOR,收到年利率为 2.8% 的利息,利息每 3 个月交换一次,如图 5-18 所示。

图 5-18 A 银行与 B 公司的利率互换

B 公司可以运用该笔利率互换将一笔浮动利率资产转换为固定利率资产。假设 B 公司拥有一份 2 年期的本金为 1 亿美元、利率为 3 个月期 LIBOR+0.5% 的浮动利率资产。在签订这份利率互换合约后,B 公司面临 3 个利息现金流:

(1) 从资产中获得 3 个月期 LIBOR+0.5% 的浮动利息收入;
(2) 从互换中收入 2.8%;
(3) 在互换中支付 3 个月期 LIBOR。

这样,B 公司的利息现金流就转化为 3.3% 的固定利息收入,从而将其资产转化为固定利率的资产。

如果 B 公司持有的是一笔 2 年期、本金为 1 亿美元、利率为 3.3%、每 3 个月支付一次利息的固定利率借款。在签订这份利率互换合约后,B 公司面临 3 个利息现金流:

(1) 支付 3.3% 给贷款人;
(2) 从互换中收入 2.8%;
(3) 在互换中支付 3 个月期 LIBOR。

这样,B 公司的利息现金流就转化为 3 个月期 LIBOR+0.5% 的浮动利息支出,从而将其固定利率的负债转化为浮动利率的负债。

从例 5-13 中可以看到,同一笔互换运用在不同的情形下,可以实现不同的转换目标。

2. 运用货币互换管理汇率风险

与利率互换类似,货币互换也可以用来转换资产和负债的货币属性。假设 B 公司有一笔 5 年期的年收益率为 4.5%、本金为 2 000 万美元的投资,但认为英镑相对于美元会走强。通过如图 5-19 所示的货币互换,这笔投资就转换成了 1 000 万英镑、年收益率为 6% 的英镑投资。如果 A 公司投资了一笔 5 年期、本金为 1 000 万英镑、年利率为 6% 的英镑债券,在签订这份货币互换合约后,A公司的英镑投资显然就转化成了美元投资。因此,货币互换为市场投资者提供了管理汇率风险(尤其是长期汇率风险)的工具。当然,在现实生活中,由于汇率和利率的变化,实际情况总是复杂得多。

图 5-19　A 公司与 B 公司的货币互换

【例 5-14】 英国的一位国际债券投资组合管理者手中持有大量以欧元标价的法国国债,剩余期限为 10 年,年利率为 5.2%,每年支付一次利息,债券的价格等于 4 615 万欧元。如果以当时的汇率 1 欧元等于 0.65 英镑计算,该国债的价值约等于 3 000 万英镑。该管理者打算将手中的这些法国国债转换为以英镑标价的固定利率投资。请问除了直接出售这些法国国债,将之投资于英镑固定利率债券之外,该组合管理者是否还有其他选择?

解:显然,该组合管理者还可以通过英镑与欧元的货币互换实现这笔资产的货币属性转换。当时该组合管理者在货币互换市场上可以得到的价格是:英镑固定利率为 4.9%,而欧元固定利率则为 5.7%,如图 5-20 所示。

图 5-20　运用货币互换转换资产的货币属性

具体操作过程为:

(1) 继续持有法国国债头寸,未来 10 年内每年定期获取 5.2% 的欧元利息;

(2) 签订一份支付欧元利息和收取英镑利息的货币互换合约,名义本金为 4 615 万欧元和 3 000 万英镑,利息交换日和到期日与法国国债投资相匹配。

(3) 货币互换协议初始,该组合管理者应支付 3 000 万英镑,得到 4 615 万欧元,因其相互抵消,没有实际现金流动。

(4) 每年的利息交换日,在互换协议中支付 5.7% 的欧元利息,得到 4.9% 的英镑利息,与国债利息收入相抵消后,该管理者的真实现金流为每年支付 4 615 万欧元的 0.5% 欧元利息,得到 3 000 万英镑的 4.9% 英镑利息。

(5) 到期日在法国国债投资上收回 4 615 万欧元本金,在互换合约中以 4 615 万欧元与 3 000 英镑互换,最终获得 3 000 万英镑本金。

显然,该组合管理者可以通过货币互换来虚拟地出售手中的法国国债头寸,将之转换为英镑固定利率投资。但在这个过程中仍然存在一定的汇率风险,主要体现为每年支付 0.5% 的欧元利息,收到 4.9% 的英镑利息,管理者的真实利息收入显然会随着欧元对英镑汇率的变化而变化,因此,可以通过购买远期欧元管理其中的汇率风险。

【案例 5-2】
利率互换的应用——Goodrich 公司与 Rabo 银行的利率互换

本 章 小 结

1. 互换合约是双方签订的交换未来一系列现金流的合约。它是一种场外交易产品,是以交易双方互利为目的的一种"非零和博弈"。

2. 标准的互换合约有利率互换和货币互换,其他非标准互换合约都是在标准互换合约的基础上衍生出来的。

3. 对互换的估值和定价,一般是将一个具体的互换合约转换为一个债券组合或一个远期协议组合,然后运用已知的债券或远期合约的理论或定价原理对互换合约进行定价。在互换合约的定价过程中,非常突出地体现了金融工程的组合分解技术。

4. 通过货币(利率)互换可以转化交易方资产或负债的货币(利率)属性。

5. 互换合约主要应用于降低融资成本或提高资产收益以及风险管理两个方面。而且,互换的风险管理功能与降低融资成本或提高资产收益的功能常常一同发挥作用。

思考与练习

思考题

1. 解释互换合约中信用风险和市场风险的差别。哪种风险可对冲掉?
2. 解释为什么一家银行签订了两份相互抵消的互换合约却仍面临信用风险。
3. 简述互换市场中互换做市商的作用。
4. 互换合约的估值和定价的含义是什么?
5. 了解中国互换市场的发展现状,并加以阐述。
6. 简述互换合约的作用。

练习题

1. 一家银行吸收浮动利率存款,发放固定利率贷款,资产与负债不相匹配。如何运用互换合约来对冲该风险?画出相应的互换示意图。

2. 假设 A 公司和 B 公司都想在金融市场上借入 5 年期本金 1 000 万美元的资金,因两家公司信用等级不同,市场向它们提供的利率也不同,如下表所示。

公司	固定利率/%	浮动利率
A 公司	6	6 个月期的 LIBOR+0.25%
B 公司	7	6 个月期的 LIBOR+0.35%

再假设 A 公司需要的是浮动利率贷款，B 公司需要的是固定利率贷款。请设计一个利率互换，其中银行作为中介获得的报酬是 0.1% 的利差，而且要求互换对双方具有同样的吸引力。

3. 假设 E 公司和 F 公司都想在金融市场上借入 3 年期本金 1 000 万美元的资金，因两家公司信用等级不同，市场向它们提供的利率也不相同，如下表所示。

公司	固定利率/%	浮动利率
E	8.0	LIBOR
F	8.8	LIBOR+0.3%

E 公司希望以浮动利率融资，而 F 公司希望以固定利率融资。请设计一个利率互换，其中银行作为中介获得的报酬是 0.2% 的利差，其余互换利润 E 公司和 F 公司按 2∶1 分配。

4. A、B 两家公司都要筹措一笔资金。A 公司需要一笔浮动利率贷款，B 公司需要一笔固定利率贷款。由于信用等级不同，它们的筹资成本也不同，具体如下表所示。

公司	美元固定利率贷款/%	美元浮动利率贷款
A	6	LIBOR+0.35%
B	7	LIBOR+0.75%

请问：①它们之间是否存在互换交易的可能？②潜在的总成本节约是多少？③如果有一家银行安排它们的互换交易，使互换利润在三方间平均分配，请给出一种可能的安排。

5. C 公司希望以固定利率借入美元，D 公司希望以固定利率借入日元，而且本金用即期汇率计算价值很接近。市场对这两家公司的报价如下：

%

公司	日元	美元
C	5.0	9.6
D	6.5	10.0

请设计一个货币互换，银行作为中介获得的报酬是 50 个基点，而且要求互换对双方具有同样的吸引力，汇率风险由银行承担。

6. 在一笔还有 3 年剩余期限的货币互换中，某金融机构每年收入人民币利率 5%，同时付出美元利率 4%。假设人民币和美元的利率期限结构是水平的，人民币利率为 3.5%，美元利率为 2.5%，都是连续复利，两种货币的本金分别为 6 800 万人民币和 1 000 万美元。这笔互换即期汇率为 1 美元兑 6.75 人民币。该货币互换对金融机构的价值是多少？

7. 一份本金为 10 亿美元的利率互换还有 10 个月的期限。这笔互换规定以 6 个月期 LIBOR 利率交换 6% 的年利率（每半年计一次复利）。市场上 LIBOR 利率的所有期限的利率的平均报价为5%(连续复利)。两个月前6个月期LIBOR利率为4.8%。上述互换对支付浮动利率的那一方价值是多少？对支付固定利率的那一方价值是多少？

8. 考虑一个季度支付一次利息的1年期利率互换，名义本金为1亿元，浮动利率为LIBOR。假设当前的90天期、180天期、270天期和360天期的LIBOR年利率分别为5.5%、6%、6.5%和7%。该利率互换的固定利率应该为多少？

9. 假设A公司有一笔5年期的年收益率为10%、本金为100万的英镑投资，如果A公司觉得美元相对于英镑会走强，简要说明A公司在互换市场上应该如何操作。

自测题

第六章

期权的基础知识

到目前为止,我们已经讨论了远期、期货、互换等衍生金融工具,它们都以不同的方式成功地管理了金融风险。远期利率协议和利率期货使借款人的利率在未来几个月或几年保持在事先确定的水平,互换把这种保证延续至10年以上,远期货币交易使一家公司外汇头寸的汇率在未来几个月或几年保持不变。所有这些工具都提供了确定性,使人们可以避免各种市场利率、汇率等在未来的变动,从而带来安全感。虽然结果是确定的,但并不总是最优的,例如,当利率高于预期时,借款人希望利率事先确定,而当利率最终下降时,同一借款人肯定希望保持风险敞口。从另一个角度看,风险作为一种结果的任何可能的变化,包含了市场的正向和反向的变化,因此避免风险不仅意味着回避坏的结果,同时也要利用好的结果。通过远期、期货和互换进行套期保值所获得的确定性与获得更高的收益之间存在天然的矛盾。如何在回避坏的结果的同时,在出现有利的市场行情时,又可以加以利用,获得更高的收益呢?

随着金融市场的发展,出现了期权合约。期权是金融工程所有工具中独特的一种,它使买方在有能力避免坏的结果的同时可以从好结果中获益。因此,期权及由它衍生出来的其他工具似乎是世界上最好的事。但是,获得一种永远不会带来坏处的东西肯定是要付钱的,所以期权合约不是免费的。尽管如此,期权仍然是风险控制的理想选择,即管理风险而不是完全避免它。

虽然人们使用各种各样的期权已有几百年的历史,但是金融期权在20世纪70年代才创立,并在80年代得到广泛应用。今天,期权已经成为所有金融工程工具中使用最多、最激动人心的。期权的灵活性创造了很多机会,其他金融工程工具也经常内含或隐藏着期权。

第一节 期权的基本概念

我们通过一个生活中的例子展开对期权的理解。

假如你在一家自行车店选中了一款很抢手的自行车,价格为850元,但是只剩下为数不多的几辆了。你对这款车的质量和外观都比较满意,可是既担心别的商家的卖价比这家低,又担心仅剩的几辆车被别人买走。这时,你可以跟商家进行这样一个交易:你先支付20元的预订费,如果你找不到其他合适的自行车,三天内再加830元将车买走;如果你在三天内不来买这款车,这20元的预订费就归商家所有。当然,如果你运气好的话,即使你在别处买了车,也有机会将这一权利以10元钱的价格转让给其他人,例如一位也打算在这家自行车店买这款自行车的消费者,在面对缺货的情况下愿意向你支付这10元钱。

从你支付预订费的时刻起,事实上,你就开始了一笔期权交易:你以20元钱的期权费获得了在三天内以830元的价格购买这款自行车的权利。这仅仅是一种权利,在这场交易中,你没有义务一定要购买。当然,你要有说明你权利的凭证,例如,商家对你权利的承诺,不然的话,你可能会失去你的选择权利。

还有一种期权是在购买者付出一定费用后,赋予他以一定的价格出售某种物品的权利。这在我们的生活中也常常会见到。例如,某制药公司与当地的种植者签订合同,愿意以协定的价格购买他们种植的某种稀有作物。当作物成熟收获时,如果市场价格高于协定价格,种植者也有权不把这种稀有作物卖给该公司。对于作物种植者来说,他们事实上获得了一种零期权费的期权。当然,该公司完全有可能让种植者为这份合同预交一小笔承诺金,而这对种植者来说也是完全公平的。

再如,你作为一个销售商,需要从厂家购入货物再销售出去,但是如果市场状况不稳定,或者市场不景气,你就得自己承受全部损失。这种情况下,你可能不愿意承担风险,宁可转行做别的,而这无疑会给厂家造成较大的损失。此时,聪明的厂家会向你提供一份协议,承诺在产品销路不好时以产品价格的80%收回自己的产品。销售商没有义务必须以这个价格向厂家出售产品,他有权利自己做选择。这样的一份卖权使你有了以一定价格出售商品的权利,从而规避了一部分风险。

期权的买方行使权利时,卖方必须按期权合约规定的内容履行义务。相反,买方可以放弃行使权利,此时买方只损失期权费,同时,卖方则赚取期权费。总之,期权的买方拥有行使期权的权利却无行使的义务;而期权的卖方只有履行期权的义务却无选择的权利。

一、期权的定义

1. 期权是一种选择权

通过上述例子可知,期权(option)是一种选择权,期权的买方向卖方支付一定数额的期权费后,拥有在一定时间内以一定的价格购买或出售一定数量的标的资产(实物商品、证券或期权合约)的权利。而买卖双方约定的未来买卖标的资产的价格称为期权的执行价格(exercise price)或敲定价格(striking price)。因此,期权实质上是一种权利的有偿使用,期权购买者支付给期权出售者一定的期权费后,就获得了在规定期限内按双方约定的价格购买或出售一定数量某种标的资产的权利。

2. 期权费

期权费(premium)也可称为期权的权利金,是指期权交易中的价格,即购买期权的一方为自己所获得的以约定的价格买入或卖出标的资产的权利预先支付给期权卖方的费用。这个费用一旦支付,则不管期权购买者是否行使期权均不予退回。期权费的金额取决于期权合约的性质、到期月份及执行价格等各种因素。例如,期权报价单上报出戴尔公司9月份到期的执行价格为35美元的买入期权的价格为5.9美元,则一份期权的价格为590美元。

3. 多头方与空头方

在期权的定义中,期权的买方又称多头方,即支付期权费并获得权利的一方。期权买方在期权合约规定的有效期内或合约中所规定的某一特定履约日,有权以事先约定的价格向期权卖方买进或卖出一定数量的某种标的资产,即期权的买方既可以行使他所拥有的这一权利,也可以放弃这一权利,甚至可以将这一权利转让给第三方。期权的卖方又称空头方,是指因出售期权而获得期权费,并承担履行该期权合约义务的一方。在期权交易中,在期权合约所规定的时间内或期权合约所规定的某一特定履约日,只要期权的买方要求执行期权,期权的卖方就必须无条件地履行期权合约所规定的义务。

这里需要注意的是,期权多空双方交易的是对未来买卖标的资产的选择权,而非标的资产本身。也就是说,在合约到期日,期权交易的多头方既可能是买入资产(看涨期权),也可能是卖出资产(看跌期权),但究竟是否实际交割,多头方有绝对的选择权;空头方也一样,既可能是卖出资产(看涨期权),也可能是买入资产(看跌期权),但究竟是否实际交割,空头方只有必须履约的义务。这与现货或期货交易不同,现货或期货交易的多头方要买入标的资产,而空头方要卖出标的资产。

二、期权的种类

期权品种很多,按不同的标准可以划分为不同的类型。

1. 按期权买方的权利划分,可分为看涨期权和看跌期权

股票期权(stock option)是形式最简单的也是最基本的期权,对其他形式期权的分析与研究是建立在股票期权的分析与研究之上的,因此我们以股票期权为例介绍看涨期权和看跌期权。

(1) 看涨期权(call option),又称买权,是指赋予期权的买方在规定的期限内或到期日按约定的价格买进一定数量某种标的资产的权利的合约,而为购买这个权利所支付的费用,就叫作期权费。在看涨期权的交易中,期权的买方之所以买进期权是因为他预期该期权标的资产的市场价格将上涨;期权的卖方之所以卖出期权,是因为他预期该期权标的资产的市场价格不会上涨或可能下跌,所以卖出看涨期权,以获取期权费。

假设看涨期权的执行价格为 K,标的资产在到期日的市场价格为 S_T。若 $S_T \geqslant K$,欧式看涨期权多头方在到期日以执行价格 K 从期权卖方的手里买入标的资产,然后在市场上以 S_T 的价格卖出,期权给多头方带来的回报为 $S_T - K$;若 $S_T < K$,欧式看涨期权多头方在到期日选择放弃该期权,期权给多头方带来的回报为 0。因此,在 T 时刻,该看涨期权给多头方带来的回报为

$$\max(S_T - K, 0)$$

因此,如果用 c 来表示看涨期权的期权费,则买权多头方的盈亏可用函数表示为

$$L_T = \begin{cases} -c, & S_T < K \\ S_T - K - c, & S_T \geqslant K \end{cases}$$

相应地,买权空头方的损益可用函数表示为

$$L_T = \begin{cases} c, & S_T < K \\ K - S_T + c, & S_T \geqslant K \end{cases}$$

【例 6-1】 假定 X 股票当前的市场价格为 98 美元,如果投资者 A 以 5 美元的价格买入 1 份执行价格为 100 美元的 X 股票的看涨期权,即有权在到期日以每股 100 美元的价

格买入100股X股票,则该投资者的最初投资为500美元,期权的到期日为4个月末。

如果到期日的股票价格高于100美元,期权将会被行使。假定在到期日股票价格为115美元。通过行使期权,期权买方可以每股100美元的价格买入100股X股票。投资者A如果马上将X股票在股市上卖出,每股可以赚取15美元。不考虑交易费用,投资者A可以获利1 500美元,再扣除最初的500美元的期权费,其最终利润为1 000美元。

反之,如果到期日的股票价格低于100美元,显然期权买方应该放弃这个权利,因为他没有必要以100美元的执行价格买入市场价格低于100美元的X股票。此时,投资者A会损失全部500美元的最初投资。图6-1显示了本例中投资者A买入看涨期权的收益与到期日股票价格的关系。

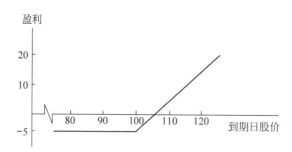

图6-1 看涨期权多头方的盈亏(期权价格=5美元,执行价格=100美元)

对于空头方B而言,在收取了500美元的期权费后,B就只有义务而没有权利了。当股票价格高于100美元,如115美元,多头方要执行期权时,空头方必须按照100美元的价格将股票卖给多头方;当股票价格低于100美元,多头方不执行期权时,空头方也必须接受多头方的选择。图6-2显示了本例中B卖出看涨期权的收益与到期日股票价格的关系。

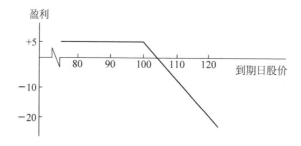

图6-2 看涨期权空头方的盈亏(期权价格=5美元,执行价格=100美元)

因此,看涨期权的多头方A和空头方B的损益函数分别为

$$L_A = \begin{cases} -5, & S_T < 100 \\ S_T - 100 - 5, & S_T \geq 100 \end{cases} \text{ 和 } L_B = \begin{cases} 5, & S_T < 100 \\ 100 - S_T + 5, & S_T \geq 100 \end{cases}$$

(2)看跌期权(put option),又称卖权,是指赋予期权买方在规定的期限内或到期日按约定的价格卖出一定数量某种标的资产的权利的合约。一般来说,看跌期权的买方之所以买进这种期权,是因为他预期该期权标的资产的市场价格将下跌。相反,看跌期权的

卖方则预测市场价格不会下跌或可能上涨，从而卖出这种期权，以获取期权费。

假设看跌期权的执行价格为 K，标的资产在到期日的市场价格为 S_T，欧式看跌期权多头方的收益为

$$\max(K - S_T, 0)$$

这说明当 $S_T < K$ 时，看跌期权会被行使，而当 $S_T \geqslant K$ 时多头方将放弃行权。因此，如果用 p 来表示看跌期权的期权费，则卖权多头方的损益可用函数表示为

$$L_T = \begin{cases} K - S_T - p, & S_T < K \\ -p, & S_T \geqslant K \end{cases}$$

相应地，卖权空头方的损益可用函数表示为

$$L_T = \begin{cases} S_T - K + p, & S_T < K \\ p, & S_T \geqslant K \end{cases}$$

【例 6-2】 假定 X 股票当前价格为 65 美元，如果投资者 C 按照 7 美元的价格买入 1 份执行价格为 70 美元的 X 股票的看跌期权，合约规模为 100 股，即有权在到期日以每股 70 美元的价格卖出 100 股 X 股票，则投资者 C 的最初投资为 700 美元，期权的到期日为 3 个月末。

如果到期日股票价格低于 70 美元，投资者 C 就会行使权利。假定到期日股票价格为 55 美元，按照期权的约定，投资者 C 可以每股 70 美元的价格卖出 X 股票，因此每股获利 15 美元，即总收益为 1 500 美元。再将最初的期权费考虑在内，投资者 C 的净收益为 800 美元。当然，这里并不能保证投资者一定会盈利。如果在到期日股票价格高于 70 美元，期权在到期日将一文不值，投资者将损失 700 美元。

图 6-3 显示了本例中投资者买入看跌期权的收益与到期日股票价格的关系。

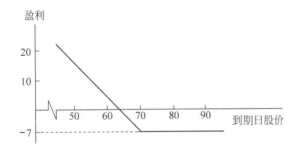

图 6-3 看跌期权多头方的盈亏（期权价格 = 7 美元，执行价格 = 70 美元）

对于空头方 D 而言，在收取了 700 美元的期权费后，D 就只有义务而没有权利了。当股票价格高于 70 美元，空头方放弃行权时，D 将赚取 700 美元的期权费；当股票价格低于 70 美元（如 55 美元），多头方要执行期权时，空头方则必须按照 70 美元购买多头方手中的 X 股票。图 6-4 显示了本例中 D 卖出看跌期权的收益与到期日股票价格的关系。

因此，看涨跌期权的多头方 C 和空头方 D 的损益函数分别为

$$L_C = \begin{cases} 70 - S_T - 7, & S_T < 70 \\ -7, & S_T \geqslant 70 \end{cases} \quad 和 \quad L_D = \begin{cases} S_T - 70 + 7, & S_T < 70 \\ 7, & S_T \geqslant 70 \end{cases}$$

图 6-1 至图 6-4 分别显示了看涨期权与看跌期权多空双方的盈亏。由于期权合约是

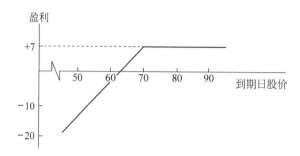

图 6-4　看跌期权空头方的盈亏(期权价格＝7 美元,执行价格＝70 美元)

零和游戏(zero-sum games),从图 6-1 至图 6-4 中可以看到:

(1) 看涨期权多头方的亏损风险是有限的,其最大的亏损是期权费,而其盈利可能是无限的;相反,看涨期权空头方的亏损可能是无限的,而盈利却是有限的,其最大的盈利是期权费。

(2) 看跌期权多头方的亏损风险是有限的,其最大的亏损是期权费,其盈利也是有限的,当标的资产价格为零时看跌期权多头方的盈利最大,此时盈利额等于执行价格减去期权费;看跌期权空头方的盈利为有限的期权费,亏损也是有限的,其最大的亏损额为执行价格减去期权费。

(3) 由于期权合约是零和游戏,一方的盈利正是另一方的亏损,同种期权多头方和空头方的回报或盈亏图形关于横轴对称。

2. 按期权买方执行期权的时限划分,可分为欧式期权和美式期权

欧式期权是指买方在期权到期时或到期前很短的一段时间才可以执行的期权。该权利既不能提前行使,也不能推迟行使,但能在市场上转让。美式期权是指买方在期权有效期内的任何时候都可以执行的期权。以一份到期日为 2019 年 9 月 20 日、执行价格为 50 元、标的资产为 A 股票的看涨期权为例。若该期权为欧式期权,则期权买方只有在 2019 年 9 月 20 日到期后的规定时间内才能执行期权,即有权以 50 元的价格买入 A 股票;若该期权为美式期权,则在 2019 年 9 月 20 日前的任意时刻,期权买方都可以执行期权。

不难看出,在其他条件(标的资产、执行价格和到期日)都相同的情况下,美式期权比欧式期权具有更大的灵活性。因为美式期权买方除了拥有欧式期权买方的所有权利之外,还拥有在到期前随时执行期权的权利,因此美式期权买方获利的可能性大于对应的欧式期权买方,而卖方所承担的风险也比欧式期权的卖方大,因为他必须随时做好履约准备。这样一来,在其他条件相同时,美式期权的买方愿意支付的期权费或卖方承担风险所要求的风险补偿也比欧式期权高一些。

从上面的分析不难看出,所谓的欧式期权和美式期权实际上并没有任何地理位置上的含义,而只是对期权买方执行权利的时间有着不同的规定。因此,即使在欧洲国家的金融期权市场上也有美式期权的交易,而在美国的金融期权市场上也同样交易着欧式期权。

目前,世界上各主要的期权市场上交易的期权大多为美式期权,但欧式期权比美式期权更容易分析,一些美式期权的性质常常可以从相应的欧式期权性质中类推出来。

3. 按期权交易场所的不同,可分为场内期权与场外期权

场内期权又称交易所交易期权,是指在期权交易所大厅内以正规的方式进行交易的期权。它有正式规定的数量,是一种标准化的期权。

场外期权又称柜台式期权,是指在交易所外交易的期权,较场内期权更为广泛、灵活、个性化。利率期权和外汇期权是场外期权交易品种中的重头戏。场外期权最主要的缺陷是交易对手的违约风险较高。场外市场的参与者是一些大的金融机构、大型交易商和基金公司,它们通过电话等通信手段进行交易。

4. 按标的资产的性质划分,可分为现货期权和期货期权

现货期权是指以各种金融工具本身作为期权合约标的资产的期权,如各种股票期权、股票指数期权、外汇期权、债券期权等。期货期权是指以各种金融期货合约作为期权合约标的资产的期权,如各种外汇期货期权、利率期货期权及股票指数期货期权等。

期权之所以分为现货期权和期货期权是因为这两类期权在具体的交易规则、交易策略及定价原理等方面都有很大的区别,而且这两类期权通常由不同的主管机关分别管理。

三、期权交易和期货交易的联系与区别

从上面的介绍可知,作为金融衍生工具的两个重要品种,期权交易与期货交易之间既有密切的联系,又有明显的区别。正确地认识它们的联系和区别,有助于投资者更好地理解期权交易与期货交易的不同特性,也有助于投资者根据实际情况作出正确的选择和判断。

1. 场内期权交易与期货交易的联系

(1)它们都是在有组织的场所——期货交易所和期权交易所内进行,由交易所制定有关的交易规则、合约内容,并对交易时间、过程进行规范化管理。

(2)它们都采用标准化合约的形式,由交易所统一制定交易规模、最小交易变动价位、涨跌停板、合约规格、合约月份等标准。期权合约的月份与交易规模大多参照相应的期货,以方便交易。

(3)它们都由统一的清算机构负责清算,清算机构对交易起担保的作用。清算机构都是会员制,清算体系采用分级清算的方式,即清算机构只负责对会员名下的交易进行清算,而由会员负责对其客户进行清算。

(4)它们都具有杠杆的作用。交易时只需要交纳相当于合约总额很小比例的资金(保证金和权利金),具有以小搏大的功能,因而成为投机和风险管理的有效工具。

2. 期权交易与期货交易的区别

(1)权利和义务不同。期货合约的双方都被赋予相应的权利和义务,除非用相反的合约进行对冲,否则这种权利和义务在到期日必须行使,也只能在到期日行使。期货的空头方常常还拥有选择在交割月哪一天交割的权利。而期权合约只赋予买方权利,卖方没有任何权利,只有在买方决定行使权利时履行买卖标的资产的义务。特别是美式期权的买方可在约定期限内的任何时间行使权利,也可以不行使这种权利;期权的卖方则需准备随时履行相应的义务。

(2)标准化程度不同。期货合约都是标准化的,因为它都是在交易所中交易的,而期

权合约则不一定。在美国,场外交易的现货期权是非标准化的,而在交易所交易的现货期权和所有的期货期权则是标准化的。

(3)盈亏风险不同。对期货交易来说,空头方最大的亏损可能是无限的,最大的盈利则可能是有限的;多头方最大的亏损可能是标的资产价格跌至零,盈利可能是无限的。而期权交易空头方的亏损可能是无限的(看涨期权),也可能是有限的(看跌期权),盈利则是有限的(以期权费为限);期权交易多头方的亏损风险是有限的(以期权费为限),盈利则可能是无限的(看涨期权),也可能是有限的(看跌期权)。

(4)保证金制度不同。期货交易的买卖双方都需缴纳保证金。期权的多头方无须缴纳保证金,因为其亏损不会超过他已支付的期权费;而在交易所交易的期权空头方则与期货交易一样要缴纳保证金。场外交易的期权空头方是否需要缴纳保证金则取决于当事人的意见。

(5)买卖匹配不同。期货合约的买方到期必须买入标的资产,而期权合约的买方在到期日或到期前则有买入(看涨期权)或卖出(看跌期权)标的资产的权利。期货合约的卖方到期必须卖出标的资产,而期权合约的卖方在到期日或到期前则有根据买方意愿履行卖出(看涨期权)或买入(看跌期权)标的资产的义务。

(6)套期保值的目标不同。运用期货进行的套期保值,在把不利风险转移出去的同时,也把有利的可能转移出去。而期权多头方在运用期权进行套期保值时,只把不利风险转移出去而把有利的可能留给自己。

一般来说,期权交易中的套期保值者主要是期权买方。他们之所以买进期权,是因为他们担心市场价格将发生不利于自己的变动。买进期权后,他们便获得了在期权有效期内按照已知的执行价格买进或卖出一定数量的某种标的资产的权利,从而将自己所面临的价格风险转移出去。与此同时,期权卖方则因为卖出期权而承担了市场价格变动的风险。由此可见,期权买方向期权卖方支付的期权费与投保人向保险公司支付的保险费在本质上是一样的,都是为规避风险、达到套期保值的目的而付出的代价。正因如此,期权费也常被称为保险费。

此外,根据期权的复杂程度和使用范围,可以将期权分为普通期权和奇异期权;根据期权的应用范围,可以将期权分为金融期权和实物期权等。同时随着期权交易的发展,许多类似期权的衍生工具相继出现,其中认股权证、可转换债券、可转换优先股等类似的期权产品早已成为成熟市场中的通行融资工具。

第二节 期权交易的产生和发展

在许多人的心目中,期权是直到最近才出现的金融创新工具。其实,早在古希腊和古罗马时期,就已经出现了期权交易的雏形。

一、期权交易的早期历史

据史料记载,最早利用期权进行投机的是古希腊天文学家泰利斯,他也是古希腊最早的哲学学派的创始人。根据亚里士多德的记载,泰利斯凭借自己在星相方面的知识,在尚未入冬时就已经知道次年橄榄会大丰收。他押下所值甚微的钱，换取了奇欧斯和米勒图斯所有橄榄压榨机的使用权。由于没有人与他竞争，因此价格非常低。次年橄榄果真大获丰收，对压榨机的需求迅速上升，泰利斯利用手中的合约出售了使用压榨机的权利，获取了丰厚的利润。

记载期权这种用途的文献最早出现在 1634 年的荷兰。在 17 世纪荷兰的贵族阶层中，郁金香是身份的象征。珍贵品种的郁金香球茎供不应求，加上投机炒作，致使其价格飞涨 20 倍，成为最早有记载的泡沫经济。同时，这股投机狂潮开启了真正的期权交易的大门。郁金香交易商向种植者收取一笔费用，授予种植者按约定的最低价格向该交易商出售郁金香球茎的权利。同时，部分郁金香交易商通过支付给种植者一定数额的费用，来获取以约定的价格购买球茎的权利，这就是人类历史上最早的期权交易。18 世纪和 19 世纪，美国和欧洲的农产品期权交易已经相当流行。

期权交易在英格兰流行大约只比荷兰晚了 50 年。1771 年，一家名为南海公司（South Sea Company）的企业以承担政府部分债务为条件，得到了贸易垄断权。基于对其利润的良好预期，投资者纷纷买进该公司的股票，从而使其价格直线上升。与此同时，以该公司的股票为标的资产的期权合约的交易也十分活跃，但这种交易以投机为主。此后，公司业绩难以维持公司的高股价，因而卖出公司持有的股票，引发市场对该股票的抛售，导致股价迅速下跌。由于缺乏严格的监管体系，当股价迅速下跌时，许多看跌期权合约的出售者拒绝履行合约义务，从而导致违约发生。在南海泡沫崩溃之后，英国议会通过法令禁止期权交易，这一禁令延续了 100 余年。

二、期权交易所的产生

19 世纪，以单一股票为标的资产的股票期权在美国诞生，期权交易开始被引入金融市场。之后，伴随着金融市场的发展，期权市场迅速成长起来。然而，在美国的芝加哥期权交易所（CBOE）建立前，期权的交易都是在场外市场（OTC）进行的。20 世纪初，美国出现了一种较有序的期权交易市场，被称为看跌期权和看涨期权经纪商和自营商协会（Put and Call Broker and Dealers Association），该协会的成员公司负责对期权的买方和卖方进行撮合成交。这对原来的分散化期权市场有了较大的改进，由于不具有集中性的交易场所和完善的标准化期权合约，其 OTC 市场的基本性质并未从根本上得到改变，期权交易的效率仍然较低，期权市场的发展依然比较缓慢。直到 1968 年，在美国作为股票期权合约的标的股票数量还只有纽约证券交易所（New York Stock Exchange, NYSE）成交股票数量的 1%。

1973 年 4 月 26 日 CBOE 建立后，标准化的期权合约第一次出现。交易所建立当日，即有以 16 只股票为标的的期权合约在交易所交易，当天的成交量达 91 手。同年，布莱克、斯科尔斯和默顿在期权定价方面的经典论文正式发表。由于他们提出的模型很好地解决了期权的定价问题，从而使期权交易量迅速放大，美国逐步成为世界期权交易中心。此后，得州仪器公司推出了具有期权价值计算功能的计算器。交易制度方面的创新和理论技术方面的发展共同促进了 CBOE 的迅速发展。顺应市场发展的内在要求，美国商品期货交易委员会放松了对期权交易的限制，有意识地推出多种商品期权交易和金融期权交易,由此促使越来越多的交易所竞相开办期权交易,新的期权品种也不断推出。1982年,作为试验计划的一部分,芝加哥期货交易所推出了以长期国债期货为标的的期权交易。1983年1月,芝加哥商业交易所推出了S&P 500股价指数期权。随着股价指数期权交易的成功,各交易所将期权交易迅速扩展至其他金融品种,如利率、外汇等。1984—1986年,芝加哥期货交易所先后推出了大豆、玉米、小麦等品种的期货期权。美国期权交易的示范效应带动了世界各国期权市场的发展。目前,全球有影响的期权市场有芝加哥期权交易所(CBOE)、芝加哥商业交易所集团(CME Group)、洲际交易所(ICE)和欧洲期货交易所(Eurex)等。

三、电子化交易的实现

在国际证券交易所(ISE)出现之前,所有的交易所都采用类似的"场内交易所"模式来交易期权。在场内交易所中,经纪商和做市商面对面地互动来执行不同期权的委托。场内交易所是会员聚集在一起进行交易的物理设施。作为其他期权交易所楷模的CBOE,其"心脏"就是交易大厅,虽然已经有自动交易系统,交易员们还是在交易大厅里相互叫喊着下达指令。

2000年5月,在得到证券交易委员会(SEC)的许可之后,ISE成为美国第一家交易股票期权的全电子化交易所。在短短的4年中,ISE在期权市场上的份额就赶上了CBOE。它的电子竞价系统是一个完全基于屏幕的市场,而且仅由少数几个大型机构会员管理。因为ISE仅与17家公司交易,这17家公司拥有交易所所有的会员权利。与面对面的场内交易不同,经纪商和做市商可以完全电子化和匿名互动。在电子化模式下,会员向中央委托记录发出他们的委托,然后根据报价和参与会员的数量决定交易的归属。电子化交易的支持者强调交易被执行的速度。通常人们认为场内专业会员手工处理一笔交易需要30秒,而电子系统只需要3秒。

事实证明,这种模式在与传统交易所争夺市场份额方面非常有竞争力。而且,它好像能对竞争压力迅速作出回应。相比之下,CBOE反应相当迟缓,原因在于其治理结构——它有数百个会员,这使它很难快速地改变交易所的发展方向。事实上,CBOE在市场份额中还能保持微弱的领先地位应归功于它在交易量很大的指数期权上占据统治地位,因为CBOE有这些指数期权的独家上市权。

无论如何,ISE的成功与快速发展使现有的场内交易所不得不发展自己的电子化交易模型。CBOE于2001年引入了自己的两栖交易系统(HYTS),该系统创造性地把基于屏幕的交易与公开叫价交易混合在一起,目的是把两种市场交易方式的优点都囊括在内。这让CBOE的客户轻点鼠标即可进入CBOE的委托记录并按照显示的报价自动执行。同时,客户或者公司也可以把委托发送到交易大厅,CBOE可以让综合终端在一个屏幕上显示其他期权、期货和证券交易所的报价。

事实上,2004年以后,所有传统的交易所都采用了不同形式的电子化交易平台。美国市场的大多数委托均以电子方式发送给交易所并且相当大一部分被发送到自动交易系统。

四、全球期权市场的蓬勃发展

期权交易在美国的成功发展迅速引起世界各地期权交易的流行,20世纪70年代末伦敦证券交易所成立了伦敦期权交易市场,荷兰成立了欧洲期权交易所,随后亚洲的新加坡、日本、马来西亚等国家和地区也开始期权交易。目前,除美国以外,全球有影响的期权市场还有欧洲期货交易所(EUREX)、巴西圣保罗证券和期货交易所(BM&FBOVESPA S.A.)、中国香港交易所(HKEX)、韩国证券期货交易所(KRX)、印度国家证券交易所(NSE)等。期权市场无论从品种上还是地域上都获得了长足的发展。事实上,大多数提供期货合约的交易所也都提供有关这些期货的期权交易,现在期权交易所几乎遍布全世界。

回顾期权的历史,交易所期权的巨大成功及其对期权交易的重要推动已经成为不可否认的事实。人们一般认为,这主要有三个原因:①交易所交易的集中性和合约的标准化极大地便利了期权的交易管理及价格信息、产品信息的发布,为投资者提供了期权工具的流动性,使交易者能更灵活地管理其资产头寸,因而极大地促进了期权市场的发展;②清算所的建立解决了长期困扰场外市场的信用风险问题;③电子化交易的发展带来了更畅通的交易系统和更低的交易成本。

尽管交易所交易期权有着上述优越性,然而这并不意味着场外期权交易的消亡。场外期权最大的好处在于金融机构可以根据客户的需要为其量身定做许多非标准的个性化期权合约,从而创造了其特有的存在空间。20世纪70年代以后,场内期权所带来的巨大冲击,反而在一定程度上促进了场外市场的创新和发展。面对激烈的竞争,OTC市场的金融机构充分利用自身的灵活性优势,不断创新,吸引客户,抢夺市场,这反过来又引发了场内期权的变革和创新。这些竞争在20世纪90年代之后日益激烈,全球期权市场出现了一些新的发展动态和趋势。

1. 日益增多的奇异期权

20世纪90年代以后,OTC市场的金融机构日益意识到期权市场的激烈竞争和普通期权利润空间的缩小,这迫使它们不得不进一步利用场外期权非标准化的特点,开发更复杂的期权产品。期权结构越复杂,复制所需时间越长,客户发现其定价过高的可能性越小,就越能保证开发者的利润空间。这类竞争导致了期权创新的迅速发展和奇异期权的日益增多。

2. 交易所交易产品的灵活化

事实上,随着金融创新的发展,期权的OTC市场越来越具有竞争力,场外交易日渐普遍。这促使期权交易所寻求新的竞争手段,保持和开拓市场空间。相较于场外期权,交易所期权合约的最大劣势就在于其标准化条款不具备灵活性。因此,一些交易所开始提供非标准的期权交易,如灵活期权(flex options),即在交易所内交易但具有非标准的执行价格和到期日条款的期权。显然,这样的期权具有OTC市场的灵活性,但仍然由清算所而非交易方承担交易的信用风险,因而可以被看作交易所企图从场外市场争夺客户的一种尝试。

3. 交易所之间的并购潮不断涌现

在金融市场全球化的趋势下,期权交易所开始希望它们的合约能在全球范围内进行交易并为此作出努力,从而促进了交易所之间的合作和联系。例如,一家交易所上市的期权产品可以在其他交易所进行交易;或者在一家交易所交易,而在其他交易所平盘或交割;一些交易所则允许其他交易所的会员在本所进行交易等,这也引发了收购兼并的浪潮。例如,纽约泛欧交易所收购了美国股票交易所(AMEX)、纳斯达克OXM集团收购了费城股票交易所(PHLX)。

4. 高频交易日益盛行

高频交易是指每秒发送多达数千条委托的交易行为。高频交易者通常运用复杂的算法,试图抢在其他人前面发现趋势并捕捉价格的微小波动,他们通常运用高速计算机与交易所的委托处理系统直接连接以减少时滞。目前,高频交易已达美国股票交易量的50%～70%,在期权市场所占份额也日趋增多。

第三节 期权价格的性质

期权交易是一种选择权的交易,即期权购买者为获得合约所赋予的权利,必须向期权出售者支付一定的期权费用,这笔费用就是期权费(或称期权价格)。在期权交易中,期权价格的决定与变动是一个既重要又复杂的问题。在分析期权定价之前,本节首先从多个角度对期权价格进行分析,为后面介绍期权定价奠定基础。

一、期权价格的构成

期权价格是场内期权合约中唯一的变量,合约中的其他条件均是事先确定好的。期权价格的高低取决于整个期权合约,包括期权的到期日及所选择的执行价格等。期权价格的最后决定必须经过期权的买卖双方经纪人在交易所内以公开喊价的方式竞争进行。一般来说,期权价格主要由内在价值和时间价值两部分构成。

1. 内在价值

内在价值(intrinsic value,IV)是指期权持有者立即行使该期权合约赋予的权利时所能获得的收益与零之间的最大值。内在价值反映了期权合约中预先约定的执行价格与相关标的资产市场价格之间的关系。看涨期权的内在价值为 $IV=\max\{S_t-K,0\}$,看跌期权的内在价值为 $IV=\max\{K-S_t,0\}$,其中 K 为执行价格,S_t 为标的资产价格。

【例6-3】 假设某投资者买入一份执行价格为40美元的看涨期权,该期权的标的资产现在的交易价格为42美元,此时,该看涨期权的内在价值是多少?若该期权为执行价格是40美元的看跌期权,其内在价值又是多少?

解:该看涨期权的内在价值是2美元。因为投资者有权以40美元的价格获得此资产,然后立即在公开市场上以42美元的价格卖出,从而获得2美元的净利润。相反,如果投资者买入的是其他条件不变的看跌期权,因为资产的现行价格为42美元,期权买方立即行使该期权将获得负收益,因而内在价值为零。

关于内在价值的确定需要注意两点:①内在价值与期权费的高低无关,我们只需知道执行价格与标的资产的市场价格,以及是看涨期权还是看跌期权即可确定内在价值的大小;②尽管行使欧式期权和美式期权的时间规定不同,美式期权可在到期日前任意时间行使,而欧式期权却只能在到期日行使,但它们在内在价值的含义上却是一致的。

根据标的资产市场价格与执行价格的关系不同,期权可以分为实值期权、平价期权和虚值期权。

(1) 实值期权(in the money option,ITM)。实值期权是指已带有实际盈利或名义盈利的期权,它分为两种情况:对于看涨期权来说,当期权标的资产的市场价格高于期权的执行价格时,行使期权是有利可图的,此时看涨期权的多头方手中持有的就是实值期权;对于看跌期权来说,当期权的执行价格高于其标的资产的市场价格时,行使期权同样是有利可图的,此时看跌期权的多头方手中持有的也是实值期权。总之,实值期权是内在价值大于零的期权。

(2) 平价期权(at the money option,ATM)。平价期权是指执行价格等于标的资产的市场价格时的期权,而无论它是看涨期权还是看跌期权。

(3) 虚值期权(out of the money option,OTM)。虚值期权是指带有实际亏损或名义亏损的期权。它同样也分两种情况:对于看涨期权来说,当期权的执行价格高于标的资产的市场价格时,行使期权是无利可图的,此时看涨期权的多头方手中所持有的就是虚值期权。对于看跌期权来说,当期权标的资产的市场价格高于期权的执行价格时,行使期权同样不利于期权的买方,此时看跌期权的多头方手中所持有的也是虚值期权。

平价期权和虚值期权的内在价值都等于零。期权在有效期的不同阶段,可能会处于不同的期权状态,虚值(实值)期权可以转化为实值(虚值)期权。而在转化的过程中,肯定还包括虚值(实值)期权向平价期权的转化以及平价期权向实值(虚值)期权的转化。

2. 时间价值

时间价值(time value,TV)是指在期权有效期内标的资产的价格波动为期权持有者带来收益的可能性所隐含的价值。实际上,在所有期权交易中,买方支付的期权费都高于期权的内在价值,主要是因为期权的内在价值会随着时间的推移而发生变动,使卖方承担巨大的风险。在这种情况下,期权费一般应高于期权的内在价值,高出的部分就是期权的时间价值。

【例6-4】 某一股票看涨期权在6个月后到期,期权合约规定的执行价格为50元,标的股票的市场价格为50元,这一期权的内在价值等于零。该期权是否有价值?

解:在未来的6个月内,任何人都无法排除该只股票的市场价格超过50元的可能性。假设股票价格上涨到60元,看涨期权的持有者就可以赚取$100 \times (60-50) = 1\,000$元的利润;假设股票的市场价格一直停留在50元以下,该期权的持有者将放弃购买的权利,他一分钱也不亏。因此,即使在看涨期权的内在价值为零的情况下,看涨期权的购买者也"有赚无亏",这种"有赚无亏"是不可能无代价地获得的,这一代价就是该看涨期权的时间价值。

从例6-4可知,看涨期权的时间价值等于期权有效期内标的资产价格上升给买方带来的预期收益的价值。同理,看跌期权的时间价值等于期权有效期内标的资产价格下跌给买方带来的预期收益的价值。显然,标的资产价格的波动率越高,期权的时间价值就越大。

期权定价的难点在于如何为时间价值定价,因为期权的时间价值是基于期权多头方权利义务不对称这一特性,在期权到期前标的资产价格的变化可能给期权多头方带来的收益的一种反映。一般来讲,期权剩余有效期越长,其时间价值也就越大,因为对于买方而言,有效期越长,其获利的可能性就越大;而对于卖方来说,期权有效期越长,风险也就越高,因而期权售价也就越高。当期权临近到期日时,在其他条件不变的情况下,其时间价值下降速度加快,并逐渐趋于零,一旦到达到期日,期权的时间价值即为零,如图6-5所示。

另一个不易被发现的关系是期权内在价值与时间价值之间的相关性,如图6-6所示。期权的时间价值受内在价值的影响,在期权平价点时间价值最大,并随期权实值量和虚值量增加而递减。

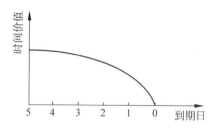

图 6-5 期权的时间价值与到期日的关系

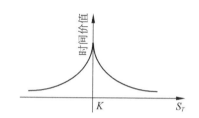

图 6-6 期权的时间价值与内在价值的关系

3. 期权价格与内在价值和时间价值的关系

期权价格由内在价值和时间价值构成,三者之间的关系如图6-7所示。

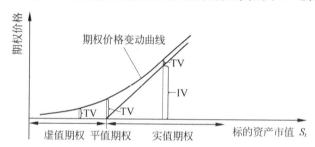

图 6-7 看涨期权的期权价格与内在价值和时间价值的关系

从静态的角度看,期权价格在任一时点都是由内在价值和时间价值两部分组成的。对于虚值期权(看涨期权 $S_t<K$,看跌期权 $S_t>K$),期权价格完全由时间价值组成;对于平价期权($S_t=K$),期权价格完全由时间价值组成,且时间价值达到最大;对于实值期权(看涨期权 $S_t>K$,看跌期权 $S_t<K$),期权价格由内在价值和时间价值组成,内在价值与标的资产市场价格等比例增减。从动态的角度看,期权的时间价值在衰减,伴随合约剩余有效期的减少而减少,到期时时间价值为零,期权价格全部由内在价值组成。

二、期权价格的影响因素

既然期权价格是由内在价值和时间价值共同决定的,则凡是影响期权的内在价值和时间价值的因素就是期权价格的影响因素。总体来说,主要影响因素有六个:标的资产的市场价格、执行价格、有效期限、资产价格的波动率、无风险利率、标的资产的预期收益。

1. 标的资产的市场价格与期权的执行价格

看涨期权在将来某一时间执行时的收益等于资产的市场价格与执行价格的差额,因此随着标的资产价格的上升,看涨期权的价格越来越高;随着执行价格的上升,看涨期权的价格越来越低。对于看跌期权来说,执行时的收益等于执行价格与标的资产市场价格的差额。因此,看跌期权的行为与看涨期权相反。当标的资产价格上升时,看跌期权的价格将下降;当执行价格上升时,看跌期权的价格也随之上升。

【案例 6-1】 报纸行情:英国航空(BA)公司股票的看涨期权和看跌期权在 2000 年 2 月 27 日的价格见表 6-1 和表 6-2。

表 6-1 BA 公司的看涨期权价格:2000 年 2 月 27 日

执行价格	到期月份		
	10 月	1 月	4 月
360 便士	36.5(16/20.5)	50(16/34)	57.5(16/41.5)
390 便士	21.5(0/21.5)	35.5(0/35.5)	44(0/44)
	当前股票价格 $S=376$ 便士		

表 6-2 BA 公司的看跌期权价格:2000 年 2 月 27 日

执行价格	到期月份		
	10 月	1 月	4 月
360 便士	16(0/16)	25(0/25)	27.5(0/27.5)
390 便士	31(14/17)	40(14/26)	43.5(14/29.5)
	当前股票价格 $S=376$ 便士		

资料来源:Financial Times,2000-07-27.
注:价格单位为便士。"./."表示"内在价值/时间价值"。

BA 公司的看涨期权价格至少要在 16 便士以上。在期限相同的情况下,执行价格为 360 便士的看涨期权的价格总是高于执行价格为 390 便士的看涨期权的价格。这是因为对于看涨期权而言,执行价格越高,内在价值越低,多头方行权的可能性越小。

BA 公司的看跌期权价格至少要在 14 便士以上。在期限相同的情况下,执行价格为 360 便士的看跌期权的价格总是低于执行价格为 390 便士的看跌期权的价格。这是因为对于看跌期权而言,执行价格越高,内在价值越高,多头方行权的可能性越大。

2. 期权的有效期限

当期权的有效期限增加时,美式期权和欧式期权的价格变化不完全相同。对于美式期权而言,由于它可以在有效期内的任何时间执行,有效期越长,多头方的获利机会就越大,因此价格会随着有效期限的延长而上升。而且在其他条件相同的情况下,有效期长的美式期权包含了有效期短的美式期权的所有执行机会,因此有效期长的期权价值总要大于或等于有效期短的期权的价值。

但是对于欧式期权而言,由于它只能在到期日执行,有效期长的期权不一定包含有效期短的期权的所有执行机会,这就使欧式期权的有效期与期权价格之间的关系显得较为复杂。例如,假设同一股票的两个欧式看涨期权的有效期限分别为1个月和3个月,该公司预定在2个月之后支付大量的红利。由于红利的发放会使股票价格下降,这有可能使有效期限为1个月的欧式看涨期权的价格高于有效期限为3个月的欧式看涨期权的价格。

通常情况下(剔除标的资产支付大量收益这一特殊情况),由于有效期越长,未来的不确定性就越大,空头方亏损的可能性也越大,因此即使是欧式期权,有效期越长,其期权价格也越高,即期权的边际时间价值(marginal time value)为正值。但我们应注意到,随着时间的延长,期权时间价值的增幅是递减的,这就是期权的边际时间价值递减规律。

3. 价格的波动率

标的资产价格的波动率是用来衡量标的资产未来价格变动不确定性的指标。随着波动率的上升,标的资产价格变动的不确定性也会增加,也就是说,标的资产未来价格大幅度上升或大幅度下降的可能性会增加。对于看涨期权来说,其买方可以从股价上升中获利,但并不因为股价下降而遭受更多的损失;对于看跌期权来说,其买方可以从股价下降中获利,但并不因为股价上升而遭受更多的损失。因此,随着波动率的上升,看涨期权和看跌期权的价格都应上升。

【例6-5】 假设存在两种情形:一种是到期日股价可能在10~90元范围内变化;另一种则是在30~70元范围内变化。但这两种情况下,股价的期望值都是50元。假定看涨期权的执行价格是50元。期权的收益各为多少?答案如表6-3所示。

表6-3 波动率对期权价格的影响

高波动性时	股票价格	10	30	50	70	90	期权的期望收益
	期权收益($X=50$)	0	0	0	20	40	12
低波动性时	股票价格	30	40	50	60	70	期权的期望收益
	期权收益($X=50$)	0	0	0	10	20	6

注:假设每种结果出现都是等可能的。

如果每种结果出现的可能性相同,概率都为20%,高波动性情况下期权的收益为
$$20\% \times (0+0+0+20+40) = 12(元)$$
低波动性情况下期权的收益为
$$20\% \times (0+0+0+10+20) = 6(元)$$

尽管在上述情况下,股票的平均价格都是50元,但是高波动性情况下期权的平均收益较高。这一额外的价值源于期权持有者本身所承受的损失是有限的,或者说是看涨期权的波动性价值,不管股价会从50元跌至何处,持有者得到的均为零。显然,对期权持有者而言,股票价格表现不好时,跌多少并没有什么不同。但是如果股价上涨,在到期时看涨期权就会变成溢价期权,股价越高期权的收益就越大。高的股价带来的收益是无限的,低的股价带来的收益也不会低于零。这种不对称性意味着股票价格波动性地增加会使期

权的期望收益增加,从而增加期权的价值。

值得注意的是,标的资产价格的波动率对期权价格的影响主要通过对其时间价值的影响来实现。在对期权定价时,标的资产价格在期权有效期内的波动率是一个未知数,只能通过近似估计得到。估计波动率的一种简单方法是利用过去观察到的标的资产价格波动的历史数据来估计未来价格的波动率。这一方法求得的波动率被称为历史波动率(history volatility)。当然,如果期权价格已知,就可以反过来利用期权定价模型倒推出波动率,这种推算出来的波动率被称为市场报价中的隐含波动率(implied volatility)。具体计算我们将在介绍 B-S 公式时加以说明。

4. 无风险利率

无风险利率对期权价格的影响不是很直接。以股票期权为例,当整个经济中利率上升时,股票价格的预期增长率也倾向于上升,这意味着对应标的资产现在的特定价格 S,未来预期价格 $E(E_T)$ 更高。同时由于贴现率越高,未来同样盈利的现值就越低。这两种影响的综合效应都将减少看跌期权的价值,因此随着利率的上升,看跌期权的价值下降。但是对于看涨期权,前者增加看涨期权的价格,后者则减少其价值,因此无风险利率上升时,看涨期权价格的变化取决于上述两个效应的相对大小。但对看涨期权而言,前一个效应是主要的,因此无风险利率上升时,看涨期权价格往往是上涨的。

当然,这里的分析是基于其他影响期权价格的因素都不变的假设。但我们知道,当利率上升时,股票的价格将下降。若考虑这一因素,即利率上升与相应股票价格下降的整体效应可以使看涨期权价格下降、看跌期权价格上升。同理,利率下降与相应股票价格上升的整体效应可以使看涨期权价格上升、看跌期权价格下降,得到与上面相反的结论。

5. 标的资产的预期收益

由于标的资产分红付息等将降低标的资产的价格,而执行价格并未进行相应调整,因此在期权有效期内标的资产产生收益将使看涨期权价格下降,而使看跌期权价格上升。

从上面的分析可知,影响期权价格的因素有很多,而且各因素对期权价格的影响也很复杂,既有影响方向的不同,又有影响程度的不同;各个影响因素之间既有相互补充的关系,又有相互抵消的关系。表 6-4 总结了以上六个因素对期权价格的影响。

表 6-4　影响因素的变化对期权价格的影响

影 响 因 素	欧式看涨期权	欧式看跌期权	美式看涨期权	美式看跌期权
标的资产价格(+)	+	−	+	−
执行价格(+)	−	+	−	+
期权的有效期限(+)	?	?	+	+
价格的波动率(+)	+	+	+	+
无风险利率(+)	+	−	+	−
标的资产的收益(+)	−	+	−	+

注:"+"表示增加或增大;"−"表示减少或减小;"?"表示不能确定。

三、期权价格的上下限

无论期权的标的资产是什么，其收益分布如何，期权价格都存在上限与下限，价格一旦超过上限或低于下限，投资者就会有套利的机会。下面我们通过消除这些套利机会来推导期权价格的上下限。为此，我们首先将本章后面将用到的符号及其含义列明如下：

K——期权的执行价格；

T——期权的到期时刻；

t——现在的时刻；

S_t——标的资产在 t 时的市场价格；

S_T——标的资产在 T 时的市场价格；

C——美式看涨期权的价格；

c——欧式看涨期权的价格；

P——美式看跌期权的价格；

p——欧式看跌期权的价格；

r——t 到 T 期间的市场无风险利率（连续复利，名义利率）；

σ——标的股票价格的波动率，一般用标的股票连续复利收益率的年标准差表示。

1. 期权价格的上限

（1）看涨期权价格的上限。无论是美式看涨期权还是欧式看涨期权，其持有者都拥有以特定的执行价格购买标的资产的权利。在任何时候，期权的价格都不能超过其标的资产的市场价格，否则套利者可以通过卖出期权买入标的资产获取无风险利润。因此，标的资产价格就是看涨期权价格的上限，即

$$c \leqslant S_t, C \leqslant S_t$$

（2）看跌期权价格的上限。美式看跌期权和欧式看跌期权都使其持有者拥有按特定的执行价格卖出标的资产的权利。如果期权的价格高于执行价格 K，套利者通过卖出期权并将期权费进行无风险投资即可获取无风险套利的机会，因为期权出售者最大的风险是必须履行以执行价格 K 购买标的资产的义务。因此，期权的价格不会超过执行价格 K，即

$$p \leqslant K, P \leqslant K$$

但对于欧式看跌期权，上述界限还可以进一步降低。因为欧式看跌期权在到期时，期权价格也不会超过 K，所以现在期权的价格不会超过执行价格 K 的现值，即

$$p \leqslant K e^{-r(T-t)}$$

2. 期权价格的下限

由于确定期权价格的下限较为复杂，我们这里先分无收益和有收益标的资产两种情况来讨论欧式期权价格的下限，然后再探讨美式期权价格的下限。

（1）欧式看涨期权价格的下限

①无收益资产欧式看涨期权价格的下限。我们考虑如下两个组合：

组合 A:一份欧式看涨期权加上金额为 $Ke^{-r(T-t)}$ 的现金;

组合 B:一单位标的资产。

如果组合 A 中现金是按无风险利率投资的,那么在 T 时刻将变成 K,即等于执行价格。若期权到期日标的资产的价格 $S_T > K$,则期权多头方将执行期权,此时组合 A 的价值为 S_T。反之,若 $S_T < K$,期权多头方不会执行期权,则期权到期价值为零,此时组合 A 的价值为 K。所以在 T 时刻,组合 A 的价值为

$$\max\{S_T, K\}$$

在 T 时刻组合 B 的价值为 S_T。显然,在 T 时刻组合 B 的价值不可能高于组合 A 的价值,因此在 t 时刻组合 A 的价值也应大于等于组合 B 的价值,即

$$c + Ke^{-r(T-t)} \geqslant S_t,\text{即 } c \geqslant S_t - Ke^{-r(T-t)}$$

由于期权的价值不可能为负,因此无收益资产欧式看涨期权价格下限为

$$c \geqslant \max\{S_t - Ke^{-r(T-t)}, 0\} \tag{6-1}$$

如果期权价格低于上述关系,那么投资者就可以通过买入欧式看涨期权卖出标的资产进行套利。

【例 6-6】 考虑一个不付红利的股票的欧式看涨期权,此时股票价格为 20 元,执行价格为 18 元,距到期日有 1 年,无风险年利率为 10%。该看涨期权价格的下限为多少?

解:在本例中,$S_t = 20$,$K = 18$,$T - t = 1$,$r = 10\%$。根据式(6-1),该期权价格的下限为

$$S_t - Ke^{-r(T-t)} = 20 - 18e^{-0.01 \times 1} = 3.71$$

考虑欧式看涨期权的价格等于 3 元的情况,即低于理论上的下限 3.71 元。套利者可以购买看涨期权并卖空股票,则初始现金流入为 17 元。如果将 17 元以年利率 10% 投资一年,则一年后将变为 $17e^{0.1 \times 1} = 18.79$ 元。在年末即期权到期时,如果股票价格高于 18 元,套利者执行期权以 18 元的价格买入股票,将股票的空头平仓,则获利 $18.79 - 18 = 0.79$ 元。如果股票价格低于 18 元,则套利者从市场上购买股票将股票空头平仓,此时套利者可获得更高的利润。例如,如果股票价格为 16 元,则套利者的盈利为 $18.79 - 16 = 2.79$ 元。

② 有收益资产欧式看涨期权价格的下限。我们只需将上述组合 A 的现金改为 $I + Ke^{-r(T-t)}$,其中,I 为期权有效期内标的资产收益的现值(下同)。经过类似的推导,即可得出有收益资产欧式看涨期权价格的下限为

$$c \geqslant \max\{S_t - I - Ke^{-r(T-t)}, 0\} \tag{6-2}$$

(2) 欧式看跌期权价格的下限

① 无收益资产欧式看跌期权价格的下限。我们可以借助上述方法来建立以下两种组合:

组合 C:一份欧式看跌期权加上一单位标的资产;

组合 D:金额为 $Ke^{-r(T-t)}$ 的现金。

在 T 时刻,若 $S_T < K$,期权将被执行,组合 C 的价值为 K;若 $S_T > K$,期权将被放弃,

期权价值为零，组合 C 的价值为 S_T。因此，在 T 时刻组合 C 的价值为 $\max\{S_T, K\}$。

假定将组合 D 的现金进行无风险投资，则在 T 时刻组合 D 的价值为 K。由于组合 C 的价值在 T 时刻大于等于组合 D 的价值，因此组合 C 的价值在 t 时刻也应大于等于组合 D 的价值，即

$$p + S_t \geqslant Ke^{-r(T-t)}, \text{即 } p \geqslant Ke^{-r(T-t)} - S_t$$

同时，考虑到看跌期权的价格不可能为负，因此无收益资产欧式看跌期权价格的下限为

$$p \geqslant \max\{Ke^{-r(T-t)} - S_t, 0\} \tag{6-3}$$

【例 6-7】 考虑一个不付红利的股票的欧式看跌期权，此时股票价格为 37 元，执行价格为 40 元，距到期日还有 6 个月，无风险年利率为 5%。该看跌期权价格的下限为多少？

解：在本例中，$S_t = 37, K = 40, T - t = 0.5, r = 5\%$。在这种情况下，该期权价格的下限为

$$Ke^{-r(T-t)} - S_t = 40e^{-0.05 \times 0.5} - 37 = 2.01(元)$$

如果欧式看跌期权的价格低于这个下限，如价格为 1 元，此时套利者可借入 38 元，期限为 6 个月，同时用所借资金购买看跌期权和股票。6 个月后，套利者需还本付息 38.96（$=38e^{0.05 \times 0.5}$）元。如果股票价格低于 40 元，套利者就会执行期权以 40 元的价格卖出股票，归还所借款项本金和利息，并获利 1.04（$=40-38.96$）元。

如果股票价格高于 40 元，套利者将放弃期权的执行，直接在市场上卖出股票并偿付所借款项本金和利息，可获得更高的利润。比如股票价格为 42 元，则套利者的利润将为 3.04（$=42-38.96$）元。

② 有收益资产欧式看跌期权价格的下限。我们只需将上述组合 D 的现金改为 $I + Ke^{-r(T-t)}$，即可得到有收益资产欧式看跌期权价格的下限为

$$p \geqslant \max\{I + Ke^{-r(T-t)} - S_t, 0\} \tag{6-4}$$

四、美式期权提前执行的合理性

虽然美式期权的执行时间是期权有效期内的任何时点，但是美式期权是否应该提前执行却没有统一的定论，下面我们直观地讨论美式期权提前执行的合理性问题。

1. 无收益资产美式期权提前执行的合理性

（1）看涨期权。由于利用现金进行无风险投资会产生利息，而提前执行看涨期权得到的标的资产不会产生任何收益，况且提前执行多头方得到的仅是期权的内在价值，所以与其行权还不如将期权转让，再加上美式期权的时间价值总是非负的，从而得到内在价值与时间价值之和（期权价值）是大于内在价值的。因此，我们可以直观地判断提前执行无收益资产的美式看涨期权是不明智的。既然不会提前执行，那么同一种无收益资产的美式看涨期权与欧式看涨期权就没有差别，它们的价值就相等，即 $C = c$。我们可以根据无收益欧式看涨期权价格的下限得到无收益资产美式看涨期权价格的下限为

$$C \geqslant \max\{S_t - Ke^{-r(T-t)}, 0\}$$

（2）看跌期权。提前执行无收益资产的美式看跌期权可能是明智的。是否该提前执

行,主要取决于期权的实值($K-S_t$)、无风险利率水平等因素。一般来说,只有当 S_t 相对于 K 来说较低,或者 r 较高时,提前执行无收益资产美式看跌期权才可能是有利的。为了说明这一点,考虑一个极端的例子。假定执行价格为 10 元,而标的资产的现货价格接近 0。通过立即执行期权,投资者可立即获利 10 元。如果投资者继续等待,则盈利可能低于 10 元,因为标的资产的价格不可能是负值,所以盈利不可能超过 10 元。更何况现在收到 10 元比将来收到 10 元要好,这说明该期权应立即执行。

既然有提前执行的可能性,我们根据欧式看跌期权价格的下限[式(6-3)],得出美式看跌期权价格更为严格的下限为

$$P \geqslant \max\{K-S_t, 0\} \tag{6-5}$$

2. 有收益资产美式期权提前执行的合理性

对看涨期权而言,由于提前执行有收益资产的美式期权可较早获得标的资产,从而获得标的资产的现金收益,如股票红利,进而可以派生利息,因此在一定条件下,提前执行有收益资产的美式看涨期权有可能是合理的。

假设在期权到期前,标的资产有 n 个除权日,$t_1, t_2, \cdots, t_n$ 为除权前的瞬时时刻,在这些时刻之后的收益分别为 $D_1, D_2, \cdots, D_n$,在这些时刻的标的资产价格分别为 $S_1, S_2, \cdots, S_n$。在有收益的情况下,只有在除权前的瞬时时刻提前执行美式看涨期权才有可能是最优的。因此,只需推导在每个除权日前提前执行的可能性。

考察在最后一个除权日 t_n 提前执行的条件。如果在 t_n 时刻提前执行期权,则期权多头方将获得 S_n-K 的收益。若不提前执行,则标的资产价格将由于除权降到 S_n-D_n。因此,如果 $S_n-D_n-Ke^{-r(T-t_n)} \geqslant S_n-K$,即

$$D_n \leqslant K[1-e^{-r(T-t_n)}] \tag{6-6}$$

则在 t_n 提前执行是不明智的。

相反,如果 $D_n > K(1-e^{-r(T-t_n)})$,则在 t_n 提前执行有可能是合理的。实际上,只有当 t_n 时刻标的资产的价格足够高时,提前执行美式看涨期权才是合理的。

类似地,对于任意 $i<n$,在 t_i 时刻不能提前执行有收益资产的美式看涨期权条件为

$$D_n \leqslant K[1-e^{-r(t_{i+1}-t_i)}] \tag{6-7}$$

假设在期权有效期内,标的资产只在 $t+1$ 时支付股利,由于存在提前执行更有利的可能性,因此有收益资产的美式看涨期权价格的下限为

$$C \geqslant \max[S_t-Ke^{-r_t(\tau-t)}, S_t-I-Ke^{-r(T-t)}, 0] \tag{6-8}$$

对看跌期权而言,由于提前执行有收益资产的美式看跌期权意味着自己放弃收益权,因此美式看跌期权提前执行的可能性很小,但不能排除提前执行的可能。由于美式看跌期权有提前执行的可能,因此其下限为

$$P \geqslant \max[K-S_t, Ke^{-r_t(\tau-t)}-(S_t-I), 0] \tag{6-9}$$

从以上分析可以看出,欧式期权的下限就是期权的内在价值,对于标的资产为有收益资产的美式期权而言,由于有提前行权的可能,情况稍微有点复杂。表 6-5 对期权价格的上下限进行了总结。

表 6-5 期权价格的上下限

			上限	下限
看涨期权	欧式	无收益	S_t	$\max[S_t - Ke^{-r(T-t)}, 0]$
		有收益	$S_t - I$	$\max[S_t - I - Ke^{-r(T-t)}, 0]$
	美式	无收益	S_t	$\max[S_t - Ke^{-r(T-t)}, 0]$
		有收益		$\max[S_t - Ke^{-r(\tau-t)}, S_t - I - Ke^{-r(T-t)}, 0]$
看跌期权	欧式	无收益	$Ke^{-r(T-t)}$	$\max[Ke^{-r(T-t)} - S_t, 0]$
		有收益		$\max[Ke^{-r(T-t)} - (S_t - I), 0]$
	美式	无收益	K	$\max[K - S_t, 0]$
		有收益		$\max[K - S_t, Ke^{-r_t(\tau-t)} - (S_t - I), 0]$

五、看涨期权与看跌期权之间的平价关系

看涨期权与看跌期权之间的平价关系(parity)是指看涨期权的价格与看跌期权的价格必须维持在无套利机会的均衡价格水平关系上。如果这一关系被打破,则在这两种价格之间就存在无风险的套利机会,而套利者的套利行为又必然将这种不正常的价格关系拉回正常水平。下面我们用无套利均衡分析法推导这一关系。

1. 欧式看涨期权与看跌期权之间的平价关系

(1) 标的资产为无收益资产的情况。考虑如下两个资产组合:

组合 A:一份欧式看涨期权加上金额为 $Ke^{-r(T-t)}$ 的现金;

组合 B:一份有效期限和执行价格与看涨期权相同的欧式看跌期权加上一单位标的资产。

从前面的分析可知,在期权到期日 T 时刻,两个组合的价值均为 $\max\{S_T, K\}$。

由于欧式期权不能提前执行,因此两个组合在时刻 t 必须具有相等的价值,即

$$c + Ke^{-r(T-t)} = p + S_t \tag{6-10}$$

这就是无收益资产欧式看涨期权与看跌期权之间的平价关系。在金融工程中,这个数学等式具有丰富的经济和金融内涵,可以做不同的变形,当然也就有不同的经济和金融解释。首先,根据式(6-10),有

$$c = p + S_t - Ke^{-r(T-t)} \quad 或 \quad p = c + Ke^{-r(T-t)} - S_t$$

这个变形表明:具有相同有效期限和执行价格的欧式看涨与看跌期权价值是可以相互推导的,只要知道其中之一,就可以推导出另一个。该变形也可以解释为看涨期权可以用看跌期权和标的资产进行组合复制。

其次,式(6-10)还可以变换为

$$S_t = c - p + Ke^{-r(T-t)}$$

这个变形描述了金融工程的核心技术——组合分解技术。通过使用看涨期权、看跌期权和无风险资产,可以合成一只股票,或者可以把不同的策略组合在一起来复制一个未

来的股票收益。

总之,在式(6-10)的四个参数中,如果知道其中三个参数的价值,就可以推算出第四个值。假设你想知道看涨期权的价值,同时你知道相应的看跌期权、无风险利率和标的股票价格,那么把这些数值代入式(6-10)就可以得出看涨期权的价值。无论是上述哪种变形,在数学上都表示为一个等式关系,而在金融工程中则反映一个复制与被复制的关系。如果任一关系不成立,则存在无风险套利机会,套利活动将最终促使其成立。

【例 6-8】 某投资者刚刚获知如下股票欧式期权市场情况:股票市场价格为 11 元,3 个月期无风险年利率为 10%(连续复利),看涨期权和看跌期权的执行价格都是 10 元,3 个月后到期。3 个月期欧式看涨期权和欧式看跌期权的价格分别为 3 元和 2 元。此时,由于

$$c + Ke^{-r(T-t)} = 3 + 10e^{-0.1 \times 0.25} = 12.75$$
$$p + S = 2 + 11 = 13$$

因此,看涨期权与看跌期权的平价关系不成立。作为理性投资者,在发现这个套利机会后应如何构建套利策略?

因为两个投资组合 A 和 B 在到期日的价值相同,但构建成本不等,因此投资者可以认为,相对于投资组合 A,投资组合 B 的价格被高估了,则套利策略应该买入组合 A 的资产,卖空组合 B 的资产,即套利策略应该由买入一份看涨期权、卖空一份看跌期权和一股股票组成。

初始现金流为:$10(=-3+2+11)$ 元,将这笔资金按无风险利率投资 3 个月,则第 3 个月末本息和为 $10.25(=10e^{0.1 \times 0.25})$ 元。在第 3 个月末,有如下两种可能:一种可能是股票价格高于 10 元,该投资者执行看涨期权,即按照 10 元的价格购买一股股票,将股票空头平仓,而看跌期权不会被执行,则可获利 $0.25(=10.25-10)$ 元。另一种可能是股票价格低于 10 元,该投资者的对手执行看跌期权,投资者则必须按照 10 元的价格购买一股股票,将股票空头平仓,而看涨期权的价值为零,从而可获利 $0.25(=10.25-10)$ 元。

可见,无论股价出现怎样的变化,投资者都会盈利,所以必将导致越来越多的人采取上述策略。于是大量买入看涨期权使看涨期权的价格上涨,大量卖出看跌期权与股票使看跌期权与股票的价格下跌,最终平价公式[式(6-10)]成立,市场不存在套利机会。

在同样的市场条件下,若 3 个月期欧式看涨期权和欧式看跌期权的价格分别为 3 元和 1 元,是否有套利的机会?若有,投资者应如何构建套利策略?读者可以自己分析证明。

(2)标的资产为有收益资产的情况。在这种情况下,只要把前面的组合 A 中的现金改为 $I + Ke^{-r(T-t)}$,然后进行类似的分析,即可推导出有收益资产欧式看涨期权和看跌期权的平价关系为

$$c + I + Ke^{-r(T-t)} = p + S_t \qquad (6-11)$$

2. 美式看涨期权和看跌期权之间的关系

平价关系式[式(6-10)或式(6-11)]不适用于美式期权,因为美式期权可以提前被执

行。但我们也可以类似地推导出美式期权价格之间的关系。

对于无收益资产的情形,因为 $P>p$,所以根据欧式期权的平价关系,有
$$P \geqslant c + Ke^{-r(T-t)} - S_t$$
由于 $C=c$,因此 $P>C+Ke^{-r(T-t)}-S_t$,即 $C-P<S_t-Ke^{-r(T-t)}$。

这样我们就得到了美式看涨期权与看跌期权价格之差的上限。下面我们研究其下限,考虑如下两种资产组合方式:

组合 E:一个欧式看涨期权加上金额为 K 的现金;

组合 F:一个有效期与执行价格相同的美式看跌期权加上一单位标的资产。

我们假设组合 E 中的现金按照无风险利率进行投资,若组合 F 中看跌期权没有提前执行,那么在 T 时刻,组合 F 的价值为
$$\max\{S_T, K\}$$
而此时组合 E 的价值为
$$\max\{S_T, K\} + Ke^{r(T-t)} - K$$
因此,组合 E 的价值超过组合 F 的价值,但是当组合 F 中的看跌期权被提前执行,比如在 t 时刻被提前执行时,就意味着组合 F 在 t 时刻的价值为 K,但是即使看涨期权的价值为零,组合 E 在 t 时刻的价值也应该是 $Ke^{r(T-t)}$。因此,在任何情况下,组合 E 的价值都大于组合 F 的价值,即
$$c + K > P + S$$
由于 $c=C$,所以 $C+K>P+S$,即 $C-P>S-K$。结合前面的价格差上限,得
$$S_t - K < C - P < S_t - Ke^{-r(T-t)} \tag{6-12}$$
对于有收益资产,我们依前面的分析容易得到
$$S_t - I_t - K < C_t - P_t < S_t - Ke^{-r(T-t)} - I_t \tag{6-13}$$

第四节 期权交易机制

与期货交易不同,期权市场既包括各种标准化、集中化的交易所市场,也包括各种场外市场。本节主要以上海证券交易所的上证 50ETF 期权为例来说明期权市场的基本运行机制和交易机制。

一、期权合约的基本条款

上海证券交易所于 2015 年 1 月 9 日发布了《上海证券交易所股票期权试点交易规则》,并于 2015 年 2 月 9 日进行上证 50ETF 期权试点,标志着中国内地场内期权市场的诞生。2019 年 12 月 18 日又推出了沪深 300ETF 期权。中国金融期货交易所也于 2019 年 12 月 18 日推出了沪深 300 股指期权。

期权合约的规则包括合约简称、合约编码、交易代码、合约标的、合约类型、合约到期月份、合约单位、行权价格、行权方式、交割方式等,如表 6-6 所示。

表 6-6 沪深 300ETF 期权合约基本条款

条款名称	具体规定
合约标的	华泰柏瑞沪深 300 交易型开放式指数证券投资基金("沪深 300ETF",代码为 510300)
合约类型	认购期权和认沽期权
合约单位	10 000 份
合约到期月份	当月、下月及随后两个季月
行权价格	9 个(1 个平值合约、4 个虚值合约、4 个实值合约)
行权价格区间	3 元或以下为 0.05 元,3 至 5 元(含)为 0.1 元,5 至 10 元(含)为 0.25 元,10 至 20 元(含)为 0.5 元,20 元至 50 元(含)为 1 元,50 元至 100 元(含)为 2.5 元,100 元以上为 5 元
行权方式	到期日行权(欧式)
交割方式	实物交割(业务规则另有规定的除外)
到期日	到期月份的第四个星期三(遇法定节假日顺延)
行权日	同合约到期日,行权指令提交时间为 9:15—9:25,9:30—11:30,13:00—15:30
交收日	行权日次一交易日
交易时间	上午 9:15—9:25,9:30—11:30(9:15—9:25 为开盘集合竞价时间) 下午 13:00—15:00(14:57—15:00 为收盘集合竞价时间)
委托类型	普通限价委托、市价剩余转限价委托、市价剩余撤销委托、全额即时限价委托、全时市价委托以及业务规则规定的其他委托类型
买卖类型	买入开仓、买入平仓、卖出开仓、卖出平仓、备兑开仓、备兑平仓以及业务规则规定的其他买卖类型
最小报价单位	0.000 1 元
申报单位	1 张或其整数倍
涨跌幅限制	认购期权最大涨幅=max{合约标的前收盘价×05%,min[(2×合约标的前收盘价−行权价格),合约标的前收盘价]×10%} 认购期权最大跌幅=合约标的前收盘价×10% 认沽期权最大涨幅=max{行权价格×0.5%,min[(2×行权价格−合均标的前收盘价),合约标的前收盘价]×10%} 认沽期权最大跌幅=合约标的前收盘价×10%
熔断机制	连续竞价期间,期权合约盘中交易价格较最近参考价格涨跌幅度达到或者超过 50% 且价格涨跌绝对值达到或者超过 10 个最小报价单位时,期权合约进入 3 分钟的集合竞价交易阶段
开仓保证金最低标准	认购期权义务仓开仓保证金=[合约前结算价+max(12%×合约标的前收盘价−认购期权虚值,7%×合约标的前收盘价)]×合约单位 认沽期权义务仓开仓保证金=min[合约前结算价+max(12%×合约标的前收盘价−认沽期权虚值,7%×行权价格),行权价格]×合约单位
维持保证金最低标准	认购期权义务仓开仓维持保证金=[合约前结算价+max(12%×合约标的收盘价−认购期权虚值,7%×合约标的的前收盘价)]×合约单位 认沽期权义务仓开仓维持保证金=min[合约前结算价+max(12%×合约标的收盘价−认沽期权虚值,7%×行权价格),行权价格]×合约单位

资料来源:http://www.sse.com.cn.

1. 合约单位

合约单位又称合约规模（contract size），就是一张期权合约所包含的标的资产的数量。标的资产不同，期权合约的交易单位是不一样的，但即使相同标的资产的期权，在不同的交易所上市，其合约大小也不一定相同。

一般来说，股票期权的交易单位是 100 股股票，而上证 50ETF 期权的合约单位是 10 000 份 ETF；指数期权的交易单位是标的指数执行价格与 100 元的乘积；期货期权的交易单位是一张标的期货合约；至于各种外汇期权的交易单位，则视交易所不同和货币种类不同而不同，如在费城证券交易所（PHLX），一个英镑期权合约的交易单位为 31 250 英镑，而欧元期权合约的交易单位则为 62 500 欧元。

2. 到期循环、到期月、到期日和行权日

到期循环、到期月、到期日和行权日等是期权交易所对期权时间的预先规定，尽管在细节上可能不甚相同，但基本原理都是一样的。

在到期月方面，期权交易中使用与期货交易类似的到期循环规则。例如，在 CBOE，所有的期权（除了 LEAPS）都将在以下 3 个月的基础上循环：1 月、2 月和 3 月。

1 月的循环：1 月、4 月、7 月、10 月；

2 月的循环：2 月、5 月、8 月、11 月；

3 月的循环：3 月、6 月、9 月、12 月。

如果当月的到期日还未到，则交易的期权合约包括当月到期期权、下个月到期期权和当前月循环中的下两个到期月的期权。中国的期权则是选用 3 月份的循环，交易的到期日为当月、下月及随后两个季月的合约。例如，在 2020 年 12 月 23 日之前，交易的期权为 12 月、1 月、3 月和 6 月到期的期权；在 12 月末，交易的期权为 2021 年 1 月、2 月、3 月和 6 月到期的期权。

有了到期月后，交易所会在期权合约中进一步规定期权到期日，即期权买方可以享有期权赋予的权利的最后日期。例如，沪深 300ETF 期权的到期日为到期月的第四个星期三（遇法定节假日顺延）。这样，2020 年 12 月 23 日是 12 月期权的到期日。到 2020 年 12 月 24 日，上交所将新开 2021 年到期的合约，从而使交易中期权的到期月变为 2021 年 1 月、2 月、3 月和 6 月。

行权日是指交易所规定的，期权买方可以实际行使该期权的日期。欧式期权只能在到期时行权，美式期权则在任意交易日都可以行权。沪深 300ETF 期权是欧式期权，因此只能在到期日行权。

3. 行权价格

期权合约中的行权价格也是由交易所事先选定的。一般来说，当交易所准备上市某种期权合约时，将首先根据该合约标的资产的最近收盘价，依据某一特定的形式来确定一个中心行权价格，然后根据特定的幅度设定该中心价格的上下各若干级距（intervals）的执行价格。因此，在期权合约规格中，交易所通常只规定行权价格的级距。

例如，上交所规定，沪深 300ETF 期权合约最少要有 9 个期权价格，其中最接近市价的成为平值合约，外加 4 个实值合约和 4 个虚值合约。行权价格之间的间距则规定为：3

元或以下为0.05元,3元至5元(含)为0.1元,5元至10元(含)为0.25元,10元至20元(含)为0.5元,20元至50元(含)为1元,50元至100元(含)为2.5元,100元以上为5元。如果股票价格的波动超过了最高和最低期权价格的范围,交易中就会引入新的行权价格。

例如,2015年4月23日,2015年12月合约刚开始交易时,由于前一天上证50ETF的收盘价为3.241元,因此该合约的行权价格只有3.0、3.1、3.2、3.3和3.4等。当合约标的价格发生变化,导致已挂牌合约中的虚值合约或实值合约数量不足时,上交所将于下一交易日依据行权价格间距,依序加挂新行权价格的合约。到2015年10月12日,该合约共有31个行权价,最低1.80元,最高3.60元。而当天的上证50ETF价格为2.288元。

4. 除权除息的处理

在国外,早期的场外期权是受红利保护的,也就是说如果公司派发现金红利,则除权日后,公司股票期权的行权价格要减去红利金额。而现在,派发现金红利时交易所交易的期权一般不进行调整,不过对于大额现金股息有时会有例外。下面看两个业界的实际案例。

【案例6-2】 2003年5月28日,古弛集团(Gucci Group)宣布其股票每股将支付13.5欧元(约为15.88美元)的股息。这一决定在2003年7月16日古弛集团的年会上得到批准。股息大约为公布股息时股票价格的16%,对于这种情况,期权清算公司(option clearing corporation,OCC,由芝加哥期权交易所于美国股票交易共同成立)决定调整期权的条款。其结果是:看跌期权被行使时需要交付100只股票附加1 588(=100×15.88)美元现金。而看涨期权的持有者付出的金额为100乘以执行价格并同时收入1 588美元及100股股票。1998年3月10日德国奔驰(Daimler-Benz)公司宣布发放占股票价值120%的股息,虽然这一股息量令市场震惊,但德国证券交易所并没有对交易所交易的期权做任何调整。

但是,当股票分割或是送红股的时候,交易所的期权一般要进行调整。其调整方法如下:在n对m(即m股股票分割为n股)股票分割之后,执行价格降为原来执行价格的m/n,每一期权合约所包含的交易数量上升到原来的n/m倍。同时,$n\%$的股票红利等同于$100+n$对100的分割,从而可以应用股票分割的方式对期权合约进行调整。

【例6-9】 假设投资者以每股30美元的价格买入100股股票的看涨期权后,公司进行了2对1股票分割,则期权合约的条款将变为买方有权以每股15美元的价格买入200股股票。

上交所则规定,合约标的发生除权、除息的,在除权、除息当日,对该合约标的所有未到期合约的合约单位、行权价格进行调整,并对除权、除息后的合约标的重新挂牌新的期权合约。

合约标的除权除息的,期权合约的合约单位、行权价格按照下列公式进行调整:

新合约单位=[原合约单位×(1+流通股份实际变动比例)×除权(息)前一日合约标的收盘价]/[(除权(息)前一日合约标的收盘价格-现金红利)+配股价格×流通股份实

际变动比例]

新行权价格＝原行权价格×原合约单位/新合约单位

调整后的合约单位,按照四舍五入的原则取整数;调整后的行权价格,按照四舍五入的原则取小数。合约标的为股票的,保留两位小数;合约标的为交易所交易基金的,保留3位小数。

5. 行权

在场内期权交易中,如果交易者不想继续持有未到期的期权头寸,可以在最后交易日结束之前随时进行反向交易,结清头寸。这与期货交易中的对冲是完全相同的。相反,如果最后交易日结束之后,交易者所持有的头寸仍未平仓,买方就有权要求行权,而卖方则必须做好相应的履约准备。当然,如果是美式期权,期权买方随时有权决定行权。不同的期权,其行权方式也各不相同。一般来说,各种现货期权在行权时,交易双方都将以行权价格对标的资产进行实际的交收。指数期权是按照行权价格与期权行权日当天结算时的市场价格之差以现金进行结算;而期货期权的买方行权时,将从期权卖方处获得标的期货合约的相应头寸,再加上执行价格与期货价格之间的差额。

6. 合约代码和简称

上交所的期权合约交易代码共17位,按以下顺序填写,以"510300C2101M04600"为例:

(1) 第1位至第6位为数字,取标的证券代码,示例中"510300"是沪深300ETF的证券代码。

(2) 第7位为C(call)或者P(put),分别表示认购期权(看涨期权)或认沽期权(看跌期权)。

(3) 第8、9位表示到期年份,示例中"21"表示2021年。

(4) 第10、11位表示到期月份,示例中"01"表示1月。

(5) 第12位期初设为"M"。当合约首次调整后,"M"修改为"A",以表示该合约被调整过一次,如发生第二次调整,则"A"修改为"B",以此类推。

(6) 第13位至第17位表示期权行权价格,股票期权合约为乘以100后的整数,ETF期权合约为乘以1 000后的整数,不足五位前面补0。示例中"4600"是4.6乘以1 000后的整数,不足5位前面补"0"变为"04600"。

二、基本交易制度

1. 持仓限额

交易所为每种期权都规定了期权交易的持仓限额(position limit),即每个投资者在市场的一方(多头方或空头方,可以认为看涨期权的多头和看跌期权的空头均处于多头方,因为他们未来可能都以约定的价格买入标的资产,这说明他们都对未来看涨;反之看涨期权的空头和看跌期权的多头都处于空头方)中所能持有的期权头寸的最大限额。与之相关的是期权的行权限额(exercise limit),即一个期权买方在规定的一段时间内所能执行的期权合约的最大限额。显然,交易所之所以做这样的规定,主要是为了防止某一投资者承受过大的风险或对市场有过大的操纵能力。但事实上,这样的限制是否合理及必要,仍然是一个具有争议的问题。

具体来看,不同的交易所、期权、市场状况,交易所对持仓限额会有不同的规定。有的交易所以合约的数量作为限制标准,有的则以合约的总金额作为限制标准;在期货期权中,有的交易所将期权头寸与相应的期货头寸合并计算,有的则将二者分开计算。除此之外,标的资产的性质和具体市场状况不同,限额也各有不同。例如,CBOE 股票期权的头寸和行权限额要视公司发行在外的股份数多少和标的股票过去 6 个月内的交易量大小而定,从 25 000 份合约到 250 000 份合约不等。

2. 委托类型和买卖类型

上交所目前的期权买卖指令有以下六种类型:

(1) 买入建仓,即买入一个期权,建立一个新头寸。

(2) 卖出建仓,即卖出一个期权,建立一个新头寸。

(3) 买入平仓,即买入一个期权,对冲原有的空头头寸。

(4) 卖出平仓,即卖出一个期权,对冲原有的多头头寸。

(5) 备兑开仓,即投资者在持有足额标的证券的基础上,卖出相应数量的认购期权合约。

(6) 备兑平仓,即投资者持有备兑持仓头寸时,申请买入相应期权将备兑头寸平仓的指令。

上交所的期权交易委托指令有如下种类:

(1) 普通限价申报。投资者可设定价格,在买入时成交价格不超过该价格,卖出时成交价不低于该价格。限价订单当日有效,未成交部分可以撤销。

(2) 市价剩余转限价申报。投资者无须设定价格,仅按照当时市场上可执行的最优报价成交(最优价为买一价或卖一价),市价订单未成交部分转为限价订单(按照成交价格申报)。

(3) 市价剩余撤销申报。投资者无须设定价格,仅按照当时市场上可执行的最优报价成交(最优价为买一价或卖一价),市价订单未成交部分自动撤单。

(4) 全额即时限价申报。立即全部成交否则自动撤销订单,限价申报(须设定价格)。

(5) 全额即时市价申报。立即全部成交否则自动撤销订单,市价申报(无须设定价格)。

在各集合竞价阶段,上交所仅接受普通限价申报及撤单申报,上交所规定不接受撤单申报的集合竞价时段除外。期权合约的交易单位为张,期权交易的申报数量为 1 张或其整数倍,限价申报的单笔申报最大数量为 10 张,市价申报的单笔申报最大数量为 5 张。根据市场需要,上交所可以调整单笔买卖申报的最小和最大数量。

3. 涨跌停和熔断机制

上交所的期权交易实行价格涨跌停制度,申报价格超过涨跌停价格的申报无效。期权合约涨跌停价格的计算公式见表 6-6。

合约涨幅,按照四舍五入原则取最小价格变动单位的整数倍。根据市场需要,上交所可以调整期权合约涨跌停价格计算公式的参数。期权合约的最后交易日,合约价格不设跌幅限制。上交所于每个交易日开盘前,公布期权合约当日的涨跌停价格。

除了涨跌停制度外,上交所对期权交易还设立了熔断机制。上交所规定,连续竞价交易期间,合约盘中交易价格较最近参考价格上涨、下跌达到或超过 50%,且价格涨跌绝对值达到或超过该合约最小报价单位 5 倍的,该合约进入 3 分钟的集合竞价交易阶段。集合竞价交易结束后,合约继续进行连续竞价交易。上交所还可以根据市场需要调整期权交易的熔断标准。

期权交易达到熔断标准进入集合竞价的,市价剩余转限价申报中尚未成交的部分,按本方申报最新成交价格转为限价申报,进入集合竞价。全额即时限价申报及全额即时市价申报如果全部成交将导致期权交易达到熔断标准的,则该申报为无效申报。

4. 竞价与成交

上交所的期权竞价交易采用集合竞价和连续竞价两种方式。

集合竞价是指在规定时间内接受的买卖申报一次性集中撮合的竞价方式。连续竞价是指对买卖申报逐笔连续撮合的竞价方式。

期权竞价交易按价格优先、时间优先的原则撮合成交。价格优先的原则为:较高价格买入申报优先于较低价格买入申报;较低价格卖出申报优先于较高价格卖出申报。时间优先的原则为:买卖方向、价格相同的,先接受的申报优先于后接受的申报。

连续竞价交易时段,以涨跌停价格进行的申报,按照平仓优先、时间优先的原则撮合成交。平仓优先的原则为:以涨停价格进行的申报,买入平仓(含备兑平仓)申报优先于买入开仓申报;以跌停价格进行的申报,卖出平仓申报优先于卖出开仓申报。

集合竞价时,成交价格的确定原则依次为:

(1) 可实现最大成交量的价格。

(2) 高于该价格的买入申报与低于该价格的卖出申报全部成交的价格。

(3) 与该价格相同的买方或卖方至少有一方全部成交的价格。

(4) 有两个以上申报价格符合上述条件的,以在该价格以上的买入申报累计数量与在该价格以下的卖出申报累计数量之差最小的申报价格为成交价格。

(5) 仍有两个以上申报价格符合上述条件的,以最接近前结算价格的申报价格为成交价格。

(6) 仍有两个申报价格符合上述条件的,以其中间价为成交价格。集合竞价的所有交易以同一价格成交。

连续竞价时,成交价格的确定原则为:

(1) 最高买入申报价格与最低卖出申报价格相同,以该价格为成交价格。

(2) 买入申报价格高于即时揭示的最低卖出申报价格的,以即时揭示的最低卖出申报价格为成交价格。

(3) 卖出申报价格低于即时揭示的最高买入申报价格的,以即时揭示的最高买入申报价格为成交价格。

期权交易在 11:27—11:30 达到熔断标准进入集合竞价的,在 11:30 前未完成的集合竞价阶段,延续至 13:00 后的交易时段继续进行。

期权交易达到熔断标准进入集合竞价阶段时,该集合竞价阶段的最后 1 分钟内,不接受撤单申报;期权交易在 14:54—14:57 达到熔断标准的,直接进入收盘集合竞价阶段,收盘前 1 分钟内不接受撤单申报。

三、保证金制度

从期权保证金账户的操作方式来看,它与投资者从事期货交易时保证金账户的操作方式基本一样,但由于期权交易与期货交易之间的差异,期权的保证金制度存在一些特殊之处。

(1) 对于期权多头方而言,他必须在交易后的第二个营业日支付全部期权费,之后,期权买方只有权利没有义务,所以他们无须再缴纳保证金。

(2) 对于期权空头方而言,情形则比较复杂。首先,期权卖方都必须提交一定的保证金,这是因为交易所和经纪人必须确保当期权执行时,出售期权的投资者不会违约,因此所谓初始保证金和维持保证金都是针对期权卖方而言的。

以股票期权为例,初始保证金通常为股票价值的50%,维持保证金通常为股票价值的25%。在购买买权和卖权时,投资者必须全额支付期权费,不允许投资者用保证金的方式购买期权。当投资者出售期权时,他必须在保证金账户中保持一定的资金金额。这样,当期权被行使时,投资者的经纪人和交易所就可以预防投资者违约。保证金要求的规模则要视具体情况而定。

期权交易的保证金要求非常复杂,它与标的资产的类型有关,也与经纪公司有关,而且不是一成不变的。因此,期权清算公司只制定了保证金要求的总体原则:鉴于不同类型头寸具有不同的风险特征,因此针对不同头寸规定不同的保证金要求。下面以股票期权为例说明保证金的计算方法。

上交所的期权保证金包括结算准备金和交易保证金。交易保证金分为开仓保证金和维持保证金。开仓保证金是指上交所对每笔卖出开仓申报实时计算并对有效卖出开仓申报实时扣减的保证金日间额度。中国证券登记结算有限责任公司(以下简称"中国结算")向结算参与人收取结算准备金和维持保证金。结算准备金是指结算参与人存入期权保证金账户(以下简称"保证金账户"),用于期权交易结算且未被占用的保证金;维持保证金是指结算参与人存入保证金账户,用于担保合约履行且已被合约占用的保证金。

保证金最低标准由上交所与中国结算规定并向市场公告。期权经营机构向客户、结算参与人向委托其结算的期权经营机构收取的保证金标准,不得低于上交所、中国结算规定的保证金最低标准。委托结算参与人结算的期权经营机构向客户收取的保证金标准,不得低于结算参与人向其收取的标准。

目前,上海证券交易所的沪深300ETF期权,每张认购与认沽合约的开仓保证金及维持保证金的计算公式见表6-6。

【例6-10】 投资者A于2020年12月25日按每股0.5231元的价格卖出一份2021年1月到期行权价为4.6元的300ETF认购期权,共收入期权费5231元。该期权合约的前结算价为0.4773元,300ETF的前收盘价为5.116元,则该投资者应缴纳的开仓保证金为

[合约前结算价+max(12%×合约标的前收盘价−认购期权虚值,7%×合约标的前收盘价)]×合约单位=[0.4773+max(12%×5.116−(4.6−5.116),7%×5.116)]×10 000=16 072.2(元)

因此,该投资者除了把其卖期权所得的 5 231 元作为保证金外,还需要另行缴纳 10 841.2 元开仓保证金。

保证金应以现金或者经上交所及中国结算认可的证券交纳。投资者就其合约持仓构建组合策略的,按照上交所及中国结算规定的标准收取相应保证金。由于结算价关系保证金的计算,因此上交所和中国结算制定了期权合约结算价格的具体计算方法。

客户保证金不足或者备兑证券不足且未能在期权经营机构规定时间内补足或自行平仓,期权经营机构应对其实施强行平仓。强行平仓的盈亏及相关费用由直接责任人或者相关主体自行承担。

四、期权报价与行情表解读

2020 年 12 月 25 日 300ETF 期权 1 月份合约的行情如表 6-7 所示。当天收盘时,300ETF 价格为 5.116 元,涨幅 0.83%。行权价格低于 5.25 元的认购期权皆处于实值状态,对应的认沽期权皆处于虚值状态。从表 6-7 可以看出:行权价格为 5.25 元、5.50 元和 5.75 元的认沽期权涨幅最大,因为 300ETF 的价格为 5.116 元,此时由于标的资产价格的涨幅较大,市场的预期后市仍然看涨,同时这三个期权的时间价值也比较高。相对应的认沽期权,即便是处于实值状态,价格也在下跌。

表 6-7　沪深 300ETF 期权行情(2021 年 1 月 27 日到期)

更新时间:2020-12-25 15:14:37

认　购				1月份	认　沽			
合约交易代码	当前价	涨跌幅	前结价	行权价	合约交易代码	当前价	涨跌幅	前结价
510300C2101M04600	0.5231	9.60%	0.4773	4.6	510300P2101M04600	0.0047	−35.62%	0.0073
510300C2101M04700	0.4241	10.56%	0.3836	4.7	510300P2101M04700	0.0075	−35.34%	0.0116
510300C2101M04800	0.332	13.89%	0.2915	4.8	510300P2101M04800	0.0135	−37.21%	0.0215
510300C2101M04900	0.2459	15.99%	0.212	4.9	510300P2101M04900	0.0265	−32.91%	0.0395
510300C2101M05000	0.1683	17.53%	0.1432	5	510300P2101M05000	0.0499	−27.99%	0.0693
510300C2101M05250	0.0531	27.34%	0.0417	5.25	510300P2101M05250	0.183	−15.67%	0.217
510300C2101M05500	0.0153	30.77%	0.0117	5.5	510300P2101M05500	0.3974	−9.48%	0.439
510300C2101M05750	0.0059	28.26%	0.0046	5.75	510300P2101M05750	0.6359	−6.81%	0.6824
510300C2101M06000	0.0033	17.86%	0.0028	6	510300P2101M06000	0.882	−5.42%	0.9325
510300C2101M06250	0.0021	16.67%	0.0018	6.25	510300P2101M06250	1.1291	−4.11%	1.1775

五、期权的对冲与履约

期权合约的解除方式有两种:一种是对冲平仓;另一种是履行合约。

1. 对冲平仓

在期权交易中,如果交易者不想继续持有未到期的期权,在最后交易日或最后交易日之前,购买期权的投资者可以通过发出一个出售相同性质(看涨或看跌)期权的冲销指令来结清他的原期权头寸。同样,出售期权的投资者可以通过发出一个购买相同性质期权的冲销指令来结清他的头寸。

2. 履行合约

在期权交易中,不同的期权有不同的履约方式。一般来说,除股票指数期权以外的各种现货期权在履约时,交易双方将以执行价格做实物交割;各种股票指数期权则依执行价格与市场价格之差进行现金结算;期货期权则依敲定价格将期权转化为相应的期货。

当投资者通知其经纪公司要执行期权时,经纪公司随后通知在OCC负责清算交易的会员,这一会员向OCC发出执行期权指令,并在其后的第三个工作日进行交割。由于股票期权多采用实物交割,OCC会随机地选择某个持有相同期权的空头头寸的会员,该会员按事先约定的程序,选择出售该期权的投资者。如果期权是看涨期权,那么出售期权的投资者必须按执行价格出售股票;如果期权是看跌期权,出售期权的投资者必须按执行价格购买股票。除此之外,投资者还必须注意两个原则:自动执行原则和交割委派原则。

在期权的到期日,除非由于交易成本太高以至于抵消收益,否则股票期权交易通常遵循自动执行原则。如果标的股票在交割月的第三个星期五的收盘价格高出执行价格 0.75 美元(含 0.75 美元)以上,除非看涨期权多头方通知 OCC 放弃执行期权,否则看涨期权将自动执行;同样,如果标的股票在交割月的第三个星期五的收盘价格低出执行价格 0.75 美元(含 0.75 美元)以上,看跌期权也将自动执行。如果股票期权不符合自动执行的条件,但是多头方希望执行期权,那么他也可以通过经纪公司通知 OCC 执行交易。

在期权多头方下达了交割通知以后,OCC 按照既定的规则将交割任务委派给一个具有相反头寸的会员,由该会员委派一个或者多个持有相反头寸的客户接受交割。OCC 会员必须按照"随机选择"或"先进先出"的原则委派客户接受交割,并且要把选定的委派原则及运作方法告知客户。

期权的这种交割制度增加了期权卖方的风险。因为在 OCC 把交割任务委派给 OCC 会员一天甚至数天以后,最终接受交割的期权空头方可能还没有得到该会员的交割通知,但无论是否接到交割通知,最终被委派接受交割的期权空头方都必须接受交割。即使该空头方在 OCC 完成委派交割以后与接到交割通知之前试图平仓而进行了反向交易,也不能真正平仓。

六、期权的清算

期权市场中的清算制度是由期权清算公司来贯彻执行的,期权市场中的清算公司与期货市场上的清算公司的功能十分相似。它确保期权的出售方按照合约的规定条款履行义务,同时保存有关交易的信息记录,如所有的多头和空头头寸的情况等。

期权清算公司拥有一定数量的会员,并且所有的期权交易必须通过其会员来清算。如果经纪人公司本身不是交易所期权清算公司的会员,它必须通过期权清算所的会员结清其交易。会员必须满足资本最低限额的要求,并且必须提供特种基金,若有会员无法履行期权中的义务,则可使用该基金。

在购买期权时,购买者必须在下一个营业日的清晨全额支付期权费。这一资金存放在期权清算公司中。期权的出售方在其经纪人那里开设一个保证金账户,而经纪人在负责结清其交易的清算公司会员处开设一个账户来进行交易的清算,随之,期权清算公司会员必须在期权清算公司开设一个保证金账户。

在清算过程中,清算所有如下职责:

(1) 确保保证金的充足。保证金是否充足直接关系到期权市场的安全性。清算不仅要求期权出售者在成交时交付足额保证金,而且在每月结算出现亏损时要及时补足保证金。

(2) 盈亏的计算。对于期权买方来说。其盈亏的计算既要考虑履约价格,也要考虑期权费。但清算所在成交时支付的期权费是不必加入最后结算的,只在成交当日一次性结清。最后结算盈亏只考虑履约价格与到期行使期权的期货价格或现货价格。

(3) 实施会员制和两级结算制度,清算所处理一级结算时,对会员经纪公司持有的到期期权必须计算其盈亏,对有盈利者,必须主动为其办理行使期权的手续并向相应的购买者和出售者发出履约通知,即"到价期权自动结算"。会员经纪公司为客户进行二级结算,也必须遵守"到价期权自动结算"的原则,为有盈利的购买者主动行使期权。

【案例 6-3】
期权产品案例——高盛公司的日经指数看跌期权认购权证

本 章 小 结

1. 期权是一种选择权,期权的买方向卖方支付一定数额的期权费后,拥有在一定时间内以一定的价格购买或出售一定数量的标的资产(实物商品、证券或期权合约)的权利。

2. 期权是金融工程所有工具中独特的一种,独特之处在于与其他三种金融衍生工具相比,多、空双方权利义务的不对称性,购买了期权就可以将对自己不利的风险转移出去,却仍然保留获得意外收益的机会。

3. 期权品种很多,按不同的标准可以划分为不同的类型:按期权买方的权利可分为看涨期权和看跌期权;按期权买方执行期权的时限可分为欧式期权和美式期权;按期权交易场所的不同可分为场内期权与场外期权;按标的资产的性质可分为现货期权和期货期权等。

4. 金融期权的标的资产可以是股票、股价指数、金融期货、利率、信用、货币及互换等。

5. 期权价格即期权费主要由内在价值和时间价值两部分构成。内在价值(IV)是指期权持有者立即行使该期权合约所赋予的权利时所能获得的收益与零之间的最大值。时间价值(TV)是指在期权有效期内标的资产价格波动为期权持有者带来收益的可能性所隐含的价值。因此,期权费都高于期权的内在价值。

6. 无论期权的标的资产是什么、其收益分布如何,期权价格都存在上限与下限,根据无套利分析的思想可知,期权价格一旦超过上限或低于下限,投资者就会有套利的机会。

7. 对于标的资产是无收益资产的情形,提前执行美式看涨期权是不明智的。因为得到的标的资产不会产生任何收益,况且提前执行时多头方得到的仅是期权的内在价值,所以与其行权还不如将期权转让,从而得到内在价值与时间价值之和,即期权价值。

8. 运用无套利分析方法可推导看涨期权与看跌期权的平价公式。

无收益资产欧式看涨期权与看跌期权之间的平价关系为 $c+Ke^{-r(T-t)}=p+S_t$。

有收益资产欧式看涨期权和看跌期权的平价关系为 $c+I+Ke^{-r(T-t)}=p+S_t$。

无收益资产美式看涨期权和看跌期权之间的关系为 $S-K<C-P<S_t-Ke^{-r(T-t)}$。

有收益资产美式看涨期权和看跌期权之间的关系为 $S-I-K<C-P<S_t-Ke^{-r(T-t)}$。

9. 期权交易的多头方在支付全部期权费之后,只有权利没有义务,所以无须再缴纳保证金。而期权空头方在收到全部期权费之后,就只有义务而没有权利,所以期权卖方都必须交纳一定的保证金,这是因为交易所和经纪人必须确保当期权执行时,出售期权的投资者不会违约,因此所谓初始保证金和维持保证金都是针对期权卖方而言的。

10. 期权交易所发布的期权合约基本条款对某个具体期权,如标的资产、交易单位、到期月份、行权价格、保证金等与交易相关的内容都做出了具体的规定。

11. 期权交易与期货交易既有联系又有非常明显的区别。

思考与练习

思考题

1. 为什么交易所向期权卖方收取保证金而不向买方收保证金?
2. 解释出售看跌期权和买入看涨期权之间的联系与区别。
3. 为什么美式期权价格至少不低于同等条件下的欧式期权价格?
4. 简要说明影响期权价格的各个因素及影响方向,并说明原因。
5. 某投资者买进一份看涨期权的同时又卖出一份具有相同标的资产、期限和执行价格的看跌期权。请描述该投资者的状况,并揭示相关衍生产品之间的关系。
6. 为什么提前执行无收益资产的美式看涨期权是不明智的?
7. 什么是期权的时间价值? 在什么样的情况下,时间价值达到最大?
8. 期权交易与期货交易之间的联系与差别是怎样的?
9. 实值期权和虚值期权各有何交易特性?
10. 解释为什么关于欧式看涨期权与看跌期权之间的平价关系式对美式期权不适用。

练习题

1. 某投资者购买了一个执行价格为 45 美元的看涨期权和一个执行价格为 40 美元

的看跌期权,两个期权具有相同的标的资产、相同的到期日。看涨期权的价格为 3 美元,看跌期权的价格为 4 美元,请画出反映交易者收益和资产价格变化的损益图。

2. 假设微软公司的股票期权处于 1 月周期中,在 3 月 1 日、6 月 30 日和 8 月 5 日交易的期权分别有哪些?

3. 一份执行价格为 25 元/股、期限为 6 个月的看涨期权,期权费为 2 元/股。标的股票当前的市场价格为 20 元/股。现有 A、B 两个投资者,A 认为在未来 6 个月里股价会显著超过 25 元/股,而 B 持相反意见,认为在未来 6 个月里股价不会从 20 元/股上涨到 25 元/股,因此双方可以达成该期权交易,A 向 B 支付期权费 2 元/股×100 股＝200 元,成为该期权的多头方。如果在到期日股票市场价格为 30 元/股,A 的盈利是多少?利润率是多少?

4. 下表是 20×1 年 2 月到期的上证 510050ETF 期权合约在 20×0 年 1 月 22 日的报价表。期权合约的到期日为 2 月 24 日,剩余期限为 33 天,当天的上证 50ETF 现货价格为 3.833,市场上的 33 天利率为 1.2%(连续复利)。

上证 50ETF 看涨、看跌期权报价

合约交易代码	当前价	行权价	合约交易代码	当前价
510050C2102M03100	0.7425	3.1	510050P2102M03100	0.0021
510050C2102M03200	0.6392	3.2	510050P2102M03200	0.0024
510050C2102M03300	0.5411	3.3	510050P2102M03300	0.0033
510050C2102M03400	0.4442	3.4	510050P2102M03400	0.0056
510050C2102M03500	0.3512	3.5	510050P2102M03500	0.0097
510050C2102M03600	0.2613	3.6	510050P2102M03600	0.0194
510050C2102M03700	0.1800	3.7	510050P2102M03700	0.0377
510050C2102M03800	0.1160	3.8	510050P2102M03800	0.0734
510050C2102M03900	0.0709	3.9	510050P2102M03900	0.1280
510050C2102M04000	0.0427	4.0	510050P2102M04000	0.1996
510050C2102M04100	0.0270	4.1	510050P2102M04100	0.2820

(1)请计算各期权的内在价值和时间价值,分别绘制看涨期权和看跌期权的期权价格、内在价值和时间价值随行权价变化的图形,并分析哪个期权的时间价值最大。

(2)计算期权价格的上限和下限,并分析期权价格是否超过上限或低于下限,市场是否存在无风险套利机会。

(3)将表中的实际数据代入平价关系式,计算并分析看涨期权与看跌期权之间的平价关系是否成立。若不成立,可以如何套利?

5. 一个美式看涨期权的执行价格为 20 元,期限为 5 个月,期权价格为 1.5 元,假定当前股票价格为 19 元,无风险利率为年利率 10%,请问具有相同执行价格和期限的美式看跌期权的上下限分别是多少?

6. 标的股票价格为 31 元,执行价格为 30 元,无风险利率为 10%,3 个月期的欧式看涨期权价格为 3 元,欧式看跌期权为 2.25 元。请问如何套利？如果看跌期权的价格为 1 元呢？

7. 一个不支付红利的股票的欧式看跌期权的报价为 1 美元,股票当前的价格为 37 美元,执行价格为 40 美元,距离到期日还有 6 个月,无风险利率为 5%。请问有无套利机会？如果有将如何套利？

8. 6 个月后到期的欧式看涨期权的价格为 2 美元,执行价格为 30 美元,标的股票价格为 29 美元,预期 2 个月和 5 个月后的股利均为 0.5 美元,无风险利率为 10%,利率期限结构是水平的。请问 6 个月后到期的执行价格为 30 美元的欧式看跌期权的价格是多少？如果看跌期权的报价分别是 2 和 3 元,是否存在套利机会？如果有,应该如何套利？

9. A 股票的市价为 20 元,该股票 6 个月期的协议价格为 22 元的欧式看涨期权和看跌期权价格均为 1 元,该股票预计在 3 个月后将分派 1 元的股息,无风险利率假定均为(连续复利)10%。请问有无套利机会？若有,如何套利？

10. 4 个月期支付股利股票的欧式看涨期权的价格为 5 美元,执行价格为 60 美元,标的股票价格为 64 美元,预期 1 个月后将发放股利 0.8 美元,无风险年利率为 12%,而且期限结构是水平的。请问对套利者而言是否存在套利机会？如果有,应该如何套利？

11. 你现在要对一个 2 年期的执行价格为 45 美元的欧式看涨期权定价,已知初始股票价格为 50 美元,连续无风险,利率为 3%,请问该期权价格的上限与下限的差是多少？

12. 执行价格为 20 美元、3 个月后到期的欧式看涨期权和欧式看跌期权的售价都是 3 美元,无风险利率为 10%,股票的现价为 19 美元,预计一个月后发放红利 1 美元,对投资者而言是否存在套利机会？如果有套利机会,将如何进行套利？

自测题

第七章

期 权 定 价

上一章已经通过期权损益图或期权收益表的方式,对看涨期权、看跌期权的到期价值进行了简单分析。本章的核心问题是:如果现在没有到期,期权合约的价值是多少?为了解决这个问题,必须搞清楚期权定价原理。关于期权定价的模型主要有两种:二叉树模型(the binominal pricing model)和布莱克—斯科尔斯(Black-Scholes)模型(简称 B-S 模型)。1973 年布莱克和斯科尔斯提出的 B-S 公式对期权定价是一个开创性的成就,但由于其推导过程涉及比较复杂的数学运算,对于没有一定数学理论背景的人来说,它既难于理解,更难于操作,因此在实务中的运用受到了很大的限制。鉴于此,考克斯(J. Cox)、罗斯(S. Ross)和鲁宾斯坦(M. Rubinstein)于 1979 年在《金融经济学杂志》上发表了题为《期权定价:一种被简化的方法》的文章,用一种比较浅显的方法导出了期权定价方法——二叉树期权定价法。其优点在于比较简单、直观,不需要太多的数学知识即可应用,已经成为金融界最基本的期权定价方法之一。

第一节 期权定价的数值方法——二叉树定价法

二叉树模型首先把期权的有效期分为很多很小的时间间隔 Δt,并假设在每一个时段内证券价格只有两种运动的可能:股价或上升到原先的 u 倍,或下跌到原来的 d 倍,相应的期权到期价值也会有所不同。期权价格的计算是从树图的末端向前倒推着进行的。到期时刻的价值可以根据期权到期时的价值计算,例如看涨期权的价值为 $\max(S_T - K, 0)$,而看跌期权的价值为 $\max(K - S_T, 0)$,其中 S_T 是 T 时刻标的资产的价格,K 是执行价格。在较大的时间间隔内,这种简化的二叉树运动的假设当然不符合实际,但是当时间间隔非常小的时候,比如在每个瞬间资产价格只有这两种运动方向的假设是可以接受的,因此二叉树模型实际上是在用大量离散的小幅度二值运动来模拟连续的资产价格运动。

一、单期二叉树定价法

这里的单期是指一个单位时间,至于这个单位时间的长度是可以任意选择的。

1. 一个简单的例子

【例 7-1】 假设某只股票当前的市场价格为 20 元。投资者预期 3 个月后股价有可能是 22 元,也有可能是 18 元。再假设该股票不分红利,3 个月后以 21 元的执行价格买入股票的欧式看涨期权的价格应该为多少?

我们知道,若到期时股票价格为 22(=20×1.1)元,则该看涨期权的价值为 1 元;若股票价格为 18(=20×0.9)元,则该期权的价值将是 0,如图 7-1 所示。

图 7-1 股票价格与期权价格变动示意

在无套利假设下,二叉树期权定价法的基本思路是:首先,构造一个只包含股票和期权的无风险证券组合;其次,根据到期日的股票和期权价格得出组合在期末时刻的价值;最后,利用无风险组合的收益率只能是无风险收益率,得出构造该组合的初始成本,从而得出该期权的价格。

针对上述例子,我们首先假设无风险证券组合里包含 Δ 股股票多头头寸和一单位看涨期权的空头头寸。接下来的问题是 Δ 值为多少才能保证所构造的组合为无风险证券组合。根据假设,3 个月后市场只会出现两种可能的结果:股票价格要么上升到 22 元,要么下降到 18 元。如果股票价格上升到 22 元,期权的价值为 1 元,组合的总价值为 22Δ－1;如果股票价格下降到 18 元,期权的价值为 0,组合的总价值为 18Δ。因为组合为无风险证券组合,不会随着股票价格的变化而变化,因此无论股票价格上涨还是下跌,到期日的价值是确定的,这意味着

$$22\Delta - 1 = 18\Delta$$

即 Δ=0.25。因此,0.25 股股票多头和一单位看涨期权空头就组成一个无风险的证券组合,而且无论股票价格是上升还是下降,在期权到期日,组合的价值总是 4.5(=22×0.25－1)元。

根据无套利均衡原理,无风险证券组合的收益率必定为无风险利率。假设在这种情况下,无风险利率为 10%,时间期限为 3 个月,则构造该组合的初始成本就是 4.5 元的现值,即

$$4.5e^{-0.1 \times 0.25} = 4.39$$

由于当前的股价已知为 20 元,假设期权的价格为 c,则该组合当前的价值为

$$20 \times 0.25 - c = 5 - c = 4.39$$

即

$$c = 0.61$$

这说明在无套利机会的假设下,期权的当前价值一定为 0.61 元,否则就存在套利的机会。

2. 一般结论

现在假设一个无收益资产在 t 时刻的价格为 S_t,在期权到期日 T,标的资产的价格要么上涨至现价的 u 倍,要么下跌至现价的 d 倍。这里 $u > 1$、$d < 1$,如图 7-2 左图所示。再设欧式看涨期权的当前价值为 c、执行价格为 K,在标的资产价格的上述变化下,其价值分别为 c_u 和 c_d,如图 7-2 右图所示。

显然,$c_u = \max(S_T - K, 0)$,$c_d = \max(K - S_T, 0)$。为确定图 7-2 中唯一的未知量

图 7-2 单期二叉树中的标的资产价格与期权价格变动

c,我们构造如下的对冲投资组合：①以价格 c_t 卖出一份看涨期权；②买入 Δ 份标的资产。其中，Δ 为套期保值比率，其大小是要保证该投资组合成为一个无风险的投资组合。也就是说，不管股票价格如何变化，该投资组合在到期日的价值是确定的。

当标的资产的价格上涨时，该投资组合的终值为 $\Delta uS_t - c_u$；当标的资产的价格下跌时，该投资组合的最终价值为 $\Delta dS_t - c_d$。因为该投资组合为无风险投资组合，从而有

$$\Delta uS_t - c_u = \Delta dS_t - c_d$$

从而

$$\Delta = \frac{c_u - c_d}{uS_t - dS_t} \tag{7-1}$$

因此，只有当 $\Delta = (c_u - c_d)/(u-d)S_t$ 时，该投资组合才是无风险投资组合。设期权有效期内的无风险利率为 r，该投资组合的现值一定为

$$(\Delta uS_t - c_u)e^{-r(T-t)}$$

而建立组合的初始成本是 $\Delta S_t - c_t$，因此

$$\Delta S_t - c_t = (\Delta uS_t - c_u)e^{-r(T-t)}$$

将式(7-1)的 Δ 代入上式，并将 c_u 和 c_d 项分离，得

$$c_t = \left[c_u\left(\frac{e^{r(T-t)} - d}{u - d}\right) + c_d\left(\frac{u - e^{r(T-t)}}{u - d}\right)\right]e^{-r(T-t)} \tag{7-2}$$

因为

$$\frac{e^{r(T-t)} - d}{u - d} + \frac{u - e^{r(T-t)}}{u - d} = 1$$

令

$$p = \frac{e^{r(T-t)} - d}{u - d} \tag{7-3}$$

其中，p 的表达式可以作为概率，即 $0 \leqslant p \leqslant 1$。

如何进行证明呢？如果 p 为负数，则 $e^{r(T-t)} - d < 0$，即 $S_t e^{r(T-t)} < dS_t$，股票市场未来表现最差的价值 dS_t 也超过了在债券市场上投资 S_t 所得到的回报 $S_t e^{r(T-t)}$，因此存在无风险套利机会。同理，若 p 大于 1，则 $1-p < 0$，即 $S_t u < S_t e^{r(T-t)}$，股票的最佳未来价值也低于在债券市场上投资所得到的回报，市场上同样存在无风险套利机会。式(7-3)给出的有特定意义的无风险定价概率 p，也称为风险中性概率。

将式(7-3)代入式(7-2)中并化简，得

$$c_t = [pc_u + (1-p)c_d]e^{-r(T-t)} \tag{7-4}$$

【例 7-2】 接着例 7-1(如图 7-1 所示)，已知 $u=1.1, d=0.9, r=0.1, T-t=0.25$，$c_u=1, c_d=0$。由式(7-3)，得

$$p = \frac{e^{0.1 \times 0.25} - 0.9}{1.1 - 0.9} = 0.627$$

由式(7-2),可得

$$c = [0.627 \times 1 + (1 - 0.627) \times 0] e^{-0.1 \times 0.25} = 0.61$$

这一结果与例7-1所得结果一致。

3. 风险中性概率

如果我们将式(7-3)中的 p 解释为标的资产价格上升的概率,于是 $1-p$ 就是标的资产价格下降的概率,则标的资产在 T 时刻的预期值由下式给出

$$E(S_T) = [puS + (1-p)dS]$$

再将式(7-3)中的 p 代入上式,化简得

$$E(S_T) = Se^{r(T-t)}$$

该式说明在风险中性假设下,平均来说,标的资产价格以无风险利率增长。因此,假设标的资产价格上升的概率为 p,等价于假设标的资产收益率等于无风险收益率,也就等价于假设我们处在一个风险中性世界里。根据第一章介绍的风险中性定价法,式(7-3)中的 p 就是风险中性概率。而式(7-4)可以表述为:在风险中性世界里,期权的价值就是其未来预期值按无风险利率贴现的值,因而上述二叉树定价法就等价于风险中性定价法。

显然,式(7-3)中的 p 并不是标的资产价格上升和下降的真实概率。该问题的关键在于:我们并不是在完全的条件下为期权估值,而只是在给定的假设前提下根据标的资产的价格估计期权的价值。在二叉树定价中也没有用到标的资产价格真实的上升和下降概率。当然,这并不意味着期权定价与标的资产价格上升和下降的概率无关,事实上,标的资产价格未来上升和下降的概率已经体现在标的资产的价格中了。

上面的分析说明我们可以完全放心地假设:在为期权及其他金融衍生工具定价时,可以假设投资者是风险中性的。对于风险中性投资者来说,确定得到的1元的投资并不比期望值为1的不确定性投资更有吸引力。在风险中性世界中,只要期望收益相同,股票和无风险投资是没有差异的。

二、多期二叉树定价法

前面介绍的单期二叉树定价法看似非常简单,而且离现实情况也非常远,但它包含二叉树定价法的基本原理。为了得到更符合实际的结果,我们需要对其加以推广。

推广的基本思路是让时间间隔减小。我们可以把一年分成4个3个月,或者12个1个月,或者365天……每一个时点上都对应一个单期二叉树,然后做和单期二叉树定价法相同的工作:建立不同的无风险资产组合或利用风险中性定价法求不同状态下期权的收益,再从最终的节点一步一步逆推,最后计算出初始状态下的期权价格。

上述推广过程基于这样的假设:价格在任何一期都只能以事先决定的幅度上升或下降。虽然看起来不现实,但是如果期数足够多或时间长度 Δt 足够小,二叉树越分越细,适当地选择二叉树中的 u 和 d(u 和 d 都"足够快"地趋于1),当所分的期数趋于无穷时,价格在给定的时间间隔内可以在任何合理的范围内变动。实证分析的结果表明,如果期数超过50期,二叉树模型的结果与对数正态分布的结果几乎一样,因此这样的假定有其合

理性。

1. 两期二叉树定价法

为了解释清楚,我们先将二叉树从单期推广到两期,然后再推广到多期的情形。为此,假设标的资产的现价为 S,在每期二叉树中,标的资产的价格要么上涨至原来的 u 倍,要么下跌至原来的 d 倍。再假设无风险利率为 r,每个单期二叉树的时间长度是 Δt 年。在期权的有效期限内,标的资产和看涨期权的价值及其变动如图 7-3 所示。

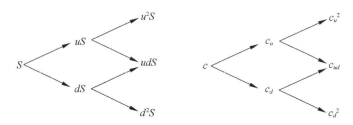

图 7-3 两期二叉树中的标的资产价格与期权价格变动

因此,$c_{u^2} = \max[u^2 S - K, 0]$,$c_{ud} = \max[udS - K, 0]$,$c_{d^2} = \max[d^2 S - K, 0]$。我们将期权到期时标的资产价格的三种可能价位与看涨期权的三种可能价值对应起来重复式(7-2)的计算,可以得到

$$c_u = [pc_{u^2} + (1-p)c_{ud}]e^{-r\Delta t} \tag{7-5}$$

$$c_d = [pc_{ud} + (1-p)c_{d^2}]e^{-r\Delta t} \tag{7-6}$$

$$c = [pc_u + (1-p)c_d]e^{-r\Delta t} \tag{7-7}$$

再将式(7-5)和式(7-6)代入式(7-7)中,得

$$c = [p^2 c_{u^2} + 2p(1-p)c_{ud} + (1-p)^2 c_{d^2}]e^{-2r\Delta t} \tag{7-8}$$

这就是两期二叉树定价公式。这里的 p 和式(7-3)中的区别在于时间长度由 $T-t$ 替换为 Δt,此时,变量 p^2、$2p(1-p)$ 和 $(1-p)^2$ 是达到最后上、中、下三个节点的风险中性概率。式(7-8)表明:期权的价格等于它在风险中性世界的预期收益按无风险利率贴现的值。也就是说,风险中性定价的原理一直是成立的。

【例 7-3】 假设一只不分红股票的当前市场价格为 20 元,在二叉树中的任一期之间,股价要么上涨 10%,要么下跌 10%。我们假设二叉树中每一期的时间长度为 3 个月,市场的无风险利率为 10%。6 个月后到期的执行价格为 21 元的欧式看涨期权的价值应该为多少?

解:根据假设条件,标的股票和看涨期权的价格变动如图 7-4 所示。

由题设知,$u = 1.1, d = 0.9, r = 0.1, \Delta t = 0.25, c_{u^2} = 3.2, c_{ud} = 0, c_{d^2} = 0$。由式(7-3),得

$$p = \frac{e^{0.1 \times 0.25} - 0.9}{1.1 - 0.9} = 0.627$$

将上述所有参数代入式(7-8),可得执行价格为 21 元的欧式看涨期权的价值为

$$c = [0.627^2 \times 3.2 + 2 \times 0.627 \times 0.373 \times 0 + 0.373^2 \times 0]e^{-2 \times 0.1 \times 0.25} = 1.2(元)$$

其实,按照式(7-5)、式(7-6)和式(7-7),一步步地计算更加简便。

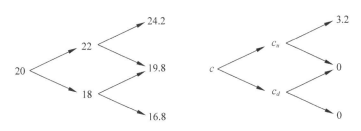

图 7-4　标的股票价格与期权价格变动示意图

2. 多期二叉树定价法

按照同样的方法,我们可以把两期二叉树扩展到多期的情况。随着期数的增加,标的资产价格变化的可能范围越来越大,越来越接近实际情况,如图 7-5 所示。

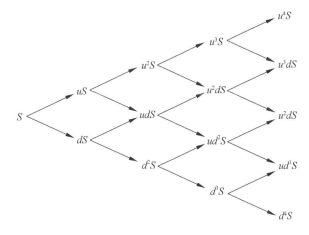

图 7-5　标的股票价格的树形结构

二叉树定价法的准确性也越来越高,若将期权的有效期限分割成 n 个小期间,则结果为

$$c = e^{-nr\Delta t} \sum_{k=0}^{n} \left[\frac{n!}{k!(n-k)!} p^k (1-p)^{n-k} c_{u^k d^{n-k}} \right] \tag{7-9}$$

其中,$c_{u^k d^{n-k}} = \max[u^k d^{n-k} S - K, 0]$,且 k、$n-k$ 分别为第 n 期时标的资产价格上涨、下跌的次数,其他符号同上,这就是完整的二叉树定价公式。

三、二叉树定价法在实际中的运用

二叉树定价法的优点在于比较直观,而且它具有很强的灵活性,不管标的资产的价格服从何种分布,它都适用。就期权而言,不管是看涨期权还是看跌期权,欧式期权还是美式期权,标的资产产生收益还是不产生收益,该定价模型都适用。当然,式(7-4)、式(7-8)和式(7-9)是无收益资产的欧式看涨期权的定价公式,对其他情况的期权进行定价时有时需做调整。比如用二叉树定价法对美式期权进行定价时是从二叉树图的最末端点向起始点逆推计算的,在每个节点需检验提前执行是否最佳。美式期权在最后节点的期权价值与欧式期权在最后节点的期权价值相同,在较早的一些节点,期权的价值是取如下二者中的较大者:①由式(7-4)得出的值;②提前执行所得的收益。

此外,在实际应用二叉树定价法时,还有下面两个需要注意的问题。

首先,时间期数的选择。可以想象,随着期数的增加,二叉树会变得极为复杂,相应的计算过程也会变得异常复杂,但幸运的是,随着计算机科学的发展,应用计算机程序可以很容易地完成这一任务。根据实践经验,一般将时间区间分成 30 期即可得到较为理想的结果。

其次,参数的确定。由统计学原理可知,当 n 趋于无穷大时,二项式分布就逼近正态分布。因此,只要 u 和 d 选择得当,二叉树定价公式[式(7-9)]与 B-S 期权定价公式的结果将趋于一致。为此,一般采用使二叉树模型近似于实际中价格的对数正态分布的 u 和 d 值。如果我们定义 Δt 为单期时间长度,σ 为标的资产价格的波动率,通过简单计算可以得到

$$u = e^{\sigma\sqrt{\Delta t}}, d = e^{-\sigma\sqrt{\Delta t}} \tag{7-10}$$

$$p = \frac{e^{r\Delta t} - d}{u - d} \tag{7-11}$$

【例 7-4】 假设一只不分红股票,其当前的市场价格为 20 元,波动率为每年 40%,市场的无风险利率为 10%。该股票 2 个月期的欧式看涨期权的执行价格为 21 元,求其价值。

解:为了构造二叉树,我们把期权有效期分为两段,每段一个月(0.083 3 年)。根据式(7-10)和式(7-11),可以算出

$$u = e^{0.4 \times \sqrt{0.083\,3}} = 1.122\,4$$
$$d = e^{-0.4 \times \sqrt{0.083\,3}} = 0.890\,9$$
$$p = \frac{e^{0.1 \times 0.083\,3} - 0.890\,9}{1.122\,4 - 0.890\,9} = 0.507\,3$$
$$1 - p = 0.492\,7$$

据此可以画出该股票和看涨期权在期权有效期内的二叉树图,如图 7-6 所示。

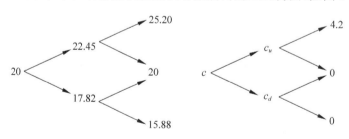

图 7-6 标的股票价格与看涨期权价格变动示意

将上述参数以及 $c_{u^2} = 4.2, c_{ud} = 0, c_{d^2} = 0$ 代入式(7-8),可得欧式看涨期权的价值为
$c = [0.507\,3^2 \times 4.2 + 2 \times 0.507\,3 \times 0.492\,7 \times 0 + 0.492\,7^2 \times 0]e^{-2 \times 0.1 \times 0.083\,3} = 1.06(元)$

如果其他条件不变,但该期权为看跌期权,我们也可以画出看跌期权在期权有效期内的二叉树图,如图 7-7 所示。

此时,$c_{u^2} = 0, c_{ud} = 1, c_{d^2} = 5.12$,则由式(7-8),可得欧式看跌期权的价值为

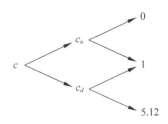

图 7-7　看跌期权价格变动示意

$$p = [0.507\,3^2 \times 0 + 2 \times 0.507\,3 \times 0.492\,7 \times 0 + 0.492\,7^2 \times 5.12]e^{-2 \times 0.1 \times 0.083\,3} = 1.71(元)$$

本题只用到两期二叉树定价法，无论看涨期权还是看跌期权的计算价格与实际值都有一定的误差。如果把期权的有效期分成更多的时间区间，期数就会增加，计算会更复杂，但得出的期权价值会更精确。有兴趣的读者可以参照上面的分析方法自己练习。

第二节　股票价格模型和 B-S 期权定价公式

期权作为一个日益重要的现代金融衍生工具，其价格是否合理对金融活动影响极大。因此，人们一直致力于研究如何确定合理的期权价格，但始终没有得到令人满意的结果，其中最难解决的问题是如何适当地描述标的资产的价格波动及其对期权价格的影响。期权的风险实际上在标的资产的价格及其变化中得到反映，而且标的资产的价格还反映了市场对未来的预期。因此，要研究期权定价必须先刻画标的资产价格的运动规律，即理解股票的价格运动过程。布莱克与斯科尔斯在前人研究成果的基础上取得了突破性的进展，于1973年发表了《期权定价与公司债务》一文，提出了 Black-Scholes 期权定价公式，简称 B-S 公式。同年，默顿独立提出了一个更一般的期权定价模型。期权定价模型对交易员对期权进行定价与应用期权进行对冲产生了重大影响，并且对于近50年来金融工程领域的发展与成功起到了决定性的作用。1997年，斯科尔斯和默顿两位教授获诺贝尔经济学奖就充分说明了这一公式的重要性。布莱克则因为英年早逝而错过了获此殊荣的机会。

一、随机过程

描述股票的价格运动过程需要用到一些随机过程的知识，所以这里先做一点解释。

如果一个变量以某种不确定的形式随时间变化，则称这个变量服从某种随机过程（stochastic process）。随机过程可以分为离散时间（discrete time）和连续时间（continuous time）随机过程两类：离散时间随机过程是指变量值只能在某些确定的时间点上变化，如 $t = 0,1,\cdots$；而连续时间随机过程是指变量值可以在任何时刻变化，如 $t \in [0,\infty)$。

在金融学的实际应用中，随机变量在一段时间的改变具有不确定性。我们将建立关于股票价格的连续时间的随机过程，其他资产的价格通常也被假设为类似的随机过程。理解随机过程是学习与理解期权及其他更加复杂的金融衍生产品定价的第一步。

一般来说,假设股票价格是一个连续随机变量并不合理,因为在现实的交易中,股票并不能以任一价格交易,股票的交易存在固定的价格变动单位(tick size)。同时,因为交易市场并不是全天开启的,股票价格的变动只有在开市后才可以观察到。虽然这些实际存在的因素与假设条件存在差异,但在理论及实际应用上,这种假设仍是一种合理的近似。

1. 有效市场假说与马尔可夫过程

有效市场假说(efficient market hypothesis)的基本假设是投资者会利用可以获得的信息去交易,因此股票价格应该迅速地反映现有的信息,也就是投资者无法利用现有的信息去判断股票价格未来的走势。

(1) 有效市场假说的三种形态

法玛(Fama)定义了与证券价格相关的三种类型的信息:一是历史信息,即基于证券市场交易的有关历史资料,如历史股价、成交量等;二是公开信息,即一切可公开获得的有关公司财务及其发展前景等的信息;三是内部信息,即只有公司内部人员才能获得的有关信息。依据投资者可以获得的信息集合的大小,法玛提出了有效市场假说的三种形态:弱式有效市场、半强式有效市场和强式有效市场。

① 弱式有效市场。在弱式有效市场上,不仅信息从产生到被公开的有效性受到损害,而且投资者对信息进行价值判断的有效性也受到损害。也就是说,投资者无法解读全部公开信息,但至少能够解读全部历史价格信息,如有关证券的价格、成交量、卖空金额等,证券价格能够充分反映历史价格序列中包含的所有信息,这些历史资料已经充分发挥了作用,不能再继续影响证券市场的价格走势。由于这些历史信息对证券价格已经不会产生任何影响,因此股票价格的技术分析失去作用,基本分析还可能帮助投资者获得超额利润。

② 半强式有效市场。在半强式有效市场上,关于证券的信息在其产生到被公开的过程中受到了某种程度的损害,即信息公开的有效性受到破坏,但投资者对所有的信息都会作出及时反应。现行的证券价格不仅能反映过去价格和过去收益的一切信息,而且包括一切可以公开得到的信息,如公司的盈利、股票分割、红利、管理状况、营运前景、财务信息等。假如投资者能迅速获得这些信息,股价应迅速作出反应。因此,技术分析和基本分析都失去作用,只有内幕消息可能帮助投资者获得超额利润。

③ 强式有效市场。强式有效市场是信息反映能力最强的证券市场。在这种市场上,信息公开透明,并且证券价格总能及时、充分地反映所有相关信息,包括公开发布的信息和内幕信息。任何人都不可能利用公开或内幕信息来获取超额利润。在强式有效市场上,有关某种证券的信息一经产生,就能得到及时公开,一经公开就能得到及时处理,一经处理就能在证券价格上得到反映,信息的产生、公开、处理和反馈几乎是同时的。因此,强式有效市场不存在因证券发行者和投资者的非理性所产生的供求失衡,也不存在因这种供求失衡而导致的证券产品价格波动,证券价格反映了所有信息。这是一种理想的经济状态,其市场非常完善,市场中产品的价值和价格总是相等的,并随着新信息的出现而随机波动。

有效市场的三种类型都有一个共同的特征,即证券的价格反映一定的信息,其区别在于不同的市场反映信息的范围各异。

(2) 马尔可夫过程

马尔可夫过程(Markov process)是一个特殊类型的随机过程,其中只有标的变量的当前值与未来的预测有关,而变量的历史值以及变量从过去到现在的演变方式与未来的预测无关,通常假设股票价格服从马尔可夫过程。

假定某种股票的当前价格为100美元,如果股票价格服从马尔可夫过程,那么一个星期以前、一个月以前或一年以前的股票价格不会影响我们对将来价格的预测,而唯一相关的信息就是股票的当前价格为100美元。由于将来的预测是不确定的,所以预测方式必须以概率分布的形式来表达。股票价格服从马尔可夫过程意味着股票价格在将来的概率分布不依赖股票价格在过去所遵循的特定路径。

股票价格遵循的马尔可夫过程与弱式市场有效性(the weak form of market efficiency)是一致的。弱式市场有效性指出,股票的当前价格包含了过去价格的所有信息。如果弱式市场有效性不成立,股票技术分析师可以通过分析股票价格的历史数据来获得高于平均收益率的收益,而事实上我们没有任何证据能够证明他们可以做到这一点。

市场竞争往往会促使弱式市场有效性与马尔可夫性质的成立。许许多多的投资者都紧盯着股票市场,想从中盈利。投资者对盈利的追求使得在任意时刻,股票价格都包含了历史价格信息。我们假定在市场上人们发现以往股票价格的某种特殊走势会导致股票价格在今后会有65%的机会大幅上涨,一旦观察到这种规律,众多的投资者都会去购买股票,这会立即造成对该股票的需求增加,因此股票价格会迅速上涨,从而使有超过50%的概率继续上涨的机会迅速消失。

如果我们将弱式有效市场的假设用数学的方式定义,可以说股价遵循马尔可夫过程与弱式有效市场的假设是一致的。马尔可夫过程是随机过程的一种,可以定义如下:

$$E(P_{t+1} \mid P_t, P_{t-1}, P_{t-2}, \cdots) = E(P_{t+1} \mid P_t) \tag{7-12}$$

简单来说,在马尔可夫过程中变量的未来预期值只受到目前现值的影响,而变量的历史值以及如何达到目前的现值对于未来没有预测能力,大部分实证研究都倾向于认为股票价格的变动遵循马尔可夫过程。

2. 连续时间随机过程

考虑一个服从马尔可夫过程的变量,假定其当前值为10,在1年内该变量变化的分布为$N(0,1)$,其中$N(\mu,\sigma)$代表正态概率分布,均值为μ,方差为σ。变量在2年内变化的概率分布是什么?

变量在2年内的变化等于2个正态随机变量的和,这里每一个变量的均值都为0,方差都为1。因为变量满足马尔可夫性质,所以这里的2个分布是相互独立的。2个相互独立的正态分布变量相加之和也服从正态分布,其均值等于2个独立变量均值的和,方差等于2个独立变量方差的和。因此,变量在2年内变化的均值等于0,方差等于2,所以变量在2年内的变化服从$N(0,2)$,分布的标准差为$\sqrt{2}$。而变量在6个月内的变化可以这样理解:变量在1年内变化的方差等于变量在前6个月变化的方差加上变量在接下来的6个月内变化的方差。我们假定这里的前后2个变量方差相同,由此我们得出6个月内变化的方差等于0.5。与此等价,我们可以说变量在6个月内变化的标准差等于$\sqrt{0.5}$,因此变量在 6 个月内变化的分布为 $N(0,0.5)$。与此类似,变量在 3 个月内的变化服从 $N(0,0.25)$。更一般地,在任意时间段内变化的分布服从 $N(0,T)$。特别是在很短一段时间内,变量变化的分布服从 $N(0,\Delta t)$。

对于马尔可夫过程而言,变量在相邻时间区间内变化的方差具有可加性,但标准差不具有可加性。例子中变量在每年内变化的方差为 1,因此变量在 2 年内变化的方差为 2,在 3 年内的方差为 3,变量在 2 年内变化和在 3 年内变化的标准差分别为 $\sqrt{2}$ 和 $\sqrt{3}$。

3. 维纳过程

以上例子中变量所服从的过程即著名的维纳过程(Wiener process)。维纳过程是一种均值为 0,每年的方差为 1 的特殊马尔可夫过程。这种过程曾在物理学中用来描述一个粒子受到大量小分子碰撞后所产生的运动,有时也称为布朗运动(Brownian motion)。

在开始解释为什么我们会利用维纳过程来解释股票价格的变动之前,先来了解一下什么是维纳过程。变量 Z_t 满足以下两个性质时可称为维纳过程。

性质 1:在一小段时间区间 Δt 内的变化量为 ΔZ。

$$\Delta Z = \varepsilon \sqrt{\Delta t} \tag{7-13}$$

其中,ε 服从标准正态分布 $N(0,1)$。

性质 2:在任何两个不相重叠的 Δt 时间区间内,变化量 ΔZ 之间相互独立。

第一个性质说明:ΔZ 本身服从正态分布,并且

$$E(\Delta Z) = 0, D(\Delta Z) = \Delta t, \sigma(\Delta Z) = \sqrt{\Delta t}$$

第二个性质说明:变量 Z_t 服从马尔可夫过程。

接下来考虑在一段相对较长的时间 T 内 Z_t 的变化。我们可以将变化量表达为 $Z(T) - Z(0)$,这一变化量可以被看作在 N 个长度为 Δt 的小时间段内变量 Z_t 变化的总和,其中

$$N = \frac{T}{\Delta t}$$

因此

$$Z(T) - Z(0) = \sum_{i=1}^{N} \varepsilon_i \sqrt{\Delta t} \tag{7-14}$$

其中,$\varepsilon_i (i = 1,2,\cdots,N)$ 均服从 $N(0,1)$ 分布。由维纳过程的第二个性质可知 ε_i 之间相互独立,由式(7-14)得出 $Z(T) - Z(0)$ 服从正态分布,其中

$$E[Z(T) - Z(0)] = 0$$
$$D[Z(T) - Z(0)] = N\Delta t = T$$
$$\sigma[Z(T) - Z(0)] = \sqrt{T}$$

【例 7-5】 假定变量 Z 服从维纳过程,初始值为 25,时间以年为单位。在 1 年年末,变量的值服从 $N(25,1)$,如果考虑 95% 的置信区间,$Z(1)$ 应该落在 23.044~26.96 之间。由式(7-13)可知,在 5 年年末,变量值服从 $N(25,5)$。变量在将来某一确定时刻由标准差定义的不定性与未来时间长度的平方根成正比,即变量值服从 $N(25,T)$,标准差为 $\sqrt{T}$。

当 $\Delta t \to 0$ 时，ΔZ 的极限形式可以用变量 Z_t 的微分 dZ 表示，并且 dZ 具有 ΔZ 的上述性质。图 7-8 说明了当 $\Delta t \to 0$ 时变量 Z_t 所遵循路径的变化。注意，所取的时间区间越小，维纳过程的路径越呈现锯齿化。这是因为变量 $\Delta Z = \varepsilon \sqrt{\Delta t}$，因此当时间区间较小的时候，$\sqrt{\Delta t} > \Delta t$，所以维纳过程中的随机项所带来的影响也会比较大。

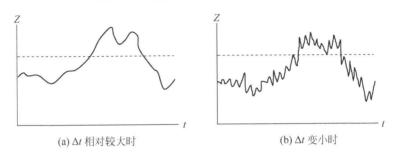

图 7-8　$\Delta t \to 0$ 时，维纳过程的产生方式

4. 一般维纳过程

假设一只股票的价格变动遵循标准维纳过程，与实际股票价格变动有很大差别。首先，因为标准维纳过程的变动量的均值为 0，所以今天的股票价格与 5 年后的预期价格应该是一样的，也就是假如买进一只股票，5 年间的平均收益率将为 0。投资学的基本原理是：由于股票有风险，股票的平均收益率应该高于无风险利率。而标准维纳过程没有办法将由这部分风险报酬带来的正收益率加入假设。其次，如果所有的股票价格都遵循标准维纳过程，则所有股票的波动率将会一样，因为标准维纳过程中的变动量遵循标准正态分布，这样的假设同样是不合理的。例如，两家公司使用不同的财务杠杆，二者的波动率也应该不同。这两个限制使我们必须对标准维纳过程的假设进行改进，以贴近股票价格移动的行为模式。

在随机过程中，变量在每单位时间内均值的变化称为变量的漂移率（drift rate），在每单位时间内的方差称为变量的方差率（variance rate）。到目前为止，我们所讨论的标准维纳过程的漂移率为 0，方差率为 1。漂移率为 0 意味着在将来任意时刻变量 Z_t 的期望值等于其当前值，方差率等于 1 意味着在长度为 T 的任何时间区间内，Z_t 变化的方差等于 T。

一般维纳过程（generalized Wiener process）允许变量的漂移率和方差率与标准维纳过程不同。我们可以利用标准维纳过程变量 Z_t 来定义一个一般维纳过程变量 X：

$$dX = adt + bdZ \tag{7-15}$$

其中，a 和 b 为常数，且在此产生的一般维纳过程的漂移率为 a，方差率为 b^2。

为何这样定义的一般维纳过程的漂移率为 a，方差率为 b^2？我们可以先将式（7-15）的右端分成两项来看。adt 项说明变量 X 的单位时间漂移率为 a。如果没有 bdZ 项，式（7-15）将变为 $dX = adt$，即 $dX/dt = a$。对 t 进行积分，得

$$X = X_0 + at$$

其中，X_0 为 X 在 0 时刻的初始值。在一段时间 T 内，变量 X 的增量为 aT。只要知道时间 t，就可以确定地推算出 $X(t)$。如果 a 为正，则观测的时间越长，$X(t)$ 的值就越大，因

此，a 决定了成长的速度，所以称其为漂移率。

现在让我们来看看刚才被忽略的部分——式(7-15)右端的 $b\mathrm{d}Z$ 项。$b\mathrm{d}Z$ 可以看成是附加在变量 X 路径上的噪声或扰动，是一个均值为 0 的随机变量。由此可见，无论我们想要知道的 $X(t)$ 离现在有多远，$b\mathrm{d}Z$ 都不会对它的期望值有任何影响。根据 $\mathrm{d}Z$ 的定义，有

$$b\mathrm{d}Z = b\varepsilon\sqrt{\mathrm{d}t} \tag{7-16}$$

此项均值为 0，但是其变动率受两个因素的影响。首先，由于 ε 服从标准正态分布，也会使 $b\mathrm{d}Z$ 以及包含漂移率的 $\mathrm{d}X$ 呈现正态分布，所以不会影响变量 $\mathrm{d}X$ 的期望值，参数 b 及 $\sqrt{\mathrm{d}t}$ 均对变量的不确定性有正向的影响。时间越长，变量能够变动的距离就越长，因此与变量的现值的差异的方差就会越大。同样，b 越大则每一单位时间内这一项的变动量就越大，而这样的变动量会成倍地放大原来的变量关系，在计算方差时就会有平方的影响，因此这样定义下的一般维纳过程的方差率为 b^2。

【例 7-6】 已知一家公司的总价值 Z_t 服从标准维纳过程，且目前公司总资产为 50 亿元。公司总资产变动的均值为每年 2 亿元，标准差为 3 亿元。其中时间的衡量单位为年。如果我们想要预测一年后 Z 的值 $Z(1)$，$Z(1)$ 应该会呈现均值为 52、标准差为 3 的正态分布。6 个月后的 Z_t 值 $Z(0.5)$ 会呈现均值为 51、标准差为 $3\sqrt{0.5}=2.12$ 的正态分布。4 年后的 Z 值 $Z(4)$ 应该会呈现均值为 58、标准差为 $3\sqrt{4}=6$ 的正态分布。

图 7-9 显示了一般维纳过程与前述的标准维纳过程的差别。其中 $a=0$，$b=1$ 的线代表了标准维纳过程。$a=3$，$b=0$ 的线代表了漂移率带来的影响。从图中可以看出一般维纳过程允许随机变量有上升或下降的趋势。比较剩下的两条线 $a=3$，$b=1$ 以及 $a=3$，$b=2$，两条线都具有上升趋势，但是可以看出，方差率较小的路径变化较小，也会比较靠近趋势线。相对地，当方差率较大时，随机项带来的影响也相对较大。

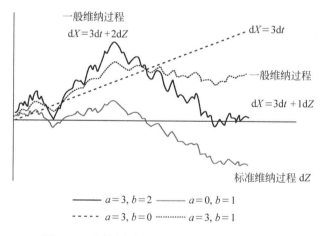

图 7-9 不同漂移率及方差率下的一般维纳过程

利用上文求出的标准维纳过程的均值及标准差，用类似于以上的步骤，可以定义一般维纳过程：① $\mathrm{E}(\Delta X)=a\Delta t$；② $\sigma(\Delta X)=b\sqrt{\Delta t}$

同样，考虑时间 T 下 x 的变动量，也可以得出：① $E[X(T)-X(0)]=aT$；② $\sigma[X(T)-X(0)]=b\sqrt{T}$。

5. 伊藤过程

如果我们将一般维纳过程更进一步地一般化，也就是允许定义中的 a 和 b 受时间及目前变量的现值的影响，则这样的过程又称为伊藤过程(Ito process)。依照之前的定义方法，可以写成以下公式：

$$dX = a(X,t)dt + b(X,t)dZ \tag{7-17}$$

其中，dZ 是一个标准维纳过程，参数 a 和 b 是标的变量 X 和时间 t 值的函数。变量 X 的漂移率为 a，方差率为 b。也就是说，伊藤过程的期望漂移率和方差率都随时间推移而变化。在任意小的时间区间 t 与 $t+\Delta t$ 内，变量 X 变为 $X+\Delta X$，其中 $\Delta X = a(X,t)\Delta t + b(X,t)\varepsilon\sqrt{\Delta t}$。

以上关系式是一个近似式，其中假定在时间区间 t 与 $t+\Delta t$ 内变量 X 的漂移率和方差率都是常数，并且等于它们在时间 t 的值。

因为在式(7-17)中，X 的变化只依赖于 X 在时间 t 的值(而与其历史取值无关)，所以这个过程具有马尔可夫性质。如果在式(7-17)中，a 和 b 依赖于 X 在时间 t 之前的值，则这样得到的过程将不再具有马尔可夫性质。

二、股票价格的行为过程

现在我们讨论通常对无股息支付的股票价格所假设的随机过程。我们可能会想假设股票价格服从一般维纳过程，也就是说，它具有不变的期望漂移率和不变的方差率。但是，这一模型没有抓住股票价格的一个关键特性，即投资者所要求的收益率与股票价格无关：如果投资者在股票价格等于 10 元时要求期望收益率为 10%，在其他条件相同时，投资者在股票价格等于 50 元时同样会要求收益率为 10%。显然，期望漂移率不变的假设是不合理的。

由于股票的预期收益率通常不会随着价格高低而变动，一般来说，我们会假设股票价格的变动率，也就是股票的预期收益率遵循一般维纳过程。如果股票在时刻 t 的价格为 S_t，那么股票的漂移率应为 μS_t，其中 μ 为常数。这一假设意味着在一段很短的时间 Δt 内，S 的预期增量为 $\mu S_t \Delta t$，其中 μ 为股票价格的期望收益率。

1. 股票模型的表达式

保罗·萨缪尔森在 1965 年首次提出了股票价格模型，令 S_t 代表某股票在 t 时刻的价格，则

$$dS_t = \mu S_t dt + \sigma S_t dZ_t \tag{7-18}$$

式(7-18)是描述股票价格行为时使用最广泛的一种模型。μ 为股票价格的期望收益率，σ 为收益率的标准差，σ^2 为收益率的方差率，Z_t 服从布朗运动。

股票价格的对数正态模型为

$$S_t = S_0 e^{\sigma Z_t + (\mu - \frac{\sigma^2}{2})t} \tag{7-19}$$

其中，Z_t 是均值为 0、方差为 t 的随机正态分布变量。式(7-19)两边取对数，得

$$\ln S_t = \ln S_0 + \left(\mu - \frac{\sigma^2}{2}\right)t + \sigma Z_t \tag{7-20}$$

$\ln S_0 + \left(\mu - \frac{\sigma^2}{2}\right)T$ 是一个线性公式，σZ_t 将围绕该直线波动。

式(7-18)是一个随机微分方程，该方程的解就是几何布朗运动，由式(7-20)可得

$$\ln\left(\frac{S_t}{S_0}\right) = \left(\mu - \frac{\sigma^2}{2}\right)t + \sigma Z_t \tag{7-21}$$

右边的表达式是一个均值为 $\left(\mu - \frac{\sigma^2}{2}\right)t$、方差为 $\sigma^2 t$ 的正态随机变量。

2. 连续时间股票模型的参数估计

如何估计几何布朗运动参数的值呢？

假设现在有 $[0, T]$ 时刻的股票价格数据，$[0, T]$ 时刻由 n 个长度相等的子区间 Δt 组成，我们知道每个子区间末的股票价格(股价表示为 S_i)及第 i 个子区间末的股价(一共有 $n+1$ 个样本观测值，分别为 $S_0, S_1, \cdots, S_n$)。

第一步：计算如下时间序列值：

$$R_i = \ln(S_{i+1}) - \ln(S_i) \tag{7-22}$$

根据几何布朗运动：

$$R_i = \ln(S_{i+1}) - \ln(S_i) = \ln\left(\frac{S_{i+1}}{S_0}\right) - \ln\left(\frac{S_i}{S_0}\right) = \left(\mu - \frac{\sigma^2}{2}\right)\Delta t + \sigma Z_{t_{i+1}} - \sigma Z_{t_i} \tag{7-23}$$

几何布朗运动 $Z_{t_{i+1}} - Z_{t_i}$ 满足以下性质：① $Z_{t_{i+1}} - Z_{t_i}$ 是一个正态随机变量，均值为 0，方差为 Δt；② 这些差是相互独立的随机变量。

第二步：计算时间序列 $R_1, R_2, \cdots, R_n$ 的均值 $\bar{R}$ 和方差 s^2。

$$\bar{R} = \frac{1}{n}\sum_{i=1}^{n} R_i$$

$$s^2 = \frac{1}{n-1}\sum_{i=1}^{n}(R_i - \bar{R})^2$$

总体 R 的均值和方差的理论值的估计值分别为 $\bar{R}$ 和 s^2。由式(7-23)可知，R_i 的均值为 $\left(\mu - \frac{\sigma^2}{2}\right)\Delta t$，方差为 $\sigma^2 \Delta t$。

第三步：根据第二步中的结果，得

$$\bar{R} = \left(\mu - \frac{\sigma^2}{2}\right)\Delta t, \quad s^2 = \sigma^2 \Delta t \tag{7-24}$$

解式(7-24)，得

$$\mu = \frac{\bar{R} + s^2/2}{\Delta t}, \quad \sigma = s/\sqrt{\Delta t} \tag{7-25}$$

【例 7-7】 考虑某只无股息股票，其波动率为每年 30%，连续复利期望收益率为 15%。此时，$\mu = 0.15, \sigma = 0.3$。股票价格的过程为

$$\frac{dS_t}{S_t} = 0.15 dt + 0.3 dZ_t$$

如果 S_t 是股票在某一时刻的价格，ΔS_t 为股票价格在此后一段短时间区间内的增

量,该过程的近似形式为

$$\frac{\Delta S_t}{S_t} = 0.15\Delta t + 0.3\varepsilon_t \sqrt{\Delta t}$$

其中,ε_t 服从标准正态分布。假定时间间隔为 1 周(0.019 2 年),则 $\Delta t=0.019\ 2$,

$$\frac{\Delta S_t}{S_t} = 0.15 \times 0.019\ 2 + 0.3 \times \sqrt{0.019\ 2}\varepsilon_t$$

或

$$\Delta S_t = 0.002\ 88 S_t + 0.041\ 6 S_t \varepsilon_t$$

三、B-S 公式

1. B-S 股票期权定价公式

几何布朗运动股票价格模型[式(7-21)]可以导出欧式看涨期权定价公式。我们先给出 B-S 期权定价公式,在后面再介绍它的具体推导过程。假设股票现价为 S_t,c_t 为 t 时刻看涨期权的价格,K 为期权的执行价格,$T-t$ 为期权的到期时间,r 为无风险利率,σ 为股价波动率,$N(x)$ 为标准正态分布函数,即 $N(x)=P[Z\leqslant x]$,如图 7-10 所示。

$$c_t = S_t N(d_1) - K e^{-r(T-t)} N(d_2) \tag{7-26}$$

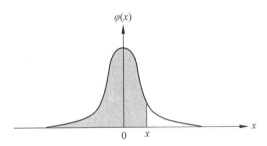

图 7-10 阴影区域的面积代表 $N(x)$

正态分布的函数值由下面两个值给出:

$$d_1 = \frac{\ln(S_t/K) + (r+\sigma^2/2)(T-t)}{\sigma \sqrt{T-t}}, d_2 = d_1 - \sigma \sqrt{T-t}$$

漂移率 μ 并未出现在 B-S 期权定价公式中。式(7-26)表明,欧式看涨期权的价格是标的股票价格、执行价格、有效期限、无风险利率及股票价格波动率的函数。式(7-26)只适用于欧式看涨期权,而不能用于欧式看跌期权。然而,根据欧式看涨期权与看跌期权的平价关系,我们很容易推算出具有相同标的资产、相同到期日和相同执行价格的欧式看跌期权的价格,即

$$\begin{aligned} p_t &= c_t - S_t + K e^{-r(T-t)} \\ &= S_t N(d_1) - K e^{-r(T-t)} N(d_2) - S_t + K e^{-r(T-t)} \\ &= S_t [N(d_1)-1] + K e^{-r(T-t)} [1-N(d_2)] \\ &= K e^{-r(T-t)} N(-d_2) - S_t N(-d_1) \end{aligned} \tag{7-27}$$

【例 7-8】 考虑一种欧式看涨期权,有效期为 6 个月,股票价格为 42 元/股,期权的执行价格为每股 40 元,无风险年利率为 10%,波动率为每年 20%,即 $S=42, K=40, r=$

$0.1, \sigma=0.2, T-t=0.5$。该期权的合理定价应该为多少?

解:根据 B-S 公式,有

$$d_1 = \frac{\ln(42/40)+(0.1+0.2^2/2)\times 0.5}{0.2\sqrt{0.5}} = 0.7693$$

$$d_2 = d_1 - \sigma\sqrt{T-t} = 0.7393 - 0.2\times\sqrt{0.5} = 0.6278$$

而且,$Ke^{-r(T-t)} = 40e^{-0.1\times 0.5} = 38.049$。因此,若该期权为欧式看涨期权,则其价格为

$$c_t = S_t N(d_1) - Ke^{-r(T-t)} N(d_2)$$
$$= 42N(0.7693) - 38.049 N(0.6278)$$
$$= 42\times 0.7791 - 38.049\times 0.7349 = 4.76$$

这是由 B-S 公式计算出来的合理的看涨期权价值,如果市场上这种看涨期权的价格高于 4.76 元/股,我们就可以认为市价被高估,在未来应该会降价,因此应该卖出该期权;反之,则买进该期权。

2. B-S 期权定价公式的金融解释

B-S 期权定价公式看起来很复杂,可以从三个角度来理解其金融含义。

首先,期权定价公式[式(7-26)]的右边可以看作一个与欧式看涨期权等价的,或者说是复制期权的投资组合,这个投资组合由股票和负债两部分组成。其中,$N(d_1) = \partial c_t/\partial S_t$,它是复制投资组合中股票的数量,$S_t N(d_1)$ 就是组合中股票的市值,而 $Ke^{-r(T-t)} N(d_2)$ 则是复制交易策略中负债的价值。由于主要参数都是时变的,因此这种复制策略是动态复制策略,必须不断调整相关头寸数量。

其次,$N(d_2)$ 是在风险中性世界中 S_t 大于 K 的概率,或者说是欧式看涨期权被执行的风险中性概率,因此 $Ke^{-r(T-t)} N(d_2)$ 是执行价格乘以执行价格被支付的风险中性概率之后再贴现到当前时刻的现值,更通俗地说,可以将其看成预期执行期权所需支付现金的现值。

最后,从金融工程的角度来看,欧式看涨期权可以分拆成或有资产看涨期权(asset-or-nothing call option)多头和或有现金看涨期权(cash-or-nothing call option)空头,$S_t N(d_1)$ 是或有资产看涨期权的价值,$-Ke^{-r(T-t)} N(d_2)$ 是 K 份现金看涨期权空头的价值。

3. B-S 公式中波动率的确定方法

在 B-S 公式的参数中,股票价格与无风险利率都是可以根据市场报价确定的,期权执行价格与到期日也是在合同中明确规定的,只有股票收益率的波动率的确定比较复杂。

股票的波动率 σ 用于度量股票所提供收益的不确定性。B-S 公式中的波动率被定义为按连续复利时股票在 1 年内所提供收益率的标准差。估计标的股票价格的波动率有两种方法:历史波动率法和隐含波动率法。

(1) 历史波动率法

历史波动率是指从标的股票价格的历史数据中计算出价格对数收益率的标准差。为了从实际数据中估计股票价格的波动率,观察股票价格的时间间隔通常是固定的(如每天、每周或每月)。假设在过去 n 天里的第 t 天股票收盘价为 S_t,第 $t-1$ 天的收盘价为 S_{t-1},则第 t 天的股票连续复利收益率为

$$r_t = \ln(S_t/S_{t-1}) \tag{7-28}$$

那么,日收益率的标准差可用下面的公式估计:

$$\sigma = \frac{1}{n-1}\sqrt{\sum_{t=1}^{n}(r_t - \bar{r})^2} \tag{7-29}$$

其中, $\bar{r} = \frac{1}{n}\sum_{t=1}^{n} r_t$ 表示这 n 天里股票收益率的均值。

式(7-29)得出了日收益率的标准差,我们可以将其作为日波动率 σ 的估计值。这里有一个问题值得注意,就是选择一个合适的 n 值。一般来讲,数据越多,估计的精确度也会越高,但由于 σ 确实随时间而变化,过早的历史数据对于预测波动率可能不太相关。一个折中的办法是采用最近 90～180 天内的日收盘价数据。还有一种约定俗成的方法是将 n 设定为波动率所用于的天数。因此,如果波动率是用于计算两年期的期权,在计算中我们可以采用最近两年的日收盘价数据。

由于在式(7-26)中所有参数的时间单位均为年,因此这里得到的波动率必须转换为年波动率。在转换时,应该关注一年的天数究竟按日历天数还是交易天数计算。研究结果表明,交易所开盘交易时的波动率比关闭时的波动率高得多。因此,由历史数据计算历史波动率时应当采用交易天数。例如,美国一年的交易日有 252 天,中国一般只有 240 天。具体的转换公式为

$$年波动率 = 每交易日波动率 \times \sqrt{每年的交易日数}$$

当然我们将日换成周或月,同样可以得到按年计的波动率,即

$$年波动率 = 周波动率 \times \sqrt{每年的交易周数}$$

$$年波动率 = 月波动率 \times \sqrt{每年的交易月数}$$

由于给未来到期的期权定价时需要的是未来收益的波动率而不是过去的波动率,如果从过去的波动率合理地预测未来期权存续期间内的波动率,那么可以用预测的波动率作为未来波动率的合理参考值。问题在于未来波动率永远不可能直接得到,计算波动率需要的收益率还未发生。虽然未来波动率不能直接得到,但可以通过市场上期权的报价间接推导出来,这就是隐含波动率。

(2) 隐含波动率法

隐含波动率是指由期权的市场价格所隐含的波动率。如果期权价格可以由波动率来决定,那么波动率也可以由期权价格决定。所谓隐含波动率,就是将 B-S 公式中除波动率以外的参数和市场上的期权报价代入 B-S 公式,计算得到的波动率数据。它是在 B-S 公式是正确的期权定价模型这一假设前提下,波动率的市场预期值。虽然 B-S 公式假设波动率不变,但这一假定与现实并不一定相符。如果波动率是变化的,我们希望得到在期权有效期限内波动率最好的预测值。有经验证据表明,在有效市场上,隐含波动率比根据历史数据预测出的波动率效果更好。

一般来说,交易员从交易活跃的期权报价中计算隐含波动率,然后利用计算出的隐含波动率来估算基于同样股票的不太活跃的期权的价格。更常见的是,可以同时得到基于同样股票但执行价格不同的期权的几个隐含波动率。由于数据中的噪声,也由于布莱

克—斯科尔斯模型并不完美,根据同一股票的不同期权得到的隐含波动率并不相同。为了运用隐含波动率对期权定价,有三种方法可以把不同的隐含波动率合成为一个。最简单的方法是用相同的权重对不同的隐含波动率进行平均。在这种情况下,我们可能希望消除执行价格与到期时的股票价格相差很大的期权。这些期权对于波动率不是非常敏感,而且其市场交易不是很活跃。第二种方法是找到使 B-S 公式计算出来的价格与期权交易价格偏差的绝对值最小的隐含波动率。最后一种方法是找到与我们想要为之定价的期权最为接近的期权的隐含波动率。

通过前两种方法得出的隐含波动率可以用于预测未来的波动率。对于那些相信 B-S 公式没有偏差的人来说,他们会很自然地认为不同的期权之所以产生不同的隐含波动率是由于数据中的噪声。而最后一种方法更适合认为 B-S 公式存在偏差的人。无论是哪种方法得到的隐含波动率,投资者均可以通过对比其与当前市场的波动率的大小来进行期权交易。如果认为实际的市场波动率高于隐含波动率,那么当前的期权价格被低估了,可以买进期权;反之可以卖出期权。

四、B-S 公式的推导

1. 修正的股票价格模型

首先,在风险中性假设下,投资股票和投资无风险资产虽然波动率不同,但是投资者的期望回报都是相同的。根据无套利定价原理,股票在期初时刻的价格等于期末时刻价格期望值的贴现,即

$$S_0 = e^{-rt} E(S_t) \tag{7-30}$$

其次,根据几何布朗运动股票价格模型[式(7-19)],假设修正后的股票价格模型为

$$S_t = S_0 e^{\sigma Z_t + mt} \tag{7-31}$$

因此,根据式(7-30)和式(7-31)我们得到修正后的股价模型满足:

$$S_0 = e^{-rt} E(S_0 e^{\sigma Z_t + mt})$$

化简后,得到

$$E[e^{\sigma Z_t + (m-r)t}] = 1 \tag{7-32}$$

若 a 为常数,$Z \sim N(0,1)$,则 Z 的概率密度为 $\dfrac{1}{\sqrt{2\pi}} e^{-\frac{z^2}{2}}$,因此

$$\begin{aligned}
E[e^{aZ - \frac{a^2}{2}}] &= e^{-\frac{a^2}{2}} \cdot \frac{1}{\sqrt{2\pi}} \int_{-\infty}^{+\infty} e^{ax} \cdot e^{-\frac{x^2}{2}} dx \\
&= e^{-\frac{a^2}{2}} \cdot \frac{1}{\sqrt{2\pi}} \int_{-\infty}^{+\infty} e^{-\frac{(x-a)^2}{2} + \frac{a^2}{2}} d(x-a) \\
&= e^{-\frac{a^2}{2}} \cdot e^{\frac{a^2}{2}} \cdot \frac{1}{\sqrt{2\pi}} \int_{-\infty}^{+\infty} e^{-\frac{(x-a)^2}{2}} d(x-a) = 1
\end{aligned} \tag{7-33}$$

比较式(7-32)和式(7-33),可以令 $\sigma Z_t + (m-r)t = aZ - \dfrac{a^2}{2}$,取 $t=1$,可知,$\sigma = a$,$m = r - \dfrac{\sigma^2}{2}$。因此,修正的股价模型为

$$\widetilde{S}_t = S_0 e^{\sigma Z_t + (r - \frac{\sigma^2}{2})t} \tag{7-34}$$

修正的股价模型与几何布朗运动股价模型非常接近,但与真实数据比较会发现,该模型的增长率被人为设低了。虽然该模型用于预测股票未来的价格是不合理的,但用于计算现值却是很理想的。

2. B-S 公式的推导过程

下一步,我们根据股票价格模型,得出期权的价格,进而推导出 B-S 公式。对欧式看涨期权,最终的报酬是 $(S_T - K)^+$,根据无套利定价原理,期权在 t 时刻的价值为

$$c_t = e^{-r(T-t)} E[(S_T - K)^+]$$

应用式(7-34)表示的股票价格模型得 $S_T = S_t e^{\sigma Z_{T-t} + (r - \frac{\sigma^2}{2})(T-t)}$,其中 Z_{T-t} 是均值为 0,方差为 $T - t$ 的随机正态随机变量,因此我们可以用 $Z\sqrt{T-t}$ 来代替随机变量 Z_{T-t},则

$$S_T = S_t e^{\sigma \sqrt{T-t} Z + (r - \frac{\sigma^2}{2})(T-t)}$$

因此

$$\begin{aligned} c_t &= e^{-r(T-t)} E[(S_T - K)^+] \\ &= e^{-r(T-t)} E[(S_t e^{\sigma \sqrt{T-t} Z + (r - \frac{\sigma^2}{2})(T-t)} - K)^+] \\ &= \frac{e^{-r(T-t)}}{\sqrt{2\pi}} \int_{-\infty}^{+\infty} (S_t e^{\sigma \sqrt{T-t} x + (r - \frac{\sigma^2}{2})(T-t)} - K)^+ e^{-\frac{x^2}{2}} dx \end{aligned} \quad (7\text{-}35)$$

当布莱克—斯科尔斯模型的边界条件为 $S_T \geq K$,即 $S_t e^{\sigma \sqrt{T-t} x + (r - \frac{\sigma^2}{2})(T-t)} - K > 0$ 时,积分下限 $b = \dfrac{\ln(K/S_t) - (r - \sigma^2/2)(T-t)}{\sigma \sqrt{T-t}}$,则式(7-35)可以写成

$$\begin{aligned} c_t &= \frac{e^{-r(T-t)}}{\sqrt{2\pi}} \int_b^{+\infty} [S_t e^{\sigma \sqrt{T-t} x + (r - \frac{\sigma^2}{2})(T-t)} - K] e^{-\frac{x^2}{2}} dx \\ &= \frac{e^{-r(T-t)}}{\sqrt{2\pi}} \left[\int_b^{+\infty} S_t e^{\sigma \sqrt{T-t} x + (r - \frac{\sigma^2}{2})(T-t)} e^{-\frac{x^2}{2}} dx - \int_b^{+\infty} K e^{-\frac{x^2}{2}} dx \right] \end{aligned} \quad (7\text{-}36)$$

其中,积分 $\dfrac{1}{\sqrt{2\pi}} \int_b^{+\infty} (-K e^{-\frac{x^2}{2}}) dx = -K(1 - Nb) = -KN(-b)$。

下面我们来求另一项的积分:

$$\begin{aligned} &\frac{1}{\sqrt{2\pi}} \int_b^{+\infty} S_t e^{\sigma \sqrt{T-t} x + (r - \frac{\sigma^2}{2})(T-t)} e^{-\frac{x^2}{2}} dx \\ &= \frac{1}{\sqrt{2\pi}} S_t e^{(r - \frac{\sigma^2}{2})(T-t)} \int_b^{+\infty} e^{-\frac{x^2}{2} + \sigma \sqrt{T-t} x} dx \\ &= \frac{1}{\sqrt{2\pi}} S_t e^{(r - \frac{\sigma^2}{2})(T-t)} \int_b^{+\infty} e^{-\frac{1}{2}[x^2 - 2\sigma \sqrt{T-t} x + \sigma^2(T-t)] + \frac{1}{2}\sigma^2(T-t)} dx \\ &= \frac{1}{\sqrt{2\pi}} S_t e^{r(T-t)} \int_b^{+\infty} e^{-\frac{1}{2}(x - \sigma \sqrt{T-t})^2} dx \end{aligned}$$

令 $y = x - \sigma \sqrt{T-t}$,积分变为

$$\begin{aligned} &\frac{1}{\sqrt{2\pi}} S_t e^{r(T-t)} \int_{b - \sigma \sqrt{T-t}}^{+\infty} e^{-\frac{1}{2} y^2} dy \\ &= S_t e^{r(T-t)} [1 - N(b - \sigma \sqrt{T-t})] \end{aligned}$$

$$= S_t e^{r(T-t)} N[-(b-\sigma\sqrt{T-t})]$$

将两部分积分的结果代入式(7-36),得

$$c_t = e^{-r(T-t)}\{S_t e^{r(T-t)} N[-(b-\sigma\sqrt{T-t})] - KN(-b)]\}$$
$$= S_t N\{[-(b-\sigma\sqrt{T-t})]\} - Ke^{-r(T-t)} N(-b)$$

因为 $b = \dfrac{\ln(K/S_t) - (r-\sigma^2/2)(T-t)}{\sigma\sqrt{T-t}}$,所以 $-b = \dfrac{\ln(S_t/K) + (r-\sigma^2/2)(T-t)}{\sigma\sqrt{T-t}}$,

$-(b-\sigma\sqrt{T-t}) = \dfrac{\ln(S_t/K) + (r+\sigma^2/2)(T-t)}{\sigma\sqrt{T-t}}$。

令 $d_1 = -(b-\sigma\sqrt{T-t}) = \dfrac{\ln(S_t/K) + (r+\sigma^2/2)(T-t)}{\sigma\sqrt{T-t}}$,则 $d_2 = d_1 - \sigma\sqrt{T-t}$。

从而我们推导出了式(7-26)表示的 B-S 期权定价公式。

第三节 布莱克—斯科尔斯微分方程

本节我们介绍布莱克—斯科尔斯微分方程模型。牛顿曾经这样描述微分方程:"给定任何与时间有关的变量,可以采用微分方程描述并求解,反之亦然。"这句话的意思是不管在世界什么地方,只要是随时间变化的变量,就可以采用微分方程进行描述,并根据微分方程求解出变化的数值,而不管这些值到底是人口、星体内的温度,还是期权的价格。因此,微分方程是用模型描述现实世界的强有力的工具。

一、布莱克—斯科尔斯微分方程的推导

布莱克—斯科尔斯模型发挥作用的核心思想是我们之前学过的无套利定价思想。根据这一思想,我们可以将股票与期权组合成一个无风险的证券组合。由于套期保值瞬间是无风险的,所以套利保证了套期保值组合的回报一定是无风险的回报率。通过把这个均衡条件和适当的边界条件结合起来,布莱克与斯科尔斯推导出基于无红利支付股票的任何衍生证券的价格必须满足的微分方程,并运用该方程推导出计算股票的欧式看涨期权和看跌期权价格的精确解析公式,即 B-S 公式,后来的许多改进与扩展都源于这一思想。

1. 布莱克—斯科尔斯模型的假设条件

布莱克与斯科尔斯的基本思想是将股票和看涨期权组成无风险的证券组合,以此为股票的欧式看涨期权进行定价,其模型的假设条件如下:

(1) 期权是标的资产为股票的欧式期权,在期权有效期内其标的资产不存在现金股利的支付,其执行价格为 K,到期期限为 $T-t$(以年表示);

(2) 可以卖空证券,并且可以完全使用所得收入;

(3) 市场不存在交易成本和税收,所有证券可以无限分割;

(4) 市场不存在无风险的套利机会;

(5) 市场提供了连续交易的机会;

(6) 存在一个固定的、无风险的利率,投资者可以按此利率无限制地借入或贷出;

(7) 期权标的股票的价格遵循几何布朗运动,呈对数正态分布。

2. 布莱克—斯科尔斯微分方程的推导思路

设 $c(S_t, t)$ 表示某股票期权的价格，S_t 是股票在 t 时刻的价格。假设 $c(S_t, t)$ 是关于变量 S_t 和 t 的平滑函数。构造布莱克—斯科尔斯微分方程的思路如下：

(1) 将函数 $c(S_t, t)$ 关于 S_t 和 t 进行泰勒级数展开；
(2) 在 $c(S_t, t)$ 的泰勒级数展开式中，用 $dS_t = \mu S_t dt + \sigma S_t dZ_t$ 的右边来替代 dS_t；
(3) 进行代数变换，包括简化布朗项和忽略高阶项；
(4) 令 $c(S_t, t)$ 与复制的资产组合相等。

这样，我们就得到了想要的微分方程。我们接下来应用以上推导思路中的四个步骤来推导布莱克—斯科尔斯微分方程。

3. 函数 $c(S_t, t)$ 的泰勒级数展开及化简

首先回顾泰勒级数方法，对于一元函数 $y = f(x)$，其泰勒展开式为

$$f(x) \sim \sum_{k=0}^{\infty} \frac{f^k(0)}{k!} x^k$$

二元函数 $z = f(x, y)$ 的泰勒展开为

$$f(x, y) = f(0, 0) + \frac{\partial f(0,0)}{\partial x} x + \frac{\partial f(0,0)}{\partial y} y + \frac{1}{2} \frac{\partial^2 f(0,0)}{\partial x^2} x^2 +$$
$$\frac{\partial^2 f(0,0)}{\partial x \partial y} xy + \frac{1}{2} \frac{\partial^2 f(0,0)}{\partial y^2} y^2 + 高阶项$$

将其写成微分的形式：

$$df = \frac{\partial f}{\partial x} dx + \frac{\partial f}{\partial y} dy + \frac{1}{2} \frac{\partial^2 f}{\partial x^2} dx^2 + \frac{\partial^2 f}{\partial x \partial y} dx dy + \frac{1}{2} \frac{\partial^2 f}{\partial y^2} dy^2 + 高阶项$$

我们现在将上面的式子应用于期权的价格运动过程 $c(S_t, t)$：

$$dc_t = \frac{\partial c_t}{\partial S_t} dS_t + \frac{\partial c_t}{\partial t} dt + \frac{1}{2} \frac{\partial^2 c_t}{\partial S_t^2} (dS_t)^2 + \frac{\partial^2 c_t}{\partial S_t \partial t} dS_t dt + \frac{1}{2} \frac{\partial^2 c_t}{\partial t^2} (dt)^2 + 高阶项 \tag{7-37}$$

用 $dS_t = \mu S_t dt + \sigma S_t dZ_t$ 中的右边替代式(7-37)中的 dS_t，并只保留 dt 的一阶项，则有

$$dc_t = \frac{\partial c_t}{\partial S_t} (\mu S_t dt + \sigma S_t dZ_t) + \frac{\partial c_t}{\partial t} dt + \frac{1}{2} \frac{\partial^2 c_t}{\partial S_t^2} (\mu S_t dt + \sigma S_t dZ_t)^2 + \frac{\partial^2 c_t}{\partial S \partial t} (\mu S_t dt + \sigma S_t dZ_t) dt \tag{7-38}$$

前面提到，$dZ_t \approx Z_t \sqrt{dt}$，因此，$(dZ_t)^2 \approx (Z_t \sqrt{dt})^2 = Z_t^2 dt$，是关于 dt 的一阶项；$dZ_t dt \approx Z_t (dt)^{\frac{3}{2}}$ 与 $(dt)^2$ 都不是 dt 的一阶项。因此，式(7-38)可以化简为

$$dc_t = \frac{\partial c_t}{\partial S_t} (\mu S_t dt + \sigma S_t dZ_t) + \frac{\partial c_t}{\partial t} dt + \frac{1}{2} \frac{\partial^2 c_t}{\partial S_t^2} (\sigma S_t dZ_t)^2$$
$$= \frac{\partial c_t}{\partial S_t} (\mu S_t dt + \sigma S_t dZ) + \frac{\partial c_t}{\partial t} dt + \frac{1}{2} \sigma^2 S_t^2 Z_t^2 \frac{\partial^2 c_t}{\partial S_t^2} dt \tag{7-39}$$
$$= \left(\mu S_t \frac{\partial c_t}{\partial S_t} + \frac{\partial c_t}{\partial t} + \frac{1}{2} \sigma^2 S_t^2 Z_t^2 \frac{\partial^2 c}{\partial S_t^2} \right) dt + \sigma S_t \frac{\partial c_t}{\partial S_t} dZ_t$$

为了进一步简化式(7-39)，我们将 Z_t^2 用它的期望值 1 代替(任何微分项的和都包含

近似等于均值的平均数),因此得到

$$dc_t = \left(\mu S_t \frac{\partial c_t}{\partial S_t} + \frac{\partial c_t}{\partial t} + \frac{1}{2}\sigma^2 S_t^2 \frac{\partial^2 c_t}{\partial S_t^2}\right)dt + \sigma S_t \frac{\partial c_t}{\partial S_t}dZ_t \tag{7-40}$$

4. 构造投资组合

接下来我们要寻找一种适当的股票/债券的投资比例,使任意时刻投资者组合的净值正好是期权的价格 $c(S_t,t)$。假设 $c(S_t,t)$ 是关于变量 S_t 和 t 的平滑函数,如果令:

$$\varphi(t) = 股票的数量, \psi(t) = 债券的数量$$

令方程

$$c(S_t,t) = \varphi(t)S_t + \psi(t)P_t \tag{7-41}$$

在 $0 \leqslant t \leqslant T$ 时总是成立,其中 P_t 为单位债券的价值,则该方程满足资产组合的净头寸就是持有的股票和债券的市值。资产组合的变化服从下式:

$$dc = \varphi(t)dS_t + \psi(t)dP_t \tag{7-42}$$

根据 $dS_t = \mu S_t dt + \sigma S_t dZ$ 及 $dP_t = rP_t dt$,式(7-42)可以写成

$$dc_t = (\mu \varphi S_t + r\psi P_t)dt + \sigma \varphi S_t dZ_t \tag{7-43}$$

令式(7-40)和式(7-43)的右边相等,则

$$\left(\mu S_t \frac{\partial c_t}{\partial S_t} + \frac{\partial c_t}{\partial t} + \frac{1}{2}\sigma^2 S_t^2 \frac{\partial^2 c_t}{\partial S_t^2}\right)dt + \sigma S_t \frac{\partial c_t}{\partial S_t}dZ_t = (\mu \varphi S_t + r\psi P_t)dt + \sigma \varphi S_t dZ_t$$

$$\tag{7-44}$$

在资产组合中,股票的数量是可以自由选择的,因此令股票的数量 $\varphi(t) = \frac{\partial c_t}{\partial S_t}(S_t,t)$,从而消除了不确定项 dZ_t,式(7-44)化简得到

$$r\psi P_t dt = \left(\frac{\partial c_t}{\partial t} + \frac{1}{2}\sigma^2 S_t^2 \frac{\partial^2 c}{\partial S_t^2}\right)dt \tag{7-45}$$

由式(7-41)得 $\psi P_t = c_t - \varphi S_t = c_t - S_t \frac{\partial c_t}{\partial S_t}$,将其代入式(7-45)中得到

$$r\left(c_t - S_t \frac{\partial c_t}{\partial S_t}\right)dt = \left(\frac{\partial c_t}{\partial t} + \frac{1}{2}\sigma^2 S_t^2 \frac{\partial^2 c_t}{\partial S_t^2}\right)dt$$

这样我们就得到了期权价格的偏微分方程

$$\frac{\partial c_t}{\partial t} + \frac{1}{2}\sigma^2 S_t^2 \frac{\partial^2 c_t}{\partial S_t^2} + rS_t \frac{\partial c_t}{\partial S_t} - rc_t = 0 \tag{7-46}$$

这就是关于股票期权价格的著名的布莱克—斯科尔斯偏微分方程,该方程的导出被认为是金融理论的一次重大突破。

5. 初始条件与布莱克—斯科尔斯偏微分方程

若要进一步得到欧式看涨期权等衍生产品的价格,式(7-46)必须结合边界条件进行求解。欧式看涨期权的边界条件有下面三个:

(1) 损益状态:$c(S_T,T) = (S_T - K)^+$,即期权到期时的损益就是它到期时的价格。

(2) 对于完全实值状态的期权,当股票价格趋于无穷大时,有 $\lim\limits_{S_t \to \infty}[c(S_t,t)/S_t] = 1$,此时期权的价格接近 $S - K$。

(3) 股票价格一旦为零(股票退市等情况),则接下来期权价格均为零。也就是说,若

$S(t_0) = 0$，则 $t > t_0$ 时，$c(S_t,t) = 0$。

【例 7-9】 若无息股票的远期合约是一种价格满足式(7-46)的衍生品，远期合约多头的价值与股票价格 S_t 之间的关系满足：

$$f_t = S_t - K e^{-r(T-t)}$$

其中，K 为交割价格，这意味着

$$\frac{\partial f_t}{\partial t} = -rK e^{-r(T-t)}, \quad \frac{\partial f_t}{\partial S_t} = 1, \quad \frac{\partial^2 f_t}{\partial S_t^2} = 0$$

将上式代入式(7-46)，得

$$-rK e^{-r(T-t)} + rS_t = r(S_t - K e^{-r(T-t)}) = rf_t$$

在第二章我们曾经依据无套利原则推导出远期价格及远期合约价值的公式，这里又利用远期合约的价值公式，说明远期合约和期权合约一样，满足布莱克—斯科尔斯偏微分方程。

二、B-S 公式的基本推广

下面我们将对 B-S 公式加以推广，以应用于不同情况下期权的定价。推广的要点是用 Y 代替 S，因此关键在于找出正确的 Y。为了方便起见，我们只推广看涨期权的定价公式，相同情况下看跌期权的定价公式可由看涨期权与看跌期权的平价关系推出。

1. 有收益资产欧式期权的定价公式

式(7-26)是针对无收益资产欧式期权的，对于标的资产在期权到期日之前产生收益的情况，期权的定价公式是什么呢？下面我们分两种情况给予简单分析。

(1) 标的资产产生已知收益的情况。假设标的资产将在时刻 t_1 产生已知在 t 时刻现值为 I_t 的收益，且 $t < t_1 < T$，则标的资产的价值可分解为两部分：发生在 t_1 时刻的已知收益的现值部分和产生收益后到 T 时刻的资产价值的现值部分。其中后一部分是有风险的，记为 $Y_t = S_t - I_t$。于是我们可以直接利用式(7-26)来定价，只要用 Y_t 来代替 S_t 即可，有

$$c_t = (S_t - I_t)N(d_1) - K e^{-r(T-t)} N(d_2) \tag{7-47}$$

$$d_1 = \frac{\ln[(S_t - I_t)/K] + (r + \sigma^2/2)(T-t)}{\sigma\sqrt{T-t}}, d_2 = d_1 - \sigma\sqrt{T-t} \tag{7-48}$$

请注意，这里不但要在期权定价公式中用 Y_t 代替 S_t，而且在参数 d_1 和 d_2 中也要用 Y_t 代替 S_t。

(2) 标的资产产生已知收益率的情况。同样的分析方法可用于标的资产的收益为按连续复利计算的固定收益率的情况。对这种情况的分析非常重要，因为许多重要的标的资产如股票指数、外汇等的期权定价，都可以转化为这种形式来讨论。我们假定在任意时间段 dt，标的资产都产生收益 $qS_t dt$，这等价于在每一刻都将剩余股票价值的比例为 qdt 的部分分走。以连续复利计算，意味着在期权到期日，还剩下原来资产价值的 $e^{-r(T-t)}$。因此，在现在时刻 t，标的资产的价值由两部分组成：比例为 $1 - e^{-q(T-t)}$ 的部分作为收益在到期日 T 之前发放，剩下比例为 $e^{-q(T-t)}$ 的部分是一单位标的资产在到期日 T 的价值的现值。与前面的做法类似，我们可以用 $Y_t = e^{-q(T-t)} S_t$ 来代替 S_t，得到布莱克—斯科尔斯偏微分方程的解：

$$c_t = S_t e^{-q(T-t)} N(d_1) - K e^{-r(T-t)} N(d_2) \tag{7-49}$$

$$d_1 = \frac{\ln S_t e^{-q(T-t)}/K + (r+\sigma^2/2)(T-t)}{\sigma\sqrt{T-t}} = \frac{\ln S_t/K + (r-q+\sigma^2/2)(T-t)}{\sigma\sqrt{T-t}} \tag{7-50}$$

$$d_2 = d_1 - \sigma\sqrt{T-t} \tag{7-51}$$

具体而言,如果用 S_t 表示股票价格指数,q 表示股票指数近似连续支付的红利率,σ 表示股票指数的波动率,则式(7-49)就是股票指数欧式看涨期权的定价公式;如果用 S_t 表示外汇汇率,r_f 表示外汇的连续复利利率,σ 表示外汇汇率的波动率,则只要汇率的变动遵循几何布朗运动,即可直接用 r_f 代替式(7-49)中的 q 来为外汇期权定价。

2. 期货看涨期权的定价公式

以上定价公式只适用于以现货工具为标的资产的看涨期权,如果标的资产为各种期货合约,则必须对上述期权定价公式做相应修正,因为现货期权与期货期权具有不同的交易规则。为此,我们设 F_t 为期货价格,σ 为期货价格的波动率,其他符号与上述相同,只要期货价格与标的资产价格一样遵循几何布朗运动,则有

$$c_t = [F_t N(d_1) - K N(d_2)] e^{-r(T-t)} \tag{7-52}$$

$$d_1 = \frac{\ln F_t/K + (\sigma^2/2)(T-t)}{\sigma\sqrt{T-t}}, \quad d_2 = d_1 - \sigma\sqrt{T-t} \tag{7-53}$$

从式(7-52)可知,期货期权也可以看作标的资产产生已知收益率的期权,其已知收益率就是无风险利率 r,而标的资产的价格就是期货价格 F_t。

3. 美式期权价格的近似解

根据上一节的分析,在标的资产无收益的情况下,由于 $C=c$,无收益资产的美式看涨期权的价值 C 也由式(7-26)决定。当标的资产有收益时,美式看涨期权因有提前执行的可能,其定价较为复杂。

假定标的资产在时刻 t_1 有收益,这里 $t < t_1 < T$。美式看涨期权的多头要么在临近时刻 t_1 执行期权,要么在到期日 T 执行期权。因此,这个美式看涨期权的价值可以近似地看作两个欧式看涨期权中较大的那一个。这两个欧式看涨期权分别为:①时刻 t_1 到期的欧式看涨期权,标的资产无收益;②时刻 T 到期的欧式看涨期权,标的资产在时刻 t_1 产生现值为 I 的收益。

这一近似解很显然可以应用到产生多次收益的情况。大多数情况下,这种近似效果都不错。无论有无收益,美式看跌期权都有提前执行的可能,而且美式看跌期权与看涨期权之间也不存在严密的平价关系。因此,美式看跌期权没有解析解存在,只能用蒙特卡罗模拟、二叉树等方法求其近似解。

【案例7-1】
期权定价模型的应用——BS 期权定价模型在上市公司股权激励计划中的应用

本 章 小 结

1. 关于期权定价的模型主要有两种:二叉树模型和布莱克—斯科尔斯模型。

2. 二叉树模型首先把期权的有效期分为很多很小的时间间隔,并假设在每一个时间内证券价格只有两种运动的可能:股价或上升到原先的 u 倍,或下跌到原来的 d 倍,相应的期权价值也会有所不同。期权价格的计算是从树图的末端向前倒推着进行的。

3. 在较大的时间间隔内,这种简化的二叉树运动的假设当然不符合实际,但是当时间间隔非常小的时候,比如在每个瞬间,资产价格只有这两种运动方向的假设是可以接受的。

4. 期权定价的关键在于适当地描述标的资产的价格波动性及其对期权价格的影响,而股票收益率遵从伊藤过程。

5. 为了方便说明股票价格的变动,本章第二节介绍了随机过程的定义。依照定义的不同,主要介绍了马尔可夫过程、维纳过程、一般维纳过程、伊藤过程的特征。

6. 马尔可夫过程与弱式有效市场的定义相吻合;标准维纳过程是一种均值为 0、方差为 1 的特殊马尔可夫过程;一般维纳过程是利用标准维纳过程变量 Z 来定义的变量 x:$\mathrm{d}x = a\mathrm{d}t + b\mathrm{d}z$,其中 a 和 b 为常数,且在此产生的一般维纳过程的漂移率为 a、方差率为 b^2,一般维纳过程变量的均值、标准差均与观察股价变动的时间区间的长度成正比;伊藤过程中漂移率和方差率不再是常数,而是标的资产价格及时间的函数。

7. 股票收益率变化的标准差应与股票价格成正比,因此得出描述股票价格行为时使用最广泛的一种模型:

$$\mathrm{d}S_t = \mu S_t \mathrm{d}t + \sigma S_t \mathrm{d}Z_t$$

其中,μ 为股票价格的期望收益率,σ 为收益率的标准差,σ^2 为收益率的方差。这样的股票价格变动过程又称几何布朗运动。

8. 估计标的股票价格的波动率有两种方法:历史波动率法和隐含波动率法。

9. 布莱克—斯科尔斯期权定价公式可用于欧式看跌期权、有收益标的资产的欧式期权及美式看涨期权的定价。对美式看跌期权只能用二叉树等方法求得近似值。

思 考 与 练 习

思考题

1. 用单期二叉树说明如何应用无套利方法与风险中性定价方法对欧式期权定价。
2. 由波动率计算 u 和 d 的公式是什么?
3. 假设在期权有效期内,股票价格变化服从两期二叉树,解释为什么用股票与期权构造的投资组合,不可能在整个期权有效期内一直保持无风险状态。
4. 在布莱克—斯科尔斯期权定价公式 $[c_t = S_t N(d_1) - Ke^{-r(T-t)} N(d_2)]$ 中,$N(d_1)$ 和 $N(d_2)$ 的含义各是什么?
5. 请简述 B-S 公式中的几个变量,并解释为什么波动率越高期权价格也越高。

6. 布莱克—斯科尔斯—默顿股票期权定价模型中,对于一年后股票价格概率分布的假设是什么?对于一年内连续复利收益的假设是什么?

7. 什么是隐含波动率?如何计算?

8. 股票的技术分析假设过去的股票价格移动的路径可以用来预测未来股票价格的移动。例如,如果股票连续上涨两天后下跌三天,那么今天的股票上涨的机会就比较大。假如股票的价格遵循几何朗运动,技术分析是否可以用来预测股票价格?

9. 农业是中国重要的产业。在衍生金融产品中,也有许多标的物为农产品,如牛、玉米等。我们是否可以利用本章所述的股票价格随机过程来表示农产品的价格?

10. 中国的股市每天个股股价变动涨跌幅的限制为 10%,也就是说,一天股价最高不能上涨超过 10%,也不能下跌超过 10%。但美国市场没有此限制。在这样的限制下,本章所介绍的股价变动过程是否适用于中国股市?

练习题

1. 假设一个不支付股利的股票,当前的市场价格为 40 元。我们知道一个月后,该股票要么上涨到 42 元,要么下跌到 38 元。再假设无风险年利率等于 8%(连续复利)。请分别运用无套利定价原理、风险中性定价原理说明,一份 1 个月期、执行价格为 39 元的欧式看涨期权的价值是多少,并比较两种计算结果。

2. 考虑一个不支付股利股票的期权:股票价格为 30 美元,执行价格为 29 美元,无风险年利率为 5%,波动率为 25%,到期期限为 4 个月。
① 如果该期权是欧式看涨期权,期权价格为多少?
② 如果该期权是欧式看跌期权,期权价格为多少?
③ 如果该期权是美式看涨期权,期权价格为多少?
④ 验证看涨—看跌期权平价关系成立。

3. 某股票的当前价格为 50 美元,已知在 6 个月后该股票的价格将变为 45 美元或 55 美元,无风险年利率为 5%。6 个月期的执行价格为 50 美元的欧式看涨期权价格等于多少?请用无套利原理和风险中性定价法分别求解。

4. 某股票的当前价格为 40 美元,假设无风险利率为 5%,股票上升与下跌的幅度都为 10%,试求执行价格为 40 美元的买权和卖权的合理价格(分两期,第一期 3 个月后,第二期 6 个月后)。假如除息日在第一期期末,这只股票派息 1 美元,试求执行价格为 40 美元的买权和卖权的合理价格。

5. 股票价格的波动率为每年 30%,则一个交易日的收益率的标准差是多少?

6. 股票当前的价格为 50 美元,波动率为每年 30%,3 月内无股息支付。假设无风险利率为每年 10%。
① 计算执行价格为 50 美元、期权为 3 个月期的欧式看跌期权的价格。
② 若在 2 个月后,股票预计将支付 1.5 美元的股息,该看跌期权的价格又是多少?

7. 某股票价格服从几何布朗运动,其中预期收益率为 16%,波动率为 35%,股票的当前价格为 38 美元。
① 一个执行价格为 40 美元、期限为 6 个月的该股票的欧式看涨期权被执行的概率是多少?

② 一个相同执行价格及到期期限的该股票的欧式看跌期权被执行的概率是多少?

8. 假设一只股票的年度期望收益率为 12%,且标准差为 20%。如果今天该股票的价格为 20 美元,且股票价格遵循几何布朗运动。请回答下列问题:

① 一个月后该股票价格的期望值是多少?

② 一个月后该股票价格的标准差是多少?

③ 一个月后该股票价格 95% 的置信区间是多少?

9. 考虑一份欧式股票看涨期权,股票在 2 个月与 5 个月后分别有一个除息日。预计在每个除息日的股息都为 0.5 美元。股票目前的价格为 40 美元、执行价格为 40 美元,股票价格波动率为每年 30%,无风险利率为每年 5%,期权期限为 6 个月。看涨期权与看跌期权的价值各是多少?

10. 考虑某美式股票看涨期权。股票价格为 50 美元,到期期限为 15 个月,无风险利率为每年 5%,执行价格为 55 美元,波动率为 25%。预计在 4 个月与 10 个月后各有 1.5 美元的股息。请证明在这两个股息日执行期权永远不会是最优选择,并计算期权的价格。

11. 一个无股息股票看涨期权的市场价格为 2.5 美元,股票价格为 15 美元,执行价格为 13 美元,到期期限为 3 个月,无风险利率为 5%,隐含波动率为多少?

自测题

自测自练　扫码答题

第八章

希腊值和期权的套期保值

在前面几章,我们已经分析了影响期权价格的主要因素:标的资产的价格 S_t,期权的执行价格 K,无风险利率 r,期权的有效期限 $T-t$,标的资产价格的波动率 σ 以及标的资产的红利 D 或红利率 q。红利因素对期权价格的影响在前面已经讨论过。尽管执行价格 K 是期权价格的影响因素,但就一份期权合约来说,执行价格 K 是期权合约规定好的,也可视其为常数,因此在进行期权价格的敏感性因素分析时仅讨论 S_t、r、$T-t$ 和 σ 四个参数对期权价格的影响。前几章已经分析了这些因素对期权价格的影响方向。在现实中,人们常常还需要更深入地了解各因素对期权价格的影响程度,或者说期权价格对这些因素的敏感性。

从数学上来说,期权价格对这些因素的敏感性,就是假设在其他条件不变的情况下,期权价格对这些因素的偏导数;从经济上来说,当我们通过各种方式将期权(组合)的这些敏感性降为 0 时,就实现了对期权(组合)的套期保值。这些因素的变动将不会再影响期权(组合)的价值。本章我们主要以无收益资产的欧式期权为例,介绍期权价格对其标的资产价格(S_t)、到期时间($T-t$)、波动率(σ)和无风险利率(r)四个参数的敏感性指标,并以此为基础讨论相关的期权动态套期保值问题。

第一节 Delta、Gamma、Rho、Vega、Theta

影响期权价值变化的参数被称为期权的敏感性因素,这些敏感性因素是影响期权价格变化的诸变量(S_t、r、$T-t$ 和 σ)对期权价格影响方向及程度的衡量指标。因为这些指标通常是用希腊字母表示的,所以又将其称为 Greeks 指标,或直接称为希腊值。对这组指标进行研究,有助于了解期权价格的风险特征,把握期权的投资和套期保值策略,同时也能够更容易地在期权交易中对其风险进行管理。

一、Delta 与期权的套期保值

Delta(Δ)用来衡量期权价格对标的资产价格变动的敏感度,等于衍生品价格变化与标的资产价格变化的比率。准确地说,它是表示在其他条件不变的情况下,标的资产价格的微小变动所导致的期权价格的变动。用数学语言表示,期权的 Delta 值等于期权价格对标的资产价格的一阶偏导数。从几何上看,它是期权价格与标的资产价格关系曲线的切线的斜率。如果用 f_t 表示期权的价格、S_t 表示标的资产的价格、Δ 表示期权的 Delta,则有

$$\Delta_t = \frac{\partial f_t}{\partial S_t} \tag{8-1}$$

在 B-S 期权定价框架中,无收益资产欧式看涨期权定价公式为 $c_t = S_t N(d_1) - K e^{-r(T-t)} N(d_2)$,相应的无收益资产欧式看跌期权定价公式为 $p_t = K e^{-r(T-t)} N(-d_2) - S_t N(-d_1)$,据此可以算出无收益资产欧式看涨期权的 Δ_t 值为

$$\Delta_t = N(d_1) \tag{8-2}$$

无收益资产欧式看跌期权的 Δ_t 值为

$$\Delta_t = -N(-d_1) = N(d_1) - 1 \tag{8-3}$$

根据标准正态分布函数的性质 $0 < N(d_1) < 1$,对于无收益资产的欧式看涨期权,其 Delta 值总是大于 0 小于 1;相反,对于无收益资产的欧式看跌期权,其 Delta 值总是大于 -1 小于 0。

由于

$$d_1 = \frac{\ln\left(\frac{S_t}{K}\right) + \left(r + \frac{1}{2}\sigma^2\right)(T-t)}{\sigma\sqrt{T-t}}$$

无论看涨期权还是看跌期权,其 Delta 值的大小取决于 S_t、r、$T-t$ 和 σ。如果假定 r、$T-t$ 和 σ 不变,则无收益资产欧式期权的 Delta 值与标的资产价格的关系如图 8-1 所示。

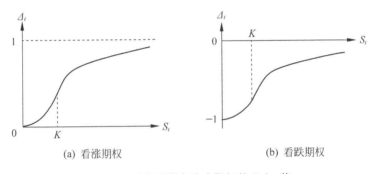

(a) 看涨期权　　(b) 看跌期权

图 8-1　无收益资产欧式期权的 Delta 值

类似地,从 $N(d_1)$ 函数的特征,还可以得出无收益资产看涨期权和欧式看跌期权在实值、平值和虚值三种状况下的 Δ_t 值与到期期限之间的关系,如图 8-2 所示。

此外,从 $N(d_1)$ 函数的特征可知,无风险利率水平越高,无收益资产看涨期权和欧式看跌期权的 Δ_t 值越大,如图 8-3 所示。

事实上,不仅期权有 Δ_t 值,金融现货资产和远期、期货都有相应的 Δ_t 值。显然,期权标的现货资产的 Δ_t 值就等于 1。运用关于远期合约价值的计算公式 $f = S_t - K e^{-r(T-t)}$ 可知,远期合约的 Δ_t 值同样恒等于 1。但期货合约的价格每日都在变化,因此期货合约的 Δ_t 值可以根据式(8-1)计算。

对于支付连续的红利率 q(复利)的股价指数的欧式看涨期权,其 Delta 值为

$$\Delta_t = e^{-q(T-t)} N(d_1) \tag{8-4}$$

同理,对于支付连续的红利率 q(复利)的股价指数的欧式看跌期权,其 Delta 值为

$$\Delta_t = e^{-q(T-t)} [N(d_1) - 1] \tag{8-5}$$

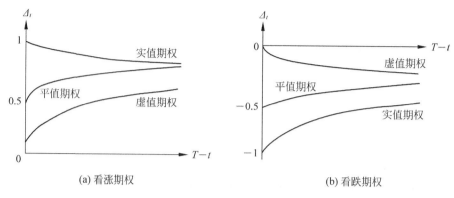

(a) 看涨期权　　　　　　　　(b) 看跌期权

图 8-2　无收益资产欧式期权 Delta 值与到期期限的关系

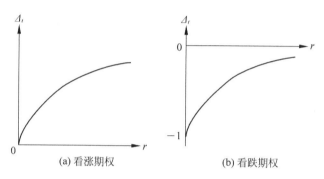

(a) 看涨期权　　　　　　　　(b) 看跌期权

图 8-3　无收益资产欧式 Delta 值与无风险利率的关系

注意：上面两个式子给出的 Δ_t 值都是针对多头而言的，与期权一样，相应空头的 Δ_t 值只是符号发生了相反的变化。

因此，当证券组合中含有标的资产、该标的资产的各种期权及其他衍生证券的不同头寸时，该证券组合的 Δ_t 值就等于组合中单个资产 Δ_t 值的加权和（注意这里的标的资产都应该是相同的），对于期权组合而言，其 Delta 值为

$$\Delta_t = \sum_{i=1}^{n} w_i \Delta_{it} \tag{8-6}$$

其中，w_i 表示第 i 种证券的数量，Δ_{it} 表示第 i 种证券的 Δ_t 值。

二、标的资产价格对期权价格的二阶影响——Gamma

Gamma（Γ）是一个与 Delta 密切相关的敏感性指标，用来衡量期权的 Δ_t 对于标的资产价格的敏感度。从数学的角度看，就是 Δ_t 对标的资产价格的一阶偏导数。既然 Δ_t 是期权价格对于标的资产价格的一阶偏导数，Gamma 就是期权价格对标的资产价格的二阶偏导数。从几何上看，它反映了期权价格与标的资产价格关系曲线的凸度。如果仍然用 f 表示期权的价格、S_t 表示标的资产的价格，用 Γ_t 表示期权的 Gamma，则

$$\Gamma_t = \frac{\partial^2 f_t}{\partial S_t^2} = \frac{\partial \Delta_t}{\partial S_t} \tag{8-7}$$

对于期权合约的 Gamma，利用式(8-2)、式(8-3)和 B-S 欧式期权定价公式，可知无收

益资产欧式看涨期权和看跌期权的 Gamma 值是相同的,且等于

$$\Gamma_t = \frac{e^{-0.5d_1^2}}{S_t\sigma\sqrt{2\pi(T-t)}} \tag{8-8}$$

由式(8-8)可知,无收益资产欧式看涨期权和看跌期权的 Gamma 值具有以下特征:

(1) 非负性。也就是说,无收益资产的欧式看涨期权和看跌期权的多头,在其他因素不变的情况下,其 Delta 值随标的资产价格(S_t)的增加而增大,如图 8-1 所示。因此作为 Delta 导数的 Gamma 一定是非负的。

(2) 与标的资产价格 S_t 的关系:如图 8-4 所示,当期权处于平价状态附近时,其 Gamma 值相对较大,即 Delta 对于 S_t 最敏感;而当期权处于深度实值或深度虚值状态时,其 Gamma 值接近零。

(3) 与期权到期期限 $T-t$ 的关系:在其他因素不变的情况下,期权处于平价状态时, Gamma 值会随着到期日的临近而减小,如图 8-5 所示。

对于支付已知连续收益率 q 的股价指数欧式期权而言,由式(8-4)和式(8-5)可知,其 Gamma 值为

$$\Gamma_t = \frac{e^{-0.5d_1^2-q(T-t)}}{S_t\sigma\sqrt{2\pi(T-t)}} \tag{8-9}$$

与无收益资产的欧式同种期权相比,该 Gamma 值相对较小,也就是说,期权价格对标的资产的价格的敏感度相对较小。

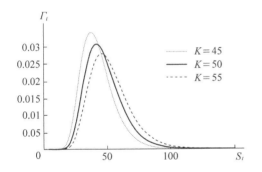
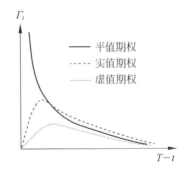

图 8-4 股票期权 Gamma 与标的资产价格的关系
$\sigma=0.3, r=0.05, T-t=1$

图 8-5 股票期权 Gamma 与期权期限的关系

三、无风险利率对期权价格的影响——Rho

Rho 是一个衡量衍生证券价格对于无风险利率变化的敏感度指标,即衍生证券价格的变化与无风险利率变化的比率。从数学的角度看,就是衍生证券的价格对无风险利率的一阶偏导数。

如果仍然用 f_t 表示衍生证券的价格、r 表示无风险利率,则

$$\sigma_t = \frac{\partial f_t}{\partial r} \tag{8-10}$$

对于期权合约而言,利用无收益资产欧式看涨期权和看跌期权的价格公式,可以计算出无收益资产欧式看涨期权的 Rho 值为

$$\sigma_t = \frac{\partial c_t}{\partial r} = (T-t)Ke^{-r(T-t)}N(d_2) \qquad (8\text{-}11)$$

无收益资产欧式看跌期权的 Rho 值为

$$\sigma_t = \frac{\partial p_t}{\partial r} = -(T-t)Ke^{-r(T-t)}N(-d_2) \qquad (8\text{-}12)$$

由式(8-11)、式(8-12)以及图 8-6 和图 8-7 可知,无收益资产欧式看涨期权和看跌期权的 Rho 值具有以下特点:

(1) 期权的 Rho 值随着股票价格的增加而增大,且在平值点附近增长速度最快。看涨期权的 Rho 值大于零,而看跌期权的 Rho 值总是小于零。这说明看涨期权的价格随着无风险利率的增加而增加,看跌期权的价格随着无风险利率的增加而减少。只有在到期日,二者的 Rho 值相等且均等于零。

(2) 由于无风险利率的值的变化幅度比较小,因此相对于期权的其他敏感性指标,无风险利率的影响要小得多。

(3) 由于 Rho 的绝对值与 $T-t$ 成正比,因此对于有效期限较长的期权而言,无风险利率对其价格的影响不容忽视。

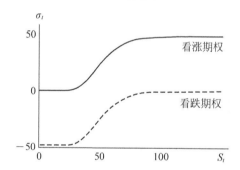

图 8-6 期权 Rho 与标的资产价格的关系
$\sigma = 0.3, r = 0.05, T-t = 1, K = 50$

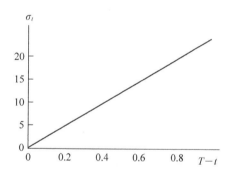

图 8-7 期权 Rho 与剩余期限的关系
$\sigma = 0.3, r = 0.05, T-t = 1, K = 50$

四、标的资产价格的波动率对期权价格的影响——Vega

计算希腊值时通常将波动率设成其隐含波动率。在 B-S 期权定价模型中,我们假设期权标的资产的波动率为常数,这意味着将市场上的期权交易价格代入理论 B-S 期权定价模型中所反推出来的隐含波动率(implied volatility)为常数,并且与资产的波动率相等。

但在实际中,波动率会随时间变化,这意味着衍生产品价格既会随着标的资产价格与期限的变化而变化,也会随着波动率的变化而变化。期权的 Vega 值用来衡量衍生品的价格对标的资产价格波动率的敏感度,等于衍生品价格对标的资产价格波动率的偏导数。Vega 的定义如下:

$$V_t = \frac{\partial f_t}{\partial \sigma} \qquad (8\text{-}13)$$

对于期权合约而言,利用无收益资产欧式看涨期权和看跌期权的价格公式,可以计算

出无收益资产欧式看涨期权的 Vega 值为

$$V_t = \frac{\sqrt{T-t}S_t e^{-0.5d_1^2}}{\sqrt{2\pi}} \tag{8-14}$$

由式(8-14)及图 8-8 可知,随着标的资产的价格增加,期权的 Vega 会先增加,然后减小,并且在执行价格附近达到最大值。由图 8-9 可知,随着到期日的临近,Vega 的值也会减少。

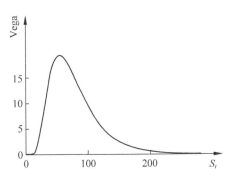

图 8-8　期权 Vega 与标的资产价格的关系
$\sigma = 0.3, r = 0.05, T-t = 1, K = 50$

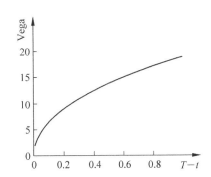

图 8-9　期权 Vega 与剩余期限的关系
$\sigma = 0.3, r = 0.05, T-t = 1, K = 50$

如果一个交易组合的 Vega 绝对值很大,该交易组合的价值会对波动率的细微变化非常敏感;当一个交易组合 Vega 接近零时,资产波动率的变化对交易组合价值的影响也会很小。由 B-S 模型及其推广形式来计算 Vega 看起来有些奇怪,因为这个模型的一个基本假设就是波动率为常数。从理论上讲,用一个假定波动率为随机变量的模型来计算 Vega 更为合理。

Gamma 中性保证了在重新平衡对冲交易之前,交易组合价格不会因为标的资产的大幅变动而产生很大的变动,而 Vega 中性则保证当 σ 变动时,交易组合的价值会得到保护。当波动率变化时,短期限期权隐含波动率的变化要比长期限期权的隐含波动率的变化大,因此在计算组合的 Vega 时,长期限期权波动率的改变幅度常常比短期限期权波动率的改变幅度小。

五、期权的有效期限对期权价格的影响——Theta

Theta 是衡量衍生证券价格对时间变化的敏感度指标,是在其他条件不变的情况下衍生证券的价格变化与时间变化的比率,即衍生证券价格对时间 t 的一阶偏导数。

$$\Theta_t = \frac{\partial f_t}{\partial t} \tag{8-15}$$

Theta 有时又称衍生证券的时间损耗(time decay)。对于无股息股票的欧式看涨期权,根据 B-S 期权定价公式可知其 Theta 值为

$$\Theta_t = -\frac{S_t N'(d_1)\sigma}{2\sqrt{T-t}} - rK e^{-r(T-t)} N(d_2) \tag{8-16}$$

根据标准正态分布的概率密度函数的特性:

$$N'(x) = \frac{1}{\sqrt{2\pi}} e^{-0.5x^2}$$

因此有

$$\Theta_t = -\frac{S_t \sigma e^{-0.5d_1^2}}{2\sqrt{2\pi(T-t)}} - rKe^{-r(T-t)} N(d_2) \quad (8-17)$$

无收益资产欧式看跌期权的 Theta 值则为

$$\Theta_t = -\frac{S_t \sigma e^{-0.5d_1^2}}{2\sqrt{2\pi(T-t)}} + rKe^{-r(T-t)} [1 - N(d_2)] \quad (8-18)$$

这些公式中的时间以年为单位,应用公式计算出来的 Theta 也是时间变化一年对应的期权价格变化值。但实际应用中通常需要知道交易组合价值在一天后的变化,因此我们需要把 Theta 的年变化值转换成日变化值。若计算每个日历天的 Theta,上面计算 Theta 的公式必须除以 365;若计算每个交易日的 Theta,上面计算 Theta 的公式必须除以交易天数(美国每年的交易日一般为 252 天,中国每年的交易日一般为 240 天)。

由式(8-17)及图 8-10 可知,看涨期权的 Theta 值始终是负的,当 S_t 趋于 0 的时候,Θ_t 值近似等于 0,且 Θ_t 存在极小值。对应于一个平值看涨期权,Theta 是负的,但绝对值很大。

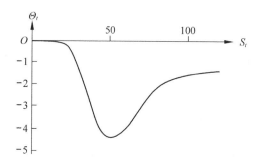

图 8-10　无收益资产看涨期权 Θ_t 值与 S_t 的关系
$\sigma = 0.3, r = 0.05, T - t = 1, K = 50$

由式(8-17)及图 8-11 可知,期权的价值随着剩余时间的减少而减少,并且随着剩余时间的缩短而加速衰减。这是因为在其他条件不变的情况下,随着剩余时间的减少,期权

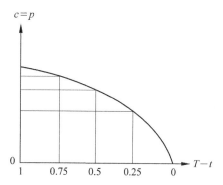

图 8-11　平值期权与剩余时间的关系

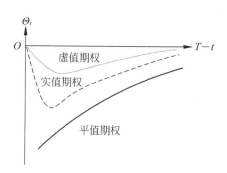

图 8-12　无收益资产看涨期权 Θ_t 值与剩余时间的关系

的时间价值会降低，期权到期时，其时间价值变为0。图8-12显示了期权在不同价值状态（虚值、实值、平值）下，无收益资产看涨期权的Θ_t值与期权剩余时间之间的关系。对于平值期权来说，随着到期日的减少，Θ_t值在不断增加，而对于虚值期权和实值期权来说，Θ_t存在极小值。

由于时间的推移是确定的，没有风险，因此不需要对时间进行套期保值。但是Theta值与Delta值及Gamma值有较深的关系，同时在差期交易中，Theta值反映了期权购买者随时间推移所损失的价值，因此Theta值是一个重要的敏感性指标。

六、期权的 Delta、Theta 和 Gamma 的关系

在讨论期权定价理论时知道，无收益资产的看涨期权价格满足B-S微分方程，即

$$\frac{\partial c_t}{\partial t} + rS_t \frac{\partial c_t}{\partial S_t} + \frac{1}{2}\sigma^2 S_t^2 \frac{\partial^2 c_t}{\partial S_t^2} = rc_t$$

由关于期权的 Delta、Theta 和 Gamma 的定义，上式可改写为

$$\Theta_t + rS_t\Delta_t + \frac{1}{2}\sigma^2 S_t^2 \Gamma_t = rc_t \tag{8-19}$$

对于 Delta 中性交易组合，$\Delta = 0$，因此

$$\Theta_t + \frac{1}{2}\sigma^2 S_t^2 \Gamma_t = rc_t$$

这一公式说明当Θ很大且为正时，交易组合的 Gamma 也很大，但为负，这一结论反过来也成立。期权的 Delta、Theta 和 Gamma 的符号关系如表8-1所示。

表8-1 期权的 Delta、Theta 和 Gamma 的符号关系

期权类型	Delta	Theta	Gamma
看涨期权多头	+	−	+
看跌期权多头	−	−	+
看涨期权空头	−	+	−
看跌期权空头	+	+	−

第二节 期权套期保值的基本原理

对于期权的卖方来说，未来的损失是不确定的，因此期权卖方在交易中是有风险的。那么期权的卖方应该如何规避其出售期权交易的风险呢？答案就是套期保值。

一、带保头寸

【例8-1】 假设一家金融机构以30万美元的价格卖出1 000份标的资产是无股息股票的欧式看涨期权。期权执行价格为50美元，无风险利率为每年5%，股票价格的波动率为每年20%，期权期限为20周（0.384 6年），股票的期望收益率为每年13%。假设股票现在的价格为49美元，金融机构应该如何管理风险？

解：由题意可知：$S=49, K=50, r=0.05, \sigma=0.20, T=0.3846, \mu=0.13$。

由 B-S 模型可知，期权价格大约为 24 万美元（标的资产为 1 股股票的期权价格为 2.4 美元）。这家金融机构卖出期权的价格比理论高出 6 万美元，但它面临对冲风险的问题。

金融机构可采用的一种策略是对期权头寸不采取任何对冲措施，而是持有裸露头寸（naked position）。在 20 周后，如果股票价格低于 50 美元，这种策略的收益会很高。期权最终没有给金融机构带来任何费用，整个交易给金融机构带来净利 30 万美元。如果在 20 周后期权被行使，则在期权到期时，金融机构必须在市场上以市价买入 100 000 股股票来兑现期权承诺。这样给金融机构带来的费用是 100 000 乘以股票价格高于执行价格的金额。例如，如果在 20 周后，股票价格为 60 美元，期权会给金融机构带来 100 万美元的费用。这一费用远远高于期权所带来的 30 万美元收入。

金融机构可以采用的另一种策略是带保头寸（covered position）。使用这种策略，金融机构在卖出期权的同时也买入 100 000 股股票。如果期权被行使，这一交易策略会带来可观的收益，而在其他情形下可能会导致很大的损失。例如，假如股票价格降到 40 美元，金融机构持有的股票将损失 90 万美元，这一数量同样远远高于期权所带来的 30 万美元收入。裸露头寸和带保头寸都不是很好的对冲交易策略。如果 B-S 公式的前提假设成立，这两种策略给金融机构产生的平均费用应当总是 24 万美元。但是在以上各种情况下，成本为 0~100 万美元不等。理想对冲交易策略的费用应当接近 24 万美元。

二、止损交易策略

止损交易策略（stop-loss strategy）是一种常被提到的对冲方法。为了解释这种方法，假定某金融机构卖出了一份以价格 K 买进 1 股股票的看涨期权。止损交易策略的思路是：在股票价格刚刚高于 K 时立即买入股票，而在股票价格刚刚低于 K 时立即卖出股票。这一对冲的核心思想就是当股票价格低于 K 时采用裸露头寸策略，而当股票价格高于 K 时采用带保头寸策略。对冲的设计过程保证了如果期权处于实值状态，金融机构会持有股票，如果期权处于虚值状态，金融机构不持有股票。如图 8-13 所示，这一策略在时刻 t_1 买入股票，在时刻 t_2 卖出股票，在时刻 t_3 买入股票，在时刻 t_4 卖出股票，在时刻 t_5 买入股票并在时刻 T 交割。

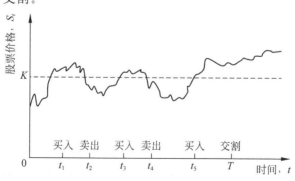

图 8-13 止损交易策略

假定股票的初始价格为 S_0,当 $S_0 > K$ 时,建立对冲策略的初始费用为 S_0,否则为 0。这样一来,卖出期权并进行对冲后的全部费用为期权的内在价值

$$IV = \max(S_0 - K, 0)$$

这是因为在时间 0 之后买入及卖出股票的交易价格均为 K。如果以上公式正确,在没有交易费用的情况下,该对冲策略会是完美的。此外,这种交易的对冲费用永远小于 B-S 公式所给出的期权价格。因此,投资者通过卖出期权并以这一方式对冲即可获得无风险盈利。

但是问题在于,公式 $IV = \max(S_0 - K, 0)$ 并不正确。主要原因有两个:第一个原因是对冲者的现金流发生在不同时刻,必须对这些现金流进行贴现;第二个原因是股票的买入与卖出不可能总是正好发生在价格等于 K 的时刻。假如处在利率为零的世界里,可以忽略货币的时间价值,即第一个原因。但股票的买入与卖出刚好发生在价格等于 K 时刻的假定并不合理,因此第二个原因很关键。如果市场是有效的,在股票市场价格为 K 时,对冲者并不知道股票价格会变得高于 K 还是低于 K。

一种可行的做法是在以上描述的过程中,股票的买入价格必须为 $K+\varepsilon$,股票的卖出价格必须为 $K-\varepsilon$,这里的 ε 为一个很小的正数。因此,每一笔买入与卖出股票的费用为 2ε(在这里忽略了交易手续费)。对冲者一个很自然的做法是增加价格观测的频率来使 ε 变得更小。但当 ε 变得更小时,交易也会更加频繁,因此交易费用的减低会被交易频率的增加所抵消。但当 $\varepsilon \to 0$ 时,交易次数的期望值会趋于无穷大。

尽管止损交易策略从表面上看很诱人,但这一策略并不是有效的对冲手段。例如,考虑一个虚值期权,如果股票价格从来都达不到 K 的价格,那么止损交易策略的费用为 0。如果股票价格与执行价格水平线交叉很多次,止损交易策略的费用将会很高。蒙特卡罗模拟法(Monte Carlo simulation)可用于检验止损交易策略的整体效果。该方法先随机地产生股票价格的路径,然后再计算采用止损交易策略的结果。表 8-2 显示了例 8-1 中期权的止损交易策略的表现结果。假定在时间间隔为 t 的末尾观察股票价格,对冲的表现(对冲表现测度)以期权对冲费用的标准差与 B-S 期权定价公式计算的期权价格的比率来衡量(对冲费用的计算是除去支付利息与贴现影响后的累积费用)。每一个结果都是基于 1 000 000 个股票价格路径抽样来计算的。有效对冲策略将会使对冲表现测度接近 0,但在这里我们可以看出无论如何小,止损交易策略的对冲表现测度都不低于 0.7。这说明止损交易策略并不是有效的对冲方法。

表 8-2 止损交易策略的表现

(对冲的表现测度为期权对冲费用的标准差与理论上做对冲的费用之间的比例)

t(周)	5	4	2	1	0.5	0.25
对冲效果	0.98	0.93	0.83	0.79	0.77	0.76

三、期权套期保值的基本思想

无论是带保头寸还是止损交易策略都不可能有效地对冲卖出期权所需要承受的风险。在第一节的分析中,我们已经了解到衡量期权价值变化的敏感性参数——希腊值。

其中，Delta 和 Gamma 是期权价格对其标的资产价格（S_t）、Theta 是期权价格对其到期时间（$T-t$）、Vega 是期权价格对其标的资产波动率（σ）、Rho 是期权价格对无风险利率（r）的敏感性指标。如果所构造的对期权套期保值头寸的某个或某几个希腊值为 0，该头寸就对该希腊值所度量的风险因素呈现免疫状态。例如，套期保值组合的 Delta 值为 0，就意味着组合中股票头寸与期权头寸的 Delta 相互抵消。Delta 为 0 的头寸称为 Delta 中性（Delta neutral），即无论标的股票现货价格是上涨还是下跌，期权的盈亏都会被股票的亏盈所抵消。

因此，期权套期保值的基本思想是：选取一个新的头寸构造一个新的组合，使其风险暴露与原组合的风险暴露正好相反，从而部分或全部对冲原组合的风险。如果新头寸的风险性质与原组合的风险性质是完全相反的，则原期权头寸的风险可以全部消除，这称为完全对冲。

但在现实中，构造与原组合风险特性完全相反的头寸往往是不可能的，或者由于投资者愿意承担一定的风险，或者由于构造完全对冲头寸的成本太高，因此在大多数情况下，投资者构造的是不完全对冲头寸，倾向于消除不利价格变动所带来的大幅风险暴露，同时容忍一定程度的不利价格变动带来的风险。

不完全对冲的基本思想是：构造一个头寸，使对冲后的组合不受一种或多种风险因素变化的影响。考虑一个由 m 种证券（期权）$v_1, v_2, \cdots, v_m$ 组成的投资组合，该投资组合的价值 V 为

$$V = w_1 v_1 + w_2 v_2 + \cdots + w_m v_m \tag{8-20}$$

其中，$w_i (i=1,2,\cdots,m)$ 是投资组合中第 i 种证券（期权）的权重。

构造对冲头寸的目的是通过选择合适的 w_i，使组合的价值 V 在风险因素 x 变动时能够保持不变，即对于一阶风险而言，构造对冲组合的目的是选择 w_i，使

$$\frac{\partial v}{\partial x} = w_1 \frac{\partial v_1}{\partial x} + w_2 \frac{\partial v_2}{\partial x} + \cdots + w_m \frac{\partial v_m}{\partial x} \tag{8-21}$$

因此，当风险因素 x 发生微小变化 Δx 时，组合的价值变化为

$$\Delta V = \frac{\partial v}{\partial x} \Delta x = 0$$

从而达到套期保值的目的，当持有这个头寸时，我们称投资组合为 Delta 中性（Delta neutral）。

以上的风险因素 x，可以是标的资产价格（S_t），也可以是无风险利率（r）、有效期限（$T-t$）或标的资产价格的波动率（σ）。当然也可以考虑组合不受风险因素二阶变化的影响（Gamma 套期）。一般来说，只要需要对冲的风险因素的数量小于组合中所含风险资产的数量，这种套期保值的方法总是可行的。

【例 8-2】 假定一个金融机构持有以下三个关于某股票的头寸：

(1) 100 000 份看涨期权的多头，执行价格为 55 美元，期限为 3 个月，每份期权的 Delta 为 0.533。

(2) 200 000 份看涨期权的空头，执行价格为 56 美元，期限为 5 个月，每份期权的 Delta 为 0.468。

(3) 500 000 份看跌期权的空头，执行价格为 56 美元，期限为 2 个月，每份期权的

Delta 为 -0.508。

此时整个投资组合的 Delta 为

$$100\,000 \times 0.533 - 200\,000 \times 0.468 - 500\,000 \times (-0.508) = 213\,700$$

这意味着金融机构可以卖出 213 700 股股票来使该投资组合成为 Delta 中性。

衍生产品交易商通常每天都会将其头寸重新平衡一次,以使其为 Delta 中性。如果交易商持有某种资产少量的期权,这时按上述方式进行对冲将会引发大量的交易费用,但对一个很大的期权组合进行对冲时,Delta 中性就会切实可行。此时只需要进行一笔标的资产交易即可将整个期权组合的 Delta 中性化,交易费用也远低于其交易盈利。

第三节 期权的动态套期保值策略

一、Delta 套期保值策略

Delta 套期保值的目的是使投资者免于标的资产价格波动的风险。期权的卖方通过适当调整组合中持有期权及其标的资产的比例,可将风险暴露程度降到很低,甚至可以将该资产组合对于标的资产价格变动的风险降到零。这种免受风险资产价格变化影响的投资组合被称为 Delta 中性组合。

1. Delta 对冲的动态性

期权的价值随标的资产价格的变化而变化,因此期权价格对标的资产价格变化的敏感程度是设计套期保值组合的关键参数。在期权的定价理论中,这一参数就是 Delta,它决定了套期保值组合中标的资产(股票)的数量。

事实上,构造一个投资组合:做空一份看涨期权,其价格为 c_t,Delta 值为 $N(d_1)$;同时买入数量为 $N(d_1)$ 的标的股票,其价格为 S_t。该组合的价值为

$$V = -c_t + N(d_1)S_t \tag{8-22}$$

显然,V 关于 S_t 的偏导数为零,即该组合就是一个 Delta 中性组合,所以该组合的价值不受标的资产价格变化的影响。

更一般地,对于任意一个由两种风险资产构造的投资组合:

$$V = w_1 v_1 + w_2 v_2$$

总能通过选择适当的 w_1 和 w_2,使这个组合的 Delta 值为零,即

$$\Delta V = w_1 \Delta v_1 + w_2 \Delta v_2 = 0 \tag{8-23}$$

其中,$w_i(i=1,2)$ 表示第 i 种证券(可以是衍生证券,也可以是证券组合)的数量,Δ_i 表示第 i 种证券的 Delta 值。我们称 Delta 值为零的证券组合是 Delta 中性组合,也称该组合处于 Delta 中性状态。

当证券组合是 Delta 中性组合时,组合的价值在短时间内不受标的资产价格的影响,从而实现了瞬时套期保值,因此我们将使证券组合的 Delta 等于零的套期保值方法称为 Δ 中性保值法或 Delta 套期策略。

由式(8-23)可知,持有两种风险资产的数量满足:

$$\frac{w_1}{w_2} = \frac{\Delta v_2}{\Delta v_1} \tag{8-24}$$

该投资组合一定是处于 Delta 中性状态。

【例 8-3】 再次考虑例 8-1 中无息股票的看涨期权，其中股票价格为 49 美元，期权执行价格为 50 美元，无风险利率为每年 5%，股票价格的波动率为每年 20%，期权期限为 20 周（0.384 6 年），此时，有

$$d_1 = \frac{\ln(49/50) + (0.05 + 0.2^2/2) \times 0.384\ 6}{0.2 \times \sqrt{0.384\ 6}} = 0.054\ 2$$

$$\Delta = N(d_1) = 0.522$$

由式（8-23）可知，卖出 1 000 份看涨期权，需要买入 52 200（=0.522×100×1 000）股标的股票来对冲期权价格变动的风险。当股票价格变动 ΔS 时，期权价格变化 $0.522\Delta S$。由于 Delta 是期权价格对标的资产价格变动的一阶导数，因此 Delta 自身也是变动的，投资者的 Delta 对冲状态（或 Delta 中性状态）只能保持在一段较短的时间里，所以要不断对对冲策略进行调整。这种调整的过程称为再平衡（rebalancing）。这与静态对冲（static-hedging）策略形成了对比。静态对冲在最初设定后无须再进行调整，因此有时也称被为"保完即忘"（hedge-and-forget）策略。

在这个例子中，3 天以后股票的价格也许会上涨 10 美元。股票价格上涨时 Delta 变大，假设 Delta 从 0.522 增加到 0.572，如果仍要保持 Delta 中性，投资者需要再买入 0.05×100 000＝5 000 股股票。

表 8-3 和表 8-4 给出了两个对例 8-1 出售 1 000 份看涨期权的例子所做 Delta 对冲的动态调整过程。在这里我们假设对冲交易是每周再平衡一次。在例 8-1 中，我们计算了所卖出期权最初的 Delta 为 0.522，因而所有期权空头的 Delta 为－100 000×0.522，即－52 200。这意味着在出售看涨期权的同时，投资者必须借入 2 557 800 美元，并按每股 49 美元价格购买 52 200 股股票。借入资金的利率为 5%，第 1 周的利息费用大约为 2 500 美元。

表 8-3　Delta 对冲模拟（期权为实值期权，对冲费用为 263 300 美元）

周数	股票价格	Delta	购买股票数量	购买股票费用 /千美元	累计现金流 /千美元	利息费用 /千美元
0	49.00	0.522	52 200	2 557.8	2 557.8	2.5
1	48.12	0.458	(6 400)	(308.0)	2 252.3	2.2
2	47.37	0.400	(5 800)	(274.7)	1 979.8	1.9
3	50.25	0.596	19 600	984.9	2 966.6	2.9
4	51.75	0.693	9 700	502.0	3 471.5	3.3
5	53.12	0.774	8 100	430.3	2 905.1	3.8
6	53.00	0.771	(300)	(15.9)	3 893.0	3.7
7	51.87	0.706	(6 500)	(337.2)	3 559.5	3.4
8	51.38	0.674	(3 200)	(164.4)	3 398.5	3.5
9	53.00	0.787	11 300	598.9	4 000.7	3.8
10	49.88	0.550	(23 700)	(1 182.2)	2 822.3	2.7

续表

周数	股票价格	Delta	购买股票数量	购买股票费用/千美元	累计现金流/千美元	利息费用/千美元
11	48.50	0.413	(13 700)	664.4	2 160.6	2.1
12	49.88	0.542	12 900	643.5	2 806.2	2.7
13	50.37	0.591	4 900	246.8	3 055.7	2.9
14	52.13	0.768	17 700	922.7	3 981.3	3.8
15	51.88	0.759	(900)	(46.7)	3 938.4	3.8
16	52.87	0.865	10 600	560.4	4 502.6	4.3
17	54.87	0.978	11 300	620.0	5 126.9	4.9
18	54.62	0.990	1 200	65.5	5 197.3	5.0
19	55.87	1.000	1 000	55.9	5 258.2	5.1
20	57.25	1.000	0	0.0	5 263.3	

在表8-3中,1周以后股票价格降到48.12美元,期权的Delta也随之降到0.458,期权头寸新的Delta为-45 800。要想保持Delta中性,需要卖出6 400股已持有的股票。卖出股票所得现金收入为308 000美元,因此第1周后的累计借款余额减至2 252 300美元。在第2周内,股票价格降到47.37美元,期权的Delta也随之降低,依此类推。在期权接近到期时,很明显期权将会被行使,期权的Delta接近1。因此在第20周结束时,对冲者会拥有100 000股股票,期权持有人会在此时行使期权,对冲者以执行价格卖出股票而收到500万美元,卖出期权与对冲风险的总费用为263 300美元。

表8-4给出了另一组股票模拟价格:期权在期满时成为虚值期权,在第20周结束时,对冲人不持有任何股票,这里的总费用为25 600美元。

表8-4 Delta对冲模拟(期权为实值期权,对冲费用为25 600美元)

周数	股票价格	Delta	购买股票数量	购买股票费用/千美元	累计现金流/千美元	利息费用/千美元
0	49.00	0.522	52 200	2 557.8	2 557.8	2.5
1	49.75	0.568	4 600	228.9	2 789.2	2.7
2	52.00	0.705	13 700	712.4	3 504.3	3.4
3	50.00	0.579	(12 600)	(630.0)	2 877.7	2.8
4	48.38	0.459	(12 000)	(580.6)	2 299.9	2.2
5	48.25	0.443	(1 600)	(77.2)	2 224.9	2.1
6	48.75	0.475	3 200	156.0	2 383.0	2.3
7	49.63	0.540	6 500	322.6	2 707.9	2.6
8	48.25	0.420	(12 000)	(579.0)	2 131.5	2.1
9	48.25	0.410	(1 000)	(48.2)	2 085.4	2.0
10	51.12	0.658	24 800	1 267.8	3 355.2	3.2

续表

周数	股票价格	Delta	购买股票数量	购买股票费用/千美元	累计现金流/千美元	利息费用/千美元
11	51.50	0.692	3 400	175.1	3 533.5	3.4
12	49.88	0.542	(15 000)	(748.2)	2 788.7	2.7
13	49.88	0.538	(400)	(20.0)	2 771.4	2.7
14	48.75	0.400	(13 800)	(672.7)	2 101.4	2.0
15	47.50	0.236	(16 400)	(779.0)	1 324.4	1.3
16	48.00	0.261	2 500	120.0	1 445.7	1.4
17	46.25	0.062	(19 900)	(920.4)	526.7	0.5
18	48.13	0.183	12 100	582.4	1 109.6	1.1
19	46.63	0.007	(17 600)	(820.7)	290.0	0.3
20	48.12	0.000	(700)	(33.7)	256.6	

在表 8-3 和表 8-4 中，贴现后的对冲成本很接近 B-S 公式所给出的理论价格（24 000 美元），但这些近似值与 B-S 价格并不完全相同。如果对冲是完美的，对每一组模拟的股票价格变化，贴现后的对冲费用与理论价格都应当完全相等。Delta 对冲费用与理论值之间的差异是因为对冲交易的频率仅为一周一次，当对冲再平衡的频率增大时，对冲费用与理论值的差距将会减小。当然，表 8-2 和表 8-3 中的例子是建立在波动率为常数而且没有交易费用的假设之上。

表 8-5 给出在上面例子中模拟 100 万条股票随机路径后所对应的 Delta 对冲效果。与表 8-2 类似，对冲效果由对冲费用的标准差与期权的 B-S 价格的比率来衡量。显然，Delta 对冲比止损策略有很大改进。与止损策略不同的是随着调整频率的提高，Delta 对冲的效果也逐步改善。

表 8-5 Delta 对冲的效果

（衡量标准为卖出期权的同时进行对冲所需的费用的标准差与期权理论价格的比率）

再平衡之间的时间（周）	对冲效果
5	0.42
4	0.38
2	0.28
1	0.21
0.5	0.16
0.25	0.13

Delta 对冲的目的是使金融机构所持头寸的价值尽量保持不变。最初卖出期权的价值为 240 000 美元，在表 8-3 所示的情况下，第 9 周的期权价值为 414 500 美元（由 B-S 模型得出，其中股票价格为 53 美元，期限为 11 周），由于卖出期权而使金融机构损失了

174 500 美元。现金累计费用在第 9 周比第 0 周多出 1 442 900 美元,所持有股票的价值由最初的 2 557 800 美元上涨为 4 171 100 美元。将所有头寸汇总,金融机构的交易组合价值从第 0 周到第 9 周的变化仅为 4 100 美元。

2. Delta 对冲组合的费用

由表 8-3 与表 8-4 所示的 Delta 对冲机制构造出一个等价于期权多头方的交易,从而与金融公司所持的空头相互抵消。如这些表所示,对空头进行的对冲会使在价格下跌时卖出股票而在价格上涨时买进股票。我们可以称之为"高买低卖"。数量为 240 000 美元的费用来自购买股票所付价格与卖出股票收入价格差别的平均值。

二、Delta-Gamma 套期策略

一个期权组合的 Gamma(Γ)是指交易组合 Delta 的变化与标的资产变化的比率。这是交易组合对标的资产的二阶导数。

$$\Gamma = \frac{\partial^2 V}{\partial S^2}$$

1. Gamma(Γ)对交易组合价值的影响

当 Gamma 很小时,Delta 变化缓慢,这时为保证 Delta 中性并不需要做人频繁的调整。但是当 Gamma 的值很大(正值或负值)时,Delta 对标的资产价格的变动就会很敏感,此时在一段时间内不对一个 Delta 中性的投资组合做调整将是非常危险的。图 8-14 展示了这一点:当股票价格由 S 变成 S' 时,Delta 对冲时假设期权价格由 c 变成 c',事实上期权价格由 c 变成了 c''。c' 与 c'' 的不同导致了对冲误差。这一误差的大小取决于期权价格与标的资产价格关系的凸性。Gamma 值正是对这一凸性的度量。

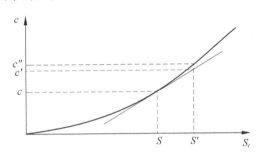

图 8-14 非线性所引入的对冲误差

假定 ΔS 为在很短时间区间 Δt 内股票价格的变化,ΔV 为相应的投资组合价格变化。泰勒级数展开显示了在短时间内各个希腊值在交易组合价值变化中所起的不同作用。如果标的资产的波动率为常数,交易组合价值 V 作为标的资产价格 S 与时间 t 的函数,其泰勒展开式为

$$\Delta V = \frac{\partial V}{\partial S}\Delta S + \frac{\partial V}{\partial t}\Delta t + \frac{1}{2}\frac{\partial^2 V}{\partial S^2}\Delta S^2 + \frac{1}{2}\frac{\partial^2 V}{\partial t^2}\Delta t^2 + \frac{\partial^2 V}{\partial S \partial t}\Delta S \Delta t + \cdots \quad (8\text{-}25)$$

其中,ΔV 和 ΔS 分别对应于在短时间 Δt 内 V 与 S 的变化。Delta 对冲可以将式(8-25)右端的第 1 项消除,第 2 项是一个非随机项,第 3 项可以在保证 Delta 中性且 Gamma 中性

时被消除,其他项的阶数都高于 Δt,可以忽略。

对于 Delta 中性的交易组合,式(8-25)右端第 1 项为 0,因此

$$\Delta V = \Theta \Delta t + \frac{1}{2}\Gamma \Delta S^2 \tag{8-26}$$

其中,Θ 为投资组合的 Theta。在这里,我们忽略了 Δt 的高阶项。

式(8-26)给出了 ΔV 与 Δt、ΔS 的关系。当 Gamma 为正时,Θ 往往是负值,这时如果 S 没有变化,交易组合的价值将会下降。但如果标的资产价格 S 变化幅度较大,交易组合的价值将会上升;当 Gamma 为负时,Θ 往往为正值,这时会有与上面相反的结论:当标的资产价格 S 不变时,组合价值将会上升;当标的资产价格 S 变化很大时,组合价值将会下降。当 Gamma 的绝对值增加时,组合价值对于 S 的敏感性会相应增大。

【例 8-4】 假定某一资产上的期权组合为 Delta 中性,Gamma 为 $-10\,000$。式(8-26)表明,如果标资产价格在较短时间内变化 $+2$ 或 -2,交易组合价值大约下跌 $0.5 \times 10\,000 \times 2^2 = 20\,000$(美元)。

2. Gamma 中性组合

考虑一个由 m 种证券(期权)$v_1, v_2, \cdots, v_m$ 组成的投资组合,该投资组合的价值 V 为

$$V = w_1 v_1 + w_2 v_2 + \cdots + w_m v_m \tag{8-27}$$

其中,$w_i (i=1,2,\cdots,m)$ 是投资组合中第 i 种证券(期权)的权重。证券组合的 Gamma 值就等于组合内各种证券 Gamma 的加权总和,即

$$\Gamma_V = w_1 \Gamma_1 + w_2 \Gamma_2 + \cdots + w_m \Gamma_m = 0 \tag{8-28}$$

其中,$\Gamma_i (i=1,2,\cdots,m)$ 是投资组合中第 i 种证券的 Gamma 值。

3. Delta-Gamma 的中性组合

使一个交易组合既 Gamma 中性又 Delta 中性可以看作是对于图 8-14 中所示对冲误差的校正。Delta 中性保证了在相邻两次对冲以达到再平衡之间交易组合价值不受股票价格微小变化的影响,而 Gamma 中性则保证了在相邻两次调整之间交易组合价值不受股票价格较大变化的影响。若一个投资组合的 Delta 和 Gamma 都为零,即为 Delta-Gamma 的中性组合,这样的组合从根本上规避了标的资产的价格风险,这就是 Delta-Gamma 套期策略,它是 Delta 套期策略的推广。

我们已经知道,标的资产的 Gamma 总是为 0,因此不能用来改变交易组合的 Gamma。改变交易组合的 Gamma 必须采用价格与标的资产价格呈非线性关系的产品,如期权。

假设在当前时刻,投资者手中持有证券 1 的价值为 $w_1 v_1$。要想构造一个 Delta-Gamma 中性组合,需要增加两种不同的期权或期权组合的交易。假定这两种期权或者期权组合的价值分别为 $w_2 v_2$ 和 $w_3 v_3$,那么组合的价值为

$$V = w_1 v_1 + w_2 v_2 + w_3 v_3 \tag{8-29}$$

其中,w_2 和 w_3 分别代表这两种期权交易的数量,符号为正代表做多,符号为负代表做空。

对式(8-29)分别求 S 的一阶导数和二阶导数,再令其等于零,得方程组:

$$\begin{cases} \Delta V = w_1 \Delta_1 + w_2 \Delta_2 + w_3 \Delta_3 = 0 \\ \Gamma_V = w_1 \Gamma_1 + w_2 \Gamma_2 + w_3 \Gamma_3 = 0 \end{cases} \tag{8-30}$$

在这个方程组中,只有两个未知数 w_2 和 w_3,即可确定 Delta-Gamma 套期策略持有的两种期权的数量。投资者只要根据计算出来的 w_2 和 w_3 的值买卖相应的资产(期权)就可以完全回避手中资产对标的资产的价格风险。

【例 8-5】 假设某一交易组合为 Delta 中性,而 Gamma 为 $-5\,000$。该组合中标的资产的某个看涨期权多头的 Delta 和 Gamma 分别为 0.8 和 2.0。为使该组合的 Gamma 中性,并保持 Delta 中性,投资者应该购买多少份该标的资产的看涨期权,同时卖出多少单位的标的资产?

解:构造组合:$V = w_1 v_1 + w_2 v_2 - w_3 v_3$

依据题意,有

$$w_1 = 1, \Delta_1 = 0, \Gamma_1 = -5\,000, \Delta_2 = 0.8, \Gamma_2 = 2.0, \Delta_3 = 1, \Gamma_3 = 0$$

代入式(8-30):

$$0.8w_2 - w_3 = 0$$
$$-5\,000 \times 1 + 2w_2 = 0$$

解方程组得:$w_2 = 2\,500, w_3 = 0.8 \times 2\,500 = 2\,000$,因此投资者应该购买 2 500 份该标的资产的看涨期权,同时卖出 2 000 单位的标的资产,以使新的组合同时处于 Delta 中性和 Gamma 中性。

由于标的资产的价格会随时间变化而变化,所以证券组合的 Δ 值和 Γ 值也会随之发生变化。因此,随着时间的流逝,要不断调整期权头寸和标的资产头寸才能保证组合处于 Delta 中性和 Gamma 中性状态,也就是说,Delta-Gamma 套期策略是动态的,由于调整需要较高的手续费,因此套期保值者应该在成本与可容忍的风险之间进行权衡。

三、Delta-Gamma-Vega 套期策略

标的资产的头寸具有零 Vega,因此通过改变持有标的资产的头寸并不能改变 Vega。这一点与 Gamma 相似。

对于一个由 m 种证券(期权)$v_1, v_2, \cdots, v_m$ 组成的投资组合,该投资组合的价值 V 为

$$V = w_1 v_1 + w_2 v_2 + \cdots + w_m v_m \tag{8-31}$$

其中,$w_i (i=1,2,\cdots,m)$ 是投资组合中第 i 种证券(期权)的权重。证券组合的 Vega 值就等于组合内各种证券 Vega 的加权总和,即

$$\Lambda_v = w_1 \Lambda_1 + w_2 \Lambda_2 + \cdots + w_m \Lambda_m = 0 \tag{8-32}$$

其中,$\Lambda_i (i = 1, 2, \cdots, m)$ 是投资组合中第 i 种证券的 Vega 值。

由于证券组合 Vega 值取决于组合中各资产的 Vega 值,因此可以通过持有某种期权的多头或空头来改变证券组合的 Vega 值。只要头寸选择合适,新组合的 Vega 值就可以等于零,我们称 Vega 值为零的组合为 Vega 中性组合,也称该组合处于 Vega 中性状态。

如果投资者也不愿意承担标的资产价格波动对其投资组合的影响,他可以选择在 Delta-Gamma 中性组合的基础上构造一个 Delta-Gamma-Vega 中性组合。也就是使组合的 Delta、Gamma、Vega 值全部为零。遗憾的是,当调整期权头寸使证券组合处于 Vega 中性时,证券组合的 Delta、Gamma 值将同时改变。因此,若套期保值者要使证券组合同时达到 Delta-Gamma-Vega 中性,需要引进第三种期权交易,记该期权的价格为 v_4,交易

数量为 w_4，新组合的价值为

$$V = w_1 v_1 + w_2 v_2 + w_3 v_3 + w_4 v_4 \tag{8-33}$$

上式两端分别对 S 求一阶、二阶偏导数，对 σ 求一阶偏导数，并令其等于零，从而可以得到下面的方程组：

$$\begin{cases} \Delta_V = w_1 \Delta_1 + w_2 \Delta_2 + w_3 \Delta_3 + w_4 \Delta_4 = 0 \\ \Gamma_V = w_1 \Gamma_1 + w_2 \Gamma_2 + w_3 \Gamma_3 + w_4 \Gamma_4 = 0 \\ \Lambda_V = w_1 \Lambda_1 + w_2 \Lambda_2 + w_3 \Lambda_3 + w_4 \Lambda_4 = 0 \end{cases} \tag{8-34}$$

由于投资者最开始持有的数量 w_1 是已知的，从式(8-34)即可求得 w_2、w_3 和 w_4，它们表示构造 Delta-Gamma-Vega 中性组合所需要的三种证券的交易数量及交易方式(做多或做空)。这样投资者只要根据 w_2、w_3 和 w_4 的值买卖相应的证券，即可完全规避手中标的资产价格波动的风险及该资产价格波动给投资组合带来的风险。

【**例 8-6**】 假设某个处于 Delta 中性状态的证券组合的 Gamma 值为 4 000，其 Vega 值为 9 000；而另外有两种期权：期权 1 的 Delta 值为 0.9、Gamma 值为 8、Vega 值为 22；期权 2 的 Delta 值为 0.6、Gamma 值为 1、Vega 值为 1.5。为使该组合保持 Delta 中性，并使 Gamma 和 Vega 都呈中性状态，投资者应该购买多少份该标的资产的看涨期权，同时卖出多少单位的标的资产？

解：构造组合：$V = v_1 w_1 + v_2 w_2 + v_3 w_3 + v_4 w_4$

其中，v_1 表示 Delta 中性组合的价值，v_2 表示期权 1 的价值，v_3 表示期权 2 的价值，v_4 表示标的资产的价值，依据题意，有 $w_1 = 1$，且

$$\Delta_1 = 0, \quad \Gamma_1 = 4\,000, \quad \Lambda_1 = 9\,000$$
$$\Delta_2 = 0.9, \quad \Gamma_2 = 8, \quad \Lambda_2 = 22$$
$$\Delta_3 = 0.6, \quad \Gamma_3 = 1, \quad \Lambda_3 = 1.5$$
$$\Delta_4 = 1, \quad \Gamma_4 = 0, \quad \Lambda_4 = 0$$

代入式(8-34)，有

$$0.9 w_2 + 0.6 w_3 + w_4 = 0$$
$$4\,000 \times 1 + 8 w_2 + w_3 = 0$$
$$9\,000 \times 1 + 22 w_2 + 1.5 w_3 = 0$$

解方程组得：$w_2 = -300, w_3 = -1\,600, w_4 = 1\,230$，因此投资者应该出售 300 份期权 1 和 1 600 份期权 2，同时购买 1 230 股标的的股票，即可使新的组合同时处于 Delta-Gamma-Vega 中性状态，从而在短时间内不会面临股价波动及其标的资产价格的变化所产生的风险。

四、套期保值策略的局限性

对于同一标的资产的衍生证券组合的价值，我们可以将其视为标的资产的价格 S_t、期权的无风险利率 r、期权的有效期限 $T-t$、标的资产价格的波动率 σ 的函数，即

$$V = V(S_t, r, \sigma, T-t)$$

组合价值 V 会因受到各种因素的影响而发生变化，这种变化可以用泰勒展开式表示：

$$\Delta V = \frac{\partial V}{\partial S_t}\Delta S_t + \frac{\partial V}{\partial t}\Delta t + \frac{\partial V}{\partial \sigma}\Delta \sigma + \frac{\partial V}{\partial r}\Delta r + \frac{1}{2}\frac{\partial^2 V}{\partial S_t^2}\Delta S_t^2 + \frac{1}{2}\frac{\partial^2 V}{\partial t^2}\Delta t^2 +$$
$$\frac{1}{2}\frac{\partial^2 V}{\partial r^2}\Delta r^2 + \frac{1}{2}\frac{\partial^2 V}{\partial \sigma^2}\Delta \sigma^2 + \frac{1}{2}\frac{\partial^2 V}{\partial S\partial t}\Delta S_t \Delta t + \cdots$$

可以近似地表达为

$$\Delta V \approx \text{Delta}\Delta S_t + \text{Theta}\Delta t + \text{Vega}\Delta \sigma + \text{Rho}\Delta r + \frac{1}{2}\text{Gamma}\Delta S_t^2 \tag{8-35}$$

从理论上讲，可以设计对冲组合，将这些敏感性指标产生的风险全部或部分地对冲，使组合保持中性状态，从而不因这些因素的变化而产生大的风险。但一般来说，对冲不可能是完全的。在大多数情况下，对冲只能抵消交易中的某一种风险。大多数交易员会做到保证每日组合的 Delta 中性，在此基础上再进一步调整到 Gamma 和 Vega 中性状态。

从前述的套期保值策略交易可知，为了保持证券组合处于 Delta-Gamma-Vega 中性状态，必须不断调整组合，但频繁调整会产生大量的交易费用。由于交易成本的存在，交易者不可能连续进行对冲交易，因此在实际套期保值中，套期保值者更倾向于使用 Δ、Γ、Λ、ρ 和 Θ 等参数来评估其证券组合的风险，然后根据自己对标的资产价格、无风险利率和标的资产价格波动性等未来运行情况的估计，考虑是否要对证券组合进行调整。若风险是可以接受的或对自己有利，则不调整；若风险对自己不利且是不可承受的，则进行相应的调整。

从理论上看，期权的动态套期策略是完美的，但在现实世界中却面临一些复杂的问题。一方面，由于投资者对 Delta 的动态追逐及对对冲头寸的调整，在市场下跌时，引发了更多的卖出，在股市崩溃过程中起到了推波助澜的坏作用；另一方面，在投资者最需要的时候，保值策略却失效了，策略使用者受到了严重的损失。实证结果表明，当市场出现暴涨暴跌时，投资者基于历史数据对价格波动率的估计会出现较大的偏差，通过模型计算的期权的 Delta 值要么过高，要么过低，投资者进行的是不准确的套期保值，所以遭受了额外的损失；当市场波动异常时，发生了向上或向下的跳空缺口，投资者无法及时进行交易，套期保值策略也会失效。下面举一个在考虑交易成本的情况下无成本期权套期保值的例子。

【例 8-7】 假设某资产组合包含 1 000 股 A 股票，资产组合的管理者决定将 A 股票的市场风险降低一半，即要将头寸的 Delta 值从 10 000 转换到 5 000。有关的市场信息如表 8-6 所示。

表 8-6 A 股票及其期权的相关信息

A 股票价格	33
距 7 月份期权到期的天数	66
无风险利率	5%
A 股的历史波动率	0.31
7 月份到期的期权的价格和 Delta 值	
执行价格为 35 的看涨期权的价格	1.06
执行价格为 35 的看涨期权的 Δ_t	0.377
执行价格为 30 的看跌期权的价格	0.5
执行价格为 30 的看跌期权的 Δ_t	−0.196

表 8-6 中的看涨期权和看跌期权规定的标的股票的交易单位为 100 股。运用期权的套期策略,可以使资产组合的 Delta 值从 10 000 转换成 5 000。但由于购买期权有成本,因此考虑使用期权交易现金支出为 0 的期权组合。

从表 8-6 可以看出,可供选择的期权有两种,由于股票的 Δ 为 1,为了降低组合的 Δ,可以购买看跌期权,同时为了降低套期保值成本,可以出售看涨期权来为购买看跌期权融资。所以构造的组合的价格为

$$V = 10\,000 S_t + w_1\, p - w_2\, c$$

其中,w_1 和 w_2 分别表示持有的看跌期权和看涨期权的份数,因此组合的 Delta 值为

$$\Delta_V = 10\,000 + 100 w_1 \Delta_p - 100 w_2 \Delta_c$$

为了使资产组合的 Delta 值从 10 000 转换成 5 000 必须有

$$10\,000 - 19.6 w_1 - 37.7 w_2 = 5\,000 \tag{8-36}$$

要保证期权交易的现金支出为零,必须满足:

$$0.5 w_1 - 1.6 w_2 = 0 \tag{8-37}$$

解式(8-36)和式(8-37)可得

$$w_1 = 159.33, w_2 = 49.79$$

因此,大约需要购买 159 份看跌期权,同时出售 50 份看涨期权为其融资,这样可以使组合的 Delta 值降低一半。

本 章 小 结

1. 影响期权价值变化的参数被称为期权的敏感性因素,这些敏感性因素对期权价格的影响有相应的衡量指标。由于这些指标通常都是用希腊字母表示的,所以又将其称为 Greeks 指标,或直接称为希腊值。

2. 希腊字母 Delta 衡量衍生证券价格对标的资产价格 S_t 波动的敏感度。无收益资产欧式看涨期权的 Delta 值为 $\Delta = N(d_1)$;而无收益资产欧式看跌期权的 Delta 值则为 $\Delta = N(d_1) - 1$。

3. Gamma 是一个与 Delta 密切相关的敏感性指标,它所衡量的是衍生证券的 Delta 对于资产价格的敏感度。无收益资产欧式看涨期权和看跌期权的 Gamma 值是相同的,且等于:

$$\Gamma_t = \frac{\partial^2 c_t}{\partial S_t^2} = \frac{e^{-0.5 d_1^2}}{S_t \sigma \sqrt{2\pi(T-t)}}$$

4. Rho 是一个衡量衍生证券价格对于无风险利率变化的敏感度指标。无收益资产欧式看涨期权的 Rho 值为

$$\sigma_t = \frac{\partial c_t}{\partial r} = (T-t) K e^{-r(T-t)} N(d_2)$$

无收益资产欧式看跌期权的 Rho 值则为

$$\sigma_t = \frac{\partial p_t}{\partial r} = -(T-t) K e^{-r(T-t)} N(-d_2)$$

5. Vega 是一个衡量衍生证券价格对于标的资产价格的波动率变化的敏感度指标。无收益资产欧式看涨期权和看跌期权的 Vega 值为

$$\Lambda_t = \frac{\sqrt{T-t}S_t e^{-0.5d_1^2}}{\sqrt{2\pi}}$$

6. Theta 是衡量衍生证券价格对时间变化的敏感度指标。无收益资产欧式看涨期权的 Theta 值为

$$\Theta_t = -\frac{S_t N'(d_1)\sigma}{2\sqrt{T-t}} - rK e^{-r(T-t)} N(d_2)$$

无收益资产欧式看跌期权的 Theta 值则为

$$\Theta_t = -\frac{S_t N'(d_1)\sigma}{2\sqrt{T-t}} + rK e^{-r(T-t)}[1 - N(d_2)]$$

7. Delta 套期保值的目的是使投资者免于标的资产价格变动的风险。

8. Delta-Gamma 套期策略是 Delta 套期策略的推广,是指构造 Delta 和 Gamma 都为 0 的组合,从根本上回避标的资产的价格变动风险。

9. 如果投资者不愿意承担标的资产价格波动对套期保值的影响,他可以选择在 Delta-Gamma 中性组合的基础上构造一个 Delta-Gamma-Vega 中性组合,也就是使组合 Delta、Gamma、Vega 值全部为零。

10. 动态套期保值就是分别算出保值工具与保值标的资产价值对一些共同的变量(如标的资产价格、标的资产价格的波动率、时间、无风险利率等)的敏感度,这些敏感度分别用 Δ_t、Γ_t、Λ_t、Θ_t 和 σ_t 表示,然后通过建立适当的保值工具的头寸,使保值组合处于 Δ_t、Γ_t、Λ_t、Θ_t 和 σ_t 中性状态。

11. Δ_t、Γ_t、Λ_t 和 σ_t 中性状态只能维持一个相当短暂的时间。随着 S_t、$T-t$、r_t 和 σ_t 的变化,避险者需要定期调整保值头寸,以使保值组合重新处于中性状态。

12. 由于频繁地进行动态套期保值需要较高的手续费,因此套期保值应在成本与可容忍的风险之间进行权衡。

思考与练习

思考题

1. 期权头寸的 Gamma 是什么含义?某个头寸的 Delta 为 0,而 Gamma 为一个很大的负值,该头寸的风险是什么?

2. 解释如何实现对一个卖出的虚值看涨期权按止损策略进行对冲。为什么这种策略效果并不好?

3. 解释 Delta、Gamma、Vega、Theta 和 Rho 等数值的含义。

4. 阐述期权套期保值的基本思想。

5. 解释 Delta-Gamma-Vega 套期策略。

练习题

1. 某种不支付股息的股票价格的年波动率为 25%,市场的无风险利率为 10%,股票

的现价为30元,请计算该股票3个月期处于平价状态的欧式看涨期权的Delta值和Gamma值。

2. 一家金融机构刚刚卖出了1 000份7个月期的日元欧式看涨期权。假设即期汇率为每日元0.80美分,执行价格为每日元0.81美分,美国的无风险利率为每年8%,日本的无风险利率为每年5%,日元汇率的波动率为每年15%。计算金融机构头寸的Delta、Gamma、Vega、Theta和Rho。

3. 某金融机构拥有如下柜台交易的英镑期权组合:

种类	头寸	期权的Delta	期权的Gamma	期权的Vega
看涨	−1 000	0.5	2.0	1.8
看涨	−500	0.8	0.6	0.2
看跌	2 000	0.4	1.4	0.7
看涨	−500	0.7	1.8	1.4

现有一种可交易期权,其Delta值为0.6、Gamma值为1.5、Vega值为0.9。为使上面的组合处于Delta-Gamma中性状态,需要多少种可交易期权和现货英镑头寸?

4. 在上题中,假设有第二种可交易期权,其Delta值为0.1、Gamma值为0.5、Vega值为0.5,应该如何使该组合处于Delta-Gamma-Vega中性状态?

5. 市场上有三种同一标的资产的欧式看涨期权A、B、C,如果目前标的资产的价格为80美元,其年波动率为20%,货币市场上美元的无风险年利率是7%(复利)。期权A的执行价格为70美元,90天到期;期权B的执行价格为75美元,也是90天到期;期权C的执行价格为80美元,120天到期。试计算三种期权的Delta值和Gamma值,并说明一个投资者如果已拥有一份看涨期权A,如何用期权B构造一个Delta中性组合。如果既希望保持上述组合为Delta中性的,又要使组合成为Gamma中性的,他还应该持有多少份期权C头寸?

6. 某种不支付股息的股票价格的年波动率为25%,市场的无风险利率为10%,股票的现价为30元,请计算该股票3个月期处于平价状态的欧式看涨期权的Delta值和Gamma值。

自测题

自测自练 扫码答题

第九章

期权的交易策略

期权的运作机理比远期(期货)更能体现"以人为本"的特性。期权交易具有很多优势:期权可以给投资者带来标准化的杠杆,如当月平值主力合约提供30～50倍杠杆;杠杆源于合约设计本身,无需利息;交易方向上多空皆可,且为T+0交易;期权交易具有非线性的损益结构,如股票、期货、基金、债券等产品都属于线性交易品种,而期权的非线性结构独树一帜;期权风险收益结构不对等,投资者进可攻、退可守,对于期权买方来说,期权具有高杠杆性,对期权卖方来说,具有高胜率,买方与卖方有机结合,可以更好地匹配投资者的交易判断与风险偏好;期权提供了风险管理的工具,投资者可以通过期权对标的资产进行风险对冲,而且风险管理功能成本低、效能高,期权单位合约交易金额少,投资者可以灵活匹配持仓;期权给投资者提供更多的风险选择权和更多种收益的可能性,如可以结合投资者对标的资产的细化判断,选择实值合约、虚值合约、平值合约,还有当月、下月及随后两个季月四个不同的到期时间的期权合约,而且期权的风险收益弹性极大,可根据投资者的风险偏好与市场判断,进行更合适的配置。期权的组合更是让人感觉走进了色彩斑斓的万花筒,其规避风险的功效几乎可以达到无所不能的地步。丰富的组合策略可以应对各类市场环境,投资者可以根据判断选择最合适的风险收益结构,还可以根据标的资产的价格变化,在不同的期权策略之间进行灵活转换。

期权交易的精妙之处就在于,可以通过不同的策略构造出众多具有不同盈利区间、不同盈亏分布特征、不同潜在盈利可能的期权组合。例如,在对标的资产价格未来走势的看法上,看涨期权多头认为会上涨,看跌期权空头认为不会下跌,二者有着基本一致的看法;而看跌期权多头认为会下跌,看涨期权空头则认为不会上涨,二者也有着基本一致的看法。投资者可以根据自己对未来标的资产价格概率分布的预期及风险—收益偏好,选择最适合自己的期权组合。构造组合的主要动机是减少风险和降低成本,单边锁住盈利或者损失。一旦选定期权组合,在减少风险和降低成本的同时,实际上也就确定了期权组合的盈亏特征。期权组合就是将各种性质不同或性质相同而内在要素不同的期权按照一定的设计要求进行组合,实现覆盖特定风险的目的。通过期权组合,不仅可以在市场大涨大跌时为投资者提供规避风险实现套利的工具,甚至当市场趋稳不变时也能给投资人创造获利机会。

在本章中,虚线代表构造该组合的单个资产或单个期权的损益与标的资产价格之间的关系,而实线代表整个组合的损益与标的资产价格之间的关系。方便起见,假设本章所考虑的期权的标的资产是股票(对其他标的资产,可以建立类似的交易策略)。我们也按通常的做法,在计算一个交易策略的盈利时,用最后的收益减去最初的费用,而忽略贴现效应。

第一节 单一期权策略

期权存在四种基本的头寸:看涨期权多头、看涨期权空头、看跌期权多头、看跌期权空头。股票期权的标的资产也有两种头寸:股票多头和股票空头。本节介绍最基本的单一期权的运用方法,包括运用期权进行投机的单腿策略、运用期权对股票进行风险管理的保险策略以及持有股票时,卖出看涨期权的备兑开仓策略。

一、单腿策略

与其他衍生品一样,期权可以提供杠杆的作用。对于期权多头来说,如果市场价格走势与预期方向相同,一个小比例的价格变化会带来放大的收益。但是一旦市场价格走势与预期相反,一个小的价格变化也会带来放大的亏损。

【例 9-1】 2021 年 2 月 8 日下午 13:00,上证 50ETF 的当前价格为 3.867,较前一日结算价 3.834 的涨跌幅为 0.86%。此时,2 月到期的行权价为 3.9 元的看涨期权的价格为 0.046 9,较前一日结算价 0.037 7 上涨了 24.4%。同样的本金买入股票和期权,其收益率相差近 30 倍。若买入的是 2 月到期的行权价为 3.7 的看跌期权,则其价格从前一天的结算价 0.020 1 变为 0.014 6,下降了 27.36%。

从上例可以看出,期权具有极大的杠杆特性,如果选对,收益颇丰,可万一选错,则会面临巨大的亏损。那么应该如何根据市场的标的资产价格和标的资产波动率的变化,对这四种期权进行合理的选择呢?基本的原则如图 9-1 所示。

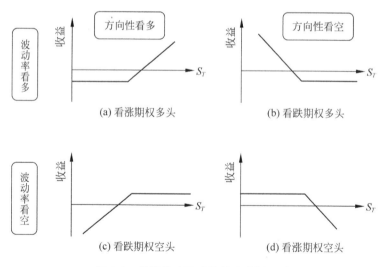

图 9-1 单腿策略盈亏状况及选择原则

从图 9-1 可以看出,若认为标的资产的价格会上涨,且波动较剧烈,则可以采用看涨期权多头的投资方式,见图 9-1(a);若认为标的资产的价格会上涨,但波动范围不大,则可以采用看跌期权空头的投资方式,见图 9-1(c);若认为标的资产的价格会下跌,且波动幅度可能较大,则可以采用看跌期权多头的投资方式,见图 9-1(b);若认为标的资产的价格会下跌,但是幅度不大,则可以采用看涨期权空头的投资方式,见图 9-1(d)。

二、保险策略

期权的保险策略是指通过购买某种金融工具或采取其他合法的金融措施将风险转移给其他经济主体。保险策略是一种静态风险管理策略,即一次交易之后直至到期都不再调整的风险管理方式,是相对第八章介绍的需要不断调整头寸的动态风险管理而言的。保险策略通过支付期权费,保护标的资产价格免受因出现不利变动而产生的风险。保险策略可以分为两种。一种是保护性看跌期权组合,即在持有标的证券或买入标的证券的同时,买入相应数量的看跌期权,为标的证券提供价格下跌的保险。投资者在采用保护性看跌多头策略时,不需要缴纳保证金,也不会面临强行平仓风险,如图 9-2(a)所示。另一种是融券卖出标的证券时,买入相应数量的看涨期权,该策略的目的是为标的证券提供价格上升的保险,其盈利形式如图 9-2(b)所示。

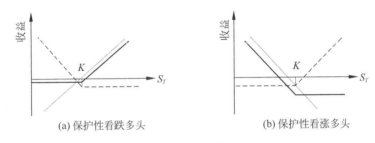

(a) 保护性看跌多头   (b) 保护性看涨多头

图 9-2 保 险 策 略

为了简便起见,此处考虑的都是一股股票与一份期权的组合,当然,现实中一股股票的价格变动值与一份期权的价格变动值并不完全相等。在对股票与期权进行组合时,组合中的股票和期权数量应该满足一定的比率关系,如可应用上一章介绍的 Delta 对冲,算出对冲一股股票价格变动应该购买的期权数量,应该为 Delta 分之一。

保护性看跌期权多头策略通常在以下四种情景中使用:

(1) 预期某只股票会上涨而买入该股票,但又担心买入后市场会下行。在此情形下使用保护性看跌期权多头策略,则无须担心持有期内可能出现的下跌损失,且若价格上涨仍可以获得收益。

(2) 预期市场下行,但股票正被质押,无法抛售。在此情形下使用保护性看跌期权多头策略,则无须担心质押期内可能出现的下跌损失,若价格上涨仍可以获得收益。

(3) 目前持有的股票已获得较好的收益,想在锁定已有收益的同时仍保留上行收益的空间。在此情形下使用保护性看跌期权多头策略,既保留了上行收益,又锁定了下行损失。

(4) 将要获得股息收益,但是不想面临股票市值的损失。在此情形下使用保护性看跌期权多头策略,投资者可以安心地享受股利收益,并且无须担心持有期内可能出现的下跌损失,且若价格上涨还可以获得更多收益。

三、备兑开仓策略

备兑开仓策略是指在持有标的资产的同时,卖出相应数量的看涨期权,其损益如图 9-3 所示。

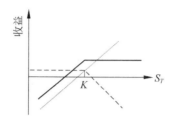

图 9-3 单个资产与单个期权合成的各种合成期权的损益

由图 9-3 可以看出,备兑开仓策略的优点包括:可以定期获得权利金收入且无须额外缴纳保证金。因为权利金收入可适度降低盈亏平衡点,所以比直接拥有标的股票风险更低。该策略使用现券担保,无须额外缴纳保证金,因此在通常情况下无须每日盯市,无强行平仓风险。当然,在股价持续上涨时,该策略向上收益有限,但股价持续下跌时,该策略仍然承担价格下行风险,股价越低亏损越大。

在选择备兑开仓策略时,可遵循以下原则:首先,投资者对标的资产的走势应该有大致的判断。这主要是因为备兑卖出认购期权的收益和风险主要取决于标的资产本身,因此运用备兑卖出看涨期权策略的前提是投资者愿意持有标的资产,并且看好标的资产走势,即投资者预期在卖出期权的到期日或期权持有时间段内,标的资产不会有大的下跌。其次,选择波动适中的标的资产。如果标的资产本身波动较大,虽然期权的价格会高些,收取的期权的权利金更高,但波动大意味着较高的风险;如果标的资产涨幅较高(超出执行价格),卖出的认购期权被行权,需按执行价格卖出标的资产,则不能享有标的资产价格更多上涨带来的收益;如果下跌,备兑开仓策略仅提供了有限的保护(期权权利金),但在标的资产的价格跌幅较大时,仍会有损失。如果标的资产波动较低,则卖出认购期权的权利金收入也将较小。最后,选择平值或稍微虚值的期权合约。深度实值的期权,到期时被行权的可能性大,期权的时间价值相对较小,备兑开仓策略的收益也相对较小。深度虚值期权的权利金较少。因此,最好选择平值或适度虚值的期权合约。在到期时间选择上,由于近月合约的时间价值流逝最快,因而卖出近月合约的收益也相对较高。

四、合成期权

合成期权(synthetic options)是把一个标的资产现货或期货合约头寸与一个期权头寸结合,形成等价的另一种期权。有四种主要的合成方式,这些合成期权的盈亏状态如图 9-4 所示,其盈亏曲线可以直接由构成该组合的各种资产的盈亏曲线叠加而来。

图 9-4(a)反映了标的资产多头与看涨期权空头组合的损益,该组合代表的投资策略被称为出售一个有担保的看涨期权(covered call)。这是由于标的资产多头"轧平"(cover)或保护投资者免受标的资产价格急剧上升带来的巨大损失的可能性。在图 9-4(b)中,交易

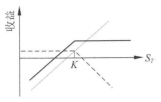
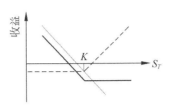

(a) 资产多头与看涨期权空头的组合   (b) 资产空头与看涨期权多头的组合

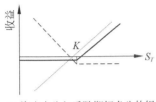
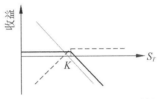

(c) 资产多头与看跌期权多头的组合   (d) 资产空头与看跌期权空头的组合

图 9-4　单个资产与单个期权合成的各种合成期权的损益

组合由标的资产空头与看涨期权多头组成，其盈亏状态与有担保的看涨期权空头刚好相反。图 9-4(c)中，交易组合反映了标的资产多头与看跌期权多头组合的损益，该组合代表的投资策略有时被称为有保护的看跌期权(protective put)策略。该策略对应的盈亏状态刚好与如图 9-4(d)所示的标的资产空头与看跌期权空头组合的盈亏状态相反。

图 9-4 中的盈亏状态与看跌期权多头寸、看跌期权空头寸、看涨期权多头寸、看涨期权空头寸的盈亏状态相似。由看涨—看跌期权平价关系式，我们可以理解其中的奥妙。

$$p_t + S_t = c_t + Ke^{-r(T-t)} + D_t$$

其中，p_t 为欧式看跌期权的价格，S_t 为股票价格，c_t 为欧式看涨期权的价格，K 为看涨期权和看跌期权的执行价格，r 为无风险利率，$(T-t)$ 为看涨期权和看跌期权的期限，D_t 为期权有效期内预期发放的股息的贴现值。

平价关系表明，看跌期权多头加上股票多头等于看涨期权多头加上一定数量 ($Ke^{r(T-t)}+D$) 的现金。这就解释了为什么图 9-4(c)的盈亏状态与看涨期权多头的盈亏状态相同。图 9-4(d)的头寸与图 9-4(c)的形式相反，其盈亏状态类似于看涨期权的空头。

平价关系还可变形为

$$S_t - c_t = Ke^{-r(T-t)} + D_t - p_t$$

换句话说，一个股票多头与一个看涨期权空头等价于一个看跌期权的空头加上一定数量 ($Ke^{r(T-t)}+D$) 的现金。这个等式解释了为什么图 9-4(a)的盈亏状态类似于看跌期权空头的盈亏状态。图 9-4(b)的头寸刚好与图 9-4(a)的头寸相反，其盈亏状态类似于看跌期权多头的盈亏状态。

第二节　差价期权组合策略

差价期权组合策略是期权交易中最基本的套利交易策略，它是指将相同类型的两份或多份期权（两份或多份看涨期权，或者两份或多份看跌期权）组合在一起以赚取差价收益的交易策略。在期权交易价格行情表上，同一标的资产期权合约的执行价格从小到大纵向排列，位于左边；同一执行价格不同到期日的合约则横向排列。到期日相同、执行价格不同的各种期权被称为垂直系列（vertical series）期权；执行价格相同、到期日不同的期权被称为水平系列（horizontal series）期权，见表9-1。

表9-1　上证50ETF股票期权报价实例

执行价格	2月	3月	6月	9月
Calls（股票现价：3.875元/股）				
3.6	0.268 8	0.291 4	0.362 5	0.432 0
3.7	0.177 2	0.215 3	0.299 9	0.365 5
3.8	0.098 0	0.151 1	0.243 7	0.310 4
3.9	0.044 5	0.103 2	0.197 0	0.263 5
4.0	0.017 4	0.067 3	0.156 8	0.222 1
Puts（股票现价：3.875元/股）				
3.6	0.005 4	0.033 9	0.103 5	0.153 3
3.7	0.012 2	0.057 2	0.139 2	0.193 7
3.8	0.034 7	0.090 7	0.181 9	0.236 7
3.9	0.081 0	0.145 0	0.233 2	0.289 9
4.0	0.151 8	0.209 8	0.293 1	0.344 3

资料来源：http://www.sse.com.cn。

根据期权价格的这种排列习惯，差价交易策略分为三种类型（如图9-5所示）：垂直差价交易（vertical spreads），又称价格差价交易，具体可分为垂直进出的差价交易和蝶式差价交易等；水平差价交易（horizontal spreads），又称日历差价交易；对角差价交易（diagonal spreads）。

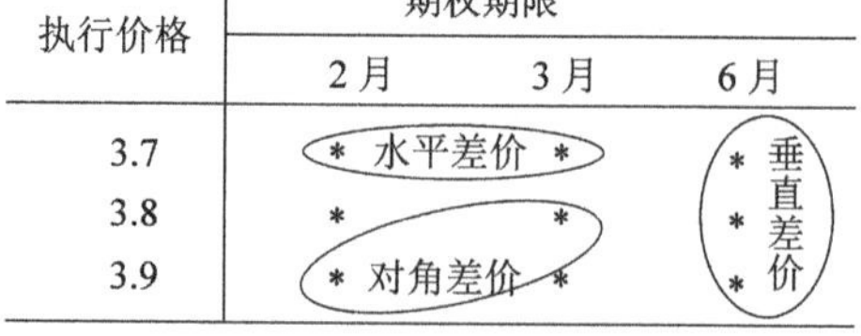

图9-5　三种差价期权组合示意

一、垂直进出的差价期权组合

垂直进出的差价期权组合由标的股票相同、期限相同，执行价格不同的两份看涨期权或看跌期权组成。

1. 牛市差价期权

顾名思义,牛市差价期权(bull spread)是欲在牛市行情中获利的期权组合,如图9-6所示。这里两个期权的到期日和标的资产均相同,它有如图9-6所示的两种实现方式。

(1) 看涨期权建立的牛市差价组合

构造方式:购买执行价较低的看涨期权的同时出售执行价较高的看涨期权,如图9-6(a)所示。

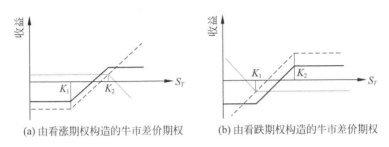

(a) 由看涨期权构造的牛市差价期权　　(b) 由看跌期权构造的牛市差价期权

图9-6　牛市差价期权策略的损益

如图9-6(a)所示,因为在签署合约时,期权一般处于虚值状态,即在看涨期权情况下,标的资产的市价低于执行价格K_1,显然未来标的资产的价格上涨超过K_1要比超过K_2容易,持有执行价格为K_1的看涨期权要比持有执行价格为K_2的看涨期权更容易获利,因此前者的期权费自然高于后者,即投资者售出的执行价格较高的期权所获得的期权费低于购买执行价格较低的期权所要支付的期权费。因此,持有看涨期权组成的牛市差价期权的投资者开始需要初始投资。在期权到期日,如果标的资产的价格S_T高于较高的执行价格K_2,则两份期权都要行权:投资者以K_1价格买入的标的资产又以K_2的价格出售给期权的买方。这种情形下,投资者的利润达到最大值$K_2-K_1-(c_1-c_2)$。如果在期权到期日标的资产的价格S_T低于较低的执行价格K_1,则两份期权都放弃行权,投资者的亏损达到最大值c_1-c_2。相对于单纯买进看涨期权而言,该策略的成本比较低,用出售期权所获得的期权费抵消一部分购买价格较高期权的期权费的支出,当然在盈利情况下获利空间也被限制了。其净收益如表9-2所示。

表9-2　看涨期权所构造的牛市差价的收益

资产价格范围	买入看涨期权的盈利	卖出看涨期权的盈利	总　盈　利
$S_T \leq K_1$	$-c_1$	c_2	$-(c_1-c_2)$
$K_1 < S_T < K_2$	$S_T-K_1-c_1$	c_2	$S_T-K_1-(c_1-c_2)$
$K_2 \leq S_T$	$S_T-K_1-c_1$	$K_2-S_T+c_2$	$K_2-K_1-(c_1-c_2)$

该交易策略的最大盈利为$K_2-K_1-(c_1-c_2)$,最大损失为$-(c_1-c_2)$。

【例9-2】　戴尔公司股票的现价为40美元,如果某投资者认为戴尔公司的普通股票很快就会升值,于是以1.45美元购买一个执行价格为40美元的该股票看涨期权,同时以0.1美元售出一个执行价格为45美元的该股票看涨期权。买入1份买权要求支出现金

145美元；而出售1份买权可获得期权费10美元。因此，1份由看涨期权构造的牛市差价期权的构造成本实际为135美元。这笔成本也代表这种期权组合可能出现的最大亏损，它发生在股票价格等于或低于40美元时。

当股票价格等于或高于45美元时，这种期权结构就会有盈利，其最大盈利为365美元。也就是说，在股价等于或高于45美元时，执行价格为45美元的买权将被行使，从而使执行价格为40美元的买权的获利被抵消。该投资者的净收益见表9-3。

表9-3 投资者的净收益

资产价格范围	总 盈 利
$S_T \leqslant 40$	-135
$40 < S_T < 45$	$100(S_T - 41.35)$
$45 \leqslant S_T$	365

(2) 看跌期权建立的牛市差价组合

构造方式：购买执行价格(K_1)较低的卖权的同时出售执行价格(K_2)较高的卖权，如图9-6(b)所示。

在签署合约时，期权一般都处于虚值状态，对于看跌期权而言，标的资产的市价要高于较高的执行价格K_2。如果标的资产的价格下跌，其价格低于K_2比低于K_1容易，所以持有执行价格为K_2的看跌期权要比持有执行价格为K_1的看跌期权更容易获利，因此前者的期权费自然比后者高。这就意味着投资者售出的执行价格较高的期权所获得的期权费多于购买执行价格较低的期权所要支付的期权费。因此，持有看跌期权组成的牛市差价期权的投资者期初现金流为正（忽略保证金要求）。

在期权到期日，如果市场情况与投资者的预期相反，标的资产的价格S_T低于较低的执行价格K_1，则两份期权都要行权：投资者以K_2的价格买入标的资产履行其对看跌期权多方的义务，同时又作为看跌期权的多方行权，以K_1的价格将标的资产出售给这一看跌期权的卖方。在这种情形下，投资者的亏损达到最大值$(K_2-K_1)-(p_2-p_1)$。如果期权到期日标的资产的价格S_T高于较高的执行价格K_2，则两份期权都放弃行权，投资者的利润达到最大值p_2-p_1。相对于单纯出售看涨期权，该策略的风险较低，用买入的价格较低的期权为出售的价格较高的卖权提供一个担保，使判断失误时的亏损有限。该投资者的净收益如表9-4所示。

表9-4 看跌期权所构造的牛市差价的收益

资产价格范围	买入看跌期权的盈利	卖出看跌期权的盈利	总 盈 利
$S_T \leqslant K_1$	$K_1 - S_T - p_1$	$S_T - K_2 + p_2$	$-(K_2 - K_1) + p_2 - p_1$
$K_1 < S_T < K_2$	$-p_1$	$S_T - K_2 + p_2$	$S_T - K_2 + (p_2 - p_1)$
$K_2 \leqslant S_T$	$-p_1$	p_2	$p_2 - p_1$

【例9-3】 戴尔公司股票的现价为40美元。如果某投资者认为戴尔公司的普通股票很快就会升值，于是以0.1美元购买一份(100股)执行价格为35美元的该股票看跌期

权,同时以 0.85 美元售出一份(100 股)执行价格为 40 美元的该股票看跌期权。如果他只卖出一种卖权,会赚取更多的期权费,但一旦判断失误,就会受到巨大的损失。但在差价期权条件下,部分盈利和亏损将对冲抵消。

当股票价格等于或高于 40 美元时,这种期权结构的盈利达到最大,为 75 美元。也就是说,在股价低于 40 美元但高于 35 美元时,执行价格为 40 美元的卖权将被行使,从而使执行价格为 35 美元的卖权的获利被抵消。该投资者的净收益如表 9-5 所示。

表 9-5 投资者的净收益

资产价格范围	总 盈 利
$S_T \leq 35$	-425
$35 < S_T < 40$	$100(S_T - 39.25)$
$40 \leq S_T$	75

由以上分析可以得出结论:无论运用两份看涨期权还是两份看跌期权所构造的牛市差价期权都是买入期权的执行价格(K_1)低于卖出期权的执行价格(K_2)的期权组合策略。

牛市差价的风险和激进或保守程度主要受两个期权的执行价格的影响。通过如上分析,我们不难得出下面的结论:

对于由看涨期权构造的牛市差价组合而言,在多头看涨期权的执行价格不变的条件下,空头看涨期权的执行价格越高,牛市差价交易策略越激进,风险越大;在空头看涨期权的执行价格不变的条件下,多头看涨期权的执行价格越低,牛市差价交易策略越激进,风险越高;在看涨期权的执行价格之差不变的条件下,执行价格越高,牛市差价交易策略越激进,风险越高。

对于由看跌期权构造的牛市差价组合而言,在空头看跌期权的执行价格不变的条件下,多头看跌期权的执行价格越低,牛市差价交易策略越激进,风险越高;在多头看跌期权的执行价格不变的条件下,空头看跌期权的执行价格越高,牛市差价交易策略越激进,风险越高;在看涨期权的执行价格之差不变的条件下,执行价格越高,牛市差价交易策略越激进,风险越高。

一般来说,投资者构建牛市差价策略的主要原因有两个:第一,投资者预期标的股票的价格将上涨,但是对上涨的幅度不太乐观;第二,卖出看跌期权投机于上升预期,之后通过买入一份执行价格较低的看跌期权进行风险管理。投资者还可以根据预期的强弱程度或自己的风险偏好,适当调整执行价格的差距,如当强烈地预期市场为牛市时,应加大执行价格的差距,以获得更多的差价。

毫无疑问,用看跌期权建立的牛市差价期权的最终收益低于用看涨期权建立的牛市差价期权的最终收益。无论是对看涨期权还是对看跌期权而言,牛市差价都表现为标的资产价格上升时有盈利机会,这也正是这类期权组合的名称中带有牛市的原因。

2. 熊市差价期权

顾名思义,熊市差价期权(bear spread)是欲在下行的行情中获利的期权组合,它也有两种实现方式,如图 9-7 所示。

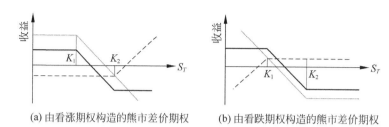

(a) 由看涨期权构造的熊市差价期权　　(b) 由看跌期权构造的熊市差价期权

图 9-7　熊市差价期权策略的损益

（1）看涨期权建立的熊市差价组合

构造方式：卖出 1 份执行价格相对较低的看涨期权，再买入 1 份执行价格相对较高的看涨期权，如图 9-7(a)所示。

在签署合约时，期权一般都处于虚值状态，对于看涨期权而言，标的资产的市价低于较低的执行价格 K_1。如果标的资产价格上涨，其价格超过 K_1 比超过 K_2 容易，所以持有执行价格为 K_1 的看涨期权比持有执行价格为 K_2 的看涨期权更容易获利，因此前者的期权费自然比后者高。这就意味着投资者售出的执行价格较低的期权所获得的期权费高于其购买的执行价格较高的期权所支付的期权费。因此，持有看涨期权构建的熊市差价期权的投资者期初现金流为正（忽略保证金要求）。

在期权到期日，如果市场状况与投资者的预期相反，标的资产的价格 S_T 高于较高的执行价格 K_2，则两份期权都要行权：投资者作为买权的多方行权，以 K_2 的价格买入标的资产，同时又以 K_1 的价格卖出标的资产来履行自己对这一看涨期权多方的义务。在这种情形下，投资者的亏损达到最大值 $(K_2-K_1)-(c_1-c_2)$。如果期权到期日标的资产的价格 S_T 低于较低的执行价格 K_1，则两份期权都放弃行权，投资者的利润达到最大值 c_1-c_2。相对于单纯出售看涨期权，该策略的风险较低，用买入的价格较高的买权为出售的价格较高的买权提供一份保险，使判断失误时的亏损有限。该投资者的净收益如表 9-6 所示。

表 9-6　看涨期权所构造的熊市差价的收益

资产价格范围	卖出看涨期权的盈利	买入看涨期权的盈利	总　盈　利
$S_T \leqslant K_1$	c_1	$-c_2$	c_1-c_2
$K_1 < S_T < K_2$	$K_1-S_T+c_1$	$-c_2$	$-(S_T-K_1)+(c_1-c_2)$
$K_2 \leqslant S_T$	$K_1-S_T+c_1$	$S_T-K_2-c_2$	$-(K_2-K_1)+(c_1-c_2)$

【例 9-4】　戴尔公司股票的现价为 40 美元，如果某投资者认为戴尔公司的普通股票很快就会下跌，于是以 1.45 美元售出一份（100 股）执行价格为 40 美元的该股票看涨期权，同时以 0.1 美元购买一份（100 股）执行价格为 45 美元的该股票的看涨期权。

买入 1 份买权要求支出现金 10 美元，而出售 1 份买权获得期权费 145 美元。期初现金流入为 135 美元。当股票价格等于或低于 40 美元时，两份期权均放弃行权，最大盈利为 135 美元。当股价等于或高于 45 美元时，执行价格为 45 美元的买权将被行使，从而使执行价格为 40 美元的买权的获利被抵消。该投资者的净收益如表 9-7 所示。

表 9-7 投资者的净收益

资产价格范围	总 盈 利
$S_T \leq 40$	135
$40 < S_T < 45$	$100(41.35 - S_T)$
$45 \leq S_T$	-365

(2) 看跌期权建立的熊市差价组合

构造方式:卖出1份执行价格相对较低的卖权,再买入1份执行价格相对较高的卖权,如图9-7(b)所示。

在签署合约时,期权一般都处于虚值状态,对于看跌期权而言,标的资产的市价高于较高的执行价格 K_2。如果标的资产的价格下跌,其价格低于 K_2 比低于 K_1 容易,所以持有执行价格为 K_2 的看跌期权比持有执行价格为 K_1 的看跌期权更容易获利,因此前者的期权费自然比后者高。这就意味着投资者购买执行价格较高的看跌期权所支付的期权费高于其出售执行价格较低的期权所支付的期权费。因此,持有看跌期权组成的熊市差价期权的投资者开始需要净支出。

在期权到期日,如果市场状况与投资者的预期相反,标的资产的价格 S_T 高于较高的执行价格 K_2,则两份期权都放弃行权,投资者的亏损达到最大值 $p_2 - p_1$。如果期权到期日标的资产的价格 S_T 低于较低的执行价格 K_1,则两份期权都要行权。投资者作为卖权的空方以 K_1 的价格买入标的资产,履行自己的义务,同时又以 K_2 的价格卖出标的资产,行使自己持有的卖权。在这种情形下,投资者的利润达到最大值 $(K_2 - K_1) - (p_2 - p_1)$。相对于单纯买入看跌期权,该策略的成本较低,用出售价格较低的卖权所收取的期权费抵消了一部分购买价格较高的卖权所支付的期权费。该投资者的净收益如表9-8所示。

表 9-8 看跌期权所构造的熊市差价的收益

资产价格范围	卖出看跌期权的盈利	买入看跌期权的盈利	总 盈 利
$S_T \leq K_1$	$S_T - K_1 + p_1$	$K_2 - S_T - p_2$	$(K_2 - K_1) - (p_2 - p_1)$
$K_1 < S_T < K_2$	p_1	$K_2 - S_T - p_2$	$K_2 - S_T - (p_2 - p_1)$
$K_2 \leq S_T$	p_1	$-p_2$	$-(p_2 - p_1)$

【例 9-5】 戴尔公司股票的现价为40美元,如果某投资者认为戴尔公司的普通股票很快就会下跌,于是以0.1美元售出一份(100股)执行价格为35美元的该股票看跌期权,同时以0.85美元购买一份(100股)执行价格为40美元的该股票看跌期权。

买入1份买权要求支出现金85美元,而出售1份买权获得期权费10美元。投资成本为75美元。这笔成本也代表这种期权组合可能出现的最大亏损,它发生在股票价格等于或高于40美元时,两份期权均放弃行权。当股价低于35美元时,两份卖权将被行使,最大盈利为425美元。该投资者的净收益如表9-9所示。

表 9-9 投资者的净收益

资产价格范围	总 盈 利
$S_T \leqslant 35$	425
$35 < S_T < 40$	$100(39.25 - S_T)$
$40 \leqslant S_T$	-75

由以上分析可以得出这样的结论:无论运用两份看涨期权还是两份看跌期权所构造的熊市差价期权都是买入期权的执行价格(K_2)高于卖出期权的执行价格(K_1)的期权组合策略。

构造熊市差价策略的主要原因包括:第一,预期价格下跌但下跌幅度不大,这时构造熊市差价期权比直接买入看跌期权成本低,相应收益降低;第二,卖出看涨期权投机于下跌预期,同时通过买入一份执行价格较高的看涨期权进行风险管理。与牛市差价类似,投资者也可以根据预期的强弱程度或投资者的风险偏好,适当调整执行价格的差距,以赚取更多的差价并适当控制风险。

比较牛市和熊市差价策略可以看出,对于同类期权而言,凡"买低卖高"的即为牛市差价策略,而"买高卖低"的即为熊市差价策略,这里的"低"和"高"是指期权的执行价格。

二、蝶式期权组合

蝶式差价期权(butterfly spreads)是金融期权差价交易策略中比较重要的一种交易策略。该交易策略由相同标的资产、三种不同执行价格($K_1 < K_2 < K_3$)、相同到期日的期权组合而成,其中三种期权的执行价格成等差数列,即 $K_2 = 0.5 \times (K_1 + K_3)$。其具体策略是购买(或卖出)执行价格最高和最低的期权各一份,同时出售(或买进)两份执行价格处于中间的期权,这样就建立了一个蝶式差价期权。可见,买进的期权和卖出的期权属于同一垂直系列,也就是说,它们的到期日相同而执行价格不同。因此,蝶式差价交易实际上是垂直差价交易的一种特殊形式。

假定对应于执行价格为 K_1、K_2 和 K_3 的期权,看涨期权与看跌期权的期权费分别为 $c_1(p_1)$、$c_2(p_2)$ 和 $c_3(p_3)$。根据具体交易方式的不同,蝶式差价交易可分为多头蝶式差价交易和空头蝶式差价交易两种。无论是多头蝶式差价交易还是空头蝶式差价交易都既可以用看涨期权来操作,也可以用看跌期权来操作。具体来说,蝶式差价组合有如下四种。

1. 正向蝶式差价组合

正向的蝶式差价交易是指投资者买入执行价格较低(K_1)和较高(K_3)的期权,同时卖出两份执行价格居于中间(K_2)的期权,如图 9-8 所示。

从图中可以看出,正向蝶式差价期权可以分解为一个牛市差价期权[买入执行价格较低(K_1)的期权的同时卖出执行价格较高(K_2)的期权]与一个熊市差价期权[买入执行价格较高(K_3)的期权的同时卖出执行价格较低(K_2)的期权]。进一步来看,如果投资者认为股价将呈窄幅波动的上涨行情,可以考虑采用这种策略。无论是用看涨期权还是看跌期权来构造,正向蝶式差价期权策略的结果都相同,而且都需要初始投资。由看涨期权组成的正向蝶式差价期权策略在到期日实现的收益如表 9-10 所示。

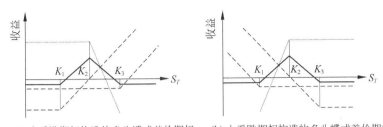

(a) 由看涨期权构造的多头蝶式差价期权　　(b) 由看跌期权构造的多头蝶式差价期权

图 9-8　蝶式差价期权策略的损益

表 9-10　看涨期权所构造的蝶式差价的收益

资产价格范围	第一个看涨期权多头的盈利	第二个看涨期权多头的盈利	看涨期权空头的盈利	总 盈 利
$S_T \leqslant K_1$	$-c_1$	$-c_3$	$2c_2$	$2c_2-(c_1+c_3)$
$K_1 < S_T \leqslant K_2$	$S_T-K_1-c_1$	$-c_3$	$2c_2$	$S_T-K_1+2c_2-(c_1+c_3)$
$K_2 < S_T \leqslant K_3$	$S_T-K_1-c_1$	$-c_3$	$-2(S_T-K_2)+2c_2$	$K_3-S_T+2c_2-(c_1+c_3)$
$K_3 < S_T$	$S_T-K_1-c_1$	$S_T-K_3-c_3$	$-2(S_T-K_2)+2c_2$	$2c_2-(c_1+c_3)$

这个交易需要少量的初始投资 $(c_1+c_3)-2c_2$，当价格波动的范围较小时可以盈利，但最大盈利不超过 $(K_2-K_1)-[(c_1+c_3)-2c_2]$；而价格波动范围较大时，则会出现少量亏损，其最大损失是期权费差额 $(c_1+c_3)-2c_2$。

【例 9-6】　假定某一股票现价为 51 元。某个投资者认为在以后的 6 个月中股票价格不可能发生重大变化，分别以 3 元和 8 元的价格购买执行价格为 55 元和 45 元的该股票看涨期权各一股，同时以 5 元的价格出售了两股执行价格为 50 元的该股票看涨期权。该蝶式差价期权在到期日的净收益如表 9-11 所示。

表 9-11　投资者的净收益

资产价格范围	总 盈 利
$S_T \leqslant 45$	$-1[=2\times 5-(3+8)]$
$45 < S_T \leqslant 50$	$S_T-46[=S_T-45+2\times 5-(3+8)]$
$50 < S_T \leqslant 55$	$54-S_T[=55-S_T+2\times 5-(3+8)]$
$55 < S_T$	$-1[=2\times 5-(3+8)]$

当 6 个月后股票价格为 50 元时，就会得到最大的利润 4 元。而构造这个蝶式差价期权的成本为 $1(=3+8-2\times 5)$ 元。

2．反向蝶式差价组合

反向蝶式差价交易是指投资者卖出执行价格较低 (K_1) 和较高 (K_3) 的期权，同时买入两份执行价格居于中间 (K_2) 的期权，如图 9-9 所示。

从图中可以看出，反向蝶式差价期权可以分解为一个熊市差价期权[卖出执行价格较低 (K_1) 的期权的同时买入执行价格较高 (K_2) 的期权]与一个牛市差价期权[买入执行价

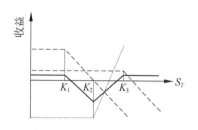 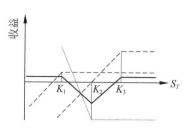

(a) 由看涨期权构造的空头蝶式差价期权　　(b) 由看跌期权构造的空头蝶式差价期权

图 9-9　蝶式差价期权策略的损益

格较低(K_2)的期权的同时卖出执行价格较高(K_3)的期权]。进一步来看,如果投资者认为股价将呈窄幅波动的下跌行情,可以考虑采用这种策略。无论是用看涨期权还是看跌期权来构造,反向蝶式差价期权策略的结果都相同,而且都有初始收入。由看跌期权组成的反向蝶式差价期权策略如表 9-12 所示。

表 9-12　看跌期权所构造的蝶式差价的收益

资产价格范围	第一个看跌期权空头的盈利	第二个看跌期权空头的盈利	看跌期权多头的盈利	总　盈　利
$S_T \leqslant K_1$	$S_T - K_1 + p_1$	$S_T - K_3 + p_3$	$2(K_2 - S_T) - 2p_2$	$(p_1 + p_3) - 2p_2$
$K_1 < S_T \leqslant K_2$	p_1	$S_T - K_3 + p_3$	$2(K_2 - S_T) - 2p_2$	$K_1 - S_T + (p_1 + p_3) - 2p_2$
$K_2 < S_T \leqslant K_3$	p_1	$S_T - K_3 + p_3$	$-2p_2$	$S_T - K_3 + (p_1 + p_3) - 2p_2$
$K_3 < S_T$	p_1	p_3	$-2p_2$	$(p_1 + p_3) - 2p_2$

这个交易期初有少量的净收入$(p_1 + p_3) - 2p_2$,当价格波动的范围较小时会有少量亏损,最大亏损不超过$(K_3 - K_2) - [(p_1 + p_3) - 2p_2]$;而价格波动范围较大时,则会有盈利,但最大盈利是期权费差额$(p_1 + p_3) - 2p_2$。

【例 9-7】假定某一股票现价为 51 元。某个投资者认为在以后的 6 个月中股票价格不可能发生重大变化,分别以 2 元和 10 元的价格出售执行价格为 45 元和 55 元的该股票看跌期权各一份,同时以 5 元的价格购买了 2 份执行价格为 50 元的该股票看涨期权。在建立这一反向蝶式差价组合时,投资者共收取净期权费 2 元(=2+10-2×5),在 6 个月后,如果股票价格低于 45 元或高于 55 元,投资者将获得这一潜在的最大收益;当 6 个月后股票价格为 50 元时,投资者将会遭到最大损失 3 元。该反向蝶式差价期权在到期日的净收益如表 9-13 所示。

表 9-13　投资者的净收益

资产价格范围	总　盈　利
$S_T \leqslant 45$	2
$45 < S_T \leqslant 50$	$47 - S_T$
$50 < S_T \leqslant 55$	$S_T - 53$
$55 < S_T$	2

很显然,无论是正向还是反向蝶式差价期权组合,交易者的最大利润和最大损失都是有限的,而且是已知的。

三、水平差价期权

水平差价,也称日历差价(calendar spreads)或时间差价,是由两份相同执行价格、不同期限的同种期权的不同头寸构成的组合。

1. 正向期差组合

期权的到期日越远,未来的不确定性越大,期权的价值也就越大。对于正向差价期权组合而言,期权多头的期限长,而期权空头的期限短,因此该组合策略需要一笔初始投资。

在期限较短的期权到期时,期限较长的期权的价值是标的股票价格的非线性函数,因此损益曲线是非线性的,如图 9-10 所示。

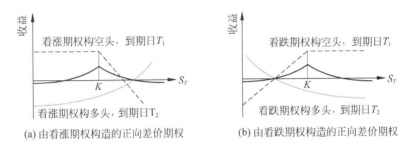

(a) 由看涨期权构造的正向差价期权　　(b) 由看跌期权构造的正向差价期权

图 9-10　正向差价期权策略的损益

(1)看涨期权的正向期差组合:由一份期限较长的看涨期权多头与一份期限较短的看涨期权空头组成,如图 9-10(a)所示。

为了理解差价期权的损益状况,我们以由看涨期权构造的正向差价期权为例进行分析。令 T 表示期限较短的期权到期时刻,c_1、c_2 分别代表期限较长和较短的看涨期权的期初价格,c_{1T} 代表 T 时刻期限较长的看涨期权的时间价值,S_T 表示 T 时刻标的资产的价格。当期限较短的期权到期时,若 $S_T \to \infty$,期权空头被行权,其亏损为 $S_T - K - c_2$,而买入的期限较长的看涨期权虽未到期,但由于此时 S_T 已远高于 K,故其价值趋近 $S_T - K$,即多头盈利趋近 $S_T - K - c_1$,总盈亏趋近 $c_2 - c_1$。若 $S_T = K$,期权空头的价值接近 0,其盈利为 c_2,此时多头还尚未到期,故有价值 c_{1T},即多头亏 $c_1 - c_{1T}$,总盈亏为 $c_2 - c_1 + c_{1T}$。若 $S_T \to 0$,期权空头对手放弃行权,盈利为 c_2,多头虽未到期,但由于 S_T 远低于 K,故其价值趋于 0,即多头亏损趋近 c_1,总盈亏趋近 $c_2 - c_1$。我们把上述三种情况列于表 9-14。

表 9-14　看涨期权的正向期差组合盈亏状况

S_T 的范围	看涨期权多头的盈亏	看涨期权空头的盈亏	总盈亏
$S_T \to \infty$	趋近 $S_T - K - c_1$	$K - S_T + c_2$	趋近 $c_2 - c_1$
$S_T = K$	$c_{1T} - c_1$	c_2	$c_2 - c_1 + c_{1T}$
$S_T \to 0$	趋近 $-c_1$	c_2	趋近 $c_2 - c_1$

根据表 9-14,我们可以画出看涨期权日历差价组合的盈亏分布图,如图 9-10(a)

所示。

（2）看跌期权的正向期差组合：由一份期限较长的看跌期权多头与一份期限较短的看跌期权空头组成，如图 9-10(b)所示。

该组合策略与利用看涨期权构造的正向期差组合类似，只是利用的是看跌期权。令 T 表示期限较短的期权到期时刻，p_1、p_2 分别代表期限较长和较短的看跌期权的期初价格，p_{1T} 代表 T 时刻期限较长的看跌期权的时间价值。

当期限较短的期权到期时，若 $S_T \to \infty$，期权空头对手放弃行权，盈利为 p_2，而买入的期限较长的看跌期权虽未到期，但由于此时 S_T 已远高于 K，故其价值趋近 0，因此总盈亏趋近 $p_2 - p_1$。若 $S_T = K$，期权空头对手放弃行权，盈利为 p_2，买入的期限较长的看跌期权虽未到期，有价值 p_{1T}，即多头亏损 $p_1 - p_{1T}$，总盈亏为 $p_2 - p_1 + p_{1T}$。若 $S_T \to 0$，期权空头被行权，其亏损为 $S_T - K - p_2$，多头虽未到期，但由于 S_T 远低于 K，故其价值为 $S_T - K - p_1$，总盈亏趋近 $p_2 - p_1$。我们把上述三种情况列于表 9-15。

表 9-15 看跌期权的正向期差组合盈亏状况

S_T 的范围	看跌期权多头的盈亏	看跌期权空头的盈亏	总 盈 亏
$S_T \to \infty$	趋近 $-p_1$	p_2	趋近 $p_2 - p_1$
$S_T = K$	$p_{1T} - p_1$	p_2	$p_2 - p_1 + p_{1T}$
$S_T \to 0$	趋近 $S_T - K - p_1$	$K - S_T + p_2$	趋近 $p_2 - p_1$

从理论上讲，正向差价期权组合之所以有可能获利，主要是因为远期期权和近期期权有着不同时间价值的衰退速度。在正常情况下，近期期权的时间价值的衰退速度低于远期期权的时间价值的衰减速度。这是因为期权的时间价值是期权的剩余时间的非线性函数，随着到期日的逐渐临近，期权的时间价值会以越来越快的速度衰减。

在水平价差中，投资者买进的期权和卖出的期权有着相同的标的资产和执行价格，因此它们的内在价值必然相同。然而投资者买进的为远期期权，卖出的为近期期权，远期期权显然比近期期权有着更高的时间价值。在内在价值相同的条件下，远期期权的期权费显然高于近期期权的期权费。因此，投资者在建立正向水平差价部位时，将发生期权费的净支出。但是由于近期期权的时间价值消失得较快，远期期权的时间价值消失得较慢，因此在近期期权到期时，两期权费之差将大于期初时的期权费之差。投资者若此时平仓，则其所得到的期权费净收入将多于开仓时发生的期权费净支出。日历差价期权盈利的实现，需要在较短期限期权到期时假定较长期限期权会被出售。如果在期限较短的那个期权到期时标的资产的价格接近期权的执行价格，那么正向差价期权策略将盈利；但是如果股票价格远高于或远低于短期限期权的执行价格，正向差价期权策略将亏损。图 9-10(a)展示了由看涨期权构成的正向差价盈利形式，此盈利形式与图 9-8(a)中的正向蝶式差价类似。

2．反向期差组合

对于反向差价期权组合而言，期权多头的期限短，而期权空头的期限长，因此该组合策略期初就有净期权费收入。在期限较短的期权到期时，期限较长的期权的价值是标的股票价格的非线性函数,因此损益曲线是非线性的,如图9-11所示。

(1) 看涨期权的反向期差组合:由一份期限较短的看涨期权多头与一份期限较长的看涨期权空头组成。

(2) 看跌期权的反向期差组合:由一份期限较短的看跌期权多头与一份期限较长的看跌期权空头组成。当期限较短的期权到期时,如果股票价格远低于或远高于该期的执行价格,则该组合盈利;如果股票价格在执行价格附近或相等,则两个期权的价格会很相似,跨度微小,因为卖出的期限较长的看跌期权尚未到期,有时间价值 p_{1T},组合出现损失。

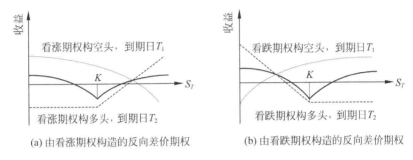

(a) 由看涨期权构造的反向差价期权　　(b) 由看跌期权构造的反向差价期权

图 9-11　反向差价期权策略的损益

日历差价期权的损益状态要比其他差价期权的损益状况复杂。一般来说,如果投资者对市场变动的时机和方向有很准确的把握,则可以采取日历差价期权策略。

3. 期差期权组合在市场上的应用

在一个相对平稳的市场上,正向期差组合选取的执行价格非常接近股票现价,这也称为中性日历期权组合策略。该组合的投资者想做的是一个中性的套利,他们在意的是出售的时间,而不是预测标的股票的价格走势。如果在期限较短的期权到期时,股票价格离执行价格较近,则该组合盈利。

在牛市,期差组合选取的执行价格较高,以看涨期权的正向期差组合为例,卖出的看涨期权无价值过期的概率就比较大,因为这是一个短期的看涨期权,而且股票价格一开始就低于执行价格。而一旦标的股票的价格在期限较长的看涨期权到期之前上涨到执行价格的程度,则该组合的投资者能够获得丰厚的收益。

在熊市,期差组合选取的执行价格较低,这也能从组合损益图中看出。如果未来股票价格预期下降,则期差组合的执行价格往下确定,可以导致组合盈利区间下移,与市场预测相配合的期差组合策略获利的可能性更大。

四、对角差价组合

垂直差价和水平差价都可以通过购买一个期权同时出售另一个期权来构造。在牛市和熊市差价交易中,两个期权的执行价格不同而到期日相同。在水平差价中,两个期权的执行价格相同而到期日不同。而在一个对角差价(diagonal spreads)中,两个期权的执行价格和到期日都可以不同,即对角差价组合是由两份执行价格不同(K_1 和 K_2,且 $K_1 < K_2$)、期限也不同(T 和 T^*,且 $T < T^*$)的同种期权的不同头寸组成的。对角差价交易有

许多种类型,其损益状态通常随相应的牛市或熊市差价期权交易的损益状态的变化而变化。

假设 c_1、p_1 分别代表执行价格较低的看涨期权和看跌期权的期初价格,c_{1T}、p_{1T} 分别代表执行价格较低的看涨期权和看跌期权在 T 时刻的时间价值,c_2、p_2 分别代表执行价格较高的看涨期权和看跌期权的期初价格,c_{2T}、p_{2T} 分别代表协议价格较高的看涨期权和看跌期权在 T 时刻的时间价值,T 表示期限较短的期权到期时刻,S_T 表示 T 时刻标的资产的价格。

我们首先分析由看涨期权的 (K_1,T^*) 多头加 (K_2,T) 空头构成的对角差价组合——看涨期权的牛市正向对角组合。在期限较短的期权到期时,若 $S_T=K_2$,空头赚 c_2,由于多头尚未到期,其价值为 $K_2-K_1+c_{1T}$(内在价值加时间价值),按价值卖掉,则多头盈利 $K_2-K_1+c_{1T}-c_1$,共计盈亏 $K_2-K_1+c_2-c_1+c_{1T}$;若 $S_T\to\infty$,空头亏损 $S_T-K_2-c_2$,多头虽未到期,但由于 S_T 远高于 K_1,故此时多头价值趋近 S_T-K_1,即多头盈利 $S_T-K_1-c_1$,共计盈亏 $K_2-K_1+c_2-c_1$。

$K_2-K_1+c_2-c_1$ 为正值还是负值,取决于 K_2-K_1 和 T^*-T 的大小。如果 K_2-K_1 较大而 T^*-T 较小,则为正;如果 K_2-K_1 较小而 T^*-T 较大,则为负。在 K_2-K_1 和 T^*-T 不变的情况下,标的资产的现价 S 越接近 K_2,$K_2-K_1+c_2-c_1$ 的值越大。

若 $S_T\to 0$,空头赚 c_2,多头虽未到期,但由于 S_T 远低于 K_1,故此时多头价值趋近 0,即多头亏损 c_1,共计盈亏 c_2-c_1。我们把上述三种情形列于表 9-16。

表 9-16 看涨期权的正向牛市对角组合

S_T 的范围	(K_1,T^*) 多头的盈亏	(K_2,T) 空头的盈亏	总 盈 亏
$S_T\to\infty$	趋近 $S_T-K_1-c_1$	$K_2-S_T+c_2$	趋近 $K_2-K_1+c_2-c_1$
$S_T=K_2$	$K_2-K_1+c_{1T}-c_1$	c_2	$K_2-K_1+c_2-c_1+c_{1T}$
$S_T\to 0$	趋近 $-c_1$	c_2	趋近 c_2-c_1

根据表 9-16,我们可以画出看涨期权的牛市正向对角组合的盈亏分布图,如图 9-12 所示。

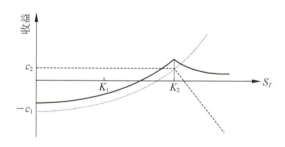

图 9-12 看涨期权的牛市正向对角组合

如果该股票价格在期限较短的期权到期时并没有上涨,那么该组合在股票价格下行方向就有某种套期保值。另外,即使期限较短的期权无价值过期了,投资者也可以再卖出另一个到期日的看涨期权来构建组合。如果股票价格在两个执行价格之间,则该组合可能的损失也比较小;如果股票价格比较高的执行价格还高,那么组合将获得最大的盈利。以上分析表明,对角组合为了控制股票价格下行风险在进行套期保值的同时也限制了股票价格上行方向的潜在盈利。

该对角组合其实是普通看涨期权牛市价差组合的改善策略。如果卖出的期限较短,看涨期权过期之前股票价格相对没有变化或者有所下跌,该对角组合策略就会发挥较好的作用。如果股票价格上涨,该组合策略就可以转化为一个普通的看涨期权牛市差价组合。

看涨期权构造的反向牛市对角组合则是上述组合中长短期的搭配交换一下,即由一个到期时间较短、执行价格较低的看涨期权多头加一个期限较长、执行价格较高的看涨期权空头组成。其盈亏如图 9-13 所示。

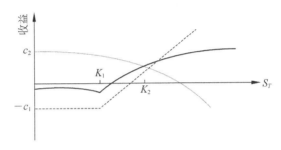

图 9-13　看涨期权的牛市反向对角组合图

对角差价组合由两份协议价格不同、期限不同但期权类型相同的头寸组成,因此可以构成八种对角组合,如表 9-17 所示。

表 9-17　对角差价组合的类型

	(K_1,T)多	(K_2,T)多	(K_1,T)空	(K_2,T)空
(K_1,T^*)多				牛市正向对角组合
(K_2,T^*)多			熊市正向对角组合	
(K_1,T^*)空		熊市反向对角组合		
(K_2,T^*)空	牛市反向对角组合			

看涨期权和看跌期权各有四种这样的组合形式,如"牛市正向对角组合"既可以由 2 份看涨期权多头与空头构成,也可以由看跌期权的多头与空头构成。尽管如此,其损益情况仍有差异。

从图 9-13 及表 9-17 可以看出,由看涨期权构成的牛市正向对角组合的损益图形在较高的执行价格 K_2 达到最大值,在 K_2 左端的图形为向左下方倾斜的曲线,斜率由正变为 0;在 K_2 右端的图形为向右下方倾斜的曲线,斜率由负变为 0,曲线最后趋于水平。

由看跌期权构成的牛市正向对角组合的损益图形(见图 9-14)也在较高的执行价格 K_2 达到最大值,在 K_2 左端的图形为向左下方倾斜的曲线,斜率由正变为 0,且靠近纵轴趋于水平;在 K_2 的右端的图形也为向右下方倾斜的曲线,斜率与期限较长的期权的斜率相同,斜率为负,逐渐趋于水平。

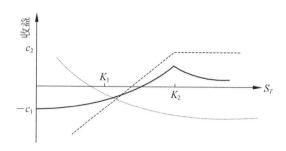

图 9-14 看跌期权的牛市正向对角组合图

第三节 期权的其他交易策略

前面讨论的期权组合在构造的时候要么用看涨期权,要么用看跌期权,投资者可以利用股票价格朝着任意方向的波动盈利。组合期权类型繁多,这里介绍四类较为典型的期权组合,它们分别是跨式期权组合、条式期权组合、带式期权组合和宽跨式期权组合。

一、跨式期权组合

跨式期权组合(straddle)是期权组合中一种非常普遍的策略。它由具有相同执行价格、相同期限、同种标的股票、相同份数的买权与卖权组成。跨式组合分为底部跨式组合和顶部跨式组合两种。

1. 底部跨式组合

交易策略:买入 1 份买权,再买入 1 份相同标的股票、相同期限、相同执行价格的卖权,如图 9-15 所示。

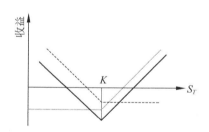

图 9-15 底部跨式组合期权策略的损益

如果投资者预期标的资产价格要么大幅上涨要么大幅下跌,但是不知道向哪个方向波动,可以考虑以平价购买跨式组合期权。例如,在预料到的重大消息公布之前,股票经常会表现出"暴风雨前的平静",消息一经发布,股价会突然大幅上涨或下跌,结果取决于这个消息对股票发行公司是利好还是利空。此外,跨式组合期权还经常会被技术性交易者购买,他们察觉到某股票处于一个关键的支撑位或阻力位,并预期该股票可能会突破支撑或大力反弹。

如果标的资产的价格大幅上涨或下跌,那么跨式组合期权将盈利,且盈利上不封顶,标的资产价格相对于期权执行价格 K 上涨或下跌的幅度越大,盈利就越多;反之,如果标的资产的价格维持在期权执行价格附近波动,那么该策略将出现亏损,最大亏损为支付的看涨期权费 c 与看跌期权费 p 之和 $(c+p)$。跨式组合期权到期日实现的收益如表 9-18 所示。

表 9-18 底部跨式组合期权的收益

资产价格范围	看涨期权的盈利	看跌期权的盈利	总 盈 利
$S_T \leqslant K$	$-c$	$K-S_T-p$	$K-S_T-c-p$
$K<S_T$	S_T-K-c	$-p$	$S_T-K-c-p$

由于跨式组合期权的盈利区间远离执行价格,执行价格通常又比较靠近标的资产的市场价格,因此该策略的风险相对较高。

【例 9-8】 戴尔公司的股票现价为 39 美元。如果某投资者认为在以后的 3 个月中该公司的股票将会有较大幅度的涨跌,但是市场走势方向不明,于是买入 1 股到期期限为 3 个月、执行价格为 40 美元的戴尔公司股票的买权,期权费为 1.45 美元,同时买入 1 股到期期限为 3 个月、执行价格为 40 美元的戴尔公司股票的卖权,期权费为 0.85 美元。如果股票价格保持 39 美元不变,我们很容易知道该策略的成本为 2.3 美元(初始投资需要 2.3 美元,此时看涨期权到期时价值为 0,看跌期权到期时价值为 1 美元)。如果到期时股票价格为 40 美元,则会有 2.3 美元的损失(这是可能发生的最坏情况)。但是,股价无论是涨过 42.3 美元,还是跌过 37.7 美元,该投资者都能获得正的收益。只有股价变化不大时,他才是亏损的,最大亏损为 1.45+0.85=2.3 美元。

2. 顶部跨式组合

交易策略:卖出 1 个买权,再卖出相同标的股票、相同期限、相同执行价格的 1 个卖权,如图 9-16 所示。

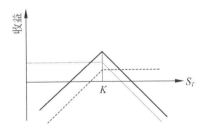

图 9-16 顶部跨式组合期权策略的损益

预期市场走势:中性市场或波动率减少,标的资产价格在一段时期里不会出现大幅的涨跌。

与底部跨式组合期权相反,持有顶部跨式组合期权的往往是那些认为股票价格波动不会很大的投资者。该策略的风险很高,如果在到期日股票价格接近执行价格,投资者会有一定的利润,但是大的股票价格变动所带来的损失是无限的。

在期权有效期内如果股票的价格不会发生比较大的变化,也就是碰上盘整行情时,期权的价格将会下跌,因为从事期权交易没有什么获利空间,因此构造顶部期权组合可以通过在低价位补进期权的方法获利。若股价上升,卖权的价格就会随之下降,此时持有顶部跨式期权组合的投资者可以低价补进卖权而获利;若股价下降,买权的价格就会随之下降,此时投资者可以通过低价补进买权而获利。如果在期权有效期内股票的价格既曾有过上升又曾有过下降,该期权组合可以获得更多的盈利。

如果标的资产的价格维持在期权执行价格附近波动,那么该策略将盈利,最大盈利为收取的看涨期权费 c 与看跌期权费 p 之和 $(c+p)$;反之,如果标的资产的价格大幅上涨或下跌,则该跨式组合期权将出现亏损。如果股价大跌,亏损的下限为 $K-(c+p)$;如果股价大涨,理论上亏损不封顶,标的资产价格相对于期权执行价格 K 上涨的幅度越大,亏损就越多。顶部跨式组合期权到期日实现的收益如表 9-19 所示。

表 9-19 跨式组合期权的收益

资产价格范围	看涨期权的盈利	看跌期权的盈利	总 盈 利
$S_T \leq K$	c	S_T-K+p	$S_T-K+c+p$
$K<S_T$	$K-S_T+c$	p	$K-S_T+c+p$

【例 9-9】 戴尔公司的股票现价为 40 美元。如果某投资者认为在近期内该公司的股票涨跌幅度不大,于是卖出 1 股到期期限为 3 个月、执行价格为 40 美元的戴尔公司股票的买权,期权费收入为 1.45 美元,同时又卖出 1 股到期期限为 3 个月、执行价格为 40 美元的戴尔公司股票的卖权,期权费收入为 0.85 美元。只要股价处于 37.7 美元和 42.3 美元之间,该投资者都能获得正的收益,最大收益为 1.45+0.85=2.3 美元。

二、条式期权组合

条式期权组合(strip)是指具有相同执行价格与相同到期日的一个看涨期权多头和两个看跌期权多头的组合策略,如图 9-17 所示。

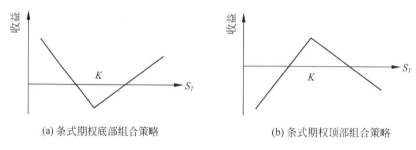

(a) 条式期权底部组合策略　　(b) 条式期权顶部组合策略

图 9-17　条式期权组合策略的损益

与跨式期权组合类似,投资者也认为标的资产价格将出现大幅波动。不同之处在于购买条式期权组合的投资者认为价格下降的可能性要大于上升的可能性,所以买入一份看涨期权和两份看跌期权。

条式组合分为由多头构成的底部组合[如图 9-17(a)所示]与由空头构成的顶部组合[如图 9-17(b)所示]。顶部条式组合的盈亏图则正好是该图以直线 $S_T=K$ 旋转而成。

三、带式期权组合

带式期权组合(strap)是指具有相同执行价格与相同到期日的两个看涨期权多头和一个看跌期权多头的组合策略,如图 9-18 所示。

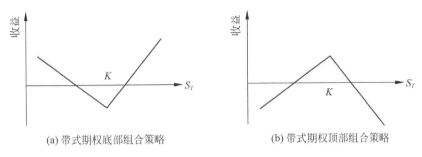

(a) 带式期权底部组合策略　　　　(b) 带式期权顶部组合策略

图 9-18　带式期权组合策略的损益

与跨式期权组合类似,投资者也认为标的资产价格将出现大幅波动。不同之处在于购买带式期权组合的投资者认为价格上升的可能性要大于下降的可能性,所以买入两份看涨期权和一份看跌期权。

带式组合也分为由多头构成的底部组合[如图 9-18(a)所示]与由空头组成的顶部组合[如图 9-18(b)所示]。顶部带式组合的盈亏图则正好是该图以直线 $S_T=K$ 旋转而成。

四、宽跨式期权组合

宽跨式期权组合(strangles)可以看作跨式期权组合的变种,与跨式组合期权非常接近,不同之处在于宽跨式期权组合涉及的看涨期权和看跌期权的执行价格不同,其中看涨期权的执行价格(K_2)高于看跌期权的执行价格(K_1)。宽跨式组合也分为底部和顶部两种类型,前者由两个期权的多头组合而成,后者则由两个期权的空头构造。而且这种期权组合的利润特征与前述的跨式组合期权非常相似,只不过底部(或顶部)是水平状,如图 9-19 所示。

1. 底部宽跨式组合期权

比较图 9-15 和图 9-19 可知,宽跨式期权组合与跨式期权组合类似,投资者均预期股票价格会有大幅变化,但均不能确定股价是上升还是下降。不同之处在于宽跨式期权策略中价格的变动程度要大于跨式期权策略中的股价变动,投资者才能获利。当然,当价格

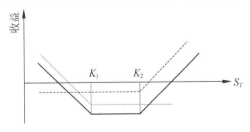

图 9-19　底部宽跨式组合期权策略的损益

最终处于中间价位时,宽跨式期权的损失也较小。

因此,这种期权组合通常在标的资产价格处于两个执行价格 K_1、K_2 之间时被购买,价格比跨式期权组合更便宜,其利润取决于两个执行价格的接近程度。距离越远,潜在的损失就越小,为获得利润,则股价的变动需要更大一些。表 9-20 计算了宽跨式组合期权的盈亏。

表 9-20 宽跨式组合的净收益

资产价格范围	看跌期权的盈利	看涨期权的盈利	总 盈 利
$S_T \leqslant K_1$	$K_1 - S_T - p$	$-c$	$K_1 - S_T - (c+p)$
$K_1 < S_T < K_2$	$-p$	$-c$	$-(c+p)$
$K_2 \leqslant S_T$	$-p$	$S_T - K_2 - c$	$S_T - K_2 - (c+p)$

除了上面的分析之外,还有一个进行跨式组合期权和宽跨式组合期权交易的原因与资产的价格走势无关,而与标的资产波动率有关。也就是说,进行这两种组合买卖的某些交易者只关心标的资产波动率的变化,他们是最简单的波动率交易者(volatility traders)。

【例 9-10】 戴尔公司的股票现价为 40 美元。如果某投资者认为在近期内该公司的股票将会有较大幅度的涨跌,但是市场走势方向不明,他也可以选择如下策略:买入 1 股到期期限为 3 个月、执行价格为 45 美元的戴尔公司股票的买权,期权费为 1.45 美元,同时再买入 1 股到期期限为 3 个月、执行价格为 40 美元的戴尔公司股票的卖权,期权费为 3.7 美元。该投资者的净收益见表 9-21。

表 9-21 投资者的净收益

资产价格范围	看跌期权的盈利	看涨期权的盈利	总 盈 利
$S_T \leqslant 40$	$40 - S_T - 3.7$	-1.45	$34.85 - S_T$
$40 < S_T < 45$	-3.7	-1.45	-5.15
$45 \leqslant S_T$	-3.7	$S_T - 45 - 1.45$	$S_T - 50.15$

无论股价是涨过 50.15 美元还是跌过 34.85 美元,该投资者都能获得正的收益。只有股价变化不大时,他才是亏损的,最大亏损为 $1.45 + 3.7 = 5.15$(美元)。

2. 顶部宽跨式组合期权

顶部宽跨式期权组合的盈亏与底部宽跨式期权组合正好相反,比较图 9-16 和图 9-20 可知,宽跨式组合期权与跨式组合期权类似,投资者均预期股票价格波动不会很大。不同之处在于宽跨式期权策略中价格的变动程度要大于跨式期权策略中的股价变动,投资者才会亏损。当然,当价格最终处于中间价位时,宽跨式期权将会获利,其最大收益恰为出售的两份期权的期权费之和。

因此,这种组合期权通常在标的资产价格处于两个执行价格 K_1、K_2 之间时被构造,其利润大小取决于两个执行价格的接近程度。它们距离越远,潜在的损失就越小。表 9-22 计算了宽跨式组合期权的盈亏。

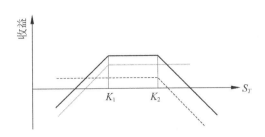

图 9-20 顶部宽跨式组合期权策略的损益

表 9-22 宽跨式组合的净收益

资产价格范围	看跌期权的盈利	看涨期权的盈利	总 盈 利
$S_T \leqslant K_1$	$S_T - K_1 + p$	$+c$	$S_T - K_1 + (c+p)$
$K_1 < S_T < K_2$	$+p$	$+c$	$c+p$
$K_2 \leqslant S_T$	$+p$	$K_2 - S_T + c$	$K_2 - S_T + (c+p)$

【例 9-11】 戴尔公司的股票现价为 40 美元。如果某投资者认为近期内该公司的股票涨跌幅度不大,他也可以选择如下两个策略:卖出 1 份到期期限为 3 个月、执行价格为 45 美元的戴尔公司股票的买权,期权费为 1.45 美元,同时再卖出 1 份到期期限为 3 个月、执行价格为 40 美元的戴尔公司股票的卖权,期权费为 3.7 美元。该投资者的净收益见表 9-23。

表 9-23 宽跨式组合投资者的净收益

资产价格范围	看跌期权的盈利	看涨期权的盈利	总 盈 利
$S_T \leqslant 40$	$S_T - 40 + 3.7$	1.45	$S_T - 34.85$
$40 < S_T < 45$	$+3.7$	1.45	5.15
$45 \leqslant S_T$	$+3.7$	$45 - S_T + 1.45$	$50.15 - S_T$

无论股价是涨过 50.15 美元还是跌过 34.85 美元,该投资者都是亏损的。只有股价变化不大时,他才能获得正的收益,最大收益为 $1.45 + 3.7 = 5.15$(美元)。

第四节 股票期权组合策略

我们在第一节的保险策略和备兑开仓策略中介绍了一股股票与一份期权之间的组合策略,本节我们进一步介绍单、双限股票期权组合。单、双限股票期权组合是由 2 份期权与 1 手股票组合而成的,因此所做的图形都是单股股票与以该股票为标的资产的两份期权的组合。

一、单限股票期权组合

这种股票期权投资组合之所以被称为单限期权套利组合,是因为其盈利只有一个限度,既是上限,也是下限。单限股票期权套利组合一般也有股票多头套利与股票空头套利两种形式。

1. **股票多头＋买权空头＋卖权多头**

交易策略:买入一定手数的股票,再买入一定份数的卖权,然后卖出相同份数、相同期限、相同执行价格的买权,如图9-21所示。

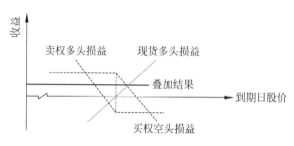

图 9-21 股票多头的单限期权套利的损益

【**例 9-12**】 某投资者以 40 美元/股的价格买入 1 000 股戴尔公司的股票,同时以 1.35 美元的价格买入 10 份 11 月到期的执行价格为 40 美元的看跌期权,并以 2.1 美元/股的价格卖出 10 份 11 月到期的执行价格为 40 美元的看涨期权。该投资者的净收益见表 9-24。

表 9-24 现货多头的单限期权套利者的净收益

资产价格范围	股票多头的盈利	看跌期权的盈利	看涨期权的盈利	总盈利
$S_T \leqslant 40$	$S_T - 40$	$40 - S_T - 1.35$	2.1	0.75
$40 < S_T$	$S_T - 40$	-1.35	$40 - S_T + 2.1$	0.75

无论股票价格上涨还是下跌,理论上期权市场上的盈利或亏损都会与现货市场上股票的亏损或盈利相抵消,该投资者的净收入均为 750 美元。

上例中的投资者是买卖执行价格与现在股价相同的期权。期权的执行价格也可以与股价不同。比如以 0.25 美元的价格买入 10 份 11 月到期的执行价格为 35 美元的看跌期权,并以 6.3 美元/股的价格卖出 10 份 11 月到期的执行价格为 35 美元的看涨期权。可以算出无论股票价格上涨还是下跌,该投资者的净收入均为(6.3−0.25−5)×1 000＝1 050 美元。

根据股票价格和期权价格的不同,这种组合的最终结果也可能是无论股票价格上涨还是下跌,投资者的净收入均为负。可以按表9-24 的方式,分别计算出股票多头、卖权多头和买权空头的损益,相加得出组合的盈亏。

2. **股票空头＋买权多头＋卖权空头**

交易策略:卖空一定数量的股票,再卖出一定份数的卖权,然后买入相同份数、相同期限、相同执行价格的买权(见图9-22)。

【**例 9-13**】 某投资者以 40 美元/股的价格卖空 1 000 股戴尔公司的股票,同时以 14.1 美元的价格卖出 11 月到期的 10 份执行价格为 50 美元的看跌期权,并以 0.05 美元/股的价格买入 11 月到期的 10 份执行价格为 50 美元的看涨期权。该投资者的净收益见表 9-25。

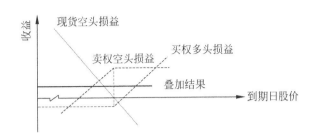

图 9-22　股票空头的单限期权套利的损益

表 9-25　现货空头的单限期权套利者的净收益

资产价格范围	股票多头的盈利	看跌期权的盈利	看涨期权的盈利	总盈利
$S_T \leqslant 50$	$40 - S_T$	$S_T - 50 + 14.1$	-0.05	4.05
$50 < S_T$	$40 - S_T$	14.1	$S_T - 50 - 0.05$	4.05

无论股票价格上涨还是下跌,理论上期权市场上的盈利或亏损会与现货市场上股票的亏损或盈利相抵消。该投资者的净收入为4.05美元。

二、双限股票期权套利策略

这种股票期权套利组合之所以被称为双限期权套利组合,是因为其盈利有两个限度,既有上限,也有下限。与单限股票期权套利组合运用相同股票、相同期限和相同执行价格的期权不同的是,双限股票期权套利组合运用的期权具有相同股票、相同期限和不同的执行价格。该策略一般也有股票多头套利与股票空头套利两种形式。

1. **股票多头＋买权空头＋卖权多头**

交易策略:买入一定数量的股票,再买入一定份数的卖权,然后卖出相同份数、相同期限、不同执行价格的买权,如图9-23所示。

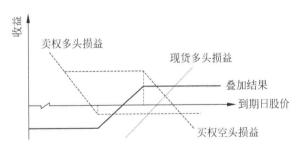

图 9-23　股票多头的双限期权套利的损益

如果股票价格下跌,所买卖的期权都是盈利的,可以弥补现货市场上的亏损。如果股票价格小有上涨,现货股票是盈利的,虽然所买入的卖权有可能会亏损,但所卖出的买权仍然是盈利的。如果股票的价格上涨得比较多,期权都是亏损的,但亏损可以被现货股票的盈利所冲抵。

【例9-14】某投资者以40美元/股的价格买入1 000股戴尔公司的股票,同时以0.1美元的价格买入10份11月到期的执行价格为30美元的看跌期权,并以6.3美元/股的价格卖出 10 份 11 月到期的执行价格为 35 美元的看涨期权,则"股票多头＋买权空头＋卖权多头"策略的损益情况如表 9-26 所示。

表 9-26 "股票多头＋买权空头＋卖权多头"策略的损益

资产价格范围	股票多头	买权空头	卖权多头	总 盈 利
$S_T \leqslant 30$	$S_T - 40$	6.3	$30 - S_T - 0.1$	-3.8
$30 < S_T \leqslant 35$	$S_T - 40$	6.3	-0.1	$S_T - 33.8$
$35 < S_T$	$S_T - 40$	$35 - S_T + 6.3$	-0.1	1.2

如表 9-26 所示,组合损失的下限为 −3.8,收益的上限为 1.2。

2. 股票空头＋买权多头＋卖权空头

交易策略:卖空一定手数的股票,再卖出一定份数的卖权,然后买入相同份数、相同期限、不同执行价格的买权,如图 9-24 所示。

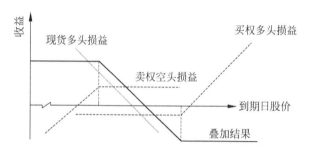

图 9-24 股票空头的双限期权套利的损益

如果股票价格上涨,所买卖的期权都是盈利的,可以弥补现货市场上的亏损。如果股票价格小有下跌,现货股票是盈利的,虽然所买入的买权有可能会亏损,但所卖出的卖权仍然是盈利的。如果股票的价格下跌得比较多,期权都是亏损的,但亏损可以被现货股票的盈利所冲抵。

【例 9-15】 某投资者以 40 美元/股的价格卖空 1 000 股戴尔公司的股票,同时以 0.25 美元的价格买入 10 份 11 月到期的执行价格为 45 美元的看涨期权,并以 1.35 美元的价格卖出 10 份 11 月到期的执行价格为 35 美元的看跌期权,则"股票空头＋卖权空头＋买权多头"策略的损益情况如表 9-27 所示。

表 9-27 "股票空头＋卖权空头＋买权多头"策略的损益

资产价格范围	股票空头	买权多头	卖权空头	总 盈 利
$S_T \leqslant 35$	$40 - S_T$	-0.25	$S_T - 35 + 1.35$	6.1
$35 < S_T \leqslant 45$	$40 - S_T$	-0.25	1.35	$41.1 - S_T$
$45 < S_T$	$40 - S_T$	$S_T - 45 - 0.25$	1.35	-3.9

如表 9-27 所示,组合损失的下限为 −3.9,收益的上限为 6.1。

由以上分析可以得出这样的结论:"股票多头＋买权空头＋卖权多头"的交易策略中,既然组合中持有股票多头,投资者对股价肯定是看涨的,买入看跌期权为持有的股票提供保护,卖出看涨期权可以获得期权费,弥补一部分买入看涨期权的期权费支出,从而降低该组合的构造成本。同时,在该组合中,卖权的执行价格(设为 K_1)低于买权的执行价格(设为 K_2),"股票多头+卖权多头"即合成一个执行价格为 K_2 的买权多头头寸,将这个买权多头再与执行价格为 K_2 的买权空头组合,就得到一个牛市差价组合,事实上图 9-6(a)与图 9-23 的形状是一样的。同理,"股票空头+卖权空头+买权多头"策略由于卖空股票,投资者对股票价格是看跌的,这一组合实质上就是熊市差价期权组合。

【案例 9-1】
期权交易策略与应用——中航油与东航期权亏损事件

本 章 小 结

1. 期权交易的精妙之处在于可以通过不同的组合策略构成众多具有不同盈利区间、不同盈亏分布特征、不同潜在盈利可能的期权组合。投资者可以根据自己对未来标的资产现货价格概率分布的预期,以及风险/收益偏好,采用积木分析法构造最适合自己的期权组合。

2. 一股股票(多头或空头)和某一份期权(多头或空头)的组合可以合成另一份期权。

3. 购买执行价格较低的看涨(跌)期权的同时,出售相同标的资产、相同到期日的执行价格较高的看涨(跌)期权,可以构造牛市差价期权;在购买执行价格较高的看涨(跌)期权的同时,出售相同标的资产、相同到期日的执行价格较低的看涨(跌)期权,可以构造熊市差价期权。

4. 条式期权组合是指具有相同执行价格、相同到期日的一个看涨期权多头(或空头)和两个看跌期权多头(或空头)的组合策略。而带式期权组合则恰恰相反,它由具有相同执行价格、相同到期日的两个看涨期权多头(或空头)和一个看跌期权多头(或空头)组合而成。

5. 买入(卖出)一份买权的同时再买入(卖出)相同标的股票、相同期限、相同执行价格的一份卖权就构成了跨式期权组合。

6. 如果买入(卖出)的看涨期权和买入(卖出)看跌期权的执行价格不同,就构成宽跨式期权组合。

7. 蝶式差价期权包括购买(或出售)执行价格最高和最低的看涨(或看跌)期权各一份,同时出售(或购买)两份执行价格处于中间的看涨(或看跌)期权,这样就建立了一个蝶式差价期权。

8. 日历差价期权是指在购买有效期较长的看涨(看跌)期权的同时,出售相同执行价格但有效期较短的看涨(看跌)期权的组合策略。

9. 对角期权组合由两份执行价格不同、期限也不同的同种期权的不同头寸组成。

10. 一股股票多头与一份买权空头和一份卖权多头构成单限股票期权组合,无论这个组合的价值为正还是为负,理论上都存在套利的机会;如果上述买权和买权的执行价格不同,就构成双限股票期权组合,所谓"双限"就是该组合的价值介于上下限之间。

思考与练习

思考题

1. 两个投资者都持有股票,一个买入了以该股票为标的资产的卖权,一个出售了以该股票为标的资产的买权,分析这两个投资者对市场的看法。
2. 当预测股票价格下跌时,投资者可以构造哪些期权组合?
3. 什么是保护看跌期权组合?什么样的看涨期权头寸能够等价于这一组合?
4. 解释熊市差价的两种构造方式的异同。
5. 对于投资者而言,购买正向蝶式差价组合的良好时机是什么时候?
6. 跨式组合与宽跨式组合的差别是什么?
7. 利用看涨看跌期权的平价关系,说明由看涨期权生成的牛市差价与由看跌期权生成的牛市差价最初现金流的关系。
8. 某投资者相信股票价格会有大幅变动,但不能确定变动的方向。你能采用几种不同的期权组合策略在大幅波动的行情中获利?请解释交易策略之间的不同之处。
9. 双限期权套利组合与垂直进出的差价期权组合有何异同?

练习题

1. 假设执行价格为 50 美元的看涨期权的价格为 2 美元,同一标的股票的执行价格为 45 美元的看跌期权的价格为 3 美元。解释如何由这两种期权构造宽跨式期权组合,画出这种组合的盈利图形并列表分析其损益状况。
2. 假设执行价格为 30 美元和 35 美元的看跌期权价格分别是 4 美元和 7 美元。如何利用这些期权来构造牛市差价和熊市差价?用表格来说明这些差价的盈利。
3. 某投资者以 3 美元购买一份执行价格为 30 美元的买权,同时以 1 美元的价格售出了一个行权价格为 35 美元的买权。这两种期权基于同一股票并有相同的到期日。①列表分析这项策略的损益并画出损益图。②当股价在什么范围内投资者可获得盈利?
4. 投资者在出售期限为 6 个月、执行价格为 25 美元的看跌期权的同时,买入期限为 6 个月、执行价格为 29 美元的看跌期权。卖出期权的价格为 2.15 美元,买入期权的价格为 4.75 美元。最初的投资是多少?当股票价格分别为 23 美元、28 美元和 33 美元时,该熊市差价组合的最终回报分别是多少(不考虑最初投资)?
5. 假设执行价格为 30 美元的股票看涨和看跌期权的价格分别为 6 美元和 4 美元。怎样使用这两种期权构建正向条式和带式差价期权与反向条式和带式差价期权?请画出这四种差价期权的盈利图形并列表分析其损益状况。
6. 假设有效期为 3 个月的看涨期权的执行价格分别为 15 美元、17.5 美元和 20 美元,相应的期权价格分别为 4 美元、2 美元和 0.5 美元。解释如何运用这些期权构造蝶式差价组合,做出图和表来说明蝶式差价的盈利随股票价格的变化关系。

7. 某投资者以 60 美元/股的价格买入 100 股股票,以该股票为标的资产、到期日相同、执行价格为 65 美元的买权的价格为 0.5 美元/股,执行价格为 60 美元的卖权的价格为 1.5 美元/股。①如何用这两种期权和股票构造双限期权套利组合?②列表分析该组合的损益状态,并画出损益图。③在什么情况下,所构造的双限期权套利策略无论股价如何变化都是正收益?

8. 某人买入一份执行价格为 20 元的看涨期权,期权费为 2.5 元,同时卖出一份同样标的资产、执行价格为 15 元的看跌期权,期权费为 2 元。请列表分析该投资者关于此项投资的损益情况,并画出盈亏图。

9. 某投资者以 60 美元/股的价格买入 100 股股票,同时以 2 美元的价格买入该标的股票的执行价格为 55 美元的看跌期权,再以 4 美元/股的价格卖出相同到期月份、执行价格为 65 美元的看涨期权。①如何用这两种期权和股票构造双限期权套利组合?②列表分析该组合的损益状态,并画出损益图。

10. 某只股票的现价为 40 美元/股,以该股票为标的资产、3 个月后到期的期权的执行价格为 35 美元和 45 美元的买权价格分别为 6.5 美元/股和 1.5 美元/股;卖权的价格分别为 8 美元/股和 12 美元/股。①如何用这两种期权和股票构造双限期权套利组合?②列出套利组合的损益表。

自测题

第十章

金融工程应用

金融工程应用是指运用金融工程技术解决现实金融问题的过程。从实践来看,金融工程技术在金融领域的应用呈现日益广泛的趋势,尤其是在金融风险管理方面发挥非常重要的作用。从应用的目的看,金融工程经常被用于套期保值、投机、套利及通过构造的方式创造新的金融产品,以此获利和降低风险等方面。

第一节 金融工程与金融风险管理

一、金融风险

在应用金融工程对金融风险进行管理之前,我们先来认识一下什么是金融风险。常见的风险的定义有三种:①风险是未来损失的可能性;②风险是未来结果与期望的偏离;③风险是未来结果的不确定性。金融工程技术是指利用金融衍生工具所构成的各种套期保值策略达到规避风险的目的。金融工程技术的特点是不改变原有基础业务的风险暴露趋势,而在资产负债表外建立一个风险暴露趋势与原有业务刚好相反的头寸,从而达到表外业务与表内业务风险的完美中和。

在应用金融工程技术对金融风险进行管理前,我们先要对风险进行识别,以选用适当的金融衍生工具对相应的金融风险进行管理。金融风险主要有市场风险、信用风险、流动性风险、操作风险等。市场风险,即市场价格波动而引起的风险,是在金融衍生品的应用中非常显著的风险,比如衍生产品的价格波动比较剧烈,原油期货合约甚至在 2020 年 4 月出现负值。信用风险,即债务人或交易对手履约能力的变化给债权人或金融产品持有者带来的风险,可分为交易对手信用状况发生变化的可能性和交易对手的信用状况的变化造成的价值变化两方面。衍生产品的价值变化剧烈,如远期、互换等产品是在场外交易的,因此会发生违约行为。例如,在 2008 年的金融危机中,有不少金融机构在面临巨大的亏损时选择破产,导致了市场的信用风险。同时,金融工程也开发了针对信用风险的相关工具来对信用风险造成的损失进行弥补,如信用违约互换(CDS)。流动性风险主要有两类:市场流动性风险和融资流动性风险。前者是市场交易量不足而无法按照当前的市场价格进行交易带来的风险;后者是现金流不能满足支付义务,因而迫使机构提前结算的风险。市场流动性风险会带来交易价格的冲击成本,即最后的交易价格会随着买入量的增加而升高,随着卖出量的增加而降低,因此会导致交易不能按照原定的价格成交。流动性风险还受市场风险和信用风险的影响。操作风险是指因为欺诈、未授权活动、错误、遗漏、效率低、模型风险、系统失灵或由外部事件导致损失的风险。该风险出现的次数较少,但在金融衍生品的应用中影响较大,几次较大的金融事故均与操作风险有较大关系,如美国长期资本管理公司倒闭事件、巴林银行破产事件,以及国内的国储铜事件、国航2008年燃油期权事件、光大乌龙指事件等。

二、金融工程对金融风险的管理

金融工程对金融风险(市场风险、信用风险、流动性风险、操作风险等)的管理主要分为风险分散、风险对冲、风险转移、风险规避、风险补偿与准备等。风险分散是通过多样化投资来分散与降低风险。风险对冲,即套期保值,是用特定的资产或工具构造相反的风险头寸,以减少或消除其潜在风险的过程。风险转移是通过购买保险、担保和信用证等工具将风险合法地转移给第三方。风险规避是指避免涉足不可承担的风险。风险补偿与准备是指事前对所承担的风险要求较高的风险回报,对预期损失提取相应的准备金,以抵补未来可能发生的损失,保证机构的正常运行。

金融风险与金融活动如影随形。伴随着经济、金融的全球化以及全球金融业的飞速发展,以特定的金融产品(包括工具、方案、策略等)解决实际的金融问题已成为当今金融业运作的主要趋势。实际上,金融工程最为核心的部分恰恰是为管理金融风险提供工具和技术。金融工程以金融衍生工具的应用作为风险管理的主要手段,将分散在社会经济各个角落的市场风险、信用风险等集中到衍生品交易市场上统一配置,使套期保值者能够通过一定的方法规避营业中的大部分风险。

风险管理的内容非常广泛,其中最关键的是风险管理技术的选择。风险管理技术是伴随着经济环境变化和金融业的发展而不断发展的,这些技术大致分为表内控制技术和表外控制技术两大类。表内控制技术是指公司在资产负债表具体项目基础上,通过调整公司基础业务中资产与负债的不同组合方式来消除金融市场的风险,主要包括资产负债管理、保险、组合投资管理等;表外控制技术,又称金融工程技术,是指利用金融衍生工具所构成的各种套期保值策略来达到规避风险的目的,这正是本书主要探讨的金融工程技术(转移风险)。这种技术的特点是不改变原有基础业务的风险暴露趋势,而在表外建立一个风险暴露趋势与原有业务刚好相反的头寸,从而实现表外业务与表内业务风险的完美中和。由于表外控制技术不涉及资产负债表中的所有项目、不改变基础业务资产负债的平衡,一般也不在资产负债表中显示出来,故又称为表外业务。

三、利用衍生工具管理金融风险

金融工程在风险管理方面最引人入胜的地方就在于为价格风险的转移提供了创造性的解决方案。面对风险,金融工程为风险规避者提供了两种选择:第一种选择是用确定性来代替风险;第二种选择是仅替换掉于己不利的风险。进行风险管理的技术和工具都与本书前面所讨论的内容紧密相关,在这里我们将综合前文所述的各类金融衍生工具及其组合,为实际生活中暴露在风险之中的各种头寸进行套期保值,以展示金融工程在规避风险的金融创新中所蕴含的强大创造力。

1. 外汇风险管理

外汇风险通常包括本币、外币和时间三个要素,三者缺一不可。假如我国企业与外国企业开展进出口业务,如果只用人民币结算,因为不涉及货币兑换问题,也就不可能出现外汇风险;又假如某企业在同一天收入一笔外汇,并支出币种相同、金额相等的另一笔外汇,不存在时间的间隔,因而也没有外汇风险。一笔应收应付款项的时间结构对外汇风险有直接影响。时间越长,在此期间汇率波动的可能性越大,外汇风险也相对越高;时间越短,在此期间汇率波动的可能性越小,外汇风险也相对越低。因此,风险头寸、两种以上的货币兑换、成交与资金清算之间的时间间隔、汇率波动等共同构成外汇风险因素。

【例 10-1】 假设某美国公司 9 个月后要支付 100 万英镑,英镑的即期汇率为 1 英镑 = 1.663 4 美元,9 个月的远期汇率为 1 英镑 = 1.7 美元。美元和英镑的 9 个月期的利率分别为 6% 和 3%,该公司估计英镑汇率会在 1.4 美元与 2.1 美元之间波动。该公司想要对 9 个月后要支付的 100 万英镑进行套期保值。套期保值的目标包括:①在英镑升值的情况下避免受到太大损失;②若英镑汇率下跌,能从中获利;③在英镑汇率向不利方向运动时,可以获得足够程度的保护,同时使保值成本最低。

可以采用三种期权对冲组合,这三种对冲都在 1.8 美元的水平设立了上限,而它们的下限分别设在 1.4~1.6 美元。在每一种情况下,公司是通过购买协议上限价格为 1.8 美元的 100 万英镑看涨期权,以及卖出相应的以下限价格为协议价格的 100 万英镑看跌期权,来构成相应的对冲结构。图 10-1 列出了各种对冲情况。

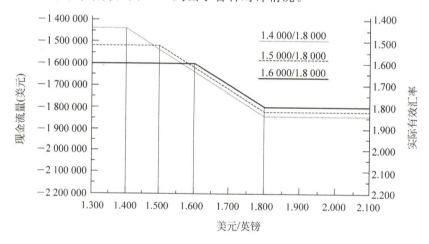

图 10-1 下限不同的对冲的现金流量

从图中可以看出,三种对冲有相同的形状:中间一段为斜线,两边则是水平直线。斜线部分与初始的风险相对应,在英镑贬值时费用较低,在英镑升值时费用较高,唯一的区别在于需要支付的净费用不同。有关各种情况的费用净值见表 10-1。

表 10-1 对冲的净费用 (单位:美元)

对冲范围	支出(+)/收到(−)的期权费			考虑利息因素的净费用
	看涨	看跌	净费用	
1.400 0/1.800 0	+36 700	−5 700	+31 000	+32 400
1.500 0/1.800 0	+36 700	−14 500	+22 200	+23 200
1.600 0/1.800 0	+36 700	−33 200	+3 500	+3 700

注:四舍五入到 100 美元。

值得注意的是 1.6/1.8 这一对冲期权,因为其卖出看跌期权所收到的期权费几乎与买入看涨期权所支付的期权费相等,把费用相抵之后只有 3 700 美元。这一较小的净期权费,意味着这一对冲的斜线部分与基本风险暴露的差距仅为 3 700 美元,而另外两种对冲组合的净费用则略高一些。作为对其额外成本的补偿,保值的下限被定在较低的协议价格水平,这可以使该公司在英镑下跌时在总成本上获得更高的节省。

通过这个例子可知,当一个客户询问对冲的报价时,他应该对以下三个要素做出说明:①上限的协议价格;②下限的协议价格;③要支付的净期权费。这三个要素紧密相连,给定基础资产的价格水平、利率及波动率水平,确定上述两项便可自动决定第三项的情况。一家公司往往会给出上限执行价格和净费用水平,而让银行制定下限执行价格水平。上限执行价格水平通常与公司接受的财务风险水平相一致,且净费用通常指定为 0,从而构造出一个零成本的套期保值方案。

表 10-2 列出了零成本对冲期权的几种不同下限水平,而图 10-2 则画出了这些对冲的现金流量曲线。

表 10-2　零成本对冲期权的下限水平

上限水平	下限水平	上限水平	下限水平
1.800 0	1.613 3	2.000 0	1.473 8
1.900 0	1.538 2	2.100 0	1.419 3

从图 10-2 中可以看出这些对冲的现金流量情况具有连续性。一种极端的情况是 1.7 美元的上限导致一条完全水平的现金流量线,这与购买 100 万英镑的 9 个月远期进行保值是相同的,其原因在于 1.7 美元的上限是一种两平的远期汇率,所以为了构造一个零成本的对冲期权,其下限水平也必须在 1.7 美元的水平上。以相同的协议价格买入看涨期权和卖出看跌期权,就构造了一个合成的对标的资产的多头头寸。因此,在这种特殊的情况下,零成本的对冲期权就相当于一种简单的远期合约。

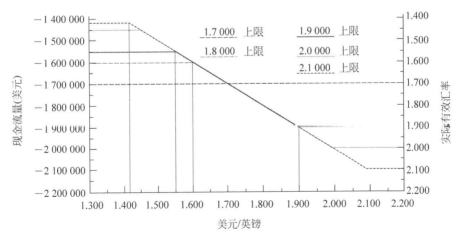

图 10-2　各种零成本对冲的现金流量

另一种极端情况是价格上限为 2.1 美元的零成本对冲所产生的现金流量曲线，与未保值的风险暴露完全相同。将上限水平定得如此之高意味着下限水平必须降低到 1.419 3 美元的水平，才能构造出一个零成本的对冲期权。除非英镑的价格变动突破这一范围，否则两种期权在到期时均为虚值，所以该期权的套期保值作用相当于并不存在，这就使 100 万英镑的债务实际上并未得到保护。

除极端情况外，零成本对冲在最大费用（如果英镑汇率上升）与最小费用（如果英镑下跌）之间可以有不同的选择。例如，若使用 1.528 2/1.900 0 的期权，美国公司购入 100 万英镑的最高成本为 190 万美元，而最低成本则为 153.82 万美元。

应该说，零成本对冲期权这种产品对公司来说是很有吸引力的。首先，当汇率变动时它能为公司的标的资产提供保护。其次，它可以从汇率的有利变动中获利。最后，这种产品是免费的。

虽然运用单一的外汇期权可以进行外汇风险管理，但是一些公司对于卖出期权所承担的风险十分担忧，因为卖出期权最大可能的利润有限，而最大可能的损失无限，所以某些金融机构对单一期权进行了金融创新，构造出一些期权的买卖组合包，并根据这些组合包的特点给予一定的名称，方便套期保值者根据自己的实际情况运用这些组合包。期权组合策略中应用最为广泛的主要包括四种期权组合策略：对冲期权、回廊式期权、分享式远期和比率远期合约。下面仅对对冲期权组合策略进行分析。

对冲（collar）在金融工程学中是用正、反两个方向的力量将风险管理限制在一定的范围内，从而使保值成本最小化的金融工具。具体来说，期权的对冲组合是指通过购买一种类型的期权以限制遭受损失的风险，同时卖出另一种相反类型的期权以限制获利的潜力。这两种期权通常都是虚值期权。它们在当前价格的上下一定幅度内，使套期保值不起作用。

对冲期权构造方式是通过将不需要的获利机会售出，为所需的保护筹措资金，即通过卖出期权取得一定的期权费收入，以便抵冲采用期权进行套期保值所需的费用。

当然，将来要支付或收入外汇的公司还可以通过买入或卖出外汇期货及签订远期合约的方式来规避汇率波动的风险。例如，例 10-1 中的美国公司可以通过买入 16 份（=100/6.25）英镑期货的方式锁定 9 个月后要购买 100 万英镑的美元成本，但却无法达到在英镑升值的情况下避免受到太大损失而在英镑汇率下跌情况下又能够获利的目的。

2. 利率风险管理

利率风险的产生是基于时间差异性、融资债务性、利率水平变动不确定性的同时存在。在经济活动中，利率风险是随着以上三个要素并存的产生而产生的，相应地，利率风险也会随着这三个要素并存性的被破坏而消除。防范与管理利率风险的各种措施和手段，其作用原理归根结底在于想方设法破坏或消除时间差异、融资债务、利率水平变动不确定性三者之间的并存。

通常，如果担心现货资产价格存在下跌风险，则卖出标的与风险资产相同或相近的期货合约（最好是选择流动性好的期货合约）进行对冲；如果担心资产价格存在上涨风险，则买入标的与风险资产相同或相近的期货合约进行对冲。但是，需要注意的是，国债期货和利率呈反向变动关系。因此，当担心利率上升对资产组合的价值产生不利影响时，应卖出利率期货进行空头套期保值;当担心利率下降对资产组合的价值产生不利影响时,应买入利率期货进行多头套期保值。

我们这里更需要关心利用国债期货套期保值时实现最优的套期保值所需要的期货合约比率,即最优套期保值比率。在完美的套期保值交易中,要求利率波动引起的现货价格波动损失正好被期货头寸对冲,即债券组合的价格变化=每个期货合约的价格变化×套期保值比率。如果构筑的套期保值组合比率满足这一等式的要求,即为最优套期保值比率。在第四章我们已经知道为了对冲利率变动对于保值债券价值的影响,所需要的期货合约数为

$$N = \frac{PD_P}{FD_F}$$

其中,P 为债券组合的市场价值,D_P 为债券组合的久期,F 为期货合约的价格,D_F 为合约标的债券(对于长期国债期货而言,为最便宜交割券)的久期。利用久期对冲需要注意以下三点:

第一,对冲者必须在假设某一特定债券将被交割的前提下计算 D_F,因此必须估计哪一个债券最可能是最便宜可交割券,然后计算其久期。当利率变化引起最便宜可交割券价格的变化时,套期保值需要根据新的最便宜交割券的久期,改变套期保值比率。

第二,当有多种国债期货时,最便宜可交割券的久期应尽可能与被对冲债券的久期接近。例如,对冲久期为 7 年的券组合时,可以选择中期国债期货,也可以选择长期国债期货,具体选择哪一种国债期货,基本的标准是国债期货标的物的久期接近 7 年。

第三,基于久期的套期保值策略有一个关键假设:所有利率变化幅度相同,即利率期限结构图中,只允许平行移动,实际上短期利率比长期利率变动剧烈,并且期货标的债券和被保值债券的久期有时会显著不同,因此套期保值的效果可能会很差。

为了达到较好的套期保值效果,往往需要根据利率水平、收益率曲线的扁平或陡峭程度对套期保值比率进行调整。常用的方法是收益率 β 系数法。具体的做法是建立被保值债券的收益率与最便宜可交割国债(cheapest to deliver,CTD)收益率之间的回归式:

$$r_b = \alpha + \beta r_{\text{CTD}} + \varepsilon \tag{10-1}$$

由此估计出的 β 表示保值债券与最便宜可交割券收益率之间的相对变动率。以此为基础,再对套期保值比率进行调整,调整后的套期保值比率为

$$N' = N \cdot \beta \tag{10-2}$$

其中,N' 为调整后的套期保值比率,N 为利用久期计算的套期保值比率。

【例 10-2】 某基金经理持有一个债券组合,具体构成见表 10-3。

表 10-3 基金经理持有的债券组合构成

债券	面值/亿元	百元报价/元	期货到期时的债券久期/年
1	1	101	3
2	1	99	5
3	1	97	5

基金经理担心未来 3 个月利率剧烈波动对债券组合产生不利影响,决定选择 4 个月后

到期的国债期货进行套期保值。国债期货的名义本金为 100 万元,国债期货的净价报价为 111.27 元。可交割债券的转换因子、净价报价及这些债券在期货到期时的久期见表 10-4。

表 10-4　国债期货的可交割债券转换因子、净价报价与久期

序号	息票率/%	转换因子	债券报价/元	期货到期时的债券久期/年
1	4.500	0.797 8	96.91	4.0
2	4.750	0.829 2	100.90	4.6
3	5.000	0.862 8	104.91	5.0
4	5.250	0.911 6	107.08	4.9

现在有三个问题:①对债券组合开展套期保值的方向是什么?②需要多少手国债期货来对冲?③如果 3 个月后利率下降 20 个基点,国债期货价格上升到 112.5 元,套期保值效果会如何?

① 很明显,债券持有人担心利率上升会对债券组合造成冲击,可以进行卖出套期保值,即卖出 4 个月后到期的国债期货。

② 建仓所需的期货空头数量用 $N^* = PD_P/FD_F$ 计算。其中,债券组合的久期为

$$D_P = 3 \times \frac{101}{101+99+97} + 5 \times \frac{99}{101+99+97} + 3 \times \frac{97}{101+99+97} = 4.32(年)$$

利用最小交割差距法计算发现,最便宜可交割债券是第 4 个债券,则期货的久期也就是这一债券的久期,即 4.9 年。这时一手期货的总价值为

$$1\ 000\ 000 \times \frac{111.27}{100} = 1\ 112\ 700(元)$$

假定根据市场利率水平所估计的保值债券与最便宜可交割券收益率之间的相对变动率 β 为 0.85,为了达到较好的套期保值效果,对套期保值比率进行适当的调整后,可以计算被保值的债券组合所需的国债期货数量为

$$N' = N \cdot \beta = 297\ 000\ 000 \times 4.32 \times 0.85/(1\ 112\ 700 \times 4.9) \approx 200(手)$$

③ 如果 3 个月后利率下降 20 个基点,则债券组合的总价值会上升:

$$\Delta P = 297\ 000\ 000 \times 4.32 \times 0.2\% = 2\ 566\ 080(元)$$

此时,期货头寸的损益为

$$(111.27 - 112.5) \times 10000 \times 200 = -2\ 500\ 000(元)$$

套期保值组合的总价值为

$$297\ 000\ 000 + 2\ 566\ 080 - 2\ 500\ 000 = 297\ 066\ 080(元)$$

利用利率期货管理利率风险,就是利用利率期货进行"卖出保值"(先卖出开仓,后买入平仓)或"买入保值"(先买入开仓,后卖出平仓)的期货套期保值交易来管理利率风险。其基本原理在于利用套期保值交易的"一反三同"(方向相反,币种、金额、期限相同)原则,创造出将时间点还原的效果,以此来消除"时间差异",破坏利率风险成因三要素的并存性,从而"对冲"利率风险。

【例 10-3】　假设某公司在 2 年前按 8.65% 的固定利率借入一笔 5 年期贷款,同时做了一笔将固定利率负债变为浮动利率负债的互换交易,条件是该公司每 6 个月按 LIBOR

付息,以 8.26%的固定利率收取利息,从而使其借款的实际成本变为 LIBOR+39 个基本点。如果现在的互换利率已有较大的下跌,银行对每 6 个月付息一次的 3 年期互换的报价为 5.80%～5.85%,那么该公司如果想把浮动利率债务变回固定利率债务,可以再做一个 3 年期互换。根据上述银行现行报价,该公司将每 6 个月按 5.85%的利率付出利息,同时收到按 LIBOR 支付的利息。如此一来,该公司的实际借款成本将变成固定利率 6.24%,这仍然比当初的固定利率 8.65%低了 241 个基本点。该互换组合的情况如图 10-3 所示。

图 10-3　固定利率与浮动利率互换之后再做固定利率的互换

众所周知,资产和负债是一件事的两个方面,债券对于发行者来说是债务,但对持有者来说却是资产。既然人们可以利用利率互换来使自己的负债避免利率风险,同样也可以利用利率互换来使自己的资产避免利率风险。例如,在现实的债券市场上有不少浮动利率收益债券,其收益随市场利率的变化而变化。如果市场利率上升,浮动利率债券的持有者的收益就上升,反之则收益下降。对希望有固定收益的债券投资者来说,运用利率互换交易就可以很容易地把浮动利率收益债券变成固定收益债券。

在金融市场上,各大银行会对各种类型的利率互换报出价格,按照这种价格进行的互换被称为标准利率互换。然而,需要互换的各个客户所面临的情况各不相同,标准互换不一定正好符合他们的情况,因此需要对标准互换作一些调整才能满足他们的需求。事实上,利率互换交易相当灵活,只要交易双方都能接受,互换报价中的几乎每一项内容都可以调整。

【例 10-4】　某公司目前正在按 12.12%的固定利率偿还金额为 5 000 万元、期限为 5 年的债务,如图 10-4 所示。这笔钱是 3 年前借入的,3 年以来市场利率下降了 2%～3%,现行 5 年期贷款的利率为 10%左右。

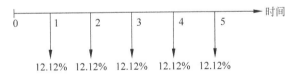

图 10-4　某公司 3 年前的 5 年期贷款

该公司根据自身业务发展预计两年后当目前的债务还清之时,还需要再借入为期 3 年的贷款。由于担心两年后利率又会上升,从而使融资成本提高,于是该公司向一家提供利率互换业务的银行询价,希望银行能设计出一个非标准的互换。该互换要能达到以下两个目的:①使现有债务在剩下两年内的利息负担降到 11%以下;②两年以后按 LIBOR

+25个基本点浮动利率借入的3年期贷款的成本也要控制在11%以内。

这个非标准互换的具体要求实际上是进行一笔为期5年的互换,在互换交易的开头两年,公司每年能从银行那里得到按年息12.25%计算的利息,同时公司按某种固定利率向银行支付利息。在互换交易后的3年中,公司向银行支付按上述商定的固定利率计算的利息,同时从银行那里得到LIBOR+25个基本点的浮动利息。只要公司在5年内向银行支付的固定利率低于11%即可。因此,银行要做的就是设计出符合公司要求的双方互换中使用的固定利率。非标准化互换的框架见图10-5所示。

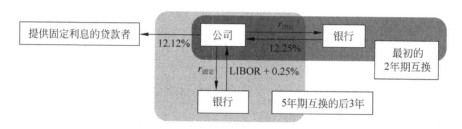

图10-5　固定利率与固定利率互换之后再做浮动利率的互换

假设当时银行公布的不同年限标准互换的报价为:期限为1年的互换利率为10.12%;期限为2年的互换利率为10%;期限为3年的互换利率为9.9%;期限为4年的互换利率为9.82%;期限为5年的互换利率为9.75%。

银行根据标准互换的报价及对非标准互换价格的计算,报出10.91%的固定利率即可满足该公司的要求,即公司在今后5年内都按该固定利率对外支付利息。

在互换的头两年,这个利率水平比12.25%低1.34%。但在互换的后3年,这个利率水平比市场上标准互换报价中的9.75%要高1.16%,高出的这部分价格中,0.25%(25个基本点)可以看作对后3年浮动利率LIBOR的25个基本点的加息的反映,其余的0.91%则可以看作对前两年亏损1.34%的补偿。

关于银行在设计这个非标准互换时为什么报出10.91%的价格,而不是报出10.98%或11%的价格,则涉及对互换这种金融工具的非标准形态的定价计算问题,而这并不属于本章讨论的范畴。但有一点可以确定,那就是在给定的各种约束条件下,市场存在一种非标准互换的合理定价,如果报价银行的报价偏高,那么在一个竞争性的金融市场上,该银行将失去客户,因为其他银行会用合理的价格去争取这些客户。当然,如果报价偏低,就意味着银行将蒙受亏损。图10-6显示了公司与银行签订的非标准化互换协议的现金流。

对于公司而言,这个非标准化的利率互换基本上达到了其预定目标:①互换的前两年,公司每年净收入1.34%(=12.25%−10.91%)从而使其现有债务成本为10.78%(=12.12%−1.34%),降到了11%以下;②两年以后按LIBOR+25个基本点浮动利率借入的3年期贷款的成本为10.91%,也控制在了11%以内。

大多数运用互换来为其资产或负债进行保值或避免利率风险的交易者,会把互换交易一直维持到互换期满为止。但是,在做了互换交易之后,市场行情的变化很可能会使交易者觉得原先的互换已变得没有必要了,或者是交易者本身对市场未来发展趋势的观点

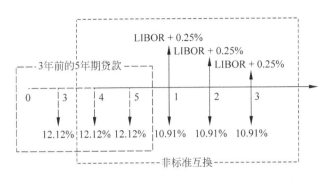

图 10-6　公司与银行签订的非标准化互换的现金流

有了变化,或者是交易者的处境有了变化,以至于不再需要原先做的互换交易,这时候就需要设法中止已做的互换交易,具体有下面几种操作方法。

第一种方法是通过做一笔新的互换交易来抵消第一笔互换交易。例如,有一家公司做了一个 8 年期的互换,按固定利率 7.21% 付息,按浮动利率 LIBOR 收息,每年一次。3 年后这家公司认为已没有必要维持原来所做的互换了,这时候它就可以做一个新的互换来抵消原来的互换。原来的互换是以固定利率换浮动利率,那么新做的互换就应该是以浮动利率换固定利率。这家公司现在需要做的是一笔 5 年期的互换交易,收入固定利率的利息,支付按浮动利率 LIBOR 计算的利息,这样新的互换和原来的互换就会起到抵消作用。

这种做法的优点是原先所做的互换交易并没有废除,因而操作起来比较简便。但是,这种做法的缺点也比较明显。首先,在做新的互换交易时,应该是在第一个互换的周年日期那一天开始。如果不是在周年日期开始,那么两个互换在时间上不能完全重叠,因而仍然会有几个月的互换存在;如果采用非标准互换,由银行专门设计互换,正好把第一个互换的时期覆盖掉,由于银行在设计非标准互换时要做大量的定价计算,因此会提出比标准互换更高的价格。其次,第二个互换与第一个互换的利率一般不会相同,因此新的互换很难把原来的互换完全抵消。在前面讲的情况下,若第二个 5 年期互换的固定利率为 6.56%,则这家公司在后 5 年内,每年还需对外支付 0.65% 的利差。

第二种办法是要求互换交易的对方提出一个中止互换的报价,通过支付一定的代价,解除互换交易的合同约束。在现实中,银行通常是以互换交易的供给方出现,而要求中止互换的通常是公司。因此,中止互换的报价通常由银行报出。假设一家公司在还有 5 年才到期的互换交易中按 7.21% 固定利率付息,若现在市场上 5 年期的互换价格为固定利率 6.5% 换浮动利率 LIBOR,则这家公司要求中止互换,对互换交易的另一方银行来说,就意味着每年要少得 0.71% 的利息(按目前的互换价衡量)。因此,要银行提出中止互换的报价,实际就是银行算出中止互换给自己带来的损失,提出一个补偿价的问题。银行可以根据现在市场上不同年限互换的报价及影响贴现率的其他因素,算出未来不同年份的价值贴现的系数,然后把由于中止互换而使自己在以后各年中减少的收入量贴现为现值再加总,从而提出一个合理的终止互换的报价。

如果目前 5 年期互换交易的市场价格不是 6.5% 换浮动利率 LIBOR,而是 8.1% 换浮动利率 LIBOR,那么这家公司要求提出中止互换对银行来说就有利。这时候银行将按同样的原理,把由于公司中止互换而带给银行的各年的收益贴为现值,把这些现值加总得出中止互换的报价。不过在这种情况下,不是公司向银行支付一笔费用,而是银行向要求中止互换的公司支付一笔费用,这是对公司让出互换利益的一种补偿。当然,无论在何种情况下,银行应客户要求提出中止互换的报价都会在以上计算的基础上,考虑银行该得到的手续费。毕竟银行是应客户的要求提出中止互换的报价,该报价的得出需要经过许多计算,并且由于客户中止互换使银行的资产负债平衡要重新做调整,这也会涉及一定的风险。因此,银行把一定的手续费及其他一些补偿费加到中止互换的报价中是合理的。

第三种方法是要求中止互换的公司把尚在执行中的互换交易的权利和义务转让给愿意接受的第三方,即由这个第三方来承担原来公司在互换交易中的角色。这种转让是应该进行估价的,办法就像第二种方法中银行提出中止互换报价那样。如果现在的互换市场价(固定利率换浮动利率LIBOR)低于原先的互换交易中公司所付出的固定利率,那么转让互换的公司应该对接受转让的公司提供一笔补偿费;反之,则接受转让的公司应对出让互换的公司提供一笔补偿费。在现实中,一家要求中止互换的公司想找到一家正好愿意接受自己已经执行了一段时间的互换是很困难的,而且这涉及信用风险问题,因此一般很少采用这种方式。不过,如果恰巧有这种机会的话,则不妨考虑采用这种方法。

利用期权交易进行利率风险管理与利用利率期货进行利率风险管理的基本原理是相同的,也是按照套期保值交易的"一反三同"(方向相反,币种、金额、期限相同)原则,创造出将时间点还原的效果,以此来消除"时间差异",破坏利率风险成因三要素的并存性,从而"对冲"利率风险。由于期权交易的规则是期权合约的买入方拥有执行或放弃执行合约的权利,因此无论是利用何种期权交易进行风险管理,在相应的期权交易中套期保值者都应充当购买者买入期权合约,从而套期保值原则中"方向相反"的应用只能是体现在第二个层次上,即购买者买入的是看涨期权还是看跌期权,这是利用期权交易进行套期保值与利用远期利率协议、利率期货合约等其他工具的重大不同之处。

利率看涨期权又称利率上限期权,其可为期权合约的购买者锁定未来将要发生的借入资金的最高利率水平。合约到期时,如果市场利率高于合约的协议利率,期权合约将会被执行,否则合约将会被放弃。此时,筹资者可以按照当时低于合约协议利率的市场利率借入资金,从而使无论在何种情况下,筹资者借入资金的利率水平都不会超过合约的协议利率水平。因此,通过购买利率看涨期权,购买者为自己在未来将要发生的筹资行为设定了一个以期权合约的协议利率为界线的最高保护价格。考虑到购买期权发生的费用,购买者实际负担的利率水平等于协议利率加上期权价格,二者之和即为期权购买者的盈亏平衡点。

利率看跌期权则正好与利率看涨期权相反。利率看跌期权又称利率下限期权,可以为期权合约的购买者锁定未来将要发生的贷出资金的最低利率水平。合约到期时如果市场利率低于合约的协议利率水平,期权合约将会被执行,否则合约将会被放弃。此时,投资者可以按照当时高于合约协议利率的市场利率贷出资金,从而使无论在何种情况下,投资者贷出资金的利率水平都不会低于合约的协议利率水平。因此,通过购买利率看跌期权,购买者也就为自己在未来将要发生的投资行为设定了一个以期权合约的协议利率为界线的最低保护价格。考虑到购买期权发生的费用,购买者的实际负担利率水平等于协议利率减去期权价格,二者之差即为期权购买者的盈亏平衡点。

在金融市场上,银行通常作为期权的卖方,为客户提供各种类型的期权。各种对风险估价的现代技术和数学方法使人们能对各种期权得出合乎科学的定价公式或定价模型。因此,银行能够对所提供的各种期权进行合理的报价。例如,根据如表 10-5 所示的不同期限的互换利率、零息债券利率、远期利率及易变性的数据,银行就可以计算出一组在不同协议利率条件下有代表性的上限期权(看涨期权)和下限期权(看跌期权)的价格。表 10-6 列出了这些上限和下限期权的价格(用基本点表示)的计算结果。这里的计算都是以 6 个月期的 LIBOR 为基础,期权的期限为 2~7 年。

表 10-5 不同期限的利率及易变性

时间/年	互换率/%	零息债券利率/%	远期利率/%	易变性/%
0.5	3.25	3.25		
1.0	3.50	3.53	3.75	15
1.5	3.69	3.73	4.07	14
2.0	3.88	3.92	4.46	14
2.5	4.02	4.08	4.64	13
3.0	4.17	4.23	4.95	13
3.5	4.31	4.39	5.26	12
4.0	4.46	4.55	5.59	12
4.5	4.60	4.71	5.91	12
5.0	4.75	4.87	6.25	12

表 10-6 上限和下限期权的价格(用基本点表示)

	期限/年	上限期权的协议利率				下限期权的协议利率		
		4%	5%	6%	7%	4%	4.5%	5%
预付价格	2	43	7			66	137	222
	3	121	33	7		74	158	266
	5	413	191	80	31	79	174	303
	7	802	535	310	175	80	178	314
分期支付价格	2	22	3			35	72	116
	3	43	12	9		26	56	95
	5	93	43	18	7	18	39	68
	7	151	91	53	30	14	30	53

期权的价格(期权费率)用预付价格和分期支付价格两种方式给出。预付价格是在购买期权的时候就支付全部的期权费。例如,如表 10-6 所示,有效期为 5 年、协议利率为

5%的上限期权的预付价格便是名义本金的1.91%。分期支付价格是在期权的有效期内,按名义本金的0.43%每年定期支付,即每半年支付名义本金的0.215%。在考虑上限期权的价格时,应该把期权的协议利率与同期限的互换利率进行比较,而不应该把协议利率与短期利率进行比较,否则就会得出错误的结论。例如,如表10-5所示,半年期的即期利率为3.25%,而协议利率为5%的5年期上限期权与之相比似乎无利可图,但这个期权的预付价格却要1.91%,会使人觉得太贵。如果把5%的协议利率与5年期互换利率4.75%相比,可以看出这个期权还是接近平价期权的。在未来市场利率逐步升高的情况下,虽然开始时的短期利率比较低(如3.25%),但是在以后几年中市场利率就会升高。如表10-5所示,人们对5年期的远期利率预期值高达6.25%。因此,对一个5年期的上限期权来说,虽然该上限期权在期权有效期的初期阶段可能是无利可图的,但在期权有效期的末期可能就是有利可图的。

有一种方法可以帮助人们对未来时期的市场通行利率进行估算,图10-7显示了这种方法。图10-7中有一条曲线是根据表10-5中的远期协议利率数据画出来的,另外两条则是表示两种极端的情况,即一条表示假如市场的实际利率每年比远期利率上涨快50个基本点,另一条则表示假如市场的实际利率每年比远期利率上涨慢50个基本点。这样到第5年后半年时,每年比远期利率上涨快50个基本点,就将达到8.5%的市场利率,而每年比远期利率上涨慢50个基本点,就将达到4%的市场利率。其他所有的利率变化都将位于这两种极端的利率走势之间。

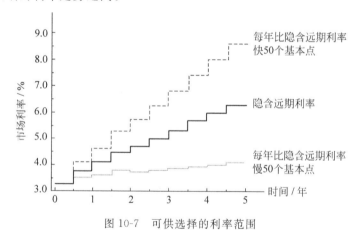

图10-7 可供选择的利率范围

资料来源:谭春枝.金融工程理论与实务:第2版[M].北京:北京大学出版社,2012.

【例10-5】 一家公司打算借入一笔资金,使用期限为5年。借款利率依据LIBOR每隔6个月调整一次。根据图10-7所确定的实际市场利率变动范围,可以大体上确定采用上限期权保值时不同协议利率所产生的不同结果。图10-8就显示了当上限期权的协议利率分别为4%、5%、6%和7%时,在各种市场利率走势(其偏离远期利率的范围不超过每年50个基本点)条件下,该公司的实际借款利率情况。为了便于比较,在图中也画出了采用利率互换方法与不采用任何保值措施所产生的实际借款利率。

如图10-8所示,内在价值最高的上限期权(协议利率为4%),其实际借款成本的曲线相当平坦,十分接近用利率互换所形成的水平的借款成本线。这个上限期权能把实际借

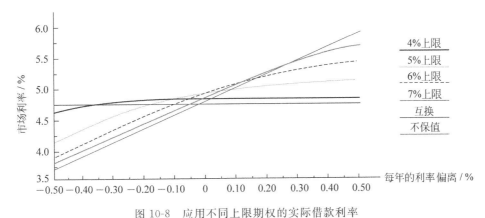

图 10-8　应用不同上限期权的实际借款利率

资料来源：谭春枝. 金融工程理论与实务：第 2 版[M]. 北京：北京大学出版社，2012.

款成本限制在一个较低的水平，无论市场的利率涨到多高，其实际借款利率都不会超过 5%。当然，如果市场利率下降，该期权只有很小的机会被利用。

极度无利可图的上限期权所造成的实际借款成本的曲线十分接近不采取任何保值措施的情况，差不多是一条对角线。例如，在协议利率为 7% 时，5 年期上限期权的起付价格很低，大约等于每年 7 个基本点，这种期权的保值功能很弱，即使市场利率每年比远期市场利率上涨 50 个基本点，也只有在最后 3 个时期，即最后一年半的时间里，市场利率才会超过 7%。只有在此时，这种期权才变得有利可图。在市场利率低于 7% 时，这种期权造成的实际借款成本要比不采取任何保值措施时稍高，因为已支付了一些期权费。

协议利率为 5% 和 6% 的上限期权造成的实际借款成本的曲线介于以上两种极端情况之间。例如，协议利率为 6% 的 5 年期上限期权，预付的期权价格为 80 个基本点，采用分期付款方式则为 18 个基本点。这种上限期权的买者只有在市场利率超过 6% 的时候才会执行期权，因此把实际借款成本的最大值限制在 6.18% 的水平。一旦市场利率超过这个水平，期权的买者才能切实获益。如图 10-7 所示，只有在 5 年时期的后面几个时期中，市场利率才有可能超出这个水平，因此这种期权的实际保值作用在后几个时期才会显示出来。在图 10-8 中，这种期权的保值特点反映在图的右半边。

从前面的叙述中可以看到，随着协议利率从 4% 逐步提高到 7%，上限期权从几乎是完全的保值变化到几乎是没有保值，在这个变化区间内的连续性特点与前面讲的用期权来对外汇风险进行管理的情况是类似的，但也有些区别。图 10-8 中反映上限期权保值作用的曲线是弧形弯曲的，而前面讲到用期权对外汇风险进行管理时，图中的曲线是呈直线折拗形的，有一个明显的折拗角。产生这种差别的原因在于用期权对外汇风险进行管理是单时期的，而用上限期权对利率风险进行管理却是多时期的。

在单时期外汇期权条件下，期权有效期结束时可以知道该期权是有利可图的还是无利可图的。如果是无利可图的，该期权就不具备保值作用，标的资产的风险就像图 10-8 中的对角线所表现的；如果是有利可图的，就表示该期权消除了标的资产所遇到的风险，其保值功能就像图 10-8 中的水平线所表现的那样。在水平线和对角线相交的地方，就形成了一个折拗的角。

在多时期的利率上限期权条件下,市场利率在每个时期可能都是不同的,因而常常会出现这样的情况:在开头几个时期中,这个上限期权呈现无利可图的特征,而在后面几个时期中又呈现有利可图的特征。如图10-7所示的市场利率走势的可能范围表明,协议利率为5%和6%的上限期权就是这种情况。当然这个上限期权也有可能在开始几个时期是有利可图的,但后面几个时期又呈现无利可图的特征。因此,从整个上限期权来看,并不存在可以成为上限期权是有利可图的还是无利可图的分野的利率水平。上限期权从无利可图向有利可图转变或者从有利可图向无利可图转变是一个逐步变化的过程,不可能找到在单时期外汇期权条件下那样的判别有利可图与无利可图的分野点或折拗点,所以图10-8中不同协议利率的上限期权所对应的曲线逐步弯曲,慢慢达到其最大的利率上限。

无论是利用远期利率协议、利率期货、利率互换还是上限期权或下限期权管理利率风险的基本原理,就是在存在"时间差异性""融资债务性"的条件下,通过消除"利率水平变动不确定性"来破坏利率风险成因三要素的并存性,从而消除利率风险。

3. 股票风险管理

股票市场风云变幻,股票价格的波动牵动着无数投资者的心。股票风险是指股票价格波动给投资者带来的损益的不确定性。股票风险可以简单地用预期收益率与实际收益率之间的离差(deviation)表示,也可以用股票被套牢后每股收益率与同期银行储蓄存款利率的离差表示。例如,预期股票收益率为30%,而实际收益率为18%,这12%的离差就反映了风险情况。再如,某只股票在2018年1月15日的开盘价为46.9元/股,随着股市的下跌,其价格不断下降,到2018年5月5日收盘价为28.8元/股,而该股票在2018年第一季度,每股收益也只有0.266元,因此,在46.9元/股的价格水平上购买该股票的投资者就产生了损失:一是投资者不能在买入价以上将该只股票卖出;二是即使将所有的税后利润分红,其收益率都比不上一年期的储蓄存款利率,甚至都要低于活期储蓄利率。投资者可以利用期权、期货等金融衍生工具来规避股票价格变动的风险。

股票期权为投资者供了一种很好的规避风险的工具,可以通过不同的期权品种构成众多具有不同盈亏分布特征的组合。具体采用何种期权或期权组合交易方式,一方面取决于投资者对未来标的资产价格概率分布的预测,另一方面取决于投资者能承受多大的风险。通过买入看涨期期权、看跌期权和双向期权的保值策略在第九章已经讨论过,但那时我们主要是对各类期权及其组合的盈亏区间进行分析,没有涉及多少具体运用于投资等实践活动的内容。本章将着重讨论如何利用期权及其组合来管理股票投资的风险。

若投资者已经拥有某种股票或预期将持有某种股票,则他可以通过等待股票价格上涨来获益。持股情况下,若投资者很有把握股票价格将下跌,则应尽早抛出该股票;若投资者认为该股票价格有很大可能会上涨,或不清楚股票未来的价格走势,则应继续持有该股票,同时可以采取一些办法来增加收益或减少损失。

对持有股票的投资者来说,出售所持股票的看涨期权是一种常用的策略。如果到时期权溢价,那么投资者需要交割已持有的股票,这种操作策略称为抛补看涨期权的开出。如果套期保值者预期相关股票的价格有可能小幅下跌,并预期不会出现大幅上涨,则他通过卖出看涨期权可以获得期权费收益,从而起到为现货交易保值的作用。当然如果股票价格大幅上涨,现货价格涨至看涨期权的执行价格以上,套期保值者可能面临买方要求履约的风险,这会给他带来较大的损失,因此进行这种保值操作时需要谨慎。

【例 10-6】 某投资者持有 1 000 股 E 公司的股票,该股目前市价为 100 元。该投资者打算继续持有该股票,为防范股价下跌,卖出所持股票的看涨期权,协定价格为 100 元,期权费收入为 5 元/股,则其结果如何?

其结果可能有以下几种情况。

第一种情况:E 公司股票价格没有发生变化,期权到期时无价值。投资者获得 5 元/股的期权费,相应地提高了每股投资收益。

第二种情况:E 公司股票价格上涨,期权到期时溢价,投资者按协定价格 100 元交割所持有的 E 公司股票。5 元/股的期权费收入意味着投资者实际上是以 105 元的价格交割 E 公司的股票。

第三种情况:E 公司股票价格下跌,期权到期时无价值。投资者手中持有的股票不发生交割,此时虽然股票价格下跌,但 5 元/股的期权费收入在一定程度上抵消了股价下跌的影响。

如果股价上升,出售看涨期权可以构成一种有保证的获利价格;如果股价保持不变或下跌,出售看涨期权所收取的期权费可以使股票资产的价值有所增加。出售期权的协定价格越低,所确定的价格上限也越低,但这种价格上限所涵盖的股价范围也比较大,甚至包括股价下跌的情况。反之,出售期权的协定价格越高,建立的价格上限也就越高,但带来的期权费越少,这种价格上限所涵盖的股价范围也比较小。

在例 10-6 中,如果投资者分别出售三种协定价格的看涨期权(见表 10-7),则其效果如图 10-9 所示。

表 10-7 投资者出售的三种看涨期权

协定价格/元	期权费/(元/股)
100	5
90	12
110	1.2

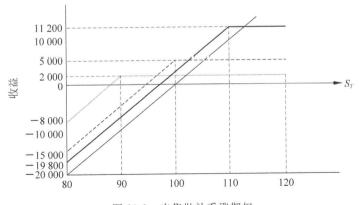

图 10-9 出售抛补看涨期权

如果出售的看涨期权与所持有的股票成一定比例,则期权费收入要少一些,但如果股价上涨超过协定价格,投资者可以从未抛补的部分股票资产中获益。

如果例 10-6 中的投资者既打算继续持有该股票获取股价上涨带来的收益,又要防范股价下跌的风险,如图 10-10 所示,他不是按 1∶1 的比例卖出 10 份,而是按照 1∶0.5 的比例卖出所持股票的执行价格为 100 元的看涨期权,期权费为 5 元/股。该投资策略的盈亏状况如何?

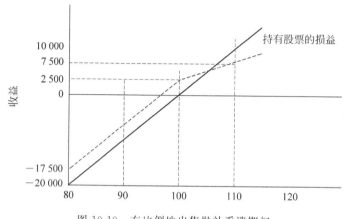

图 10-10　有比例地出售抛补看涨期权

股价跌至 80 元,卖出 50% 股数的看涨期权,则综合损益为
$$500\times(80+5-100)+500\times(80-100)=-17\ 500(元)。$$

股价涨至 110 元,卖出 50% 股数的看涨期权,则综合损益为
$$500\times(100+5-110)+500\times(110-100)=7\ 500(元)。$$

从计算结果来看,这种投资策略的收益增加的幅度仅为一半,但当股价上涨超过协议价 100 元时,投资者就可以按 50% 的比例参与利润分配。按比例出售看跌期权策略与按比例出售看涨期权策略相类似。

如果交易者已经持有股票,预计未来的价格会出现小幅上涨,他可以通过卖出看涨期权来获得权利金收益,从而增加其持有股票的收益;但他又担心预测有误,股价会出现大幅下跌,所以为了规避股价下跌带来的损失,他要买入看跌期权。

例 10-6 中为防范投资者持有的 1 000 股 E 公司的股票价格下跌,他还可以买进 3 个月期的 1 000 股 E 公司股票的对冲:买进平价的看跌期权,卖出执行价格为 105 的看涨期权,期权费净值为 1 元/股。他买入对冲后的综合损益如何?

股价跌破 100 元时,投资者的损益为 -1 000 元;股价涨至 105 元时,投资者每股净赚 $105-100-1=4(元)$,共赚 4 000 元;股价超过 105 元时,投资者的损益保持在 4 000 元。该投资者最终损益情况,如图 10-11 所示。

如果交易者预计相关商品或资产的价格会出现小幅上涨,并且预计不会出现大幅下跌,通过卖出看跌期权可以获得权利金收益,可能避免现货商品或资产价格上涨的风险,从而起到保值的作用。

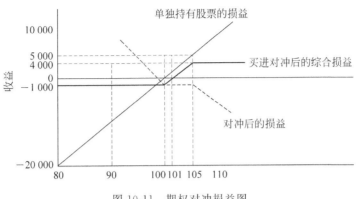

图 10-11　期权对冲损益图

【案例 10-1】 1993 年 4 月 2 日,菲利普·莫里斯公司为了更好地与普通品牌的香烟竞争,宣布将其万宝路牌香烟降价 20%。公告发布之后,包括可口可乐在内的一些知名公司的股价纷纷走低。沃伦·巴菲特在 1993 年 4 月以 1 美元/份的价钱卖出了 300 万股可口可乐股票的看跌期权合约。这个期权的到期日是 1993 年 12 月 17 日,可以在此之前按照可口可乐股票每股 35 美元左右的价格执行该期权。这就意味着沃伦·巴菲特同意以大约 35 美元/股的价格买入 300 万股的可口可乐股票。实际上,他是在赌这种股票的价格不会跌破这一市场价位,如果股票价格跌至 35 美元/股以下,他将不得不以高于公开市场的价格买进可口可乐股票。1993 年 4 月,在美国伯克希尔哈撒韦公司的股东年会上,沃伦·巴菲特证实了这一做法,并且说他还会以相似的做法再增加 200 万股。所有这一切都表明,沃伦·巴菲特已经准备好了 750 万美元的现金,要是股票的市场价格从当时大约 40 美元/股下跌至大约 35 美元/股,沃伦·巴菲特就必须以大约 35 美元/股的价格买进 500 万股可口可乐股票。由于沃伦·巴菲特已经获得了 1.5 美元/股的差价,他的实际成本价是大约 33.5 美元/股。沃伦·巴菲特这次签署"看跌期权"合约承担的唯一风险便是,如果可口可乐的股价在 12 月跌破 33.5 美元/股,他就必须按照 35 美元/股的价格购买可口可乐股票,而不管其市场价格当时有多么低。但是如果股票价格比 33.5 美元/股还低的话,他也许还会再买更多的可口可乐股票,因为他就是想以 35 美元/股的价格买进可口可乐股票。对沃伦·巴菲特而言,这倒是一个很不错的双赢局面,既得到现金又得到可口可乐股票。这些期权如期履行,沃伦·巴菲特由此赚得了 750 万美元。除非你是一位经验丰富的投资者,否则千万别冒这个风险。之所以购买看跌期权,是因为沃伦·巴菲特坚信标准普尔 500 指数会在 2002 年 6 月 3 日跌破 1 150 点,结果确实如此。因此,他的这一做法奏效,为美国伯克希尔哈撒韦尔公司带来了 6 000 万美元的收益。

资料来源:KILPATRICK A.投资圣经:巴菲特的真实故事[M].何玉柱,译.北京:机械工业出版社,2007.

四、风险管理策略的比较

综上分析,金融风险管理的基本工具有远期、期货、互换、期权等。这些工具各有优缺点,见表10-8。在实际运用过程中,人们通常会将这些工具加以组合应用,从而创造各种独具特色的组合来规避风险。例如,远期利率协议与期权组合构成远期利率协议期权,期货与期权组合构成期货期权,期权与期权构成水平差价组合、垂直差价组合、对冲期权组合等。利用股指期权与股指期货组合来对冲股票风险,利用各种指数期权构造上限、下限、对冲或其他金融组合等都是根据在实际中规避具体金融风险的需要而设计出来的组合工具。

表10-8 金融风险管理工具的比较

工具名称	主 要 优 点	主 要 缺 点
远期	①属于场外交易产品;②灵活、简便;③零成本;④可完全消除金融变量的不确定性	①信用风险较大;②不能灵活转手交易;③不能分享利率向有利方向变动的成果
期货	①属于场内交易产品;②流动性强,可灵活平仓对冲;③无信用风险;④有可能分享利率向有利方向变动的成果	①有一定的成本;②风险资产数量不一定能与标准化合约设计的数量匹配;③套期保值头寸调整计算频琐;④保值效果有时有净损失
互换	①属于场外交易产品;②灵活、简便;③零成本;④可以完全消除利率、汇率等金融变量变动的不确定性	①信用风险较大;②不能灵活转手交易
期权	①既有场内也有场外交易产品;②流动性强,可灵活平仓对冲;③场内期权无信用风险;④既可以把风险控制在一定范围内,又可以分享标的资产向有利方向变动的成果	①成本高;②风险资产的数量不一定能与标准化合约设计的数量匹配;③套期保值头寸调整计算频琐;④期权费对股票价格的敏感性影响期权的份数

在利用股票期货规避股票风险时,股票仅仅是一种象征,买卖对象只是期货交易合同而非股票现货。在期货合约的买卖过程中,交易双方并不一定需要持有股票,也不需要全额的资金,就可以进行股票的买卖。只要交易双方确定了交割日期的价格、签订了期货合同就算成交。到了结算日,交易双方只要根据股票行市的变动情况,对照股票期货事先的买入价或卖出价,进行差额结算即可。

在金融风险管理过程中,投资者可以运用各种金融工具,具体采用哪种工具或哪种组合交易方式,一方面取决于投资者对未来标的资产价格的预期,另一方面取决于投资者能承受多大的风险。投资者可以首选理想的风险收益模式,然后根据该模式选择不同的期权组合进行交易。

第二节 投机与套利

投机是指交易者根据对市场的判断,把握机会,利用市场上出现的价差进行买卖从而获利的交易行为。简单地说,投机与投资的区别在于,投资的收益来自投资物产生的收益,而投机的收益则来自另一个投机者的亏损。就投机和套利而言,投机交易和套利交易的目的都是获得收益,但在操作方式上存在不同:投机交易是在一段时间内对单一金融产品建立多头或空头头寸,即预期价格上涨时做多,预期价格下跌时做空,在同一时点上是单方向交易;套利交易则是在相关期货合约之间或期货与现货之间同时建立多头和空头头寸,在同一时点上是双向交易。

从利润的来源看,投机交易是利用单一工具的价格波动赚取利润,而套利是利用相关衍生工具或衍生工具与标的现货之间的相对价格差异套取利润。投机者关心的是单一工具的涨跌,套利者则不关注金融资产绝对价格的高低,而是关注相关金融衍生工具之间以及衍生工具与标的现货之间价差的变化。

就承担的风险程度而言,投机交易承担单一金融工具价格变动风险,而套利交易承担价差变动风险。由于相关金融工具价格变动方向具有一致性(如期现套利中,期货价格和现货价格的变动方向也具有一致性),因此价差变动幅度通常小于单一工具的价格波动幅度,即套利交易相对投机交易所承担的风险更小。

金融市场是广大投资者和生产经营者进行风险转移活动的场所。套期保值、投机与套利都是金融市场上常见的交易行为。利用期货进行套期保值或投机与套利在第四章已经介绍过,本章将以大量的案例来展示如何运用各类金融衍生工具进行投机与套利交易。

一、投机

【案例 10-2】 1997 年的亚洲金融风暴席卷亚洲各国,泰国是第一个受害者。投机者运用各种金融工具和手段迫使泰铢贬值以攫取巨额的投机利润。

印度尼西亚、泰国、马来西亚、菲律宾四国的外资企业的投资几乎全来自国外,合资工厂的大股东大多是外国人。这些外国人并不在乎失业率或民族感情,只要利润下滑或者出现风险,他们会立刻撤资走人。

1992 年以后,泰国货币开始和美元挂钩,1 美元换 25 个泰铢,固定汇率不变。但随着美国经济的强劲,美元也强了起来。1997 年泰国经济出现衰退,泰铢却仍与美元保持固定的汇率,没有人敢动汇率。因为如果让泰铢贬值,大量外资会逃离泰国,从而重创泰国经济。此外,泰铢如果贬值,泰国政府将难以偿还外债,因此只能维持 1∶25 的固定汇率。然而泰国经济不景气,为了吸引更多的外资,泰国政府不断提高泰铢的利率,甚至高达 13%。这么高的存款利率吸引了大量外国资本来套利。假如某美国基金找了 10 家泰国的商业银行,每家银行只借 250 亿泰铢,一共借了 2 500 亿泰铢。炒家们把借到的 2 500 亿泰铢在外汇市场卖出,按照固定 1∶25 的汇率即可拿回 100 亿美元。如果泰铢贬值到 1∶50,炒家们只需要拿出 50 亿美元就可以买回 2 500 亿泰铢还给泰国银行。剩下的 50 亿美元就是这次投机的盈利。上面列举的是最简单的方法,还有很多利用远期、互换及期权合约的复杂方法。

下面主要分析对冲基金是怎么运用互换进行投机的。

投机主要利用的是中央银行的防御。泰国作为被投机国,其中央银行实行的是固定汇率制。面对汇率的贬值,中央银行有义务捍卫本国货币币值的稳定或"固定"。因此,无论是投机者刻意抛售本国货币,还是银行为保值而抛售本币,只要本币有大幅贬值的迹象,中央银行就有义务采取相应措施维护本币。而中央银行一般采取的措施是直接入市买入被抛售的本币,以平衡市场供求关系,或间接地抬高本币利率以抬高投机者的融资成本。如果中央银行提高利率,投机者可以通过利率互换合约投机炒息,具体操作如图10-12所示。

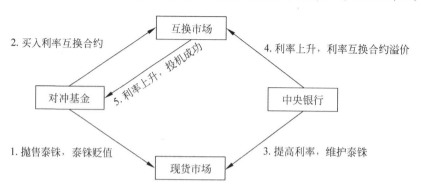

图10-12 对冲基金利用互换投机

早在1997年2月,索罗斯就大量买进美元兑泰铢的期权合约。泰国商业银行签订了150亿美元的期权合约,其中80%都落入了投机家的手中,泰国商业银行得到的期权费仅仅是标的金额的1%,即1.5亿美元。索罗斯等炒家只花了1.5亿美元来赌泰铢贬值,如果真的贬值了50%,就可以赚30多亿美元,这就是以小博大。

1997年2月初,以索罗斯为主的国际投资机构大量抛售泰铢,向泰国银行借入高达150亿美元的数月期限的远期泰铢合约,然后在现汇市场上大量抛售,泰铢汇率大幅变动,引发金融市场动荡。5月7日,货币投机者通过经营离岸业务的外国银行,建立即期和远期外汇交易头寸,并从5月8日起向泰国本地银行借入泰铢,通过在即期和远期市场大量卖泰铢的方式沽空泰铢,造成泰铢即期汇价的急剧下跌。沽空行为一直持续到7月。

5月14日,泰铢对美元下跌到11年以来的最低水平,泰国政府立即向周边国家和地区求助。马来西亚、新加坡和中国香港地区的中央银行纷纷进入市场,用美元去购买泰铢,花了近150亿美元,泰铢停止跌势。国际炒家的进攻受挫,索罗斯损失了3亿美元。但是索罗斯却发现泰国政府为了掩饰外汇储备的减少,称5月只减少了外汇储备20亿美元,而泰国此次实际损失的是50亿美元。

1997年6月,索罗斯让旗下基金组织出售美国国债以筹集资金,并于当月下旬再度向泰铢发起了猛烈进攻。在这一轮攻击下,泰国政府无力挽救危局。在6月19日泰国财政部长宣布辞职后泰国陷入混乱,人们纷纷到银行提取存款、到外汇市场兑换美元,甚至上街去抢购商品。索罗斯大量抛售泰铢,其他投机者也纷纷效仿。1997年7月2日,泰国政府宣布放弃固定汇率制,实行浮动汇率制,泰铢兑美元可以自由浮动,到年底泰铢贬值44%,泰国陷入了严重的危机。

投机作为金融市场上重要的交易形式,是一把双刃剑:一方面,投机交易增加了市场的流动性、发挥了分散风险和提高市场效率的作用;另一方面,投机也加剧了市场波动和风险。投机策略主要运用期货或远期、期权和互换等金融工具。这些投机策略的优缺点见表10-9。在实际运用过程中,人们通常会将这些金融工具加以组合应用,创造出各种独具特色的组合策略进行投机获利。

表 10-9　投机策略的比较

投机策略	主 要 优 点	主 要 缺 点
期货策略	①具有很高的流动性； ②交易成本较低,仅为经纪人佣金及手续费； ③具有高杠杆性,潜在收益高； ④投机所面临的风险和盈利是对称的	①投机风险高； ②投机者一旦预测失误,将承受巨大损失
期权策略	①买入期权策略损失有限,最大损失是期权费； ②买入期权策略风险相对较低； ③可获得价格向有利方向变动的收益	①需缴纳一定比例的期权费,成本相对较高； ②风险较高,潜在损失大
互换策略	①成本较低； ②手续较简,交易可以迅速达成； ③风险较低	①投机性的互换机会少； ②利率、汇率波动幅度小,获利有限

总之,由于投机策略使用者的收益目标和承受能力不尽相同,所以事实上并不存在一种适合所有投机者的最优投机策略。投机者究竟采用何种策略进行投机,应该根据自身所面临的实际情况及对风险和收益的权衡来决定。

二、套利

套利就是利用市场上两种相同或相关资产暂时出现的不合理的价格偏差,通过同时买进和卖出这种资产或相关资产来赚取差价的交易行为。套利是市场无效率的产物,套利的结果是使市场效率提高。根据金融市场上暂时存在的不合理价格关系,套利可分为跨时间套利(包括期现套利)、跨品种套利和跨市场套利三种类型。理论上的套利策略有以下三条标准:①没有自有资金投入,所需资金通过借款或卖空获得;②没有损失风险,最糟糕的情况是终点又回到起点,套利的最终结果(已扣掉借款利息)还是零;③存在正的赚钱概率。

这意味着套利的最终结果可能是没赚钱,但只要事前存在赚钱的概率大于零且不存在亏钱的可能就可以了。

由于市场上存在大量有内在联系的金融产品,并且很多情况下人们通过将几种产品组合起来即可产生一种新产品,因此在类似产品的价格之间存在密切的数量关系。例如,远期利率协议与利率期货就十分相似,利率互换则类似于一连串的远期利率协议。一般情况下,相关产品的实际价格几乎完全遵循这些数量关系,不过价格有时也会暂时出现偏离。价格偏离的原因可能是市场的剧烈动荡,也可能是市场存在较大分歧。套利就是利用资产定价的错误、价格联系的失常及市场缺乏有效性等机会,通过买进价格被低估的资产卖出价格被高估的资产来获取无风险利润的交易策略。套利是市场无效率的产物,而套利的结果则有助于市场效率的提高,因此套利对社会的正面效应远超负面效应。

1. 利用期货或远期进行套利

由于期货的套利与远期的套利有些差别,因此对其分别予以讨论。期货套利的本质是利用现货市场和期货市场之间、不同品种的期货合约之间、不同交易时期的期货合约之间的价差来获利。套利的三种类型在期货市场上表现得非常明显,即利用期货和现货市场可以实现跨时间套利、跨商品套利和跨市场套利。

(1) 跨时间套利

通常情况下,当利率波动时,期限长的利率期货会更为敏感。如果预期利率上升,则市场预期长期利率期货价格下跌幅度更大,而期限较短的利率期货则变化相对较慢,下跌幅度预期较小,因此可采取对期限较长的利率期货做空、对期限较短的利率期货做多的策略,进而实现套利。如果利率下降,则采取期限较长的利率期货做多、期限较短的利率期货做空的策略。

【例 10-7】 由于美国 2009 年失业率上升很快,某交易机构担心这可能会导致美国经济衰退,从而美国联邦储备银行可能会降低利率以刺激美国经济。利率下降将会导致长期债券价格的大幅变动,该交易机构根据经验认为近期月份的国债期货价格上涨幅度将大于远期月份的合约价格上涨幅度,于是利用芝加哥期货交易所 9 月与 12 月的美国长期国债期货进行套利交易。它于 2009 年 7 月 10 日按市价买入 10 手 9 月合约,卖出 10 手 12 月合约,于 2009 年 8 月 5 日将上述合约全部对冲平仓。本例中的有关数据如表 10-10 所示。

表 10-10 "买近卖远"套利策略分析

	9月长期国债期货价格	12月长期国债期货价格	9/12月合约的差价(1/32)
2009 年 7 月 10 日	98-10	98-06	4
2009 年 8 月 5 日	99-15	99-04	11
盈亏情况	(+)1-05	(-)0-30	(+)7

结果比较如下:

7 月 10 日买入的 10 手 9 月期货合约,8 月 5 日卖出平仓后每手盈利 1-05,10 手合约共盈利 11 562.5 美元[$(32+5) \times 31.25 \times 10 = 11\ 562.5$]。

7 月 10 日卖出的 12 月期货合约,8 月 5 日买入平仓后每手亏损 0-30,10 手合约共亏损 9 375 美元($30 \times 31.25 \times 10 = 9\ 375$)。

盈亏相抵后,本次买入跨期套利交易净盈利 2 187.5 美元($11\ 562.5 - 9\ 375 = 2\ 187.5$)。

假如市场上存在近期月份、远期月份及居中月份的期货合约,并且套利者认为近期月份合约与居中月份合约的差价、远期月份合约与居中月份合约的差价不合理,当一个差价过大,另一个差价过小时,即可进行蝶式套利。蝶式套利是一种组合套利方式,它利用若干个不同交割月份合约的价差变动来获利。其方法有两种:一是买近月、卖中间月、买远月;二是卖近月、买中间月、卖远月。在蝶式套利中,居中月份合约等于两旁月份合约之和,这种组合方式与蝶式期权组合相同。

【例 10-8】 3 月 1 日,某期货交易所的 5 月、7 月、9 月玉米期货合约价格分别为 2 100 元/吨、2 150 元/吨、2 200 元/吨。某交易商认为玉米期货的价格还会上涨,而且近期月份期货之间的差价有加大的趋势,交易商应该如何套利?假如 2 个月后,5 月、7 月、9 月玉米期货合约价格分别为 2 220 元/吨、2 230 元/吨、2 280 元/吨,该交易商的盈亏是多少?

分析:本例中,5 月、7 月两个月及 7 月、9 月两个月的玉米期货合约的差价都为 50 元,某交易商认为这样的差价是不合理的,他认为 5 月、7 月两个月的玉米期货合约的差价应该大于 7 月、9 月两个月的该合约的差价,于是采用如下方法进行套利:买入近期月份和远期月份期货合约各 2 份,同时卖出 4 份居中月份期货合约。

假如 2 个月后,5 月、7 月、9 月玉米期货合约价格分别为 2 220 元/吨、2 230 元/吨、2 280 元/吨。该交易商的盈亏如表 10-11 所示。

表 10-11 蝶式套利分析

	5 月玉米期货合约	7 月玉米期货合约	9 月玉米期货合约
3月1日 建立套利	买进 2 手 5 月玉米期货合约,价格为 2 100 元/吨	卖出 4 手 7 月大豆期货合约,价格为 2 150 元/吨	买进 2 手 9 月玉米期货合约,价格为 2 200 元/吨
5月1日 完成套利	卖出 2 手 5 月玉米期货合约,价格为 2 220 元/吨	买进 4 手 7 月玉米期货合约,价格为 2 230 元/吨	卖出 2 手 9 月玉米期货合约,价格为 2 280 元/吨
套利结果	盈利 120 元/吨	亏损 80×2 元/吨	盈利 80 元/吨
	盈亏:(120−80×2+80)×2×10=800(元)		

注:1 手=10 吨。

(2) 跨品种套利交易

跨品种套利是指利用两种不同但相互关联的标的资产之间的期货合约价格差异进行的套利交易。跨品种套利必须满足三个条件:一是两种标的资产之间应该具有关联性或相互替代性;二是买进或卖出的期货合约的交割时间应该是相同或相近的;三是交易价格受一些相同或相似的因素影响,从而使两种合约的价格变动方向是一致的。进行跨品种套利的具体操作是在买入(卖出)某一交割月份某种期货合约的同时卖出(买入)与之相互关联的另一相同交割月份期货合约,在将来同时将这两种合约对冲平仓从而获利。

有几种跨品种套利交易变得非常普遍,主要包括:国库券/长期国债期货套利交易(notes over bonds,NOB)、5 年期/长期国债期货套利交易(five year notes over ten-year notes spread,FOB)、5 年期/10 年期国债期货套利交易(five year T-notes over ten-year T-notes spread,FITE)和市政债券/国库券期货套期保值(municipal over bond,MOB)。交易者还可以运用美国财政部发行的短期国库券(T-bill)、长期债券(T-bond)、欧洲美元从事其他跨品种套利交易。这其中,NOB 最为活跃。

上述国库券与长期国债期货、市政债券与国库券期货是不同的品种,但都是由政府机构发行的,信用程度较高,市场价格走势相对稳定。在长期的市场运作过程中,不同品种的交易价格之间存在某种规律性的关联。确切地说,存在较为稳定的价差平均宽度。市场上如果偏离了这种不同期货品种的差价平均宽度,就存在套利机会。如果预期市场为上升趋势,则变化较快的品种做多、较慢的做空,进而实现所谓的跨品种套利;如果预期市场为下跌趋势,则采取对期货价格变化较快的品种做空、较慢的做多策略实现套利。

利率期货市场上另外一种基本的套利策略则是利用利率风险结构的变化进行的。

【例 10-9】 某投资者估计今后一段时间内市场利率有可能下调,因此将导致国债期货价格上升。该投资者认为由于长期国债期货的价格敏感性较高,所以价格上涨幅度应该较大,于是他利用芝加哥期货交易所的长期国债期货与10年期国债期货进行卖出套利交易。他于7月15日按市价卖出10手9月交割的10年期国债期货合约,买入10手相同月份的长期国债期货合约,于8月10日将上述两个合约全部对冲平仓。本例中的有关数据如表10-12所示。

表10-12 跨品种套利盈亏分析

项　　目	10年期国债期货	长期国债期货	NOB差价(1/32)
7月15日的现券收益率	6.08%	6.26%	
9月交割的合约价格	98-12	97-29	15
8月10日的现券收益率	5.98%	6.16%	
9月交割的期货价格	99-16	99-20	−4
盈亏情况	(−)1-04	(+)1-23	(+)19

比较结果如下:

7月15日卖出10手9月交割的10年期国债期货合约,8月10日买入平仓后每手亏损1-04,10手合计亏损11 250美元$[(32+4)\times 31.25\times 10=11\,250]$。

7月15日买入10手9月交割的长期国债期货合约,8月10日卖出平仓后每手盈利1-23,10手共盈利17 187.5美元$[(32+23)\times 31.25\times 10=17\,187.5]$。盈亏相抵后,本次卖出跨品种套利交易净盈利5 937.5$(17\,187.5-11\,250=5\,937.5)$美元。

(3) 股票组合与现金的相互转化

股指期货"复制"整个股票市场的波动,并且易于交易。因此,它为证券组合管理者提供了对投资组合进行重新调整的一个灵活而有效的工具。将现金多头头寸(收息存款)与相应数量的股指期货相结合,即可有效地将现金转化为股票。反过来,将股票多头头寸(收息存款)与相应数量的股指期货空头头寸相结合,即可将股票转化为现金。以下用简单的例子说明上述两种情况。

① 现金转化为股票

【例10-10】 由于市场动荡,某投资经理于2016年9月16日决定存入100万英镑以赚取6%的利息,资金于9月18日存入,为期6个月,并将于2017年3月18日偿还,不得提前支取。到10月底,这位经理预计英国股市将大幅上涨,并且希望从这一预期中获利,不幸的是,刚刚存入的资金不能提前支取,无法用来购买股票。

该投资经理决定买入英国富时100指数期货,以便从股市上涨中获利。2016年10月27日,英国富时100指数位于2 669.8的水平,2017年3月到期的金融时报100种指数期货合约的报价为2 696。该指数的面值为$25\times 2\,669.8=66\,745$英镑,因此投资经理需要买入1 000 000/ 667 452≈15份合约。

到2017年3月18日,金融时报100种指数的收盘水平达2 879.7,上升了7.862%,而3月合约的收盘价为2 880。现在我们可以将现金加期货策略的结果与股市本身的表现(如果这位投资经理得以于10月27日买入股票)作一比较(见表10-13)。

表 10-13 现金加期货策略与股市本身表现的比较

现金加期货		股　　票	
100 万英镑存 142 天	102 3342.47＝100(1＋0.06×142/365)	100 万英镑的股票组合＋7.86%的资本增益	1 078 620＝100(1＋0.078 62)
期货获利	69 000＝(2 880－2 696)×25×15	以年收益率 3.5%收取的股息	13 616.44＝100×0.035×142/365
合计	1 092 342.47		1 092 236.44

以上两个结果相差不到 0.01%，这说明收息存款与恰当数量期货合约的组合确实能有效地实现与股票指数组合相同的收益。

② 股票转化为现金

【例 10-11】 假设另一位投资经理于 2016 年 10 月 27 日需要将一个小规模股票组合的价值锁定在当时的价格水平上。也许这一天股票组合到达了某个临界值，并且确保这一价值比从英国股市任何此后可能出现的上涨行情中获利都更为重要。表 10-14 显示了 2016 年 10 月 27 日该股票组合的构成和估值情况。

表 10-14 2016 年 10 月 27 日股票组合的情况

股　　票	持有股数/股	股价/便士	持有价值/英镑
BTR	25 202	496	125 001.92
Cadbury Schweppes	27 174	460	125 000.40
Forte	72 674	172	124 999.28
GEC	51 229	244	124 998.76
Hanson	53 648	233	124 999.84
marks & Spencer	36 443	343	124 999.49
J Sainsbury	25 303	494	124 996.82
Thorn EMI	15 263	819	125 003.97
总计			1 000 000.48

所有这些股票均包含在金融时报 100 种股票指数中，它们总共约占该指数权重的 13%。这位投资经理认为这一组合具有足够的代表性，使用金融时报 100 种指数期货可以为之提供充分的保值。考虑到该指数位于 2 669.8 的水平，其面值为 66 745 英镑，以及要保值的组合价值 100 万英镑，这一次同样需要 1 000 000/66 745＝15 份股指期货合约。

但这一次为了对股票多头头寸进行保值，该投资经理必须卖出期货，因此他以市价 2 696 英镑卖出了这 15 份合约。

当期货合约于 2017 年 3 月 19 日到期时，该投资经理决定终止保值而不再展期。表 10-15 列出了其股票组合在 143 天中的业绩。

表 10-15 2017 年 3 月 19 日股票组合情况

股　　票	持有股数	股息/便士	股价/便士	持有价值/英镑	变化百分率/%	价格上涨百分比/%	股息收益率/%
BTR	25 202	9.00	599	153 228.16	22.58	20.77	1.81
Cadbury Schweppes	27 174	6.60	479	131 956.94	5.57	4.13	1.43
Forte	72 674	4.96	202	150 402.48	20.32	17.44	2.88
GEC	51 229	4.80	305	158 707.44	26.97	25.00	1.97
Hanson	53 648	5.70	238	130 740.18	4.59	2.15	2.45
marks & Spencer	36 443	3.55	359	132 124.10	5.79	4.66	1.03
J Sainsbury	25 303	4.38	525	133 947.76	7.16	6.28	0.89
Thorn EMI	15 263	15.05	872	135 930.44	8.31	6.47	1.84
总计				1 126 497.49	12.65	10.86	1.79

股票组合价值上升了 12.65%，其中所持有股票的平均价格上升了 10.86%，收到股息相当于股票组合原价值的 1.79%，其中所持有的 BTR、Forte 和 GEC 均有上佳表现，其持有期收益率均超过 20%。

但是，随着股价的普遍攀升，期货头寸遭受了损失。2017 年 3 月到期的英国富时 100 指数期货最后收盘价恰好为 2 900，期货头寸损失额为

$$408 \text{ 个最小变动价位} \times 12.5 \times 15 \text{ 份合约} = 76\ 500(\text{英镑})$$

总损益应是 1 126 497.49 英镑（股票组合价值加上所收到的股息）减去期货损失的 76 500 英镑，净价值为 1 049 997 英镑，相当于 5% 的增长。

如果投资经理一开始就决定卖出股票，并进行 143 天期、利率 6% 的短期存款，则包括利息在内的资金将为 1 000 000.48(1+6%×143/365) = 1 023 507.34 英镑，相当于 2.35% 的增长率。

在上例中，将空头期货头寸与多头股票头寸相结合的确产生了与单纯现金头寸相近的收益，但二者的结果并不完全一致。这是因为所持有的 8 只股票无论是价格还是股息方面的表现都优于市场总体水平。市场整体上涨了 8.62%，而这 8 只股票上涨了 10.86%，高于市场 2.24%。按年股息率 3.5% 计算持有期的股息率为 1.37%，但实际收到的股息率为 1.79%，又高出 0.42%。将这两方面结合起来，这一特定股票组合的超长收益率为 2.66%，这就解释了为何保值以后其收益率为 5%，比单纯现金投资 2.35% 的预期收益率高出 2.63%。

如果持有的股票更接近股票指数组合，则股票多头和期货空头的结合将会带来更接近持有期内 2.35% 的现金收益率水平，期货在将股票转化为现金方面也将更加有效。当然，如果该投资经理像上例中那样干脆就持有股票指数组合，那么所得到的结果将是完美的。美国长期国债是以美元和美元的 1/32 为单位报出的。所报价格是相对于面值 100 美元的债券。因此，120-0 或 120 的价格意味着 10 000 美元面值的债券的价格为 12 015 625 美元。交易人员将报价称为纯净价（clean price），它不同于现金价格。现金价格也称为带息价格

(dirty price)。一般来讲,我们有以下关系式:现金价格=报价(纯净价)+从上一个付息日开始的累计利息。为了说明这一公式,假设现在时间是2021年3月5日,所考虑的债券息率为11%,到期日为2041年7月10日,报价为155-16,即155.5美元。因为政府债券的利息每半年支付一次(最后一个利息支付日期为债券的到期日)。最近的前一次付息日为2021年1月10日,下一个付息日为2021年7月10日。在2021年1月10日与2021年3月5日之间(实际天数)总共有54天,而在2021年1月10日与2021年7月10日之间(实际天数)总共有181天。一个面值为100美元的债券在1月10日和7月10日所支付的利息为5.5美元。2021年3月5日的累计利息是在7月10日所支付的息票被累积到2021年3月5日的数量。因为美国国债累计利息是基于"实际天数/实际天数",因此累计利息为$5.50 \times \frac{54}{181} = 1.64$(美元)。100美元面值债券的现金价格为155.5+1.64=157.14美元。因此,对应10 000美元面值债券的现金价格为157 140美元。

2. 利用期权进行套利

期权套利策略是同时买进和卖出一张或多张期权合约。期权有买进看涨期权、买进看跌期权、卖出看涨期权、卖出看跌期权四种最基本的单一交易策略。在现实中,往往利用期权组合进行套期保值或套利交易。期权套利可分为垂直套利、水平套利和组合套利。利用期权进行套利的具体内容在第六章和第九章已经比较详细地介绍过,此处不再赘述。

(1) 蝶式差价套利

相同标的资产和期限、不同协议价格的看涨期权或看跌期权之间存在一定的价格联系,然而各种期权的价格是分别由各自的供求决定的,若某些品种的期权价格由于供求关系而脱离了与其他期权品种价格的内在联系,就有可能出现无风险套利机会。

简便起见,我们考虑三种协议价格K_1、K_2和K_3,且$K_2=0.5(K_1+K_3)$。对于欧式看涨期权的正向蝶式差价组合而言,如果$2c_2>c_1+c_3$,则存在无风险套利机会;对于欧式看跌期权的正向蝶式差价组合而言,如果$2p_2>p_1+p_3$,则存在无风险套利机会。

【例10-12】 A股票的6个月期协议价格分别为18元、20元和22元的欧式看涨期权价格分别为每股2.2元、1.4元和0.5元,请问应如何套利?

由于$2c_2>c_1+c_3$,因此可通过买入协议价格为18元和22元的期权,同时卖出2份协议价格为20元的期权来套利,具体套利步骤如下:

① 卖出2万份(相当于200万股)协议价格为20元的期权,得到期权费280万元;

② 买入1万份协议价格为18元的期权,支付期权费220万元;

③ 买入1万份协议价格为22元的期权,支付期权费50万元,建立上述组合,套利者共收入10万元;

④ 6个月后,若A股票价格S_T大于等于22元,则所有期权都将被执行,期权多头将给套利者带来$(S_T-18)\times 100$万+$(S_T-22)\times 100$万=$(S_T-20)\times 200$万的利润,期权空头将给套利者带来$(20-S_T)\times 200$万的亏损,多头的利润和空头的亏损刚好抵消,套利者净赚期权费的差额10万元利润;

⑤ 6个月后,若A股票价格S_T小于等于18元,则所有期权都将不被执行,套利者净赚期权费差额10万元;

⑥ 6个月后,若A股票价格 S_T 等于20元,则只有协议价格为18元的期权会被执行,套利者从中可赚 $(20-18)\times 100$ 万 $=200$ 万元,加上期权费差额10万元,共赚210万元;

⑦ 6个月后,若A股票价格 S_T 介于18元和20元之间,则也只有协议价格为18元的期权会被执行,套利者从中可赚 $(S_T-18)\times 100$ 万元 $+10$ 万元;

⑧ 6个月后,若A股票价格 S_T 介于20元与22元之间,则只有协议价格为18元和20元的期权会被执行,多头赚 $(S_T-18)\times 100$ 万元,空头亏 $(20-S_T)\times 200$ 万元,由于 $S_T<22$ 元,因此套利者净赚 $(22-S_T)\times 100$ 万元,加上期权费差额10万元,共赚 $(22-S_T)\times 100$ 万元 $+10$ 万元。

可见,通过上述套利,套利者至少可赚10万元,最多可赚210万元,且不需要初始投资,也绝无亏损风险。

(2) 差期套利

差期套利是利用相同标的资产和协议价格、不同期限的看涨期权或看跌期权价格之间的差异来赚取无风险利润。一般来说,虽然欧式期权只能在有效期结束时执行,但期限较长的期权价格仍应高于期限较短的期权,否则就存在无风险套利机会。

【例10-13】 A股票的协议价格为15元、有效期为3个月和6个月的欧式看跌期权的价格分别为每股1.6元和1.5元,请问应如何套利?

由于在本例中有效期长的期权价格低于有效期短的,因此可通过"买长卖短"来套利,具体步骤如下:

① 卖出1万份(相当于100万股)3个月期的期权,收入期权费160万元;

② 买入1万份6个月期的期权,支出期权费150万元,二者相抵,套利者建立该差期套利组合净收入10万元;

③ 3个月后,若A股票价格趋于无穷大,则空头不会被执行,而多头虽未到期,其价值也由于期权处于深度虚值而趋于零,因此套利者净赚期权费差额10万元;

④ 3个月后,若A股票价格等于0,则空头会被执行,套利者在空头上亏15元×100万=1 500万元,而此时多头的价值也趋于1 500万元,套利者仍净赚期权费差额10万元;

⑤ 3个月后,若A股票价格等于15元,则空头不会被执行,而此时多头内在价值虽为0,但由于标的资产价格与期权的执行价格相等,时间价值最大,而且尚余3个月有效期,因此此时多头剩余3个月的时间价值(p^*)最大,从而套利者净赚 100 万 $\times p^*+10$ 万元利润。

可见,该套利组合最低的利润为10万元,最高的利润为 100 万 $\times p^*+10$ 万元,该组合不需要初始投资,也绝无亏损风险,因此是很理想的套利机会。

(3) 对角套利

对角套利是指利用相同标的资产、不同协议价格和有效期的看涨期权或看跌期权的价格差异赚取无风险利润的行为。

我们用 K_1、K_2 分别表示两个协议价格,其中 $K_1<K_2$。用 T 和 T^* 分别表示两个有

效期,其中 $T<T^*$,c_1 和 p_1 分别表示协议价格为 K_1 的欧式看涨期权和看跌期权的价格,c_2 和 p_2 分别表示协议价格为 K_2 的欧式看涨期权和看跌期权的价格。从第九章的分析中可知:

① 对于看涨期权的(K_2,T^*)多头加(K_1,T)空头组合,若 $c_1-c_2 \geqslant K_2-K_1$,则存在无风险套利机会;

② 对于看跌期权的(K_1,T^*)多头加(K_2,T)空头组合,若 $p_1-p_2 \geqslant K_2-K_1$,则存在无风险套利机会。

【例 10-14】 假设 A 股票的市价为 20 元,该股票协议价格为 20 元、有效期 3 个月的欧式看涨期权价格为每股 2.5 元,该股票协议价格为 22 元、有效期 6 个月的欧式看涨期权价格为每股 0.5 元,请问应如何套利?

由于 $c_1-c_2=K_2-K_1$,因此可通过卖出协议价格 20 元、有效期 3 个月的 A 股票欧式看涨期权,同时买入协议价格 22 元、有效期 6 个月的 A 股票欧式看涨期权来组合对角套利组合,假设套利规模为 1 万份,则其具体步骤如下:

① 卖出 1 万份协议价格 20 元、有效期 3 个月的 A 股票欧式看涨期权,收入期权费 250 万元;

② 买入 1 万份协议价格 22 元、有效期 6 个月的 A 股票欧式看涨期权,支出期权费 50 万元,故建立该套利组合的初始净收入为 200 万元;

③ 3 个月后,若 A 股票价格 S_T 趋于零,则空头期权将不被执行,而多头期权虽然还剩 3 个月有效期,但由于 S_T 趋于零,多头期权的价值也趋于零,因此套利者净赚 200 万元;

④ 3 个月后,若 S_T 趋于无穷大,则空头期权亏(S_T-20)×100 万,多头期权的内在价值等于(S_T-22)×100 万,其时间价值也趋于零,套利者可按 S_T-22 的价格将该期权平仓,获得收入(S_T-22)×100 万,因此套利者净赚(S_T-22)×100 万-(S_T-22)×100 万+200 万元=0 万元;

⑤ 3 个月后,若 S_T 等于 20 元,则空头期权不被执行,而多头期权虽然处于虚值状态,但尚有 3 个月有效期,因此可按其时间价值 c_{2T} 卖掉,套利者共获利 100 万×c_{2T}+200(万元)。

可见,该套利组合在 S_T 等于 20 元时获利最大,当 S_T 变小时,获利逐步减少并趋于 200 万元,当 S_T 变大时,获利逐步减少并趋于零,该套利组合的初始投资为净收入,并无任何风险。

3. 利用互换进行套利

互换套利是以各种参与者在资本市场上的不同融资来源的比较优势为基础。在互换交易中,互换双方各自将其在某一市场上的比较优势进行交换,以达到各自融资或投资的目的。互换双方的比较优势主要表现在各自的税后成本或融资渠道方面。资本市场比较优势这一原则适用于包括利率互换和货币互换交易在内的所有互换交易。根据套利收益来源的不同,互换套利可大致分为信用套利、税收套利与监管套利。

互换本质上具有明显的套利功能。这一功能源于不同信用等级的企业在不同的债务市场(主要指固定利率和浮动利率市场)上的利率差存在结构性差异。互换套利原理就是借助不同市场给予不同公司信誉差的结构性定价差异,投机者通过在出现较低利率差的市场上买入较低的利率差,在出现较高利率差的市场上卖出较高的利率差,实现跨市场套利。关于信用套利,在第五章已有过详细介绍,这里介绍税收套利与监管套利的两个案例。

(1) 税收套利

税收套利和监管套利的产生是由于存在对资本流动的人为限制或对资本流动的人为定价。资本税收和资本流动监管的主要类型有预扣税、投资资产选择限制、税收差异和补贴融资来源等。投机者利用各国税收和监管要求的不同,运用互换规避税收,降低成本,获取收益。只要税收和监管制度的规定导致定价上的差异,市场交易者就可以进入定价优惠的市场,并通过互换套取其中的收益。总的来说,影响税收与监管套利的因素主要有三个:一是不同国家、不同收入、不同种类支付的待遇差异;二是人为的市场分割与投资限制;三是出口信贷、融资租赁等能够得到补贴的融资优惠。

在许多国家,当一家公司向另一家公司支付借款利息时,接受利息的一方是要完全纳税的,而支付利息的公司则是完全免税的。此外,一家公司获得的普通股和优先股的股息大部分是免税的,因为这一收益已由支付股息的公司交过税了。一般情况下,股利收入的 80% 是免税的。

【例 10-15】 假定 A 公司的借款成本为 10%,边际收入税率为 40%。A 公司借了 1 000 万元并用它来购买 B 公司的收益率为 8% 的优先股,即优先股每年支付固定的 8% 的红利(面值百分比),也就是说 A 公司每年可获得 80 万元的红利。

初看起来,这场交易好像没有多大的意思,因为 A 公司是以 10% 的成本借钱,然后投资到收益率为 8% 的资产中。但是考虑到税收的不对称性,这场交易就显得相当有价值。

① A 公司的税后借款成本实际上是 $6\% = 10\% \times (1-40\%)$。因为所支付的利息是完全免税的,而如果不去借款支付利息,则支付的这部分钱要被征收 40% 的税。

② 从股息中得到的税后利润达 7.36%。因为 80% 的股息是免税的,只剩下 20% 需要征收 40% 的税。即税后报酬率 $8\% - (8\% \times 20\% \times 40\%) = 7.36\%$。

这样一来,总收益就变为 $7.36\% - 6\% = 1.36\%$,即每年净赚 13.6 万元。

再假设 B 公司从事一种可替代能源的生产,而政府正在鼓励发展这种可替代能源,因而 B 公司享有 12% 的优惠税率。现在 A 公司从 B 公司以 10% 的年利率借入 B 公司的资金,然后再把借到的款项投资于 B 公司的收益率为 8% 的优先股。我们来看这种投资行为的价值。

① A 公司每向 B 公司借 1 元钱,虽然需要向 B 公司支付 0.1 元的利息,但通过税收的减免实际支付的利息成本为 0.06 元 $= 1 \times 10\% \times (1-40\%)$。

② 对于 B 公司所收到 0.1 元的利息,由于优惠税率,税后是 $0.1 \times (1-12\%) = 0.088$ 元。而 B 公司只要就 A 公司投资在 B 公司的每 1 元钱向其支付 0.08 元的股息(优先股的收益率为 8%)。

因此,对 B 公司而言,每 1 元钱通过这种活动赚取的利益为 0.008 元,而 A 公司的好处是每 1 元有 0.013 6 元的收入。以上一系列的交易相当于 A 公司以年收益率为 10% 的债券与 B 公司收益率为 8% 的优先股进行了互换。

(2) 监管套利

【案例 10-3】 日本外币资产投资监管的互换套利。

1984 年年底,在日元兑换限制解除的背景下,澳元证券的高收益引起了日本投资者的极大兴趣。但是当时日本当局规定日本金融机构在外币证券方面的投资不得超过其证券组合的 10%。1985 年年初,上述 10% 的规定有所放宽。出于某些特殊原因,部分日本金融机构发行的外币证券不属于 10% 的外币证券份额。一些日本金融机构运用货币互换对上述监管制度进行了套利,具体机制如下。

第一步,日本金融机构向日本投资者发行澳元证券。这些证券的利率水平较高,但仍低于澳大利亚境内的澳元证券。在当时的监管规则下,日本投资者无法大量投资于澳大利亚境内的澳元证券,而只能购买日本金融机构发行的澳元证券,因为这些证券被认定为不属于 10% 的外币证券份额。

第二步,日本金融机构与澳大利亚国内机构进行货币互换。澳大利亚国内机构向日本金融机构支付澳元利息,而日本金融机构向澳大利亚国内机构支付美元利息。由于日本境内的澳元利息成本低,这一互换中的澳元利息低于澳大利亚国内债券利息,澳大利亚机构因此愿意向日本金融机构收取低于市场利率的美元利息,从而实现了双方融资成本的降低。

然而,基于税收和监管待遇差异的互换套利是不稳定的。随着市场走向开放与完善,很多套利来源可能消失或变化。因此,从互换的发展来看,其重要的运用领域仍是风险管理和创造新产品。

4. 套利策略的比较

一般而言,套利策略具有比原先交易更低的波动率、有限的风险、巨额资金进出等优点,但存在收益受限、套利机会少等不足之处。不同的套利策略有着不同的特点。在实际运用过程中,套利者是结合实际情况,充分运用不同套利策略的特点进行套利。在选择套利策略时,套利者通常会分析该策略所承担的风险、成本及收益,从而得出合适的套利策略。各套利策略比较见表 10-16。

表 10-16 各种套利策略的比较

套利策略	主要优点	主要缺点
期货或远期策略	①较低的套利风险,不同期货合约的价差变化远不如绝对价格水平变化剧烈,而且其交易策略回避了突发事件对盘面冲击的风险;②交易成本较低,主要是经纪人佣金和手续费	①套利价差较小,好的套利机会少;②较普通期货交易而言,收益受限制;③套利信息难以获取
期权策略	①套利风险低;②价格变动带来的损失有限;③收益稳定	①要交纳一定比例的期权费,成本费用较高;②套利头寸计算烦琐
互换策略	①套利风险低;②具有绝对优势的公司可以分享更多的互换收益	①适合双方套利机会比较少;②进行互换套利策略需要满足的条件较为复杂,往往是大型的投资机构

【例10-16】 假定在2021年2月10日,某投资者有1 000万元,并且看好未来一个月的股票市场,因此决定设计一个到期日为3月底的投资计划。投资者欲投资资产及市场报价如下:

① 银华日利ETF(SH511880)。场内货币基金,交易日可以在二级市场自由买入、卖出,2020年年化收益率为2.02%。2021年2月10日的收盘价为100.449元。

② 沪深300ETF(SH510300)。沪深300ETF是以沪深300指数为标的资产的在二级市场进行交易和申购/赎回的交易型开放式指数基金。2021年2月10日的市场行情如表10-17所示。

表10-17 沪深300ETF市场行情

代码	名称	当前价	涨跌	涨跌幅/%	振幅/%	成交量/手	成交额/万元
510300	300ETF	5.807	0.115	2.02	2.39	3 419 099	197 398

③ 沪深300股指期货合约(IF)。沪深300股指期货合约是中国金融期货交易所统一制定的以沪深300指数为标的资产的标准化期货合约。2021年2月10日,沪深300指数的收盘点数为5 807.72,沪深300股指期货合约的市场行情如表10-18所示。

表10-18 沪深300股指期货合约市场行情

合约名称	最新价	成交量	持仓量
IF2102	5 801.0	62 540	39 448
IF2103	5 787.2	60 754	115 550
IF2106	5 718.0	8 040	33 287
IF2109	5 647.6	2 576	7 840

④ 沪深300ETF期权合约是上交所统一制定的、规定买方有权在将来特定时间以特定价格买入或卖出交易型开放式指数基金(ETF)等标的资产的标准化合约。2021年2月10日,2021年3月及9月到期的沪深300ETF期权合约市场行情如表10-19所示。

表10-19 2021年3月、9月到期的沪深300ETF期权合约市场行情

合约交易代码	当前价	行权价	合约交易代码	当前价
510300C2103M04700	1.098 0	4.70	510300P2103M04700	0.007 6
510300C2103M04800	1.007 9	4.80	510300P2103M04800	0.009 8
510300C2103M04900	0.899 4	4.90	510300P2103M04900	0.013 0
510300C2103M05000	0.809 4	5.00	510300P2103M05000	0.015 8
510300C2103M05250	0.575 0	5.25	510300P2103M05250	0.032 6
510300C2103M05500	0.369 2	5.50	510300P2103M05500	0.073 6
510300C2103M05750	0.209 0	5.75	510300P2103M05750	0.160 8
510300C2103M06000	0.109 5	6.00	510300P2103M06000	0.309 7

续表

合约交易代码	当前价	行权价	合约交易代码	当前价
510300C2103M06250	0.056 6	6.25	510300P2103M06250	0.506 7
510300C2103M06500	0.029 8	6.50	510300P2103M06500	0.715 3
510300C2103M06750	0.018 2	6.75	510300P2103M06750	0.970 5
510300C2109M04700	1.119 8	4.70	510300P2109M04700	0.068 0
510300C2109M04800	1.046 1	4.80	510300P2109M04800	0.082 3
510300C2109M04900	0.965 4	4.90	510300P2109M04900	0.101 9
510300C2109M05000	0.865 6	5.00	510300P2109M05000	0.122 3
510300C2109M05250	0.689 1	5.25	510300P2109M05250	0.187 8
510300C2109M05500	0.532 6	5.50	510300P2109M05500	0.285 6
510300C2109M05750	0.403 7	5.75	510300P2109M05750	0.404 5
510300C2109M06000	0.311 9	6.00	510300P2109M06000	0.553 7
510300C2109M06250	0.232 5	6.25	510300P2109M06250	0.728 3
510300C2109M06500	0.179 2	6.50	510300P2109M06500	0.917 2
510300C2109M06750	0.131 0	6.75	510300P2109M06750	1.116 1

(1) 假若该投资者是非常激进的投机者,而且强烈看好股票市场,认为沪深300指数会大幅上涨,因此设计了以下三种投机方案(见表10-20)。

方案一:所有资金全部投资于沪深300ETF,大约可以买入1 722 000股。

方案二:所有资金全部买入沪深300股指期货IF2103,假定保证金的比例为11%,则可以买入52份。

方案三:所有资金全部买入沪深300ETF期权合约,执行价格(行权价)为5.75的看涨期权,其价格为0.209,可买入4 780份(每份10 000股)。

表10-20 各投资品种的初期投入

投资品种	单价	量	合约价值
沪深300ETF	5.807	1 722 000	5.807×1 722 000=9 999 654
IF2103	5 787.2	52 (5 787.2×300×11%×52=9 930 835)	5 787.2×300×52=90 280 320
510300C2103M05750	0.209	4 780(0.209×10 000×4 780=9 990 200)	0.209×10 000×4 780=9 990 200

3月19日,假定市场变化情况如表10-21的第一行所示,各投资产品在不同市场情况下的总价值如表10-21所示。

表 10-21　各投资方式的期末盈亏　　　　　　　　　　（单位：万元）

投资品种	涨跌幅度						
	下降 15%	下降 10%	下降 5%	不变	上涨 5%	上涨 10%	上涨 15%
沪深 300ETF	−150	−100	−50	0	50	100	150
IF2103	−1 277	−841	−406	30	465	901	1 336
510300C2103M05750	−1 000	−1 000	−1 000	−728	660	2 048	3 436

表格数据计算说明：

当沪深 300 指数下降 15% 时，沪深 300ETF 的价值为 9 999 654×85%+(10 000 000−9 999 654)=8 500 051.9 元，减去期初投入资金 9 999 654 元，最终亏损约为 150 万元。

因为 3 月 19 日为 IF2103 的到期日，因此其结算价格约为沪深 300 指数收盘价格，则期货合约 IF2103 的价值为 300×5 807×85%×52=77 000 820 元，即约为 7 700 万元；减去期货合约期初的价值 9 028 万元，则最终亏损 1 354 万元。

期权合约放弃行权，因此合约价值为 0，亏损 9 990 200 元，即约为 1 000 万元。

如表 10-21 所示，对于投机者来说，选用金融衍生产品进行投机时，其杠杆作用非常大。在上涨幅度较大的情况下，期权合约的收益比期货要高。买入看涨期权的投资者虽然亏损有限、盈利无限，但其盈利的区间比期货小，因为要损失权利金。IF2103 之所以在股指期货价格不变的情况下仍有 30 万元的盈利，是因为 IF2103 在期初处于贴水的状态。

（2）假若该投资者想从市场的不合理价格中套利，并设计了以下三种套利方案：

方案一：期货的跨期套利。从表 10-18 中期货合约的价差可以看出，IF2102 与 IF2103 的价差为 13.8，IF2103 与 IF2106 的价差为 69.2，约为 13.8 的 5 倍，因此，投资者预期 IF2103 与 IF2106 的价差会缩小，因此买入 IF2106，卖出 IF2103 合约，等待 3 月底这两个合约价差缩小，再卖出 IF2106，并买入 IF2103 进行平仓。

方案二：看涨看跌期权套利。根据期权的平价关系，$c_t + Ke^{-r(T-t)} = p_t + S_t$，可计算同一执行价格的看涨期权与看跌期权的平价关系是否成立，若不成立，则可进行套利。例如，若取无风险利率为银华日利的年利率 2.02%，时间取一个月，即 1/12，则结果如表 10-22 所示。

表 10-22　看涨看跌期权的平价关系

$c_t + Ke^{-r(T-t)}$	行权价	$p_t + S_t$	$c_t + Ke^{-r(T-t)}$	行权价	$p_t + S_t$
5.790 0	4.70	5.814 6	5.949 3	5.75	5.967 8
5.799 8	4.80	5.816 8	6.099 4	6.00	6.116 7
5.791 1	4.90	5.820 0	6.296 1	6.25	6.313 7
5.801 0	5.00	5.822 8	6.518 9	6.50	6.522 3
5.816 2	5.25	5.839 6	6.756 8	6.75	6.777 5
5.860 0	5.50	5.880 6			

该方案表面上看有套利空间，但是考虑到交易的手续费，或者当无风险利率发生变化

时,套利机会可能会不存在。

方案三:蝶式差价期权套利。相同标的资产和期限、不同协议价格的看涨期权或看跌期权之间存在一定的价格联系,然而各种期权的价格是分别由各自的供求决定的,若某些品种的期权价格由于供求关系而脱离了与其他期权品种价格的内在联系,就有可能出现无风险套利机会。我们考虑三种协议价格 K_1、K_2 和 K_3,且 $K_2=0.5(K_1+K_3)$。对于欧式看涨期权的正向蝶式差价组合,如果 $2c_2>c_1+c_3$,则存在无风险套利机会;对于欧式看跌期权的正向蝶式差价组合,如果 $2p_2>p_1+p_3$,则存在无风险套利机会。如表 10-18 所示,执行价格为 5.25 的看跌期权的价格为 0.032 6,执行价格为 5.5 的看跌期权的价格为 0.073 6,执行价格为 5.75 的看跌期权的价格为 0.160 8,因为 $0.032\ 6+0.160\ 8>2\times0.073\ 6$,则可应用反向蝶式差价组合套利,即卖出执行价格为 5.25 和 5.75 的看跌期权各一份,同时买入两份执行价格为 5.5 的看跌期权进行套利。

方案四:差期期权套利。差期期权套利是利用相同标的资产和协议价格、不同期限的看涨期权或看跌期权价格之间的差异来赚取无风险利润。一般来说,虽然欧式期权只能在有效期结束时执行,但期限较长的期权价格仍应高于期限较短的期权,否则就存在无风险套利机会。观察表 10-19 中的数据,不存在差期套利机会。

方案五:对角期权套利。对角期权套利是指利用相同标的资产、不同协议价格和有效期的看涨期权或看跌期权的价格差异赚取无风险利润的行为。我们用 K_1、K_2 分别表示两个协议价格,其中 $K_1<K_2$。用 T 和 T^* 分别表示两个有效期,其中 $T<T^*$,c_1 和 p_1 分别表示协议价格为 K_1 的欧式看涨期权和看跌期权的价格,c_2 和 p_2 分别表示协议价格为 K_2 的欧式看涨期权和看跌期权的价格。从第九章的分析可知:①对于看涨期权的 (K_2,T^*) 多头加 (K_1,T) 空头组合,若 $c_1-c_2\geqslant K_2-K_1$,则存在无风险套利机会;②对于看跌期权的 (K_1,T^*) 多头加 (K_2,T) 空头组合,若 $p_1-p_2\geqslant K_2-K_1$,则存在无风险套利机会。

(3) 假设该投资者想尽可能进行资产的保值,并设计了以下方案。

方案一:直接买入银华日利 ETF,月收益率约为 0.2%。

方案二:买入沪深 300ETF,同时卖出一定数量的沪深 300 股指期货合约 IF2103。假定沪深 300ETF 相对于沪深 300 指数的 β 系数为 1。一份期货的价值约为 1 736 160 元,因此可以花 100 万元卖出 5 份沪深 300 股指期货 IF2103,同时花 900 万元买入沪深 300ETF。但因为 IF2103 贴水比较严重,该方案存在亏损的风险。

(4) 假若该投资者想将资金的损失控制在一定范围内(如 5% 以内),但又不想丧失股票上涨带来的盈利机会,因此设计了以下方案:

方案一:以 5.807 的价格买入沪深 300ETF,同时以每股 0.1608 的价格买入执行价格为 5.75 的看跌期权。一旦沪深 300ETF 的价格低于 5.75,则执行看跌期权。因此,其最大损失约为 3.65%。

方案二:买入银华日利 ETF,并在期初借入可以通过银华日利 ETF 得到的利息 [10 000 000×2.02%×(1/12)],买入执行价格为 5.75 的看涨期权 8 手(80 000 股)。若沪深 300ETF 的价格高于 5.75,则该投资策略盈利(若在 3 月中旬,股票价格上涨 20%,则月收益率为 [(5.807×1.2−5.75)×80 000]/10 000 000=1%);若沪深 300ETF 的价格低于5.75,则投资者不赚不亏。

从上面的例子可以看出,金融衍生产品在风险分散和风险对冲方面可以发挥较好的作用,但仍存在金融风险。投资方案本身存在市场风险,如套期保值过程中的股指期货贴水现象。因为期货和期权都属于场内交易的金融衍生品,不存在信用风险。在套利过程中,存在流动性风险带来的问题,表面上有套利机会,但因为交易量较少,导致冲击成本增加,虽然看起来存在套利机会,但执行过程中并不能获得套利收益。面对同一市场环境,投资者的目标不同,可以设计出多种投资方案,一旦投资方案偏离了投资者的原有目标,如原本要做的是套期保值,最后改成了投机,则面临较大的操作风险。

5. 套利的局限性

从理论上讲,套利不需要资本,也没有风险。当套利者卖出价格较高的证券,同时买进价格较低的"相同或本质上相似"的证券时,他就立即获得了套利利润(等于买卖价差),而其未来的净现金流一定等于零;或者他在套利时的净现金流为零,而其未来的净现金流有可能为正。然而,现实生活中的套利往往是有风险的,因此是有局限的。

(1) 噪声交易风险

金融市场上的定价错误大多是由噪声交易者(noise trader)造成的。噪声交易者对于某个资产的价格走势持悲观看法,因此大量抛售该资产使其价格走低。而套利者发现该资产价格相对于与该资产"相同或本质上相似"的其他资产的价格被低估了,于是就买进该资产而卖出其他资产进行套利。但该套利在短期内面临如下风险:噪声交易者在短期内可能对该资产更悲观,进一步推低该资产的价格,从而使套利组合在短期内面临亏损的风险。特别是当套利被放大数倍后,价格的不利变动可能导致套利组合在短期内由于保证金不足而被迫平仓。美国长期资本管理公司(LTCM)危机的主要原因就是由于套利组合在短期内价格发生不利变动而出现的流动性危机。

在这方面最为典型的例子是皇家荷兰(Royal Dutch)和壳牌(Shell)这两家石油公司的股票。1907年,皇家荷兰和壳牌联合组成新的集团公司,但这两家公司仍然独立存在。集团公司章程规定,在对税收和少数股东权益进行调整后,两家公司的全部权益并入集团公司,然后再按60∶40的比例分享集团公司的权益。皇家荷兰和壳牌在欧美的9家交易所同时上市,但皇家荷兰主要在美国和荷兰交易,而壳牌主要在英国交易。从理论上说,如果证券价格等于未来现金流的现值和,那么皇家荷兰的股价应该是壳牌股价的1.5倍。然而事实并非如此。图10-13反映了1980—1995年皇家荷兰与壳牌股价比例偏离60∶40的情况。

从趋势上看,皇家荷兰与壳牌的相对股价有向均值回归的趋势。20世纪80年代初,皇家荷兰的股价相对于壳牌的股价被严重低估,之后逐步恢复正常。1985年之后则在正常比例上下波动。因此,从长期趋势上说,套利是可以获利的。但这种套利在短期内面临较大的风险。例如,如果你在1980年年初皇家荷兰的股价相对于壳牌的股价被低估20%左右时进行套利,则你的套利组合最糟糕时(如1981年上半年和1982年上半年)会出现20%以上的账面亏损,如果此时你的套利组合流动性出现问题而被强制平仓,或者你的委托人因对你缺乏信心而强制你平仓,那么你的套利结果就不是赚20%,而是亏20%多。可见,在现实生活中,即使存在"相同或本质上相似"的证券,套利仍可能是有风险的。

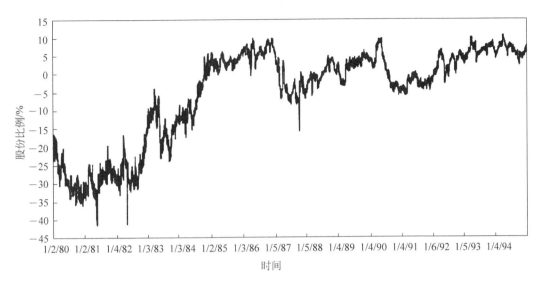

图 10-13　1980—1995 年皇家荷兰与壳牌的股价比例

(2) 完美替代品的缺乏

完美替代品是指替代证券(或投资组合)的现金流与被替代证券(或投资组合)的现金流完全相同。当某种证券的价格高于其内在价值时,投资者就可以卖出该证券,同时买进未来现金流与之完全相同的证券或投资组合。相反,当某种证券的价格低于其内在价值时,投资者就可以买进该证券,同时卖出未来现金流与之完全相同的证券或投资组合。这种套利活动从长期看是无风险的。

对于期货、期权等衍生证券来说,通常较容易找到完美替代品。但在很多情况下,证券现货的完美替代品是很难找到的。套利者往往只能找到近似的替代品,这就使套利者面临风险。例如,当套利者发现股票市场的价格被整体高估时,他找不到股票组合的替代组合。对于单个证券来说,即使可以找到较为接近的替代品,套利者也必须承担单个证券的独特风险(idiosyncratic risk),即他卖空的证券出现意外的好消息,而他买进的证券出现意外的坏消息。例如,假设套利者认为深发展的股票相对于浦发银行和民生银行的股票被高估,于是卖空深发展,同时买进浦发银行和民生银行的股票。这种套利虽然可以消除银行业的行业风险,但他仍面临深发展出现意外的好消息而浦发银行和民生银行出现意外的坏消息的风险。

在找不到完美替代品的情况下,套利者的套利行为将面临风险。因此,这种套利行为常被称为风险套利,因为它"套"的不是相对价格收敛的确定性,而是统计上的可能性。这就会限制厌恶风险的套利者的套利活动。

第三节　产品设计

金融工程除了风险管理外,另一个重要功能是为市场提供各种各样的创新型产品,以满足投资者的需求。本节我们将介绍两种创新性金融产品——结构化理财产品和可转换债券。

一、结构化理财产品

美国证券监督管理委员会制定的规则将"结构化证券"定义为"现金流支付特征依赖一种或几种指数,内嵌远期合约或期权,投资收益及发行者的支付义务,对于标的资产价值高度敏感的一类证券"。从理论上讲,结构化产品又称合成证券或混合证券,是运用金融工程结构化方法,将固定收益金融产品与衍生金融产品组合设计而成的新型金融产品。结构化理财产品的设计开发、定价与风险管理属于金融工程的实际应用。

结构化理财产品的回报率通常取决于挂钩资产的表现,例如,上证50股票指数挂钩类产品是挂钩标的为上证50指数的结构化产品,其回报率取决于上证50指数的变化。根据挂钩标的的不同,结构化理财产品大致可以细分为利率挂钩类、外汇挂钩类、指数挂钩类、股票挂钩类和黄金挂钩类等。由于结构化产品结合了安全性较高的固定收益产品及安全性能较低的衍生工具产品,能够适合不同风险偏好类型的消费者。在国内理财产品打破刚性兑付的情况下,结构化产品在国内发展潜力巨大。

目前,国内结构化产品的开发基本上由外资银行主导,中资银行缺乏开发设计结构化金融产品的金融工程技术和经验,缺乏自主创新能力。就结构化理财产品而言,产品创新主要表现为产品结构和挂钩标的的创新,而这方面的创新以外资银行为主导,虽然也有部分中资银行进行了自主开发设计,但总体而言创新产品偏少,创新能力明显不足,几乎所有的中资银行都经历了向外资银行购买产品的过程。造成这一现象的主要原因是中资银行缺乏衍生产品的定价模型和报价能力,市场上可供对冲的金融衍生产品太少,因此金融产品的创新能力还有待提高。

结构化产品市场需要活跃的基础资产市场和衍生品市场作为基础,以便风险中性的发行商可以利用这些市场为结构化产品定价,并对结构化产品的风险进行对冲。

二、可转换公司债券

可转换公司债券简称可转债,于1843年起源于美国。国内在1993年由深圳宝安集团公开发行了第一只可转债宝安转债。可转债是一种含权债券,投资者有权在一定时间内依据约定的条件将其转换为发债公司的普通股票。对于投资者来说,可转债具有"下有保底,上不封顶"的特点,当标的股票价格下跌时,可转债的债券性质可以保护投资本金,当标的股票价格上涨时,可转债的期权性质可以促使投资者转股从而分享股票上涨带来的超额回报。对于发行者来说,可转债具有"低利息,高稳定性"的特点。从投资的角度看,可转债是一种攻守兼备的投资品种;从融资的角度来看,可转债是上市公司进行再融资的有力工具。

可转债的条款主要包括债息条款、转股条款、赎回条款、回售条款和转换条款,因此可转债是一种高度混合的金融衍生品,兼具债券、股票和期权三种属性特性,通常内嵌包含转股条款、赎回条款和转股价格向下修正条款等期权条款。其中,债息条款、转股条款、回售条款的执行权属于可转债持有者,而赎回条款、转股价格调整条款和转股价格向下修正条款的执行权属于可转债发行公司。

转换条款对可转债转换成发行公司股票的条件、转换比例及如何调整等进行了约定,如强制性转股条款、时点向下修正条款、股东权益变动时转股价格调整条款及有条件向下修正条款。目前发行的可转债应用较多的是股东权益变动时转股价格调整条款和有条件向下修正条款。这两类条款都倾向于保护可转换债券持有人的利益,在一定程度上稀释了原始股东的权益。股东权益变动时转股价格调整条款为当公司因增发、配股、股利派发、股票拆细与合并等行为导致固定权益变动时,可转债转股价格自动下调,从而提升可转债的价值,保护可转债持有人的权益,又称转股价格调整条款。转股价格有条件向下修正条款的主要内容为,当公司股票价格持续低于档期转股价格的一定比例时,公司董事会有权提出转股价格向下修正方案并提交公司股东大会表决。若正股价格下跌某一比例,且满足向下修正触发条款等条件时,转股价格将向下修正某一比例。因此,在对这部分期权定价时,通常采用奇异期权定价的方式。

对于投资者而言,买进一份可转换债券相当于在买进债券的同时,拥有一份看涨期权;与普通股票相比,可转换债券的票面利率低于同等条件下普通债券的票面利率;而对于发行公司来说,在其他条件相同的情况下,可转换债券票面利率低,转股价格一般比增发或配股的再发行价格高很多,所以从融资角度看,发行可转换债券所获得的融资资金高于同等条件下的股票再发行融资资金。同时,股价上涨使可转换债券都转换成公司的股票,避免了在到期日支付大量本息的资金负担。与股票再发行相比,增发或配股的价格远远低于可转换债券的转股价格,所以即使股价上涨而使可转债转换成股票,发行人获得的收益与股票再发行相比还是要高一些。股价下跌或上涨不多会使可转债的持有人都不愿意将可转债转换为股票,这样发行人就要支付债券的本息。但可转债的票面利率要低于普通债券。

【案例 10-4】 鞍钢公司是一家于 1997 年 12 月 25 日在深交所挂牌上市的公司。该公司 2000 年 3 月 14 日发行了 2005 年到期的 5 年期可转债,票面利率为 1.2%,每年支付 1 次利息。本次发行可转债 1 500 万张,每张面值 100 元,总规模共计 15 亿元。该公司允许债券持有人在债券发行后 6 个月至到期日止的转换期内把债券转换成股票。初始股价为 3.3 元/股,相当于 1 张面值为 100 元的可转债转换成 30.3 股股票,即每张可转债可以换取的股票数为 30.3 股。

因为只有一个转股条款,不涉及回售条款、赎回条款等其他条款条件下的可转换债券的定价问题。计算鞍钢转债发行 9 个月后(2000 年 12 月 14 日)的可转债的债券价值。假设鞍钢转债不存在违约风险,以现有的 4 年期国债利率 2.87% 贴现,则发行时债券的价格为

$$P_0 = \sum_{k=1}^{5} \frac{100 \times 1.2\%}{(1+2.87)^k} + \frac{100}{(1+2.87)^5} = 92.32$$

发行 9 个月后(2000 年 12 月 14 日)可转债的债券价格:$P = P_0(1+2.87\%)^{0.75} = 94.3$ 元,鞍钢转债作为债券本身的价格为 94.3 元,可转债的价格至少要高于 94.3 元。可转债的价格及其隐含的期权价值等如图 10-14 所示。

可转债的转换价值是当可转换债券以转股价格转换成股票时,它的股票所能取得的

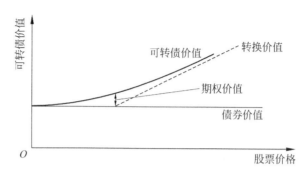

图 10-14　可转债券的价值与股票价值之间的关系

价值。鞍钢转债的初始股价为 3.3 元/股,当前(2000 年 12 月 14 日)的市场价格为 4.33 元/股,所以可转债的转换价值为(100/3.3)×4.33=131.21 元。

其中隐含的期权价值为当持有可转换债券时,持有人有权等待将来可能发生的股价上涨的机会,然后把可转债转换成股票而获得更高的价值。因此,期权价值为可转债价值减去债券价值和转换价值中较大者。可转债及其转换价值随股价的上涨而增加,如果股票价格低于 3.3 元/股,可转债持有人就不会将债券转化为股票,转换价值就等于债券的价值,期权的内在价值为零;当股票价格等于 3.3 元/股时,可转债持有人虽然也不一定会将债券转化为股票,此时转换价值与债券价值相等,期权的内在价值为零,但期权的时间价值最高;股票价格高于 3.3 元/股时,可转债持有人就会考虑将债券转化为股票,转换价值随股价上涨而增加,期权的内在价值也随之增加,时间价值在递减。

第四节　应用中存在的问题

本书的第一章曾提及,金融工程所要解决的问题主要有两个:一是规避金融机构和企业所面临的金融风险;二是从金融市场的波动中获取收益。然而,在金融工程的整个运作过程中,尤其是在运用衍生金融工具进行套期保值或套利时,常常会遇到意想不到的问题,衍生工具引发巨额亏损的事件屡见不鲜,恰恰说明控制风险是永恒的主题。

一、管理中的问题

前面介绍的所有衍生工具,其诞生的初衷都是为了规避各种风险。纵观各种衍生金融工具产生的背景和发展的历程,不难看出其产生无一不是为了满足人们管理金融风险的需要,其发展无一不以人们避险需求的扩大为主要动力。然而由于衍生工具具有以小博大(以极少的资金控制较多的投资资金来获取收益)的特点,因此也具有进行投机的强大功能。由于过度投机造成巨亏的事件比比皆是,中航油事件就很具有代表性。

【案例 10-5】　中航油事件案例分析

中国航空油料集团公司(简称中航油)成立于 2002 年 10 月 11 日,是以原中国航空油料总公司为基础组建的国有大型航空运输服务保障企业,是国内最大的集航空油品采购、运输、储存、检测、销售、加注为一体的航油供应商。

2001年12月6日中国航空油料总公司获批在新加坡交易所上市。上市的《招股说明书》中提到,中航油新加坡公司的石油贸易包括轻油、重油、原油、石化产品和石油衍生品五个部分,其核心业务是航油采购,衍生品包括纸货互换和期货。

2002年3月,"为了能在国际油价市场上拥有话语权",中航油新加坡公司开始了期权交易。2003年年初伊拉克战争爆发,从下半年开始,中航油参与石油期货期权交易,买入、做多石油期权。此时国际油价波动上涨,中航新加坡公司原总裁陈久霖初战告捷,截至年底共盈利580万美元。

在2003年第三季度前,由于中航油新加坡公司对国际石油市场价格的判断与实际走势一致,公司基本上购买"看涨期权",出售"看跌期权",赚取了一些利润。中航油尝到了甜头,于是一场更大的冒险也拉开了序幕。

2003年年底至2004年,中航油错误地判断了油价走势,调整了交易策略,卖出买权并买入卖权。事实证明这次改变交易策略是错误的,由于战争造成石油减产导致供给减少,而世界石油需求量不断扩大,油价继续上涨。2004年第一季度,期权盘位到期,公司开始面临实质性的损失。当时正在与新加坡国家石油公司(SPC)、英国富地、淡马锡等多家外国企业谈合作的中航油顾虑重重,不愿服输的陈久霖最终选择在未经任何商业评估的情况下于2004年1月进行了第一次挪盘,即买回期权以关闭原先的盘位,同时出售期限更长、交易量更大的新期权。出售的期权盘位多是在2004年第二季度至2005年第一季度之间到期,但也有一些甚至延伸到2005年第四季度。

中航油分别在2004年1月、6月和9月进行了三次挪盘,杠杆作用使每次挪盘都成倍地扩大了风险,该风险在油价上涨时呈指数级数扩大,直至中航油不再有能力支付交易的保证金而爆仓,最终陷入财务困境,全面负债高达5.3亿美元。

中航油最后期权的持仓量已经超过了企业的交收能力,那么为什么还会交易?难道公司内部控制就没有发现?显然,这是不可能的。

2001年中航油新加坡公司一上市便聘请国际著名的安永会计师事务所制定了国际石油公司通行的风险管理制度,建立了股东会、董事会、管理层、风险管理委员会、内部审计委员会等制衡制度和风险防范制度,还受到新加坡证监会的严格监管。安永会计师事务所为其编制了《风险管理手册》,设有专门的七人风险管理委员会及软件监控系统,实施交易员、风险控制委员会、审计部、总裁、董事会层层上报、交叉控制的制度,规定每名交易员损失20万美元时要向风险控制委员会报告和征求意见;当损失达到35万美元时要向总裁报告和征求意见,在得到总裁同意后才能继续交易;任何导致损失50万美元以上的交易将自动平仓。中航油总共有10名交易员,如果严格按照《风险管理手册》执行,损失的最大限额应是500万美元。

作为创业性的管理层为主导的企业,管理层经常会凭借过去优秀的业绩来主导企业。对待风险控制的态度,往往以管理层好恶为宗旨。中航油新加坡公司的管理层在期货交易中,根本没有意识到风险,而是相信自己的判断:油价冲高后必然会落。陈久霖在获悉2004年第一季度出现580万美元的账面亏损后,没有按照风险控制程序进行斩仓止损,而是孤注一掷,继续扩大仓位。在油价不断攀升导致潜亏额疯长的情况下,中航油新加坡公司的管理层连续几次选择延期交割合同,期望油价回跌,交易量也随之增加。一次次"挪盘"把到期日一次次往后推,这样导致的结果便是使风险和矛盾滚雪球般加倍扩大,最终达到无法控制的地步。

中航油新加坡公司从事石油期权投机交易历时一年多,从最初的 200 万桶发展到出事时的 5 200 万桶,一直未向集团公司报告,集团公司也没有发现。集团公司知悉违规活动是在一年以后。可见,中航油新加坡公司与集团公司之间的信息沟通不顺畅,会计信息失真。

中航油新加坡公司拥有一个由部门领导、风险管理委员会和内部审计部组成的三层内部控制监督结构。但其交易员没有遵守《风险管理手册》规定的交易限额,没有向公司其他人员提醒各种挪盘活动的后果和多种可能性,挪盘未经董事会批准也未向董事会汇报,财务报表中亦未报告亏损;风险控制员没有正确计算公司期权交易的收益,没有准确汇报公司的期权仓位情况和敞口风险;财务部门的首要职责是对交易进行结算,而在 2004 年 5 月到 11 月长达 7 个月的时间内,中航油新加坡公司共支付了近 3.81 亿美元由不断新增的损失引发的保证金,甚至动用了董事会和审计委员会明确规定有其他用途的贷款。风险管理委员会在所有重大问题上未履行其职责。在公司开始期权这项新产品交易时,风险管理委员会没有进行任何必要的分析和评估工作;交易开始后,未能对期权交易设置准确的限额,也未能准确报告期权交易;在期权交易挪盘时,未能监督执行相关的交易限额,未能控制公司的超额交易,未指出挪盘增加了公司的风险,也未建议斩仓止损;向审计委员会提供的衍生品交易报告中,实际隐瞒了公司在期权交易中面临的各种问题;未向董事会报告公司的期权交易和损失情况。内部审计部没有定期向审计委员会报告,即使报告也是内容重复、敷衍了事,反而营造了公司内部控制运行良好的假象。

中航油事件告诉我们,一定要杜绝"越陷越深、无法自拔"的情况发生,通过制定严格的操作规程,完善内部治理制度,来限制业务人员越权违规操作,以避免巨额经济损失。

二、套利模型的不完善

 【案例 10-6】 美国长期资本管理公司兴衰启示录

美国长期资本管理公司(LTCM)成立于 1994 年 2 月,总部设在离纽约市不远的格林威治,是一家主要从事定息债务工具套利活动的对冲基金,主要活跃于国际债券和外汇市场,利用私人客户的巨额投资和金融机构的大量贷款,从事金融市场炒作。它与量子基金、老虎基金、欧米伽基金一起被称为国际四大"对冲基金"。

自创立以来,LTMC 一直保持骄人的业绩。公司的交易策略是市场中性套利,即买入被低估的有价证券,卖出被高估的有价证券。成立之初,公司资产净值为 12.5 亿美元,到 1997 年年末,上升为 48 亿美元,净增 2.84 倍。1994—1997 年,每年的投资回报率分别为 1994 年 28.5%、1995 年 42.8%、1996 年 40.8%、1997 年 17%。

LTMC 制定了"通过电脑精密计算,发现不正常市场价格差,资金杠杆放大,入市图利"的投资策略。LTMC 凭借这一优势,在市场上一路高歌。1996 年,LTMC 大量持有意大利、丹麦、希腊政府债券,而沽空德国债券。LTMC 的模型预测,随着欧元的启动,上述国家的债券与德国债券的利息差将缩减。市场表现与 LTMC 的预测惊人一致,LTMC 获得了巨额收益。

然而,由于 LTMC 的数学模型是建立在历史数据的基础上,在数据的统计过程中,一些概率很小的事件常常被忽略,因此埋下了隐患:一旦这个小概率事件发生,LTMC 的投资系统将产生难以预料的后果。

1998 年,金融危机降临亚洲金融市场,LTMC 模型认为发展中国家债券与美国政府债券之间收益率相差过大。LTMC 预测的结果是:发展中国家债券利率将逐渐恢复稳定,二者之间的差距会缩小。同年 8 月,小概率事件真的发生了,由于国际石油价格下滑,俄罗斯国内经济不断恶化,俄政府宣布卢布贬值,停止国债交易,投资者纷纷从发展中市场退出,转而持有美国、德国等风险小、质量高的债券品种。LTMC 的电脑自动投资系统面对这种原本忽略不计的小概率事件,错误地不断放大金融衍生产品的运作规模。LTCM 利用从投资者那儿筹来的 22 亿美元做资本抵押,买入价值 3 250 亿美元的证券,杠杆比率高达 60 倍,到 9 月全面溃败,短短的 150 天 LTCM 的资产净值减少了 90%,出现了 43 亿美元巨额亏损,仅余 5 亿美元,已走到破产边缘。9 月 23 日,美联储出面组织安排,以美林、摩根为首的 15 家国际性金融机构注资 37.25 亿美元购买了 LTCM 90%的股权,共同接管了该公司,从而避免了它倒闭的厄运。

投机市场中不存在百战百胜的法宝,任何分析方法与操作系统都有缺陷与误区。美国长期资本管理公司的故事是最有说服力的证据。不容忽视的是,这套电脑数学自动投资模型中存在一个致命之处:模型假设前提和计算结果都是在历史统计基础上得出的,但历史统计永远不可能完全涵盖未来现象。

【案例 10-7】
金融衍生品的风险管理案例——宝洁公司与信孚银行的争端

本 章 小 结

1. 从实践看,金融工程技术在金融领域的应用呈现日益广泛的趋势,尤其是在金融风险管理方面,金融工程技术发挥着非常重要的作用。从应用的目的看,金融工程经常被用于套期保值、投机和套利。

2. 金融工程在风险管理方面最引人入胜的地方就在于为价格风险的转移提供了创造性的解决方案。运用各类金融衍生工具及其组合,为实际生活中暴露在风险中的各种头寸——外汇、资产与负债以及股票及其组合等有价证券进行套期保值,展示出金融工程在规避风险的金融创新中所蕴含的强大的创造力。

3. 利用远期、期货、互换和期权管理金融风险有其各自的特点,本章从成本、灵活性等诸多方面进行了比较。

4. 由于市场的不完善以及外在因素的干扰,使市场中的各种价格经常偏离理论上的均衡价格,这就为交易者提供了获取利润的环境和空间。采用组合分解技术,利用基础的金融产品(如股票和债券)和衍生的金融产品(如远期协议、期货、期权、互换等)作为零部件来重新组合成新的具有特定流动性和收益/风险特性的金融产品,或将其进行分解以及在分解后加以重新组合,就可以创造出新的获利机会。

5. 利用衍生工具进行投机,是建立在投资者根据自己对未来价格变动的预期进行交易的基础上的,其特点是进行单边交易,通过承担风险获取收益。套利就是利用市场上两个相同或相关资产暂时出现的不合理的价格偏差,通过买进价格被低估的资产同时卖出价格被高估的资产来获取无风险的交易策略。

6. 在金融工程的整个运作过程中,尤其是在运用衍生金融工具进行套期保值或套利时,常常会出现意想不到的问题,衍生工具引发巨额亏损的事件屡见不鲜,恰恰说明控制风险是永恒的主题。

思考与练习

思考题

1. 什么是完美的套期保值?一个完美的套期保值一定优于不完美的套期保值吗?

2. 比较远期外汇合约、外汇期货合约、外汇期权合约这三种套期保值方法在外汇风险管理中的利弊。

3. 假定某美国公司向某法国公司出口汽车,货款将在 3 个月后用欧元支付,因为担心 3 个月后欧元汇率下跌,美国出口商随即购买一份执行价格为 EUR1=USD1.31 的欧元看跌期权,并支付了 0.04 美元/欧元的期权费。试分析该出口商购买欧元看跌期权的收益曲线,并分析具体的收益情况。

4. 如果投资者想在未来某一时间投资某股票,但又担心将来该股票价格上升。为了规避股票价格上升给他带来的成本上升,他可以采取哪些方法?如果他目前持有股票多头,又该怎么办?

5. 试分析股票风险管理策略的异同。

6. 投资者 A 在 4 月买入了两份标准普尔 500 股指期货合约的看涨期权,6 月到期。他购入时的股票指数为 760.5 点,协议价格为 762 点,每点乘数为 250 美元,期权费为 15 点/份。假设 5 月股票指数上涨为 780 点,投资者 A 执行期权,可获利多少?请画出其收益图。

7. 试比较各种投机策略的异同点。

8. 试比较各种套利策略的异同点。

9. 商品价格每季度变动的标准差为 0.65 美元,该商品的期货价格每季度变动的标准差为 0.81 美元,期货和现货价格的相关系数为 0.8,3 个月合约的最佳套期保值比率为多少？它的含义是什么？

10. 解释为什么空头套期保值效果在基差变大时得到改善，而在基差变小时恶化。

练习题

1. 某交易商在1月入市进行玉米套利交易。市场行情如下：

期 货 品 种	报价/(元/吨)
5月玉米期货合约	2 150
9月玉米期货合约	2 100

注：1手=10吨。

① 该交易商认为这两种期货价格的价差异常，到3月时二者的价差会扩大。他将如何进行套利？

② 假如到了3月，市场行情如下：

期 货 品 种	报价/(元/吨)
5月玉米期货合约	2 250
9月玉米期货合约	2 150

该交易商结束套利头寸，他的盈亏是多少？

2. 在农产品中，小麦、玉米有着大致相同的价格变动趋势。某年5月1日的市场行情如下：

期 货 品 种	报价/(美元/蒲式耳)
9月小麦期货合约	4.9
9月玉米期货合约	3.9

注：1手=5 000蒲式耳。

① 该交易商认为目前二者的价差偏小，3个月后价差会扩大，他将如何进行套利？

② 假如到了8月，市场行情如下：

期 货 品 种	报价/(美元/蒲式耳)
9月小麦期货合约	5.4
9月玉米期货合约	4.1

该交易商结束套利头寸，他的盈亏是多少？

3. 一个期限为4个月的红利支付股票的欧式看涨期权现价为5美元，股票价格为64美元，执行价格为60美元，1个月后派发红利0.8美元。所有期限的无风险利率为年利率12%，对套利者而言有无套利机会？如有，如何进行套利？

4. 某交易者发现国际货币市场和伦敦国际期货交易所的硬板期货合约的价格不一样，他决定跨市套利。假定5月1日国际货币市场的6月到期的英镑合约价格为1.431

美元/英镑,每份合约的交易单位为 62 500 英镑,而在伦敦国际期货交易所的报价为 1.448 美元/英镑,每份合约的交易单位为 25 000 英镑,他该如何操作?假如到了 5 月 1 日,两个市场 6 月的英镑期货合约的报价都是 1.45 美元/英镑,该交易者在两个交易所分别做了对冲交易,将手中的期货平仓,其净收益是多少?

5. 某日某股票期权的市场行情如下:

执 行 价 格	期 权 费
92.75	7.75
93.00	4.25
93.25	2.00

① 如果你认为将来股价将有大的波动,你将如何进行套利?
② 如果你认为将来股价将小幅震荡,你又将如何进行套利?

6. 假设银行打算通过借入短期资金为其较长时期的贷款筹资。它以年利率 6% 借入期限为 60 天的 500 万美元,同时按年利率 10% 贷出期限为 120 天的 500 万美元。因此,这家银行在 60 天后必须再借入 500 万美元的资金。第二期的 60 天借款利率是多少时,才能使这家银行不亏不盈?

7. 现在货币市场上的报价如下:期限 30 天利率按 7% 计算,期限 60 天利率按 11% 计算。求银行对不规则期限 55 天的利率报价。

8. 某基金经理管理着一个总价值 4 000 万美元的多样化的投资组合,该组合对于标准普尔 500 指数的 β 系数为 1.22。由于害怕熊市到来,该经理于当年 3 月 14 日决定利用标准普尔 500 指数期货进行套期保值。假设当日标准普尔 500 指数期货的报价为 1 060 点,他应该如何操作?

假设到了 8 月 16 日,标准普尔 500 指数期货的价格为 1 013 点,而该基金经理决定结束套期保值,他的净盈利或净损失是多少?

9. 某日本银行与瑞士一家金融公司对日元长期利率与短期利率的走势进行分析后,签订了利率互换合约,合约的主要内容如下:

合约金额:250 亿日元;
合约期限:3 年;
结算方式:每半年结算一次;
日本银行支付日元 3 年期互换利率 r_S,如下表所示。

各结算日利率及支付资金流向

结算日	日元 3 年期互换利率 r_S/%	日元 6 个月期 LIBOR+1.09%/%	利差/%	支付金额/亿日元
0.5 年	6.50	6.63		
1 年	6.52	6.57		
1.5 年	6.65	5.52		

续表

结算日	日元3年期互换利率 r_S/%	日元6个月期 LIBOR+1.09%/%	利差/%	支付金额/亿日元
2年	6.44	5.36		
2.5年	6.86	5.54		
3年	6.48	5.52		

① 完成该资金流向表；
② 在这6个结算日，日本银行和瑞士金融公司各自的总支付各是多少？
③ 最终盈利的是谁？盈利多少（忽略收益与支付的时间价值）？

自测题

参考文献

[1] [英]洛伦兹·格利茨. 金融工程:运用衍生工具管理风险:第3版[M]. 彭红枫,译. 武汉:武汉大学出版社,2016.

[2] [加]约翰·赫尔. 期权与期货市场基本原理:原书第8版[M]. 王勇,袁俊,韩世光,译. 北京:机械工业出版社,2016.

[3] [加]约翰·赫尔. 期权、期货及其他衍生产品:原书第10版[M]. 王勇,索吾林,译. 北京:机械工业出版社,2018.

[4] [加]约翰·赫尔. 期货期权入门[M]. 张陶伟,译. 北京:中国人民大学出版社,2001.

[5] [英]STEINER R. 金融计算[M]. 于研,译. 上海:上海财经大学出版社,2002.

[6] 李飞. 金融工程[M]. 北京:机械工业出版社,2011.

[7] 周爱民. 金融工程[M]. 北京:科学出版社,2017.

[8] 郑振龙,陈蓉. 金融工程:第5版[M]. 北京:高等教育出版社,2020.

[9] 宋逢明. 金融工程原理:无套利均衡分析[M]. 北京:清华大学出版社,1999.

[10] 谭春枝,王忠玉,唐菁菁. 金融工程学理论与实务:第3版[M]. 北京:北京大学出版社,2018.

[11] 陈工孟,吴文峰,朱云. 金融工程[M]. 北京:清华大学出版社,2003.

[12] 王军,邵吉光,王娟. 随机过程及其在金融领域中的应用:第2版[M]. 北京:北京交通大学出版社,2018.

[13] [美]STAMPFLI J,GOODMAN V. 金融数学[M]. 蔡明超,译. 北京:机械工业出版社,2010.

[14] 叶永刚,彭红枫,李志生,刘宁. 金融工程[M]. 北京:高等教育出版社,2020.

[15] [美]基思·卡思伯森. 金融工程——衍生品与风险管理[M]. 张陶伟,译. 北京:中国人民大学出版社,2004.

[16] 郑振龙. 衍生产品[M]. 武汉:武汉大学出版社,2005.

[17] 张元萍,张庆伟. 金融衍生工具教程:修订第3版[M]. 北京:首都经济贸易大学出版社,2011.

[18] [美]威廉·夏普,戈登·亚历山大,杰弗里·贝利. 投资学:第5版[M]. 北京:中国人民大学出版社,2013.

[19] 吴可. 金融衍生产品保值与套利技术[M]. 北京:清华大学出版社,2011.

[20] 陈湛匀. 金融工程学——理论·实务·案例[M]. 上海:立信会计出版社,2007.

[21] 林苍祥,郑振龙等. 金融工程——理论与实务[M]. 北京:北京大学出版社,2012.

[22] [美]约翰·马歇尔. 金融工程词典[M]. 伍旭川,李蕊,译. 北京:机械工业出版社,2003.

[23] 周洛华. 金融工程学:第4版[M]. 上海:上海财经大学出版社,2019.

[24] 黄奇辅等. 金融经济学基础[M]. 宋逢明,译. 北京:清华大学出版社,2003.

[25] 斯科特·梅森,罗伯特·默顿,安德鲁·佩罗德,彼得·图法诺. 金融工程学案例[M]. 胡维熊,译. 大连:东北财经大学出版社,2003.

[26] 约翰·马歇尔,维普尔·班赛尔. 金融工程[M]. 宋逢明,朱宝光,张陶伟,译. 北京:清华大学出

版社,2001.
[27] 周莉. 投资银行学:第 4 版[M].北京:高等教育出版社,2017.
[28] 宋清华,李志辉. 金融风险管理[M]. 北京:中国金融出版社,2003.
[29] [英]查尔斯·萨克里弗. 股指期货[M]. 李飞,黄栋,译. 北京:中国青年出版社,2008.
[30] 路透. 金融衍生工具导论[M].杨洋,向莉,译. 北京:北京大学出版社,2001.
[31] [英]布赖恩·科伊尔. 利率风险管理(下)[M]. 陈忠阳,等,译. 北京:中信出版社,2003.
[32] [英]布赖恩·科伊尔. 货币风险管理(下)[M].亓丕华,等,译. 北京:中信出版社,2002.
[33] 张勇. 金融工程技术[M]. 北京:中国财政经济出版社,2004
[34] 李国华. 期货市场简明教程[M]. 北京:经济管理出版社,2005.
[35] 罗伯特·麦克唐纳.衍生产品市场[M].钱立,译.北京:中国人民大学出版社,2006.
[36] 王正霞,张卫. 国际金融实务[M].北京:科学出版社,2006.
[37] 林国春. 股票指数期货交易:套期保值与套利策略[M]. 北京:经济管理出版社,2002.
[38] 赵广辉. 股指期货:理论、实务与投资[M]. 北京:机械工业出版社,2002.
[39] 勒内·斯塔茨. 风险管理与衍生产品[M]. 殷剑峰,程炼,杨涛,译. 北京:机械工业出版社,2004.
[40] 谷秀娟,金融风险管理——理论、技术与应用[M].上海:立信会计出版社,2006.
[41] 姜洋. 发现价格——期货和金融衍生品[M].北京:中信出版社,2018.
[42] 黄冰华. 含转股价格向下修正条款的可转换债券定价和套利策略研究[D].上海:上海交通大学,2017.

教师服务

感谢您选用清华大学出版社的教材！为了更好地服务教学，我们为授课教师提供本书的教学辅助资源，以及本学科重点教材信息。请您扫码获取。

❯❯ 教辅获取

本书教辅资源，授课教师扫码获取

❯❯ 样书赠送

财政与金融类重点教材，教师扫码获取样书

清华大学出版社

E-mail: tupfuwu@163.com
电话：010-83470332 / 83470142
地址：北京市海淀区双清路学研大厦 B 座 509

网址：https://www.tup.com.cn/
传真：8610-83470107
邮编：100084